Neue nordische Beiträge

Neue nordische Beiträge zur physikalischen und geographischen Erd- und Völkerbeschreibung

Dritter Band

Neue nordische Beiträge

Neue nordische Beiträge zur physikalischen und geographischen Erd- und Völkerbeschreibung
Dritter Band

ISBN/EAN: 9783337290979

Printed in Europe, USA, Canada, Australia, Japan

Cover: Foto ©Andreas Hilbeck / pixelio.de

More available books at **www.hansebooks.com**

Neue Nordische
Beyträge

zur

physikalischen und geographischen Erd- und
Völkerbeschreibung, Naturgeschichte
und Oekonomie.

Dritter Band.

Mit Kupfern.

St. Petersburg und Leipzig,
bey Johann Zacharias Logan, 1782.

Inhalt
des Dritten Bandes.

Inhalt des Dritten Bandes.

I. Be-

I.

Beschreibung

zweyer

südamerikanischer merkwürdiger Vögel.

So groß auch die Zahl der von Edwards, Brisson und D'Aubenton seit ohngefähr zwanzig Jahren bekannt gemachten und abgebilde-
ten Ost- und Westindischen Vögel ist, so bleiben doch in diesen entfernten und an schönen Naturpro-
dukten so reichen Gegenden noch immer Gattungen genug übrig, womit sich nachfolgende Naturforscher beschäftigen können. Ich gedenke deren nach und nach verschiedne aus meiner eignen Sammlung, diesen Beyträgen einzuverleiben, die bisher entweder ganz unbekannt,
oder noch nicht genug erläutert und bestimmt sind. Diesesmal mag die Reihe unter letzteren einen kleinen Kukuk und den kleinsten unter allen Spechtarten treffen.

1. Der kleine schwarze Kukuk aus Surinam. (Cuculus tenebrosus).

S. Platte I. Fig. I.

Die Abbildung und Beschreibung dieses Vogels, den die erste Figur der ersten Platte vorstellt, war schon im Jahr 1767 für die Fortsetzung der Spicilegia Zoologica abgefasset, ist aber seitdem, wegen der langsamen Fortsetzung dieses Werks, die den Verlegern zugeschrieben werden muß, mit vielen andern, ungedruckt geblieben. Indessen hat Herr von Büffon im zwölften Theil der Duodezausgabe seiner Ornithologie S. 85 dieses Vogels, unter dem Namen: Petit *Coucou* noir de Cayenne, kurze Erwähnung gethan. Nach seinem Bericht hält er sich, so wie ein andrer zuvor beschriebner ganz schwarzer Cajennischer Kukuk a), nicht in Wäldern sondern auf einzeln stehenden Bäumen auf, wo er ganze Tage lang mit Insektenfangen zubringt; er nistet in hohlen Bäumen, auch zuweilen in verlaßnen Erdlöchern. Uebrigens ist die Büffonsche Beschreibung sehr kurz und unzulänglich.

Mir ist dieser Vogel unter andern Surinamischen Gattungen unmittelbar aus Amerika zugeschickt worden, wobey ich auch, zu meiner Verwunderung unsre europäische Baumklette (Certhia *familiaris*) und den gekrönten Zaunkönig (Motac. *Regulus*) fand. In der Bildung des Schnabels unterscheidet sich dieser kleine Kukuk von den meisten andern Kukukarten, und gleicht darinn einer beym Brisson unter dem Namen Cuculus *cayennensis* b) beschriebnen Gattung. Durch eben diese Bildung des Schna-

a) Le Coucou noir de Cayenne BUFFON *Ornithol. Vol.* XII. p. 84.

b) BRISSON. *Ornith. Contr. Vol.* 2. p. 75. *sp.* 8.

Schnabels, sehr kurze Füsse und die dunkeln Farben, nähert sich unsre Gattung demjenigen Geschlecht von Vögeln, die Brisson *Trogon* genannt hat, und die sich
blos durch die sägenartigen Ränder des Schnabels aus-
zeichnen. Zu eben diesen Trogons oder Curukus, wie
sie von den Franzosen genannt werden, hat Herr von
Büffon mit gutem Recht den sogenannten Tourako
gezählet c), worinn ich schon längst mit ihm einer Meynung gewesen bin.

A 2   Unser

---

c) Dieser schöne und seltne Vogel, (Cuculus Persea *Lin.*)
deffen afrikanischer Name Tourako am meisten bekannt ist, wird von Linne und Brisson unrecht unter die Kukuks gerechnet. Deffen kurzer, kegelartig
gerundeter und an den Rändern, sonderlich des Ober-
theils, gezähnelter Schnabel, zeigt seine Verwandschaft mit dem Geschlecht *Trogon* deutlich. Die Zun-
ge ist knorpelartig, platt und spißig; die Nasenlö-
cher mit zurückgebognen Federn gedeckt. An den
Füssen stehen zwar nur zwey Zähen recht nach vorwärts; allein der äußere von beyden übrigen ist kaum
nach hinten gekehrt und hängt mit dem vordern durch
eine Hautfalte zusammen. Die Federn des Tourako sind, wie bey den übrigen Trongonarten, dünn
gewebt. Derjenige, welchen ich im Haag lebendig
sahe, war vom Vorgebürge der guten Hofnung geschickt, fraß eingeweichtes Brod und Reiß, Mandeln,
Rosinen, und am allerbegierigsten rohe Kirschen. Zum
Trinken schien er nicht gewöhnt, obwohl er den
Schnabel zuweilen netzte. Daß er sich durch ganz
Afrika findet, scheint daraus zu folgen, daß ihn Boß-
mann unter den guineischen Vögeln beschreibt (p.
271. fig. 12.) Der lebende Vogel hat einen dunkelro-
then Schnabel; und der Rand der Augenlieder ist
zinnoberroth; der Augenring aber bräunlich. Der
Federbusch auf dem Kopf sieht kegelförmig und der
Vogel legt ihn nie ganz flach.

Unſer kleiner ſchwarzer Kukuk iſt nicht viel größer, als eine Nachtigall, und auf der Platte im natürlichem Maaß vorgeſtellt. Er hat einen etwas größern Kopf, als andre Kukukarten, und nähert ſich auch hierinn dem Kuruku. Der Schnabel iſt pfriemenförmig geſpitzt, ziemlich groß, convex, leicht gebogen, ganz ſchwarz; beyde Theile deſſelben ſind gleich lang und gleich ſpitzig. Die Naſenlöcher ſtehn dicht und tief unter der Stirn und von ohngefähr zehn ſtralenweiſe niedergehenden Borſten bedeckt. Ueber den Winkeln der Schnabelöfnung ſtehn noch ohngefähr acht ſteife Borſten, als ein Bart.

Der größte Theil des Vogels iſt ganz ſchwarz; Kopf, Rücken und Flügel mit einem ſtahlblauen Glanz. Die Bruſt iſt ganz ſchwarz, ohne allen Glanz; gegen den Bauch fällt ſie ins bleyfarbige; der Unterbauch und die Schenkel ſind roſtgelb; die Federn unter dem Schwanz aber weiß, mit braunen Kielen. Der Steiß oben iſt bis an die Hälfte des Rückens ſchneeweiß.

Die Flügel haben breite Schwingfedern, und ſind untenher am Arm weiß: die acht äußerſten Schwing-federn ſchwarz, am äußern Rande blauglänzend; die fol-genden bis zur ſechzehnten blauſchwarz, mit dunkeln Queerlinien; die drey hart am Leibe nehmen ſchnell ab.

Der Schwanz iſt mittelmäßig lang, und die zwölf Richtfedern, woraus er beſteht, von einerley Länge, ziemlich breit und ganz ſchwarz.

Die Füſſe ſind, wie bey dieſem ganzen Geſchlecht, kurz und ſtark, mit zwey Zähen vorwärts und zweyen rückwärts gekehrt, und mit krummen Klauen bewafnet. Ihre Farbe iſt ganz ſchwarz.

Die Länge des Vogels von der Spitze des Schnabels bis zum Steiß beträgt fünf Pariſer Zoll und vier Linien.

Die

Die länge der Schwanzfedern 1″. 10½‴. Die zuſam-
mengelegten Flügel meſſen 3″. 10‴. ausgebreitet können ſie auf zehn Zoll betragen. Der Schnabel hält
acht linien, und bis an die Mundwinkel 11‴. Die
Schenkel eben ſo viel; das Schienbein 5‴. Von den
Vorderzähen der äußere 7⅓‴. der andre 4⅔‴. Von
den hintern der äußere 5⅓‴; der innere 4 linien.

* * *

2. Der allerkleinſte Specht oder Wendehals, aus Südamerika (Picus minutiſſimus).

Platte 1. Fig. 2.

Dem Anſchein nach hat der Ritter von Linné dieſen
kleinen Specht unter dem Namen Motacilla minuta (in der 10ten Ausgabe des Naturſyſtems S.
189. n. 34.) und Pipra minuta (in dem *Prodromus Mu-
ſei regii Vol. II. p. 34.*) verſtanden. Vermuthlich hat
er ein an den Füſſen verſtümmeltes Exemplar davon vor
ſich gehabt, ſonſt würde er den Vogel nicht zu obge-
nannten Geſchlechtern, wohin er gar nicht gehört, ver-
ſetzt haben. — Richtiger hat ihn Briſſon Picus *Cayen-
nenſis minor* genannt (*Ornithol. epit. Vol. 2. p. 64. ſp.
32.*); wenn dieſer aber ſeinen eignen Geſchlechtseinthei-
lungen getreu verbleiben wollte, ſo hätte er dieſen Vogel
dem Wendehals (Iynx) beygeſellen ſollen. Denn er hat,
wie dieſer, weiche und nicht geſpitzte oder ſpröde Schwanzfedern und nähert ſich auch dem Wendehals durch einen
ſchwächern, nicht ſo eckigten Schnabel, als er bey Spechten zu ſeyn pflegt. Da ich aber der Meynung bin, daß
der Wendehals überall nicht durch genugſame Kennzeichen von den Spechten unterſchieden iſt, und alſo auch
nicht davon getrennet, ſondern als eine Gattung unter

der

den Spechten aufgeſtellt werden ſollte; (wie unſre europäiſche Baumklette (Certhia *familiaris*) um der ſpechtar-
tigen Schwanzfedern willen gleichwohl nicht von den
übrigen Gattungen getrennt wird); ſo habe ich auch den
hier zu beſchreibenden amerikaniſchen kleinen Vogel einen
Specht genannt.

Ich kenne von dieſer artigen Gattung, welche aus
Surinam und Cajenne ziemlich häufig an die europäiſche
Liebhaber geſchickt wird, keine recht gute Abbildung und
noch weniger eine vollſtändige Beſchreibung. Beyde
werden hier geliefert.

In der Größe vergleicht ſich unſer kleiner Specht
der europäiſchen Baumklette; die Geſchlechtskennzei-
chen ſind völlig wie beym gemeinen Wendehals.

Der Schnabel iſt ſonderlich gegen die Spitze, ſeit-
wärts zuſammengedrückt, oben und unten allein ſcharf-
eckigt; mit gleichen Spitzen, ſchwärzlich, nur an der
Kehle gelb. Die hart an der Stirn ſtehenden Naſenlöcher ſind von ſchwärzlichen Federchen bedeckt.

Der Kopf iſt oben bis an den Nacken ſchwarz, mit
runden weißen Flecken, die auf den Spitzen der Federn
ſtehen. Das Männchen allein hat auf der Stirn ſtatt
der weißen Flecke, eine Platte von ganz zinnoberrothen
Federn, wie die mitgetheilte Figur vorſtellt. Am Weib-
chen iſt hiervon keine Spur zu finden. Die Kopfſeiten
ſind ſchwärzlich grau.

Der Rücken ſchwärzlich grau, mit ſchwärzeren Fe-
derſpitzen die mit einem breiten, gelblich weißen Queer-
fleck bezeichnet ſind. Hals und Bruſt ſind ſchmutzig,
mit ſchwärzlichen Rändern an den Federn. Die Federn
unter dem Schwanz ſind braungelblich.

Die

Die Flügel reichen, zusammengelegt, bis an die Hälfte des Schwanzes, äuserlich schwärzlich, inwendig grau von Farbe. Die acht äufersten Schwingfedern sind schwärzlich, innenher gegen den Kiel zu weiß; die acht folgenden haben äußerlich einen gelblichen Rand.

Der Schwanz ist, wie beym Wendehals und den meisten Vögeln, biegsam und gar nicht spröde. Die zehn Richtfedern, woraus er besteht, sind ungleich an Länge und Zeichnung; die zwey mittlern an der innern Fahne weiß, mit einem schmalen bräunlichen Rand; auf jeder Seite zwey zunächst folgende sind ganz schwarz; die zwey äußersten nehmen staffelweise ab und sind, bis fast gegen die Spitze, mit einer schrägen weißen Binde gezeichnet. Die Füsse sind schwarz, ziemlich stark.

Die Länge dieses kleinen Vogels, von der Spitze des Schnabels bis zum Steiß, beträgt ohngefähr 3". 9"'. Pariser Maaß. Der Schwanz misset 1". 1$\frac{1}{2}$"'. Die zusammengelegten Flügel 2". 1"'. Der Schnabel bis an die Stirnfedern 6"'. bis zu den Mundwinkeln 7"'. Die Schienen der Beine 7$\frac{1}{2}$"'. Von den Vorderzähen der äußere 7$\frac{1}{2}$"'. Der innere 5$\frac{1}{4}$"'. Von den hintern der äußere 7$\frac{1}{3}$"'. Der innere nur 3$\frac{1}{2}$"'. Die Klauen mitgemessen.

II.

Beobachtungen
welche über die
Zugvögel in Astrachan
angestellt worden sind d).

Die genaue Erforschung der Triebe und der Ursachen, durch welche so vielerley Gattungen von Vögeln zu gewissen Jahreszeiten bewogen werden, die Gegenden ihres Aufenthalts gesetzmäßig zu verändern, scheint noch immer ein wichtiger Gegenstand der Naturgeschichte zu seyn; und sollten sich die Zweifel, welche noch bis dato in dieser Sache herrschen, je auf eine Art gänzlich entwickeln lassen, so sind die an verschiednen Orten vielfältig anzustellende Wahrnehmungen, in Ansehung der Zeit und Ordnung, welche jede Gattung von Vögeln bey ihren Zügen beobachtet, so wie auch die über die Lebensart derselben anzustellende Bemerkungen, wohl unstreitig die Hauptmittel, welche dazu beytragen können. Demnach habe ich mich seit vier Jahren (bis 1780) bemüht, alles

---

d) Diese artige Bemerkungen sind mir schon vor geraumer Zeit von Herrn Hablizl, Correspondenten der Rußischkaiserlichen Akademie, mitgetheilt worden. Derselbe ist gegenwärtig, mit der auf der Wolga ausgerüsteten Flotte von Fregatten, die unter den Befehlen des dalmatischen Grafen Woynowich steht, auf einer Reise längst den Persischen Küsten, wo er schon mit dem jüngern Gmelin gewesen, begriffen und hat diesesmal 1781=1782 in Astrabat überwintert. P.

alles dasjenige, was mir bey den Zugvögeln um Astrachan merkwürdig schien, fleißig anzumerken, und theile
hier einen Auszug meiner Bemerkungen mit.

Es ist bekannt, was für eine ungeheure Menge von
Land= und Wasservögeln, alle Jahr im Frühling, aus
denen in der Nachbarschaft des Kaspischen Meeres gelegnen warmen Gegenden angezogen kommt und im Herbst
wiederum dahin zurückkehrt. Ein beträchtlicher Theil
davon, sonderlich Wasserwild, verbleibt den ganzen
Sommer über an der untern Wolga und nistet auch hier;
ein andrer Theil aber hält sich nur eine gewisse Zeit, ohne zu nisten, in dieser Gegend auf, zieht nachher weiter
die Wolga hinauf, bis in die innersten und nördlichen
Gegenden Rußlands und kommt von da im Herbst wiederum zurück. Einige Gattungen halten im Hinziehen
fast gar nicht hier (um Astrachan) an, sondern setzen ihren Zug uns vorbey mehrentheils gerade fort, und bleiben nur im Zurückkehren nach ihrem Winteraufenthalt
so lange da, als es ihnen die Mildigkeit unsres Herbstes
verstattet. Die Zeit, welche die erwähnten Zugvögel
insgesammt bey Astrachan, sowohl bey ihrer Ankunft,
als bey ihrer Zurückkehr beobachten, ist, nach der verschiednen Beschaffenheit der Witterung, verschieden;
die Ordnung aber, in welcher sie im Hin= und Herzie-
hen aufeinander folgen, ist allezeit beständig. Nachste-
hender Aufsatz enthält eine allgemeine Anzeige, wie dieselben, sowohl in Ansehung der Zeit, als Ordnung, nach
meinen Erfahrungen, am gewöhnlichsten anzukommen,
auch wieder davon zu gehen pflegen.

Von allen Zugvögeln sind die verschiednen Gattungen von großen und kleinen Seemöwen die allerersten,
welche sich bey Herannäherung des Frühlings bey Astrachan blicken lassen, weil sie nahe bey den Mündungen

der Wolga zu überwintern pflegen; und zwar stellen sie
sich gemeiniglich in den ersten Tagen des Februars ein.
Sie nisten häufig hier herum auf denen in der Wolga
befindlichen Inseln und nur erst in der letzten Hälfte des
Novembers wird man ihrer nicht mehr gewahr.

Nach den Seemöven kommt gewöhnlichermaßen
bald darauf heerdenweise die Märzente (Anas Bolchas
Lin.) an, und sie verbleibt, so lange die Fröste noch anhalten, an solchen Stellen unterhalb Astrachan, wo die
Wolga nicht zuzufrieren pflegt, oder auch in der Nachbarschaft der Salzseen. So bald aber die Witterung
gelinder wird, so zieht ein Theil derselben von hier weiter; ein andrer aber verbleibt hier herum auch den Sommer über, nistet in den schilfigten Gegenden, und nicht
eher, als im November, verschwindet selbige wiederum
gänzlich von hier. Von allen Entenarten ist also diese
diejenige, welche der Rauhigkeit der Witterung am meisten zu widerstehen vermag. Ja, man hat Beyspiele,
daß selbige in manchen Jahren, wenn der Winter nicht
gar zu strenge ist, die hiesige Gegend ganz und gar nicht
verläßt.

Noch um etwas später, als die Märzente erscheinen
gemeiniglich beyde Arten von wilden Schwänen (oder
der sogenannte zahme und der wilde Schwan), die Gänse, die Kropfgänse (Onocrotalus), und die großen
weissen Kraniche (Grus Leucogeranos *Pall.* Reise
III. Theil Rußisch Sterchy); und dieser ihre Züge
aus Süden und Südwesten, nach Norden und Nord-
osten, währen hierauf, mit großen Schaaren, bis in die
Mitte des Aprils fort. Die letztere, die Sterchy nämlich, nisten niemals hier, sondern halten sich nur eine
kurze Zeit auf und ziehen nachmals weiter Nordwärts.
Von allen übrigen aber bleibt ein Theil den Sommer
über

über hier, um ſein Geſchlecht fortzupflanzen, und deren ſämmtliche Rückkehr nach ihrem Winteraufenthalt geſchieht mit dem Ausgang des Oktobers.

Die bunte Nordgans (Anſer pulchricollis *Pall.* *Spicil. Zool. Faſc. VI. tab. 4.*) und die gemeine, rothfüßige Nordgans oder Kaſarka (Anſer erythropus) ſieht man hier faſt niemals eher vorbeyziehen, als zu Ende des Februars, und ſie kommen beyde aus den nämlichen Himmelsgegenden mit denen vorigen, beobachten auch im Fluge die nämliche Richtung. Allein ſie halten ſich im Hinziehen faſt gar nicht auf und niſten auch allhier niemals, ſondern in den nordlichſten Gegenden. Dagegen aber kommen ſie ſchon im September wieder zurück geflogen, und halten ſich dann einen ganzen Monat bey uns auf.

Der gemeine Storch ſowohl, als der ſchwarze, den man auf Rußiſch Aiſt nennt, kommen faſt zu gleicher Zeit mit denen Kaſarken an, und ſie halten ſich ebenfalls im Hinziehen faſt gar nicht auf, ſondern ſetzen ihre Wanderung gerade fort und niſten auch niemals hier. So bald aber die Ueberſchwemmung der Wolga vorbey iſt, ſo kommen ſie häufig wieder zurück, und weil ſie alsdenn allenthalben ſo reichliche Nahrung für ſich finden, ſo verbleiben ſie den ganzen übrigen Theil des Sommers in dieſer Gegend und ſind unter allen hieſigen Zugvögeln im September diejenigen, welche ſich am früheſten davon machen.

Von Landvögeln erſcheinen allhier im Februar nur allein die Kornkrähen, die Dohlen und die verſchiednen Gattungen von Meiſen, von welchen die letztern, den Remes ausgenommen, im Sommer gänzlich von hier wegziehen und nicht eher, als zu Anfang des Oktobers wiederum hieher kommen und ſich nach und nach

von

von hier verlieren. Manchmal pflegen sie auch, sammt den erstern, hier zu überwintern.

Zu Anfang des Märzmonats stellen sich, außer der obgedachten Entenart, auch die übrigen Gattungen dieses weitläuftigen Geschlechts ein, die theils hier, theils weiter die Wolga hinauf, zu nisten pflegen, und im Oktober entfernen sie sich wiederum gänzlich von hier. Von allen Entengattungen kommt die sogenannte rothe Ente (Anas rutila *Pall.*) heerdenweise, und die Berg-ente (Anas Tadorna *Lin.*) paarweise am spätesten, nämlich erst zu Ausgang des Märzmonats. Erstere nistet oberhalb Astrachan, auf denen in der Wolga befindlichen Inseln, in steilen Ufern und auf der hohen Steppe in Löchern; letztere aber macht ihre Nester in der hiesigen Nachbarschaft und bey den auf der Steppe zerstreuten Salzseen, in verlaßnen Fuchslöchern. Mit Anfang des Septembers gehen beyde, wiederum fast zu gleicher Zeit, südwärts davon.

Die seltenste von allen sich jährlich hier einfindenden Enten, ist die Kolbente (Anas fistularis cristata *Brisson.*) und ich habe nicht bemerken können, daß dieselbe weiter von hier nach Norden gehen sollte; sondern sie lebt einzeln den Sommer über, in der Nachbarschaft der hieherum befindlichen Salzseen, und im September wird selbige auch da nicht mehr angetroffen e). Dagegen ist sie an der Persischen Küste im Winter nicht so selten.

Aus

e) Man sehe die Beschreibung und Abbildung dieser schönen und seltnen Ente in der teutschen Ausgabe meiner *Spicileg. Zoolog.* (Sammlungen merkwürdiger Thiere) VIte Sammlung S. 40 Platte 5. unter dem Namen Anas rufina oder Rothkopfente.　..P.

Aus der Ordnung der Schnepfen kommen gemeiniglich im März der Kybitz, der kleine Strandläufer
(Charadrius Hiaticula), die große Schnepfe (Scolopax Limosa) und die Strandschnepfe (Scolopax To-
tanus); letztere ist, von allen aus dem Kaspischen Meer
herkommenden Schnepfen, die einige, welche den Sommer über die hiesige Gegend gänzlich verläßt; dagegen
aber kommt sie auch zuerst wiederum, zu Anfang des
Septembers, wenn die Hirse hier eingeerndtet wird,
die Wolga heruntergezogen, und hält sich bis im Oktober
auf den Hirsefeldern hier herum häufig auf.

Sonst sieht man, von Wasserwild, in gedachtem
Märzmonat, bey Astrachan noch: die Seeraben (Pele-
canus Carbo), die Löffelreiger (Platalea Leucorodia),
die Hurbeln Fulicae), wie auch die verschiednen Gattungen von Saagtauchern (Mergi), welche insgesammt theils hier herum nisten, theils weiter von hier
die Wolga aufwärts ziehen, und im Oktober wieder zurückkehren. Letztere pflegen auch manchmal in der Nähe
von Astrachan, an Stellen wo die Wolga nicht zufriert,
zu überwintern. Und von Landvögeln kommen mit dem
Anfange des März monats die wilden Tauben und die
Staare schwarmweise an. Erstere sieht man hier im
Sommer selten; desto häufiger aber sind sie im Herbst,
bey ihrer Zurückkehr nach ihrem Winteraufenthalt. Allein die Staare nisten auch um Astrachan in großer Menge, weil man für dieselben, sowohl in den hiesigen Vorstädten, als in der umliegenden Gegend besondre, aus
Baumrinde verfertigte Cylinder und Trichter zum nisten,
auf langen Stangen auszustellen pflegt. Sie verbleiben auch, zum größten Nachtheil der hiesigen Weingär-
ten, bis nach vollendeter Weinlese allhier, und fliegen
fast beständig schwarmweise.

Die

Die gemeine Feldlerche zeigt sich zu Anfang des Märzmonats auch häufiger, als in den Wintermonaten, und zwar mehrentheils einzeln oder paarweise; und nachher wird man selbige hier nicht eher wieder gewahr, als im Oktobermonat.

Die Ankunft der Schwalben erfolgt gemeiniglich in der letzten Hälfte des Märzmonats, und im September werden sie hier wieder unsichtbar.

Außer itztgedachten Landvögeln kommt im März noch der Wiedhopf und der Steinquäker (Motac. Oenanthe), welche beyde auch den Sommer hier verbleiben und zu Anfang Oktobers wieder davon gehen. Letzterer macht sein Nest auf den hier herum häufig vorhandnen, leimigten Hügeln in der Erde, und pflegt, unter vollem Gesang, auf eben die Art in der Luft herum zu schweben, wie die Lerche thut.

Im April endigt sich gewöhnlichermaßen allhier die Ankunft aller Zugvögel. Um die Zeit nämlich, da die Wolga aus ihren Ufern auszutreten beginnt, kommt noch vollends alle das auf dem Wasser und in Sümpfen lebende Wild an, als: die Taucher (Colymbi), die verschiednen Gattungen Reiger und vielfältige Schnepfenarten; von welchen allen ein beträchtlicher Theil den Sommer über allhier verbleibt und nistet. Die Taucher und die Reiger nisten im Schilf, und die Schnepfen machen ihre Nester auf solchen Inseln, wo man ihnen nicht leicht beykommen kann. Unter den Reigern ist die Numidische Jungfer (Ardea Virgo) bey Astrachan die seltenste Gattung. Sie ist überaus scheu, und macht ihr Nest deswegen auf solchen Hügeln, die rund umher mit Wasser umgeben sind. Von den Schnepfen aber sieht man die Avosettschnepfe am seltensten, und sie nistet auch nie in der Nähe. — Uebrigens geht alles Wasserge sergeflügel, welches im April ankommt, zu Anfang Oktobers wiederum zurück.

Von Landvögeln erscheinen im April die Kraniche, die hier nicht zu nisten pflegen, und eine Menge von allerlei kleinem Waldgeflügel, von welchem aber nur der Kukuk, der graue Neuntödter (Lanius Excubitor), der Häher, die Nachtschwalbe, der Rohrdrossel (Turdus arundinaceus), der Rohrammer (Schoeniclus), und die Turteltaube, den Sommer über bey uns verbleiben. Alle übrige Gattungen halten sich im Hinziehen nur kurze Zeit hier auf, ziehn nachher weiter, und kommen im Oktober wiederum zurück. Sie verbleiben alsdenn abermals eine zeitlang allhier und verlieren sich darauf nach und nach gänzlich. Der Kukuk allein geht schon im September davon. — Von den Saatvögeln aber pflegen die Stieglitze, die Zeisige, die Rohrammer und der Ortolan manchmal auch allhier zu überwintern.

Von der Nachtigall, welche sich ebenfalls im April hier einstellt, ist besonders anzumerken, daß man ihre Stimme nicht länger, als nur ein Paar Wochen lang, um Astrachan hört, und daß sie darauf gänzlich von hier wegzieht; man bemerkt selbige auch niemals beym Zurückzuge. Zu denen hier überwinternden und theils auch den Sommer über hier verbleibenden Raubvögeln kommt im April noch der gemeine und der bunte Weyhe (Milvus vulgaris und regalis) hinzu, und ich habe nicht wahrnehmen können, daß er länger, als bis im September, sich hier aufhalten sollte. Den Beschluß aber von allen Zugvögeln macht gemeiniglich, mit Ausgang des Aprils, der Bienenvogel (Merops Apiaster), und kurz vor demselben kommt auch noch die hier herum in den Ufern der Wolga häufig nistende

Strand-

Strandſchwalbe an, welche bis zum Ausgange des
Septembers allhier verbleibt.

Außer den bisher angeführten Zugvögeln, welche
alle Jahr im Frühling, aus den ſüdlichen Gegenden
hier ankommen, giebt es noch einige, die ſich zu gewiſſen
andern Jahreszeiten, und auch aus andern Himmelsgegenden einfinden.   In der Mitte des Auguſtmonats
kommt nämlich alle Jahr ganz regelmäßig der *Falco
Tinnunculus Lin.* aus den obern Gegenden der Wolga
häufig hierher gezogen und verbleibt nicht länger, als bis
im September, da er nach und nach von hier verſchwin-
det.   Weil er ſo pünktlich die Zeit zu ſeiner Ankunft
beobachtet, ſo wird er gemeiniglich von den hieſigen Einwohnern als ein Vorbothe des Herbſts angeſehn.

Zu Anfang des Oktobers erſcheinen in großen Haufen die Trappen und ihr Zug iſt allezeit aus Oſten und
Nordoſten, nach Weſten und Südweſten gerichtet.
Man behauptet, daß ſelbige ihren Winteraufenthalt am
Kumafluß haben ſollen, und in manchen Jahren verbleiben ſie auch hier den Winter über, wenn nämlich derſelbe nicht allzuſtrenge, beſonders aber der Schnee nicht
gar zu tief iſt.   Sonderbar ſcheint es jedoch, daß man
ſelbige im Frühling allhier nicht gewahr wird, wenn ſie
ſich nach den Gegenden ihres Sommeraufenthalts zurück begeben; allein dieſes rührt vermuthlich davon her,
weil ſie ſich im Frühling trennen, und nicht in Heerden,
ſondern Paarweiſe ziehen.

In der letzten Hälfte des Oktobers kommen auch aus
den nördlichen Gegenden ganze Heerden von Feldhüh-
nern hier an, und verbleiben in hieſigen Gegenden den
ganzen Winter hindurch, bis zum Februar, worauf ſie
ſich wieder Paarweiſe wegbegeben. — Als etwas ſelt-
nes wird es hier angeſehn, wenn ſich zu eben der Zeit
auch

auch) das langſchwänzige Berghuhn (Tetrao Alchata) f) aus der Jaikiſchen Steppe einſtellt.

Endlich ſo finden ſich noch im Januar, bey ſtarkem
Schneegeſtöber, flugweiſe die verſchiednen Gattungen
von Lerchen in der Nachbarſchaft ein, unter welchen
die große ſchwarze Lerche (Alauda nigra, *Pall.*) beſonders merkwürdig iſt. Auch zeigen ſich alsdenn die
Schneeammer (Emberiza nivalis), nebſt den gemeinen
Aemmerlingen (Citrinella) häufig, welche an der Wolga, faſt beſtändig zuſammen, geſellſchaftlich an den Wegen herum fliegen, und ſo bald der Schnee aufthauet,
wiederum verſchwinden. Die Gegend, aus welcher ſie
angeflogen kommen, läßt ſich eigentlich nicht beſtimmen g).

Der Faſan iſt, ſo wohl im Winter, als im Sommer, bey Astrachan ein ſeltner Vogel. Dennoch iſt er
in erſterer Jahrszeit etwas häufiger, als in letzterer vorhanden, und ſein Aufenthalt iſt alsdenn mehrentheils im
Schilf, unterhalb Astrachan. Am Kumafluß ſoll er
häufiger ſeyn, und hat auch von der an dieſem Fluß gelegnen ruinirten Stadt Madſhary, den rußiſchen Namen Madſharskoy Petuſchok (Madſhariſches Hähn-
chen) erhalten.

III. Ab-

f) Ich vermuthe daß hier nicht die rechte Alchata, ſondern das von mir zu allererſt beſchriebne Steppen-
huhn, Tetrao arenaria (Nov. Com. Petrop. Tom. XIX,
Pallas Reiſe III. Theil Anh. n. 27.) zu verſtehen
ſey. P.

g) Hierüber und von andern die Zugvögel betreffenden
Umſtänden, ſoll nächſtens in einer beſondern, dieſe
Materie betreffenden Abhandlung, zu welcher ich einen anſehnlichen Vorrath Bemerkungen und Materialien geſammlet habe, mehr geſagt werden. P.

III.

Abhandlung

von den

Kennzeichen

und der

Gewinnung des Mergels[h]).

So wird die Fruchtbarkeit, mit der die Saat sich hebet,

Und unsre Scheuern füllt, doch erst vom Schlamm be-
lebet.

Gellert.

Einleitung.

Die römisch kaiserliche patriotische Societät in Oesterreich hat für das Jahr 1780 folgende Preisfrage
bekannt gemacht, nämlich: „Wie sind die verschiednen
„Arten von Mergel, oder hier zu Lande sogenannten
Schlier,

h) Der Verfasser dieser Abhandlung ist ein hofnungs-
voller, durch seine Reisen in Oesterreich, Steyermark,
Krayn, Italien, Tyrol, Salzburg und Bayern (Wien
1781. 8. 2 Theile) und durch andre Arbeiten vortheilhaft bekannter Gelehrter, Herr Benedikt Franz
Herrmann Römischkaiserlich. Professor der Technolo-
gie, der K.K. patriot. Soc. in Oesterreich und Steyermark, dann der naturf. Gesellsch. in Berlin Mitglied
2c. den ich auf seiner Reise nach Rußland kennen zu
lernen

„Schlier, am sicherſten zu erkennen, und von einander
„zu unterſcheiden; wie die Mergellagen unter der obern
„Dammerde am leichteſten zu entdecken, wie die Gruben
„ſelbſt am geſchickteſten anzulegen, und die angelegten
„mit den geringſten Koſten zu erhalten?“ Und gegenwärtige Abhandlung war ſo glücklich, den Preis zu
erhalten.

Es fehlt uns zwar nicht an Schriftſtellern, die ſeit
15 oder 20 Jahren her in ihren Werken des Mergels
erwähnten; allein entweder ſind ſie bey der bloßen Klaſ-
ſifikation deſſelben ſtehn geblieben, wie es alle Mineralogen thaten, Herr Vogel allein ausgenommen, welcher
ein paar Worte mehr ſagte; oder ſie haben nur ſeinen
Nutzen beym Feldbau angeprieſen, und ſeine Anwendung
gelehrt. Keiner aber hat meines Wiſſens gezeigt, auf
welche Art er am ſicherſten zu erkennen, und wie er am
leichteſten zu finden und zu gewinnen ſey.

Da es alſo eines theils überflüßig wäre, von dem
Nutzen, den er dem Ackerbau leiſtet, noch etwas zu ſagen, indem ſo verdiente Männer, wie z. B. Münch-
hauſen, Mayer, Beckmann, und Pfeiffer ſind,
diesfalls keinen Zweifel mehr übrig gelaſſen haben; an-
derntheils aber die vorliegende Preisfrage ſelbſt darüber, als eine Sache, die keines Beweiſes mehr be-
darf, hinausgeht, ſo beſchränkt ſich dieſe Abhandlung
nur auf die zween weſentlichſten Punkte; der eine: Was

B 2 ſind

lernen das Vergnügen gehabt habe. Dieſe Abhandlung, welche mir Derſelbe für die N. Nord. Beyträge
mitgetheilt hat, gewann im Jahr 1780 den Preiß
der N. Kaiſerl. patriotiſch-ökonomiſchen Societät, iſt
aber nicht gedruckt und wird auch vermuthlich nicht
bekannt gemacht werden. P.

sind die Kennzeichen des Mergels? und der zweyte: Wie ist er zu finden und zu gewinnen?

Ich muß hier aber bemerken, daß der Bauer an vielen Orten gewohnt ist, z. B. in Bayern und in Oberösterreich, alle Verbesserung des Ackers, die ohne gemeinen Dung geschieht, mergeln zu nennen. Er heißt also mergeln: wenn er auf einen Thonboden Kalk oder Sand führt; wenn er einen sandigten Acker mit Teichschlamm oder Torferde, wie im Salzburgschen geschieht, verbessert; wenn er Koth von der Straße auf das Feld führt, und überhaupt wenn er den Acker mit einer andern Erdart mischt.

Man sieht also beym ersten Anblicke, daß man diesen sogenannten Mergel bey dem ökonomischen Gebrauche von dem eigentlichen Mergel oder Schlier sehr zu unterscheiden hat. Gegenwärtige Abhandlung hat nur letztern zum Gegenstande, welcher unter andern in Oberösterreich bereits einen unendlichen Nutzen gestiftet hat, und wovon die sogenannte Welserheide das eklatanteste Beyspiel ist. Diese Heide liegt zwischen Linz und Wels, und erstreckt sich beynah vier deutsche Meilen in die Länge; sie hat ursprünglich einen heißen Sandboden, der aus Kalk- Granit- und Quarzgeschieben, dann etwas Dammerde besteht. Vor ungefähr 25 bis 30 Jahren nun fing man an, diesen Boden mit Mergel zu verbessern, und diese Anstalt ist so vortreflich gelungen, daß der größte Theil dieser Fläche bereits in die fruchtbarsten Felder umgeschaffen ist; ja das Getreide geräth auf dieser Heide so ausnehmend gut, daß insgemein jeder Metzen hievon um einige Groschen i) theurer bezahlt, und sehr gesucht wird.

Erster

i) Ein österreichscher Metzen ist so viel, als ein Berliner Scheffel, und ein Groschen so viel, als drey Kopiken, oder drey preußische Groschen.

Erster Abschnitt.

Von den
Kennzeichen des Mergels.

Allgemeine Kennzeichen desselben.

§. 1.

1) Roh brauset er mit allen Säuren auf, besonders der Kalkmergel; hat aber der Thonmergel des Thons zu viel, so brauset er sehr schwer, manchmal, obwohl der selten, fast gar nicht. Denn die Kalktheile sind keiner Gattung Mergel in so geringer Portion beygemischt, daß sie sich nicht mit Säuren verrathen sollten.

2) Nach dem Brennen brauset er nicht.

3) Diejenigen Gattungen, in denen der Thon das Uebergewicht hat, verhärten sich gerne im Feuer; jene aber, denen mehr Kalktheile beygemischt sind, werden dadurch mürber.

4) Alle Mergelarten schmelzen leicht zu Glase, weil, wie bekannt ist, die Beymischung des Kalkes auch den schwerflüßigsten Thon zum Fluß bringt.

5) Gebrannt ziehen sie leicht Wasser an, und zerfallen alsdenn.

6) Sie sind im Bruche alle matt, fühlen sich insgemein mager, und die verhärteten Gattungen ziemlich rauh an. Zuweilen ist auch mancher Mergel etwas schlüpferig anzufühlen, welches theils von der Beymi-

B 3　　　　schung

schung eines brennbaren Wesens, theils auch von Glim-
mertheilen abhängt, die oft so fein sind, daß sie mit un-
bewafnetem Auge nicht wohl bemerkt werden können.

7) Im Schooße der Erde ist der Mergel immer etwas feucht, besonders der Thonmergel, welcher von dem
gemeinen Manne zuweilen Tegel genannt wird. Seine
Feuchtigkeit erhält er von dem Tagwasser, welches nur
mit Mühe durch ihn durchsintert, öfters auch auf selben
stehn bleibt, wodurch Quellen entstehen.

8) Daß die Mergelarten zwischen den Zähnen knir-
schen, ist, wie einige wollen, kein eigenthümliches Unter-
scheidungszeichen; andere Erdarten thun es auch.

Das sicherste und auffallendste Merkmal aber ist,
daß

9) Alle Mergelarten, wenn sie anderst diesen Namen
verdienen sollen, roh in freyer Luft, früher oder später,
zerfallen müssen. Dieses Zerfallen beruht auf ihrer Fe-
stigkeit; und es giebt Gattungen des Mergels, die erst
in 3 bis 5 Jahren gänzlich verwittern. Einige, und
zwar die meisten zerfallen binnen 1 oder 2 Jahren zu einer brauchbaren lockern Erde.

Außer diesen allgemeinen Kennzeichen, die allen
Mergelarten überhaupt zukommen, giebt es noch welche,
die sich auf ihre Bestandtheile, Textur und Farbe be-
ziehn. Wir wollen sie hier nach diesen Rubriken eintheil-
len und beschreiben.

Eintheilung des Mergels nach seinen Bestand-theilen.

§. 2.

Mergel, Terra Calcarea argilla intime mixta, sive Marga k), ist allezeit eine zusammengesetzte Erdart. Seine Hauptbestandtheile sind Kalk und Thon. Ich wenigstens kenne keinen Mergel, der nicht aus diesen Grundmischungen bestünde. Und ich kann also mit Herrn Hube nicht gleicher Meynung seyn, der die Mergelerde zu einer einfachen und eigenen Erdart machen will l). Sand, Dammerde, Glimmer, Kalkspat, Gips, Konchillen, Bitumen, Schwefelkies ıc. sind zufällige Einmischungen, die die eigne Natur des Mergels nie wesentlich verändern.

Wir theilen also den Mergel in Rücksicht seiner Mischung:

1) In reinen oder sogenannten eigentlichen Mergel; er besteht aus gleichen Theilen Thon und Kalk, und wird von so gleichtheiliger Mischung nur selten gefunden.

2) Kalkmergel. Dessen Bestandtheile sind $\frac{2}{3}$ oder $\frac{3}{4}$ Kalk, mehr oder weniger, und $\frac{1}{3}$ Thon.

3) Thonmergel. Im umgekehrten Verhältnisse, nämlich $\frac{2}{3}$ oder $\frac{3}{4}$ Thon, und $\frac{1}{3}$ Kalk m).

B 4   4) Un-

k) S. Kronstedts Mineralogie, die neue Uebersetzung von Werner, Leipzig 1780, 1. B. 1. Th. p. 70.

l) S. Seinen Landwirth, Warschau 1779, 1. Stück p. 19.

m) Um zu wissen, wie viel Kalk und Thon in der Mischung sey, dient folgender Versuch:

Man

4) **Unreiner Mergel,** worunter ich jene Gattungen Mergels verstehe, die außer ihren eigenthümlichen — den Mergel karakterisirenden Bestandtheilen annoch fremde Körper in ihrer Mischung haben; z. B. Quarz, Glimmer, Kalk- oder Gipsspat, Gipserde, Kies rc. In Rücksicht dieser Beymischungen sind Einige veranlaßt worden, Sand- Gips- Glimmer- und Kreidenmergel aufzuführen. Allein, entweder sind diese fremden Körper in so kleiner Menge vorhanden, daß sie die Wirkungen des Mergels nicht verändern, oder sie sind in großer Menge eingemischt. Sind sie das letzte, so hört eine solche Erdart auf, Mergel zu seyn. Sie wird nie Wirkungen äußern, die den übrigen Mergelgattungen gleichkommen, folglich sind sie auch zum ökonomischen Gebrauche als Mergel nur selten tauglich. Daher hab ich aus all diesen Abarten nur eine Gattung gemacht, die mir meinem Zwecke am angemessensten schien.

Eintheil-

Man nimmt ein Stück Mergel, wägt es, und gießt so viel Kochsalzsäure (Spiritus salis communis) zu, bis sich alles auflößt; in diese Auflösung tröpfelt man so lange Laugensalz, bis sich nichts mehr niederschlägt. Dieser Niederschlag ist nun Kalk, den man, nachdem die Säure abgegossen worden, trocknet, wägt, und dadurch erfährt, wie viel Kalk in der Mischung des gebrauchten Mergels war. Das, was sich in der Auflösung erhält, besteht aus Thon und einigen fremden Theilen, z. B. Eisentheilchen. Man kann also durch diesen Versuch ziemlich richtig erkennen, ob man Kalk- oder Thonmergel hat? Der unreine, mit fremden Körpern sehr gemischte Mergel, verräth sich ohnehin gleich beym äußerlichen Ansehn.

Eintheilung des Mergels in Absicht seines Gewebes.

§. 3.

1) **Mergelerde**, Marga friabilis, Cronst. pag. 71. §. 26. von einigen auch **Staubmergel** genannt. Sie ist manchmal so los und mürbe, wie zermalmte Kreide, öfter aber auch nur locker; löset sich fast gänzlich im Wasser auf; hat ein mattes Ansehen, und fühlt sich gleichwohl zuweilen etwas fett an.

Von dieser Gattung Mergel hab ich im k. k. Kammergute in Oberösterreich, das ist: in den Gegenden um Gmunden, Ischl, Hallstadt und Aussee, in den Klüften der dortigen sehr mächtigen Kalkfelsen hin und wieder Beyspiele gefunden.

2) **Halbharter Mergel.** Diese Gattung hat oft fremde Theile in ihrer Mischung; man findet sie zuweilen in Klumpen, bröcklicht und blätterricht; (Papiermergel) oft aber auch in ordentlichen Lagen.

Auf den Appeninen in Toskana, im Trientinischen, in Kärnten, in Krain und anderwärts hab ich Mergel gefunden, der unter diese Abtheilung gehört.

3) **Verhärteter Mergel**, von Einigen Steinmergel genannt; Marga indurata aere fatiscens, Cron. p. 71. §. 27. Er bricht manchmal in mehr oder weniger verhärteten unförmlichen Stücken, Marga indurata amorpha, C. p. 72. §. 28; insgemein aber in Gestalt eines Schiefers; **Mergelschiefer**, Marga indurata stratis continuis, C. §. 28.

So wird er häufig in Bayern, im Salzburgschen, in Oberösterreich, und an noch vielen andern Orten gefunden; er bricht, besonders in Oberösterreich,

B 5

in

in regelmäßig horizontellen Lagen, zwischen welchen öfters fremde Körper gefunden werden: z. B. verfaulte Kräuter, Gips, Spat, Kieskugeln u. d. g. Zu Lambach, einem Benediktinerkloster in Oberösterreich, fand man in der dasigen großen und schönen Mergelgrube sogar ein außerordentlich großes Gerippe eines Ochsens, wovon mir der Kopf allda gezeiget wurde.

Die erste Gattung ist zweifelsohne durch die Verwitterung aus den zwo folgenden entstanden. Hat zuweilen der Mergel eine andre Figur, als ich so eben beschrieben habe, z. B. ist er röhricht, tropfsteinartig ꝛc. so ist sie allemal zufällig, und verdient keinen eigenen Namen.

Herr Vogel hat in seinem Mineralsysteme, S. 112—119 über diese figurirten Mergelarten zwar eine Klaßifikation gemacht, die mir aber die Sache mehr zu entstellen, als aufzuklären scheint.

Eintheilung des Mergels in Absicht der Farbe.

§. 4.

1) **Weißer Mergel.** Ist nicht selten, und gemeiniglich Kalkmergel; man findet ihn bey Bergkirchen im sogenannten Darmlechner Grund nächst Windhag in Oberösterreich, allwo er mit vielen kleinen Quarzkörnern gemischt ist, und daher auf die dortigen ohnehin sandigten Felder nicht angewendet werden kann.

Der Kalk trägt zur weißen Farbe bey; er ändert ins Graue, Gelbliche und Röthliche ab.

2) **Grauer Mergel,** welcher meistentheils ein Uebergewicht an Thon in seiner Mischung hat, und, wenigstens

stens in den österreichischen Staaten, besonders aber in Oberösterreich, am öftersten gefunden wird. Sein Grau nähert sich manchmal dem Lichtblauen, Braunen und Schwärzlichen.

3) **Rother Mergel** ist seltner; er ändert ins Gelbliche, Grünliche, Braune und Schwärzliche ab, und ist immer etwas eisenschüßig. Eine Art grünlichen Mergels kömmt bey Seittenstädten in Oberösterreich in den dortigen Marmorbrüchen vor.

Zweeter Abschnitt.

Von der Art

den Mergel zu finden und zu gewinnen.

Wie er aufzusuchen.

§. 5.

Die Mergelarten finden sich, wie man weiß, in verschiednen Lagerstätten; meist in horizontellen Schichten nicht tief unter der Dammerde. So findet man ihn an vielen Orten in Bayern, Oberösterreich, Kärnten und in mehr andern Ländern.

Oft wird er in mächtigen Lagern, ein, zwey auch mehrere Klafter tief unter der Dammerde angetroffen. Auf diese Art kömmt er häufig in Bayern bey Burghausen, Obernberg, Braunau ꝛc. vor.

Die Erde, die ihn hier deckt, ist an den meisten Orten 2 starke Klafter mächtig, und, außer ein paar Schuh Ackererde, eitel Sand, welcher bald aus groben, bald aus kleinen Geschieben besteht.

Da

Da hier an vielen Orten diese Mergelschichten an den Ufern des Inns und der Donau zu Tage ausstehen, so kann man ihre Lagen sehr unterscheidend bemerken. Ich hab also Stellen gesehen, wo Sand und Mergel zwey und dreymal mit einander abwechselten. Die erste Lage war von 1 bis 2 Schuh Ackererde; die zwote 1 bis 2 Klafter Sand; die dritte bläulichgrauer verhärteter Mergel von 1 Schuh bis 2 Klafter mächtig; die vierte ein röthlicher Flugsand; die fünfte wieder Mergel, der härter und schon schieferartig war. In der 6ten Lage fand sich abermal Sand, der aber beynah zu einer Breccia arenosa verhärtet war, die man in Innsbruck, Salzburg und anderwärts zum Bauen anwendet. Was weiter folgte, wurde meinen Augen durch den Fluß entzogen.

§. 6.

Man findet den Mergel auch in Flötzgebürgen oder Hügeln, die sich an die höhern Gebirge anschließen, oder auch isolirt sind. Einige Schriftsteller, z. B. Herr Ferber, haben sie auch wohl geradezu Mergelhügel genannt. Hier finden sich die Mergelarten meist in ungeformten Stücken; auch wohl manchmal blätterigt und tofsteinartig. Diese Mergelhügel haben meist eine zerrüttete, seltner eine schieferartige Gestalt. Sie sind wahrscheinlicherweise durch Ueberschwemmungen, oder andre gewaltsame Zufälle entstanden. In diesen Lagerstätten trift man den Mergel in Kärnten, Krain, auf den Appeninen, im Venetianischen, im Trientinischen und anderwärts an.

§. 7.

Auch in mächtigen Kalk- und Schieferfelsen wird Mergel gefunden, welcher aber der seltenste ist. Er

bricht

bricht in Lagen, deren Mächtigkeit selten über 1 bis 2 Schuh beträgt. Streichen dergleichen Felsen mit diesen Lagen zu Tage aus, so präsentiren diese letztern ordentliche Gänge, die sich zwischen härteren Kalk- oder Schieferstein befinden. Ich habe, außer in Steyermark, und im Salzkammergute in Oberösterreich, wenige Beyspiele hievon angetroffen.

§. 8.

Kennt man nun alle Mergelarten, welches nicht schwer fällt, wenn man auf jene Kennzeichen aufmerksam ist, die ich vom 1ten bis zum 4ten §. beygebracht habe, so ist, um die Mergellagen zu finden, auf folgendes Acht zu geben:

1) Denjenigen Mergel, welcher in Schichten unter der Dammerde bricht, wie ich im 5ten §. bemerkt habe, findet man, wenn man hie und da die Dammerde ein oder mehrere Schuh mit Krampen und Schaufel wegräumt; den Sand, der sich gemeiniglich darunter befindet, heraufbringt, und denn zusieht, ob nichts lettenartiges von blauer, weißer oder röthlicher Farbe nachkömmt. Erhält man einen dergleichen Lehm, wie ihn der Landmann zu nennen pflegt, so muß man sehen, ob es auch wirklicher Mergel sey? Denn oft ist es reiner Thon, oder Tegel, wie der Bauer sagt; oder es ist mürber Kalk, oder auch Gipserde.

Um sich nun zu überzeugen, ob es wahrer Mergel sey oder nicht, muß man ihn nach denjenigen Kennzeichen prüfen, die in den 4 ersten §. §. enthalten sind. Z. B. Ob er feucht aus der Erde kömmt? Ob er sich mager anfühlen lasse und abfärbe? Ob er mit Säuern brause, und ob er in freyer Luft zerfalle?

Das

Das sicherste und einfachste Kennzeichen, ob man wahren Mergel gefunden habe, ist wohl dieses letzte, nämlich daß er in freyer Luft früher oder später zerfallen muß. Denn wenn man einen Klumpen hievon der freyen Luft aussetzt, so fängt er erstlich an gleichsam zu zerbersten; wird denn immer lockerer, und zerfällt endlich fast ganz zu Stauberde.

2) Sollte sich mittelst Schaufel und Krampen nichts erreichen lassen, so muß man, entweder an den oft hohen Ufern der Flüsse, in Hohlwegen, oder an den Abhängen (in österreichischen Staaten Rain genannt) der Aecker und Wiesen zusehen, ob keine blau- oder weislichten Adern zwischen Sand und Erde zu Tage ausstehen?

Da, wo kleine Wasserquellen die Abhänge der Felder durchdringen, ist fast immer sicher zu vermuthen, daß Mergel vorhanden sey, weil derselbe, besonders der Thonmergel, das Wasser nicht gerne durchsintern läßt. Dies ist aber kein untrügliches Merkmal, weil der eigentliche Thon oder Lehm, den die Töpfer und Ziegelmacher brauchen, es auch thut; und dieses um so mehr, weil seine thonigte Eigenschaft das Wasser anzieht, und wenn er damit gesättigt ist, nichts mehr durchsitzen läßt.

3) Dieser Thon ist aber von dem Mergel leicht zu unterscheiden; denn jener verhärtet sich am Tage, da dieser zerfällt. Auch der Kalk ist leicht zu kennen, indem er mit Säuern viel heftiger aufbrauset, und an der Luft ungebrannt nicht zerfällt. Wäre es Gips, so kann man solchen ebenfalls durch Scheidewasser erkennen, weil er damit nicht, oder doch nur sehr schwach aufbrauset, und außerdem noch im Brennen härter wird.

4) Im Falle man aber eben so wenig mit Schaufel und Krampen, als durch Aufmerksamkeit in Hohlwegen und auf den Abhängen der Felder etwas entdecken

könnte;

könnte; so thut derjenige wohl, dem daran gelegen ist,
Mergel zu bekommen, sich des sowohl in den Abhand.
lungen der schwedischen Akademie der Wissen
schaften, als auch vom Herrn von Geiß in einem klei.
nen Werkchen beschriebenen Erdbohrers zu bedienen,
welcher an verschiedenen Orten in Bayern und Oester.
reich, z. B. bey Wasserburg, Braunau, Rps ꝛc.
im Gebrauche ist.

5) Einen dergleichen Erdbohrer besitzt entweder eine
Herrschaft, eine Gemeinde, oder auch Jemand allein;
und er kann zum Gebrauche ausgeliehen werden. Sein
Preis ist nach der Verschiedenheit des Ortes auch verschieden. In Oesterreich dürfte er nicht über 4 bis 5
Dukaten zu stehen kommen. Man durchbohrt mit selbem die Dammerde auf ebnen Feldern oder auf Hügeln.
Da sich nun in der Höhlung seines Vordertheiles (in
der österreichischen Mundart Naber) jene Erde eindrängt,
die er durchbohrt, so kann man bey jedesmaliger Her-
ausziehung desselben sehen, welche Erdart es sey. Man
muß sich nicht abschrecken lassen, tiefer zu bohren. wenn
man mit 1 oder 2 Klafter noch nichts erhält; denn manchmal liegen die Mergelschichten ungewöhnlich tief.

Von der Art den Mergel zu gewinnen.

§. 9.

Hat man nun auf eine, oder die andre Art Mergel
entdeckt, so legt man auf selben ordentliche Gruben an.
Gleichwie nun aber eine solche Grube gemeiniglich eine ganze
Gemeinde versehen kann und muß, so ist auch darauf zu
sehen, daß sie, wenn es anderst thunlich ist, an einem
Orte angelegt werde, welcher der Mittelpunkt des Revie-
res ist, und von wo aus die Zufuhr am minderbeschwer-
lichsten geschehen kann.

Man

Man legt sie insgemein an einem Abhang des Hügels oder Feldes, in welchem man Mergel entdeckt hat,
an, weil auf solche Art die Gewinnung am leichtesten
wird; und es dürften sehr wenige Mergelgegenden seyn,
wo sich dieses nicht anwenden läßt. Gesetzt aber man
fände mittels des Erdbohrers in einem sehr flachen und
weit ausgedehnten Boden Mergel, und man könnte nicht
anderst, als in einer zu weiten Entfernung durch einen
Abhang an die Mergellage kommen, so müßte man freilich durch Vorrichtung einer die obern Erdlagen durch-
dringenden viereckigten Oefnung, die der Bergmann einen Schacht oder ein Gesenk nennt, den Mergel zu gewinnen suchen.

Allein diese Gewinnungsart ist zu vielen Schwierigkeiten unterworfen, als daß sie, außer im Nothfalle, angewendet werden sollte. Denn da die Tagwässer durch
die obern Erd- und Sandschichten durchsitzen, und gemeiniglich von dem Mergel angezogen werden, auch wohl
zum Theil auf selbem stehen bleiben, so ist der Mergel
in der Erde immer feucht, oft sehr naß. Wenn man
nun mittelst Niedertreibung eines Schachtes den Mergel
auf Strecken und Auslenkungen gewinnen wollte, so
würde man entweder einen völlig bergmännischen Bau
führen, mithin, um die Wässer zu heben, Pumpenkünste
anlegen, jeden Schacht oder Strecke wohl verzimmern
oder gar ausmauern, oder aber die Grube wegen der häufig zusitzenden Wässer bald verlassen müssen. Diese Gewinnungsart würde also sehr kostbar und nur zu oft für
die Arbeiter sehr gefährlich seyn.

§. 10.

In Bayern und Oberösterreich pflegt man die
Mergelgruben auf folgende Art anzulegen, zu unterhalten

ten und den Mergel zu gewinnen; und ich habe gefunden, daß sie die beste sey.

Da der Mergel in diesen Ländern, wie ich schon oben
bemerkt habe, in mächtigen Schichten unter der Dammerde meist ebner Felder gefunden wird, so sucht man einen Abhang oder Hügel, allwo diese Mergellagen von
der Seite zu erreicht werden können, welches auch fast
nie fehlschlägt, weil hier diese Schichten insgemein sehr
weit fortstreichen.

Nun fängt man an, Dammerde und Sand wegzuräumen, und den Mergel zu gewinnen. Da er hier in
Gestalt eines ziemlich harten Schiefers in horizontellen
Schichten vorkömmt, so bricht er gerne in viereckigten
Stücken, oder in Parallelopipedis. Man folgt also der
Natur und gewinnt ihn in solchen Ablösungen; man
sucht nämlich mit Hauen und Krampen ein großes einige
Zentner schweres Stück dadurch loszumachen, daß man
um und um eine Verschrämmung macht, und solches
dann mittelst großer Krampen oder Brechstangen heraus-
zuzwingen sucht. Es wird bey der obersten Lage angefangen, und bis zur Ebensole des Feldes, Flusses oder
Weges fortgefahren; jener Mergel aber, welcher tiefer
liegt, wird erst dann angegriffen, wenn der höherliegende
bereits gänzlich weggebrochen ist.

Die losgemachten größern Stücke werden in kleinere,
zu $\frac{1}{2}$ bis 5 und 6 Pfund schwer zerschlagen in Haufen
zusammengesetzt und klafterweise verkauft. Die Partheyen, welche ihn kaufen, führen ihn auf einen bequemen Ort, und lassen ihn so lange an freyer Luft liegen,
bis er zu einer lockern Erde zerfällt. Dieses Zerfallen
nennt der gemeine Mann in Oberösterreich abfaulen.
Ist er nun locker genug, so führt man ihn zu seinem verschiednen Gebrauche auf die Felder, und er thut in diesen

Ländern so gute Dienste, daß der Bauer versichert, er hätte ohne Mergel um den dritten Theil eine schlechtere Ernte zu hoffen. Und in der That giebt es hier auch Gegenden, die die Wahrheit dessen beweisen, allwo man wegen der weiten Entfernung und der daher entstehenden Kostbarkeit des Mergels denselben nicht anwendet.

§. 11.

Wie aus dem Vorhergehenden erhellet, so sehen diese Mergelgruben einem gemeinen Steinbruche sehr ähnlich, und es wäre daher überflüßig, über dessen Anlage einen Riß beyzufügen. Sie ist die einfachste von der Welt, und hat folgende Vortheile:

1) Ist sie am wohlfeilsten zu bearbeiten und zu unterhalten. Sie braucht keine Zimmerung, keine Stollen und keine Wasserkünste; die Wässer fließen meist an den Seitenwänden herab, und die Luft äußert schon vorläufig ihre zerstörende Kraft auf den Mergel.

2) Durch eine solche Gewinnungsart wird die Grube für die Arbeiter am wenigsten gefährlich. Sie arbeiten immer am Tage und am Abhange des Hügels, und haben folglich nie einen Einsturz zu befürchten, und

3) ist die Verführung des Mergels bey einer solchen Grube sehr erleichtert, besonders wenn sie an der Straße angelegt ist. Ist die Grube aber am Ufer eines Flusses, der zwischen tiefen Abhängen fortläuft, wovon man bey Stadel unweit Lambach ein Beyspiel hat, so bringt man den Mergel mittelst eines Aufzuges auf die Oberfläche des Bodens; man hat nämlich an der Höhe des Ufers einen Aufziehhaspel angebracht, an dessen Welle ein Seil läuft, und an welchen zween Schubkarren, bergmännisch Hunde genannt, befestigt sind. Diese Schub-

karren

karren werden nun mit Mergel gefüllt, und so wie der
Haspel gedreht wird, läuft ein Hund auf zwo Latten,
die Farth genannt, hinauf, und der leere zurück herab.

§. 12.

Aus dem, was ich über die Gewinnung des Mergels in Bayern und Oberösterreich hier beygebracht
habe, läßt sich unschwer begreifen, daß die Anlegung einer solchen Mergelgrube eben so wenig koste, als die Unterhaltung derselben.

Vier Taglöhner, denen man 12 bis 15 Kreuzer bezahlt, sind im Stande binnen 3 und 5 Tagen, auf eine
Distanz von 20 Klafter in der Länge und 5 Klafter Höhe die Dammerde und Sand wegzuräumen, und mittelst dieser Arbeit die Grube zum nöthigen Gebrauche
vorzurichten.

Die Unterhaltung der Grube besteht in nichts anderm, als daß man die Dammerde. Sand oder Breccia,
so etwa über die Mergellagen herabzusitzen anfangen,
wegräumt, und folglich einer unangenehmen Verschüt-
tung dadurch zuvorkömmt; welches im Jahre hindurch
nicht über 3 oder 4 Gulden betragen kann.

Die Hauptarbeit bleibt also die Gewinnung des Mergels. Sie geschieht gemeiniglich im Winter, weil solcher auf Schlitten am besten verführt werden kann. Ein
Mann ist vermögend des Tages eine aufgestellte Wiener-
Klafter von jenem Mergel zu brechen, wie er in Bayern
und Oberösterreich vorkömmt, und welches, wie ich
schon oft angeführt habe, ein ziemlich harter Mergelschiefer ist.

Zu Lambach in Oberösterreich wird die Klafter
Mergel, ohne Arbeit, denn der Käufer kann ihn auch
selbst

selbst brechen lassen, um 51 Kreuzer; mit der Arbeit aber um einen Gulden und 3 bis 6 Kreuzer [n]) verkauft. Zu Ebersberg, eine Stunde von Linz, ebenfalls in Oberösterreich), schlägt man ihn in größere Haufen, und verkauft einen solchen, der z. B. 30 zweyspännige Fuder hält, die Brechungskosten mitgerechnet, an Ort und Stelle um zehen Gulden. Man kann also überhaupt annehmen, daß der Zentner Mergel in Oberösterreich im Durchschnitte auf 3 Kreuzer zu stehen komme.

Als ein Beyspiel, wie einträglich in diesem Lande eine Mergelgrube ihrem Eigenthümer ist, will ich zum Schlusse noch eine Berechnung einrücken, die ich bey der mehrerwähnten Grube zu Lambach gemacht habe:

Einen Theil der Anlegungskosten und die jährliche Unterhaltung berechne ich auf   5 Gulden.

Vier Mann durch 5 Wintermonde den Mergel zu brechen, jedem täglich hochgerechnet 15 Kreuzer, nach Abzug der Sonn- und Feyertage, für 130 Tage   130 Gulden.

Für die Abnützung des Werkzeuges   10 Gulden.

Zusammen 145 Gulden.

Diese vier Mann haben aber 520 Klafter Mergel gewonnen, welche, wenn jede Klafter auch nur zu einem Gulden gerechnet wird, 520 Gulden betragen. Zieht man nun die Kosten davon ab, so zeigt sich ein Ueberschuß von 375 Gulden.

IV. Joh.

n) Ein Gulden hat in Oesterreich 60 Kreutzer, und ein Kreutzer ist genau so viel, wie ein preußischer Groschen oder ein Kopik.

IV.

Joh. Gottl. Georgi

Nachricht

von den Versuchen,

welche

bey der Ruß. Kaiserl. Admiralität und Akademie
der Wissenschaften

wegen der

Selbstentzündlichkeit der Oele

mit

Kienruß, Hampf und Flachs

gemacht worden °).

Im Mineralreich sind Selbstentzündungen der Stein-
kohlen-, Allaunschiefer-, Kies- und Torfhaufen und
der heißen schwefelichten und öligten Dünste in der Tiefe
brennender Berge nichts seltenes, und auch die Chemie
hat zufällig mancherley Luftzünder entdeckt (Vogels Lehr-
sätze der Chemie S. 547 u. f.)

C 3

Daß

---

o) Die Versuche der Admiralität stehen nebst dem
Schreiben des Grafen Tschernischew, so wie auch
meine im akademischen Laboratorium veranstalteten
Versuche in der Historie der 1781 gedruckten Actor.
Acad. Anni 1779. Vol. I. erstere aus dem Rußischen
ins Französische übersetzt in der Form von Tabellen.

Daß auch thierische Substanzen unter gewissen Umständen in Brand gerathen können, beweisen die sich bisweilen entzündeten Düngerhaufen nicht nur, sondern Herr Montet erzählt (Mem. de l'Acad. de Paris 1748), daß sich wollene sogenannte Kaiserzeuge, welche in Sevennes verfertigt werden, selbst entzündet und verkohlt haben, welches er, wenn viele Zeuge in einem heißen Sommer in einem wenig luftigen Zimmer auseinander liegen, für leicht erklärlich hält.

Im Pflanzenreich ist die Selbsterhitzung nasser, aufgehäufter Substanzen, des Mehls, Malzes und gährender Dinge eine tägliche und die Selbstentzündung nassen Heues, Getreides, Färberwaidts ꝛc., eine zwar seltene, aber gewisse Erscheinung. Man hat auch theils gewisse Beobachtungen, theils wahrscheinliche Vermuthungen von einigen Selbstentzündungen einiger Kunstprodukte dieses Naturreichs Eine schreckliche Feuersbrunst im Jahr 1756 in Rochefort läßt sich, sagt Herr Montet (Mem. de l'Acad. de Paris 1760) fast nicht anders erklären. Im Jahr 1757 kam in Brest im Magazin einer Art Segeltuch, welches Prelart genennet wird, und an einer Seite mit Ocher und Oel überstrichen ist, mehr als wahrscheinlich durch Selbstentzündung Feuer aus. Die öftern Feuersbrünste in Kriegshäfen scheinen bey der großen Vorsichtigkeit wider Feuerschäden, und weil die sehr strengen Untersuchungen oft die Ursache nicht finden, bisweilen auf ähnliche Weise entstanden zu seyn. Eben dieses läßt sich auch von einigen andern Feuersbrünsten, die man mit wenig Wahrscheinlichkeit auf Rechnung der Verwahrlosung oder der Mordbrenner setzen kann, vermuthen. Weil die genaue Untersuchung aber wegen des unversehenen und schnell um sich greifenden Feuers schwierig ist, und unter den vielen Arbeitern leicht sehr Nachläßige und wohl auch erkaufte

erkaufte Bösewichter seyn können, so bleiben die wahren Ursachen gewöhnlich verborgen.

Vor etwa zwanzig Jahren entstand auf einer Seilerbahn bey St. Petersburg und in einigen hölzernen Häusern öfters Feuer. Bey der Untersuchung ward weder Verwahrlosung noch Mordbrennerey entdeckt, wohl aber fand sich, daß diese Taufabrike, den in einem Schiffe mit Oel begossenen und deswegen für verdorben erklärten Hampf wohlfeil gekauft habe und verarbeite; auch hatten einige geringe Leute zum Dichtmachen oder Kalfatern ihrer Balkenhäuser von diesem Hampfe gekauft. Herr Schröter, ein aufmerksamer Beobachter phyfikalischer Merkwürdigkeiten, erinnert sich gehört zu haben, daß auf gedachter Seilerbahn auch Taurollen heiß befunden worden und auseinander geworfen werden müssen. Diese Untersuchung sey aber nicht zu Ende gebracht, wenigstens nichts bekannt gemacht worden. Er stellte einige Versuche, doch wegen der Gefahr nur ganz im Kleinen an, bey welchen sich aber weder Wärme, noch Feuer zeigte.

Im Jahre 1780 entstand im Frühlinge auf einer Fregatte auf der Rhede bey Kronstadt ein unversehner Brand, der, wenn er nicht bald gelöscht worden, die ganze Flotte in Gefahr gesetzt hätte. Eine nach Seegebrauch scharfe Untersuchung, fand die Ursache des entstandenen Feuers nicht, daher die Sache unausgemacht und bey Vermuthungen von böslichem Feuerlegen bleiben mußte. Im August eben dieses Jahres kam bey dem Hampfmagazin in St. Petersburg Feuer aus, durch welches, wie aus den Zeitungen bekannt, mehrere hunderttausend Pud Hampf, Flachs und Seide verbrannten. Im Magazin ist alles von Stein und Eisen, es steht auf einer besondern Insel der Newa, auf wel-

C 4

cher

cher nicht nur, sondern auch auf den auf der Newa liegenden Schiffen kein Feuer geduldet wird. Das erste
Feuer wollten einige in den Dampfballen auf dem Ufer,
andere in den noch geladenen Barfen gesehen haben.
Die veranstaltete Untersuchung fand die Ursache des
Brandes nicht, daher einige eine Selbstentzündung, andere Nachläßigkeiten des Volkes auf der Barke, noch
andere boshaftes Feuerlegen in Verdacht hatten. Im
Herbste desselben Jahres kam in einer Nacht in einem
Pelzgewölbe in St. Petersburg Feuer aus. In diesen Gewölben wird weder Licht noch Feuer erlaubt, und
des Nachts werden sie mit eisernen Thüren verschlossen
und bewacht, auch hielten die Eigenthümer, zwei Brüder, keine fremden Leute. Auch hier ward die Ursache
des Brandes nicht gefunden. Belobten Herrn Schröter hatte man versichert, daß die Pelzhändler eine Rolle
ganz neuer Wachstapeten des Abends erhalten und sie im
Gewölbe gelassen hätten, welche vorzüglich angebrannt
befunden worden.

In der Nacht vom 20ten zum 21ten April dieses
(1781ten) Jahres, entstand auf der Kriegsfregatte Maria, die nebst mehrern Schiffen auf der Rheede bey
Kronstadt lag, ein Brand, der jedoch bald gelöscht werden konne. Weil man die Ursach nicht wußte, ward
der Besatzung eine kurze Frist zur freywilligen Entdeckung, nachher aber auch eine strenge Untersuchung an-
gekündigt. Während deren bangen Erwartung gab die
Weisheit der großen Monarchin der Sache einen alle
beruhigenden Gang. Diesen neuen Beweis des Glücks
Rußlands von einer solchen Kaiserin beherrscht zu werden,
enthält so wie das Nähere von diesem Brande das gleich
folgende Schreiben des Herrn Grafen Tschernischew, Vicepräsidentens der Admiralität und Ehrenmit-
gliedes der Kaiserlichen Akademie der Wissenschaften, welches

ches derselben, nebst den Tabellen über die bey der Admiralität gemachten Versuche den 13. August zugesendet ward. Vorher merke ich nur noch an, daß die Kaiserin, erfreuet, daß eine strenge Untersuchung, die lauter unschuldige Leute betreffen müssen, wegfiel, die Glieder der Untersuchungskommißion wegen der schleunigen und sichern Entdeckung der Entstehung des Feuers, mit kaiserlicher Freygebigkeit beschenkte.

Schreiben Seiner Erlauchten des Grafen Tschernischew an die Ruß. Kaiserl. Akademie der Wissenschaften.

Unter denen in Kronstadt segelfertig liegenden Kriegsschiffen, ward den 20. April 1781, des Abends um 11 Uhr auf der Fregatte Maria, ein dicker Rauch bemerkt, obgleich auf dieser Fregatte in fünf Tagen kein Feuer gewesen war. Es rauchte des Schiffers Kajüte, welche, weil verschiedene Kleinigkeiten in derselben aufbewahret wurden, schon 4 Stunden vorher verschlossen und versiegelt worden. Nach dem Aufbrechen der Thüre sahe man ein darin liegendes Segeltuch glühen und Funken streuen.

Alles Nachforschen zu entdecken, wie das Feuer dahin gekommen, war vergeblich, und man hätte unschuldige Leute ohne Entscheidung im Verdacht lassen müssen, so wie es im vorigen Jahre bey einem ähnlichen Fall geschehen war, wenn nicht Ihro Kaiserliche Majestät selbst die Untersucher auf den rechten Weg geleitet hätten, indem Sie mir folgenden allerhöchsten Befehl zu ertheilen geruheten:

„Da Wir aus Ihrem eingegebenen Rapport von der „Untersuchung des Vorfalles auf der Fregatte Maria „ersahen, daß in der Kajüte, in welcher das Feuer aus-

C 5 „brach,

„brach, etliche Bündel von einer Hangematte, in wel-
„cher Kienruß mit Oel zum Anstreichen gemischt gewe-
„sen, mit Stricken umbunden gefunden worden; so erin-
„nerten Wir Uns, daß bey der Feuersbrunst, welche im
„vorigen Jahr die Hampfambarren betraf, unter andern
„auch die Ursach angeführt wurde, daß der Brand von
„dem mit fetten Matten umwickelten Hampf, oder auch
„weil solche Matten neben dem Hampf gelegen haben
„möchten, entstanden seyn könne. Versäumen Sie also
„nicht, auf diese Anmerkung Ihre Untersuchung zu
„richten."

Ich theilte diesen allerhöchsten namentlichen Befehl
so fort der von dem Admiralitätskollegium zu dieser Untersuchung verordneten Kommißion mit, die aus einem
Gliede des Admiralitätkollegiums, dem Oberkommendan-
ten des Kronstädtschen Hafens und andern Flaggmännern
bestand, die sogleich mit möglichstem Fleiß zu untersuchen
beschloß, ob der Brand nicht durch physikalische Ursachen entstanden sey.

Da nun im Verhör so wohl, als in der Untersuchung selbst befunden worden, daß in des Schiffers Kajüte, in welcher sich der Rauch zeigte, mit Oel befeuchte-
ter Ruß, in welchem beym löschen Funken wahrgenommen worden, gewesen, so beschlossen sie hierüber folgenden Versuch anzustellen.

Man schüttete 40 Pfund Kienruß in einen Kübel
und goß ohngefähr 35 Pfund Hampfölfirniß darauf, ließ
es so eine Stunde stehen und goß denn das Oel ab. Den
nachgebliebenen Kienruß ließ man wieder 4 Stunden stehen, wickelte ihn denn in eine Hangematte und legte diesen Bündel neben die Kajüte, in welcher die Flaggmänner ihre Versammlung halten. Um allen Verdacht zu
vermeiden, versiegelten zwey Flaggmänner die Hangematte

matte und die Thür mit ihren Petschaften, und stelleten
eine Schildwacht dabey. Vier Seeofficiers wurden be-
ordert, die ganze Nacht auf das, was vorgehen würde,
Acht zu haben, und so bald sich Rauch zeige, so gleich
dem Kommendanten des Hafens davon Nachricht zu
geben.

Die Probe wurde den 26ten April um 11 Uhr
Vormittags im Beyseyn aller dazu ernannten Officiers
gemacht. Am folgenden 27ten früh um 6 Uhr zeigte
sich Rauch, wovon der Oberkommendant durch einen Officier so gleich benachrichtiget wurde, welcher auch so ge-
schwinde als möglich kam, und durch ein kleines Loch in
der Thüre die Hangematte rauchen sahe. Er schickte,
ohne die Thüre aufzumachen, nach den Gliedern der Commißion; da aber der Rauch stark ward und das Feuer zu
schimmern anfieng, so sahe sich der Herr Oberkommendant
genötigt, ohne die Ankunft der Glieder der Commißion
abzuwarten, die Siegel abzureißen und die Thüre zu er-
öfnen. So bald nur die frische Luft dazu kam, fing
die Hangematte mehr zu brennen an und flammete.

Um weitere Kenntnisse von der Mixtur des Kienrußes mit Oel in Segeltuch gewickelt zu erlangen, beschloß das Admiralitätskollegium, verschiedene Versuche
an mehr Oertern anzustellen, welche auch mehrentheils
gelungen.

Ich bin versichert, daß die Kaiserliche Akademie der
Wissenschaften solches in Erwegung ziehen, und durch
Versuche neue Entdeckungen machen wird.

Hiebey habe ich die Ehre eine Anzeige beyzulegen,
wie viel Kienruß und Oel zu jedem Versuch genommen
worden, und nach welchem Zeitraum sich die Mixturen entzündet haben, wobey ich anmerke, daß von denen
in meinem Hause gemachten Vermischungen, die aus
3 Pfund

3 Pfund Kienruß und 1 ½ Pfund gekochten Oel allemal gebrannt haben.

St. Petersburg, den 23. Julius 1781.

Graf Iwan Tschernischew.

Die durch die Versuche der Kaiserlichen Admiralität gefundenen Selbstentzündung des Kienrußes mit Oelen, ist als Beytrag zur Erweiterung der Kenntniß von den Reaktionen und der Darstellung des Feuers für die physische Chemie, aber auch in Absicht der Feuergefahren, durch nachläßige Behandlung dieser Substanzen wichtig, und nicht weniger wegen der Veranlassung dieser Entdeckung sehr merkwürdig. Vermuthlich werden durch dieses Beyspiel andere Admiralitäten Brände durch Selbstentzündungen mehr verhüten, und selbst durch Aufmerksamkeit auf Selbstentzündungen zufällig mehrere Entdeckungen zu machen Gelegenheit finden.

Versuche der Admiralität mit Kienruß und Oel.

Diese Versuche wurden von verschiedenen Leuten bey der Flotte in Kronstadt und in St. Petersburg bey der Oberadmiralität, im Galeerenhafen und im Palais des Herrn Grafen Tschernischew zwischen dem 26ten April und 6ten May a. Stils 1781, welches trockne und heitere Tage waren, gemacht. Sie haben alle den in des Herrn Grafen Schreiben beschriebenen ersten feierlichen Versuch zum Grunde, und sind theils Wiederholungen, theils Nachahmungen desselben. Dieser aber bestand in einer pünktlichen Wiederholung des Verfahrens des Anstreichers, welches den Brand auf der Fregatte zur Folge hatte. Den russischen Arbeitsleuten ist es fast natürlich, in ihren Verrichtungen Richtwege zu gehen. Der Anstreicher

ſtreicher ſchüttete den erhaltenen Ruß in einen Zober und
goß den Oelfirniß darüber, ohne es zu miſchen. So
trug er es nach der Fregatte, auf welcher er das nicht
verſchluckte Oel abgoß, und von Zeit zu Zeit von jedem
ſo viel als nöthig, auf den Reibſtein nahm. Weil des
folgenden Tages ein Feſttag einfiel, ſo kratzte er den übrigen mit Oel beſchmierten Kienruß auf eine alte Hangematte oder Segeltuch, welches unter dem Schiffsverdeck
ausgehangen wird und den Matroſen zum ſchwebenden
Bette dient, ſchlug es zuſammen, umband den Bündel
mit einem kleinen Strick und legte ihn in die Kajüte des
Schiffers, die er verſchloß. Weil in der Kajüte mehr
der Krone gehörige Sachen aufbewahret wurden, und
die Diebe hier für ein Siegel weit mehr Achtung, als
für ein Schloß haben, ward ſie von dem Wachofficier
verſiegelt, wodurch auch der Anſtreicher ſelbſt nicht weiter in die Kajüte gehen konnte.

Die Mittheilung der Verſuche geſchahe in Form
von Tabellen, mit Anmerkungen. So ſtehen ſie auch
in den Actis Acad. Petropolit. Weil aber dieſe Tabellen
von den verſchiedenen Verſuchsörtern etwas verſchieden
ſind, und auch des Raumes und der Deutlichkeit wegen,
will ich ſie erzählend anführen, wobey ich ſie nach den
Rußarten und der genommenen Menge nach einander
folgen laſſe, und vorher nur noch folgendes von denſelben der Kürze wegen überhaupt anführe.

Die Zimmer, in welchen die Verſuche angeſtellt wurden, waren Wach-, Bad- und gemeine Stuben. Bey
allen ward möglichſt für die Dichtigkeit und eine rußige
Luft geſorgt, die Fenſter wurden verklebt. Durch die verſchiedenen Verſuchsörter konnten dieſe Verſuche in wenigen Tagen ſo zahlreich werden. Rußiſcher Ruß iſt
drey bis vierfach ſchwerer, gröber und fetter als der teutſche

sche Rahm. Er wird in Ochta bey St. Petersburg, bey Moskau, Archangel ic. in kleinen hölzernen Hütten, von fetten Kienholz und Birkenrinde, durch einen ungemein simpeln Apparat von bodenlosen, übereinander gestellten Töpfen gesammlet, und Pfund oder Pudweise gegen den fremden gerechnet, sehr wohlfeil verkauft, auch hier meistens gebraucht. Den bekannten feinen teutschen Rahm nennet man hier holländischen Ruß. Unter rohen Oel wird theils Leinöl, theils Hampföl und letzteres am gewöhnlichsten verstanden. Firniß oder gekocht Oel (Olif) wird meistens von Hampf-, sparsamer von Leinöl gekocht, wobey man auf ein Pud Oel ohngefähr 1 bis 1 ½ Pfund Mennig, und etwan ½ Pfund Umbraerde nimmt.

Einige dieser Versuche sind nur unvollkommen angezeigt, man wird aber von denselben annehmen können, daß bey ihnen wie bey dem in des Herrn Grafen Tschernischews Briefe verfahren, die Mischungen auch, wo es nicht angezeigt, eingebunden worden u. s. f. Bey einigen scheint es mit dem Gewicht nicht genau genommen zu seyn; es ward viel Oel abgegossen, da doch der Ruß mehr als aufgegossen worden, verschlucken kann, auch der am öftersten gelungene zwanzigste Versuch in des Herrn Grafens Palais schlägt, wenn man beyde Substanzen, nämlich 3 Pfund Ruß und 1 ½ Pfund Oelfirniß genau wiegt, gewöhnlich, so wie mit mehr Oel nicht leicht fehl. Ein vorzüglich Verdienst dieser Versuche aber ist, daß viele im Großen gemacht worden, wozu wenige wegen des Aufwandes, der Gefäße, schmutziger Arbeit ic. Lust haben, die aber am sichersten gelingen, und bey welchen es gar nicht auf die Genauigkeit mit Gewicht und Manipulation, die kleinere Versuche erfordern, ankömmt.

Erſter Verſuch.

In Kronſtadt wurden auf der Fregatte 40 Pfund
ruſſiſcher Rienruß mit 30 bis 35 Pfund Hampfölfirniß in einem Zober übergoſſen, gemiſcht und nachdem
die Miſchung 5 Stunden offen geſtanden, in eine Hangematte geſchlagen, umbunden und in eine dichte Kajüte
gelegt. Dreyzehn Stunden nach dem Einbinden und
18 nach dem Miſchen erfolgte die Selbſtentzündung
unter den in des Grafen Tſcherniſchews Schreiben angezeigten Umſtänden, woſelbſt von dieſem Ver
ſuche die Rede iſt.

Zweyter Verſuch.

45 Pfund ruſſiſcher Rienruß wurden mit 25 Pfund
rohen Hampföl übergoſſen, und nachdem es fünf
Stunden geſtanden, 14 Pfund Oel abgegoſſen, das
übrige aber, wie beym erſten Verſuch in Hangematten gebunden und in ein dichtes Zimmer gelegt. Dieſer Bündel entzündete ſich 33 ½ Stunde nach der Miſchung.

Dritter Verſuch.

40 Pfund ruſſiſcher Rienruß wurden mit 35 Pfund
rohen Hampföl übergoſſen und nach 4 Stunden 24 Pfund
Oel abgegoſſen, mit dem übrigen aber wie bey den vorigen verfahren. Es erfolgte 12 Stunden nach der Mi
ſchung die Entzündung.

Vierter Verſuch.

40 Pfund ruſſiſcher Rienruß wurden mit 35 Pfund
rohen Hampföl übergoſſen und nach 5 Stunden das nicht
verſchluckte Oel abgegoſſen. Es hatten ſich 7 ½ Pfund
Oel eingetränkt. Mit dieſem Ruß ward wie mit den
vori

vorigen verfahren.   Er gerieth nach 24 Stunden in Gluth.

Fünfter Versuch.

32 Pfund rußischer Ruß hatte von darüber gegoſ-
senen 16 Pfund gekochten Oel oder Firniß 3 Pfund
verschluckt.   Bey dem vorigen Verfahren erfolgte die
Entzündung 30 Stunden nach der Mischung.

Sechster Versuch.

20 Pfund rußischer Kienruß wurden mit 17 Pfund
rohen Hampföl gemischt, und nachdem die Mischung
4 Stunden offengestanden, in Hangematten gebunden
und in ein dichtes, verschlossenes Zimmer gelegt. Dieser Bündel ward warm, nach 48 Stunden aber wieder kalt.

Siebenter Versuch.

20 Pfund rußischer Kienruß wurden mit 20
Pfund gekochten Hampföl übergossen, und bald nachher 4 Pfund Firniß wieder abgegossen, das übrige aber
gleich in Segeltuch gebunden.   Es blieb kalt und ward
19 Stunden nach dem Einbinden eröfnet, aber unverändert befunden.

Achter Versuch.

20 Pfund rußischer Kienruß wurden mit $17\frac{1}{2}$
Pfund Hampföl übergossen, und nach 6 Stunden was
nicht vom Ruß verschluckt worden, abgegossen. Er hatte
$10\frac{1}{2}$ Pfund Oel angenommen. Man band diese Mischung, wie die vorigen, in altes Segeltuch und legte sie
in ein festes Zimmer. Nach 6 Stunden ward sie warm
und nach 18 Stunden entzündete sie sich.

Neun-

Neunter Versuch.

Der achte in Kronstadt angestellte Versuch ward auch im Galeerenhafen gemacht. Es blieben auch 10½ Pfund Oel beym Ruß. Die Entzündung erfolgte 13 Stunden nach der Mischung.

Zehnter Versuch.

18 Pfund rußischer Ruß schluckten von 13 Pfund aufgegossenen rohen Hampföl 8 Pfund ein. Die Einwickelung ist nicht bemerkt, sondern nur daß diese Mischung warm, dann aber wieder kalt geworden sey.

Eilfter Versuch.

10 Pfund rußischer Kienruß mit ⅔ Pfund Hampfölfirniß gemischt, ward wärmlich, aber wieder kalt. Auch hier ist das Einwickeln nicht angezeigt; vielleicht blieb die Mischung offen.

Zwölfter Versuch.

10 Pfund rußischer Kienruß wurden mit 4 Pfund gekochten Hampföl gemischt, und nach 4 Stunden in Leinewand gebunden, in ein festes Zimmer gelegt. Dieser Bündel ward warm, nach 58 Stunden aber wieder kalt.

Dreyzehnter Versuch.

10 Pfund rußischer Kienruß mit 5 Pfund gekochten Hampföl gemischt, und nachdem es 4 Stunden offen gestanden, in Leinewand gebunden, ward warm, nach 18 Stunden aber wieder kalt.

Vierzehnter Versuch.

10 Pfund rußischer Kienruß wurden mit 5 Pfund Hampfölfirniß übergoſſen, und nach 4 Stunden ſo viel Firniß abgegoſſen, daß 1½ Pfund im Ruße blieben, dann aber die Miſchung in Leinewand gebunden. Sie ward ſehr heiß, als ſie aber der Entzündung nahe war, verlor ſich Hitze und Wärme.

Funfzehnter Versuch.

10 Pfund rußiſcher Kienruß mit ¾ Pfund Hampf-ölfirniß gemiſcht, und nach 4 Stunden in Leinewand gebunden, ward warm, dann heiß, hierauf aber wieder kalt.

Sechzehnter Versuch.

10 Pfund rußiſcher Kienruß wurden mit 8 Pfund rohen Hampföl begoſſen. Nach 5 Stunden ließ ſich 1 Pfund Oel abgießen. Der eingetränkte und in Leinewand gebundene Ruß ward warm, heiß, aber nach 32 Stunden wieder kalt.

Siebenzehnter Versuch.

10 Pfund rußiſcher Kienruß ward mit 5 Pfund gekochten Hampföl übergoſſen. Als es 5 Stunden of-fen geſtanden, ließ ſich ſo viel Firniß abgießen, daß nur 3½ Pfund beym Ruß blieben, der in Leinewand gebun-den warm, aber wieder kalt ward.

Achtzehnter Versuch.

8 Pfund rußiſcher Kienruß mit 4 Pfund Hampf-ölfirniß gemiſcht und in Leinewand gewickelt, ward recht heiß, kam aber nicht zum Brennen.

Neun-

Neunzehnter Verſuch.

8 Pfund ruſſiſcher Ruß wurden mit 3½ Pfund Hampfölfirniß übergoſſen und nach 4 Stunden in Hangematte gebunden. Es ward abwechſelnd warm und kalt, und blieb endlich kalt.

Zwanzigſter Verſuch.

3 Pfund ruſſiſcher Kienruß wurden mit 1½ Pfund Hampfölfirniß zu einer Maſſe geknetet, und als dieſe eine Stunde offen an der Luft geſtanden, wieder geknetet und in Leinewand feſt eingebunden, in ein feſtes, vom Luftzuge freyes Zimmer gelegt. Sie entzündete ſich vier Stunden nach dem Einwickeln und brannte drey Stunden.

Ein und zwanzigſter, zwey und zwanzigſter, drey und zwanzigſter, vier und zwanzigſter und fünf und zwanzigſter Verſuch.

Es ſind genaue Wiederholungen des 20ten Verſuchs, von welchen die 4 erſten, ſo wie der 20te in des Grafen Tſcherniſchews Palais, der 25te aber bey der Ober= admiralität hieſelbſt gemacht wurden. Bey allen er= folgten Selbſtentzündungen, beym 21ten 3·, beym 22ten 3½·, beym 23ten und 24ten 15·, beym 25ten 4¾ Stunden nach dem Einbinden. Als der 23te und 24te vorgenommen wurden, waren regnigte Tage. Eben dieſer Verſuch iſt nachher noch oft und unter andern auch in Zarskoe Selo vor dem Großfürſten und in der hieſigen Feſtung im Laboratorium der Gold= und Sil= berſcheidung durch den Herrn Kollegienrath Karſch= ka theils ohne, theils mit Erfolg veranſtaltet worden. Bey meinen Verſuchen kommt er ebenfalls vor. S. weiterh.

D 2   Sechs

Sechs und zwanzigster Versuch.

2 ½ Pfund rußischer Kienruß mit ½ Pfund Hampfölfirniß nach dem 20ten Versuch behandelt, ward warm
auch heiß, nachher aber wieder kalt.

Sieben und zwanzigster Versuch.

2 Pfund rußischer Kienruß ward mit 2 Pfund
Hampfölfirniß in einer hölzernen Schaale gemisc̈t
und in derselben versiegelt. In derselben ward die f . .
schung nach 16 Stunden warm. Man wickelte sie war . .
in ein alt Segeltuch, in welchem sie rauchte, aber nicht
zum Brennen kam.

Acht und zwanzigster Versuch.

2 Pfund rußischer Kienruß wurden mit 9 Pfund
rohen Hampföl begossen, und nachdem es 5 Stunden
offen gestanden, 5 Pfund Oel abgegossen, denn aber in
Leinewand gebunden. Es entzündete sich 11 Stunden
nach dem Einbinden.

Neun und zwanzigster Versuch.

10 Pfund teutscher Rahm wurden mit 10 Pfund
Hampfölfirniß gemischt, und nach 5 Stunden in Leinewand gebunden. Der Bündel blieb kalt.

Dreißigster Versuch.

6 Pfund teutscher Rahm und 6 Pfund Hampfölfirniß wurden nach 4 Stunden in Leinewand gebunden. Diese Mischung ward bald warm, nach 18 Stunden aber wieder kalt.

Ein

Ein und dreißigster Versuch.

4 Pfund teutscher Rahm mit 4 Pfund rohen Hampföl nach 4 Stunden in Hangematte gebunden entzündete sich 3 ½ Stunde nachher.

Zwey und dreißigster Versuch.

3 ½ Pfund teutscher Rahm oder Ruß mit 3 Pfund gekochten Hampföl nach 4 Stunden eingebunden, ward warm, nach 18 Stunden aber wieder kalt.

Drey und dreißigster, vier und dreißigster und fünf und dreißigster Versuch.

3 Pfund teutscher Rahm mit ¾ Pfund Oelfirniß gleich eingebunden, ward nach 6 Stunden warm, dann wieder kalt. Dieser in des Herrn Grafen Palais gemachte Versuch ward auch im Galeerenhafen und mit völlig gleichem Erfolg angestellt. In Kronstadt, wo man ihn auch, vielleicht mit etwas veränderter Manipulation machte, erfolgte nach 4 Stunden eine Entzündung. Zu allen dreyen waren heitere Tage. Man warf den brennenden Bündel in Wasser, er kam aber brennend wieder in die Höhe.

Sechs und dreißigster Versuch.

3 Pfund teutscher Rahm mit 3 Pfund Oelfirniß gleich eingebunden, ward nach 6 Stunden warm, nachher aber wieder kalt.

Sieben und dreißigster Versuch.

2 ½ Pfund teutscher Rahm und ¼ Pfund Oelfirniß, ward warm, dann heiß und hierauf wieder kalt.

D 3   Acht

Acht und dreißigster Versuch.

2 Pfund teutscher Rahm und ½ Pfund Hampfölfirniß blieb ohne Veränderung.

Neun und dreißigster Versuch.

1 Pfund teutscher Rahm mit ½ Pfund Oelfirniß
blieb kalt.   Bey den drey letztern Versuchen ist nicht bemerkt, daß sie eingewickelt worden.

Meine Versuche mit Ruß und Oelen.

Bald nach dem Gerücht, daß in Kronstadt am 20ten
April 1781 auf der Fregatte Maria ein Brand gewesen, entstand ein zweytes, daß das Feuer durch Selbstentzündung des Rußes mit Oel erzeugt sey. Es schien
sonderbar, daß von einer Mischung, die millionenmal in
allen Verhältnissen und Mengen gemacht und bald ab-
sichtlich, bald zufällig, verdeckt und offen, kurze oder lange Zeit, an ganz verschiedenen Orten gestanden, nicht
eher als jetzo bemerkt worden, daß sie sich entzünden könne.   Als aber die Rußisch Kaiserliche Admiralität
diese Sache an Ort und Stelle untersuchen ließ, und
durch mehrere Versuche wahr fand, konnte vom Wahr-
scheinlichen und Unwahrscheinlichen nicht mehr die Frage
seyn, daher ich unverzüglich hierüber im akademischen
Laboratorium Versuche anstellte, die mir auch der Befehl des Herrn Kammerherrn und Direktors der
Akademie von Domaschnew zur Pflicht machte.

Die Versuche der Admiralität sind alle älter als die
meinigen, mit denen ich am 1ten May anfieng, und hätten sie mir mitgetheilt werden können, würde ich einige unterlassen, einige anders eingerichtet und überhaupt, wo die Admiralität aufgehört, weiter zu gehen gesucht

sucht haben.   Da ich aber hiezu auf keine Weise gelangen konnte, mußte ich die Sache als ein sicheres Pro-
blem ansehen, von dessen Auflösung die Frage sey.   Die
Nachricht, welche mir der Herr Akademikus Joh.
Albr. Euler, der den 10ten Versuch der Admiralität
im Palais des Herrn Grafen Tschernischew machen
sehen, geben konnte, sparte mir, (ob mir gleich dieser
Versuch nie gelung) und noch mehr ein Rapport der
Kronstädtschen Kommißion an die hiesige Oberadmiralität viele vergebliche Mühe und schmutzige Arbeit.   Den
5ten Julius 1781 legte ich der Versammlung der Kaiserlichen Akademie der Wissenschaften meine Versuche, so viel deren damals waren, und am 6ten September die nachherigen vor.   Da sie die bey der Kaiserlichen Admiralität gemachten und am 13ten August durch
den Grafen Tschernischew mitgetheilten Versuche
theils bestätigten, theils vermehrten, theils sich über den
Gegenstand weiter ausbreiteten, so ward beschlossen, sie
in dem historischen Abschnitt der Actor. Acad. Petrop.
Anni MDCCLXXIX. Vol. I. welcher eben unter der Presse
war, den Versuchen der Admiralität folgen zu lassen.

Ich hatte vorzüglich zur Absicht, ausfündig zu machen 1) welche Ruß- und Oelarten sich durch Vermischung entzünden. 2) In welchem Verhältniß beyder
Substanzen.   3) Durch welche Manipulation diese
Selbstentzündung am sichersten erfolge, und 4) in wie
kleinen Mengen die Selbstentzündung statt habe.   Mein
rußischer Kienruß, teutscher Rahm und Hampföl
war dem bey der Admiralität gebrauchten gleich.   Den
Oelfirniß kochte ich ohne Umbra mit einem Loth Mennig oder auch Bleyglätte auf ein Pfund Oel, bis er die
bekannten Proben hielt.   Zum Einhüllen der Mischungen nahm ich grobe Hampfleinewand.   Beym Einwickeln ward sie einfach, nie gedoppelt gelegt.

D 4

Die

Die Eintränkungen und Miſchungen geſchahen in einer großen hölzernen Schale, in welcher auch die Mixturen bis zum Einbinden in Leinewand offen ſtanden. Um den Verſuchen eine ſtille und unbewegte Luft zu verſchaffen, legte ich die eingebundenen Mixtüren in einen Kaſten, der 5 Fuß lang, 2 Fuß breit und faſt ſo hoch war, und einen feſten Deckel hatte. An jedem Ende machte ich einen Ausſchnitt und ſetzte eine Glasſcheibe in denſelben, wodurch ich die Bündel, ohne den Kaſten zu öfnen, beobachten konnte. Die Reaktion äußerte ſich gleich durch den widrigen Geruch kochenden Oeles, und die entſtandene Wärme durch das Beſchlagen der Scheiben. Die Vereinigung des Rußes mit den Oelen geſchahe

1. Durch Eintränken, wenn das Oel blos langſam auf den Ruß gegoſſen, und von demſelben ohne Miſchung langſam verſchluckt wurde.

2. Durch Miſchung oder Mengung mit einem Spadel.

3. Durch Knetung, wenn die Miſchung mit einem hölzernen Stößel oder mit den Händen zu einer Maſſe durchgearbeitet oder gewürkt ward.

Erſter Verſuch.

1 Pfund rußiſcher Kienruß wurde mit eben ſo viel rohen oder ungekochten Leinöl gemiſcht und in einem ofnen Glaſe in einen Kamin geſtellt, in welchem dieſe zähe Maſſe mehrere Wochen ſtand, aber keine Veränderung zeigte.

Zweyter und dritter Verſuch.

So unthätig blieb auch eine ähnliche Miſchung aus 1 Pfund rußiſchen Ruß und 1 Pfund Hampföl, und eine

eine dritte aus 1 Pfund rußischen Ruß und 1 Pfund gemein Baumöl.

Vierter Versuch.

1 Pfund teutscher Rahm ward mit rohen Leinöl zu einer weichen Masse gemischt, welches 3 Pfund Oel erforderte. Diese Mischung stand an einem sichern ruhigen Ort mehrere Wochen offen, ohne die geringste Veränderung zu erfahren.

Fünfter und sechster Versuch.

Eine ähnliche Mischung aus 1 Pfund Rahm und 3 Pfund Hampföl und eine andere aus 1 Pfund Rahm und 3 Pfund Baumöl blieben ebenfalls kalt.

Siebenter Versuch.

3 Pfund rußischer Kienruß wurden in einer großen hölzernen Schale mit 1½ Pfund gekochten Hampföl oder Firniß zu einer Masse geknetet. Diese stand eine Stunde offen, ward denn wieder geknetet, in grobe Leinewand recht fest gebunden und hierbey reichlich mit Ruß bestreuet. Beym zweyten Kneten fand man die Masse inwendig warm. Der Bündel kam kalt in den vorhin beschriebenen Experimentenkasten in der Stube des Laboratoriums. Nach fast 4 Stunden merkte man einen Geruch, der mehr faul oder stinkend als von kochendem Del war, auch ward der Bündel von neuem warm. Die Wärme nahm 2 Stunden zu, dann aber verlor sie sich so wie der Geruch. Nach 24 Stunden öfnete ich den Bündel, fand aber die Masse unverändert. Ich band sie wieder fest ein, aber sie blieb ruhig. Als ich den Bündel nach 3 Wochen öfnete, hatte die Masse eine Rinde gemacht, inwendig war sie ein wenig grau

D 5   und

und ward an der ofnen Luft merklich warm; aber auch
diese Wärme verlor sich nach etlichen Stunden.

Achter Versuch.

Er bestand in einer Wiederholung des 7ten, mit
Beobachtung aller Umstände.   Es erfolgte aber nicht
die geringste Veränderung.   Eben so liefen mehrere Wiederholungen desselben ab.

Neunter Versuch.

Der 7te, 8te ꝛc. Versuch waren Nachahmungen dessen, der bey der Admiralität am seltensten fehlgeschlagen
und auch in Gegenwart der Herren Akademiker Euler und Kraft im Palais des Grafen Tschernischew
gelung.   Die Richtigkeit des Gewichts nahm ich vor
ausgemacht an, und vermuthete bey meinen Versuchen
verschiedene Materialien, oder auch Fehler in der Manipulation, weswegen ich mir von der Admiralität einen
bey den Versuchen gebrauchten Matrosen erbat.   Statt
desselben aber erhielt ich die Materialien zu einer Mischung, die den meinigen völlig glichen.   Der rußische
Ruß aber wog nicht 3, sondern 4 Pfund, und der Firniß statt 1 ½ Pfund auch 4 Pfund.   Ich wog also davon 3 Pfund Ruß und 1 ½ Pfund Oelfirniß ab, und
verfuhr völlig wie beym 7ten Versuch, aber ohne allen
Erfolg.

Dem Herrn Kollegienrath Ratschka mislung
dieser Versuch mit richtig gewogenem Oelfirniß und
rußischen Ruß sowohl als teutschen Rahm, es
erfolgte aber eine Selbstentzündung, als er eine von der
Admiralität erhaltene Portion zu einem Versuch, ohne
sie zu wiegen mischte.   So gieng es auch mit Versuchen,
die

die in Zarskoe Selo beym Großfürsten angestellt wurden. Der Fehler lag also am Gewicht.

Zehnter Versuch.

3 Pfund rußischer Kienruß mit 1 ½ Pfund Leinölfirniß völlig wie beym 7ten Versuch behandelt, zeigte nicht die geringste Reaktion.

Alle diese Versuche wurden an regnigten Tagen angestellt.

Elfter Versuch.

Er war eine Wiederholung des 10ten, nur mit der Verschiedenheit, daß noch über die 1 ½ Pfund Leinölfirniß, 3 loth astrachanische Naphta oder Bergöl mit eingeknetet wurden, und es an dem Tage nicht regnete. Es erfolgte keine Veränderung.

Zwölfter Versuch.

3 Pfund rußischer Kienruß wurden mit 1 ½ Pfund Hampfölfirniß, nicht wie beym 7ten Versuch zusammen geknetet, sondern nur durch ein sehr langsames Begießen eingetränkt. Als die Mischung 4 Stunden offen gestanden, ward sie wie die vorigen in Leinewand gebunden. Der Ruß hatte sehr dligte Klumpen, war aber zum Theil trocken geblieben. Dieser Bündel ward 7 Stunden nach der Mischung im Experimentenkasten warm, dann aber wieder kalt.

Dreyzehnter Versuch.

Er bestand in einer Wiederholung des vorigen zwölften, blos mit dem Unterschiede, daß die eingetränkte Mischung nur eine Stunde offen stand, aber ob es gleich ein heiterer Tag war, doch kalt blieb.

Vier-

Vierzehnter Versuch.

3 Pfund rußischer Kienruß mit 2 Pfund Hampfölfirniß gut durchgekneter, und nachdem es eine Stunde offen gestanden, eingebunden in den Kasten gelegt,
blieb kalt.

Funfzehnter Versuch.

3 Pfund rußischer Kienruß wurden mit 2 Pfund
für sich oder ohne Bleykalk gekochten Baumöl langsam eingetränkt, die klümperige Mischung aber nach
einer Stunde in Leinewand gebunden und in den Kasten
gelegt, in welchem sie in mehrern Tagen keine Veränderung erlitte.

Sechzehnter Versuch.

3 Pfund rußischer Kienruß und 1 Pfund Hampfölfirniß zu einer Masse gekneter, nach einer Stunde
in Leinewand gebunden und in den Kasten gelegt, blieb
ohne Reaktion.

Siebenzehnter Versuch.

4 Pfund rußischer Kienruß wurden in der hölzernen Schale mit 2 Pfund Hampfölfirniß übergossen,
und mit einem Spadel gemischt. Die Schale ward
offen in den Kasten gestellet, in welchem sie nach 9 Stunden zu riechen anfing und warm, nach einigen Stunden
aber wieder kalt ward.

Achtzehnter Versuch.

4 Pfund rußischer Kienruß mit 3 Pfund Hampfölfirniß gemischt, aber nicht gekneter und gleich in Leinewand gebunden in den Kasten gelegt, blieb kalt.

Neun-

Neunzehnter Versuch.

3 Pfund rußischer Kienruß wurden mit 4 Pfund gekochten Baumöl langsam übergossen. Nach einer Stunde ward diese ziemlich weiche Mischung eingebunden in den Kasten gelegt. Sie litte keine Veränderung.

Zwanzigster Versuch.

3 Pfund rußischer Kienruß wurden mit 5 Pfund Lampsölsirniß langsam eingetränkt, und als die Mixtur 5 Stunden offen gestanden, in Leinewand gebunden. Sie war hiebey klümperig, einiger Ruß aber blieb trocken. Als der Bündel 16 Stunden im Kasten gelegen, merkte man einen noch widrigern, gleichsam sauern Geruch, als vom kochenden Oel, auch wurden einige Stellen warm, dann heiß, und dünsteten stark aus. Diese Dünste waren wässerigt und auf keine Weise entzündlich. Nach 18 Stunden vom Einwickeln an, ward eine Stelle braun, zeigte Rauch und gleich nachher glühend Feuer. Ein gleiches geschahe mit einer zweyten und dritten Stelle; andere dagegen waren kaum warm. Das Feuer griff langsam um sich, und gab einen dicken, grauen, stinkenden, rußreichen Rauch. Als ich den Bündel aus dem Kasten auf dem steinernen Fußboden legte und er freyere Luft erhielt, entstand eine einer Spanne hohe, mit starkem Rauch träge brennende Flamme. An einer nicht brennenden Stelle zog ich etwas Masse aus der Mitte, die zwar warm aber nicht heiß war. Aus dieser Oefnung kam ein dicker Rauch, der sich gleich selbst entzündete. Die Flamme ward in der Richtung des Loches abwärts geblasen, auch entstanden, als aus einem kleinen Feuerberge hie und da Riße, beren hervordringende Dünste in Flamme geriethen. Als ich den Klumpen etwas zerbrach, gerieth er ganz in eine wilde, bis 3 Fuß hohe Flamme, die aber bald kleiner ward

warb und erlosch. Das rauchende, glühende und flam-
mende Feuer brannte 6 Stunden; und als es nicht mehr
rauchte, glühete der Rest noch 2 Stunden, die kaltge-
wordene graue, gleichsam erdigte Asche wog fünf und $\frac{1}{4}$
Unze.

Ein und zwanzigster und zwey und zwanzigster Versuch.

Ich wiederholte den 20ten Versuch mit aller Genauigkeit. 41 Stunden nach der Eintränkung und 36
nach dem Einbinden ward der Bündel riechend und
warm. Die Wärme nahm 3 Stunden zu, dann aber
erfolgte die Entzündung erst einer, dann mehrerer Stellen. Alles war wie beym vorigen Versuch,
auch dauerte der Brand 8 Stunden. Die Asche wog
nur einen Scrupel mehr als die vorige.

Bey einer dritten Wiederholung geschahe das Einbinden der Mixtur 4 Stunden nach der Eintränkung.
Sie war schon beym Einwickeln lauwarm und riechend.
Der Bündel ward im Kasten immer wärmer und entzündete sich 10 Stunden nach der Eintränkung, den
vorigen gleich, erst an einer Stelle. Das glühende Feuer
griff langsam um sich, und einige heiße Stellen wurden
unter dem Brennen wieder kälter. Die Gluth dauerte
19 Stunden, die Asche wog 4 Unzen und 2 Drachmas.
Die drey letztern Versuche geschahen an heitern Tagen.

Drey und zwanzigster Versuch.

3 Pfund rußischer Kienruß wurden mit 5 Pfund
Leinölfirniß völlig nach dem 20ten Versuch behandelt,
die eingetränkte Mischung nach 5 Stunden eingebunden in den Kasten gelegt u. s. f. Siebenzehn Stunden
nach dem Eintränken ward der Bündel warm, auch
nahm

nahm die Wärme 2 Stunden zu, dann aber wieder ab und verlor sich völlig. Der Tag der Eintränkung war regnigt.

Vier und zwanzigster Versuch.

An einem regnigten Tage wiederholte ich den zwanzigsten Versuch mit 3 Pfund rußischen Kienruß und 5 Pfund Hampfölfirniß mit aller Genauigkeit. Beym Einwickeln in Leinewand war die Mixtur lauwarm; die Wärme nahm im Kasten 2 Stunden zu, nahm aber langsam wieder ab, und 14 Stunden nach der Mischung war der Bündel kalt. Vierzig Stunden nach der Eintränkung ward der Bündel von neuen warm; diese mäßige Wärme dauerte 16 Stunden, dann aber verlor sie sich völlig.

Als ich diesen Bündel nach einigen Tagen öfnete, fand ich die Mischung, wie alle die in Reaktion ohne Entzündung gerathen, als einen zähen Teig. Zu demselben schüttete ich noch ¾ Pfund rußischen Kienruß, band ihn von neuen ein und legte ihn in den Kasten, aber ohne allen Erfolg.

Fünf und zwanzigster Versuch.

Der zwölfte Versuch gelang nicht ganz; die Mixtur ward warm, ohne sich zu entzünden. An einem heitern Tage eröfnete ich diesen an einem regnigten eingetränkten Bündel, und fand den Ruß sehr trocken. Ich ließ ihn deswegen noch ¼ Pfund Hampfölfirniß langsam einschlucken, band ihn gleich in Leinewand und legte ihn in den Kasten. Nach 1 Stunden ward der Bündel warm und riechend, die Wärme nahm zu, und nach 16 Stunden vom neuen Eintränken an entzündete sich eine Stelle. Die Glut dauerte 12 Stunden und hinterließ

terließ 7 ¼ Unzen Asche. Meine Besorgniß, daß es bey
der Admiralität mit dem Gewicht bey diesem Versuche
nicht genau genommen, ward hiedurch bestärkt.

Sechs und zwanzigster Versuch.

3 Pfund rußischer Kienruß wurden mit 3 Pfund
rohen Hampföl langsam eingetränkt und völlig nach
dem zwanzigsten Versuch behandelt, doch stand die Mischung nur 4 Stunden offen. Als dieser Bündel 4
Stunden im Kasten gelegen, ward er warm, die Wärme nahm 5 Stunden zu und war mehr als bey andern
Versuchen allgemein, dahn erfolgte die Entzündung
auf mehr bemerkte Weise. Es brannte 12 Stunden
und hinterließ 16 Unzen und 6 Drachmas grünlich-
schwärzliche Asche.

Sieben und zwanzigster Versuch.

Von den unthätig gebliebenen Mischungen aus Ruß,
Hampf-, Lein- und Baumöl ließ ich etliche 30 Pfund
wohl durchkneten, und als die Masse 2 Stunden offen
gestanden, sie in einem leinenen Beutel in den Kasten
legen, in welchem sie aber keine merkliche Veränderung
erlitte.

Acht und zwanzigster Versuch.

¾ Pfund teutscher Rahm wurden in der Misch-
schale (in welcher sie den Raum von 3 Pfund rußischen
Kienruß einnahmen) mit 3 Pfund Hampfölfirniß langsam begossen. Nach 2 Stunden war diese Mischung
zu einer weichen Masse geworden, daher ich sie beym
Einwickeln in Leinewand noch mit ¼ Pfund Rahm bestreuete. Im Kasten litte sie in mehrern Tagen keine
Veränderung.

Neun

Neun und zwanzigster Versuch.

¾ Pfund teutscher Rahm wurden mit 1½ Pfund Hampfölfir. niß langsam eingetränkt. Als diese Mischung 2 Stunden offen gestanden, fand man sie klümpericht und so ward sie in Leinewand gebunden, in den Kasten gelegt. In demselben ward sie erst nach 70 Stunden warm und riechend. Nach und nach ward sie heißer und dunstete stark aus; diese Dünste waren naß, nicht entzündlich. Die Reaktion dauerte 36 Stunden, in welchen die Wärme bald stärker, bald geringer ward, endlich aber gar aufhörte.

Dreyßigster Versuch.

Ich nahm 3 Pfund hiesigen Ofen- oder Schornsteinruß, der sich meistens von Birkenholz, der hier allgemeinen Feuerung in Schornsteinen daumensdick als eine lockere, nicht glänzende oder fette Substanz ansetzt, und sich leicht zerpulvern läßt, zerpulverte und siebte ihn und übergoß ihn mit 1½ Pfund Hampfölfirniß. Nach 2 Stunden ließen sich 2 Loth Firniß abziehen; weil also die Mischung sehr schmierig war, bestreuete ich sie, als ich sie nach diesen 2 Stunden einwickelte, mit noch ½ Pfund zerpulverten Ofenruß und legte sie in den Kasten, in welchem sie kalt und ruhig blieb.

Ein und dreyßigster Versuch.

Von 4 Pfund zerpulverten Küchen- oder Ofenruß übergoß ich 3 Pfund mit 1 Pfund Hampfölfirniß. Nach einer Stunde war aller Firniß eingezogen und der Ruß naß, daher er beym Einbinden in Leinewand, welches gleich nach der Eintränkung geschahe, mit dem übrigen vierten Pfunde Ruß bestreuet ward. Diese Mischung

schung war beym Einwickeln lauwarm, ward aber im Kasten wieder kalt und blieb es.

Folgende Versuche machte ich, um zu sehen, in wie kleinen Mengen die Selbstentzündung des Rußes mit Oele statt habe.

Zwey und dreyßigster Versuch.

1 Pfund rußischer Kienruß ward mit 1½ Pfund Hampfölficniß langsam eingetränkt, nach einer Stunde in Leinewand gebunden und in den Kasten gelegt. Der Bündel blieb kalt.

Drey und dreyßigster Versuch.

1 Pfund rußischer Kienruß mit 1¼ Pfund Hampfölfirniß eingetränkt und gleich in Leinewand gewickelt, ward nach 6 Stunden warm, die Wärme dauerte auch 4 Stunden, dann aber verglieng sie.

Vier und dreyßigster Versuch.

1 Pfund rußischer Kienruß mit 1 Pfund gekochten Hampföl eingetränkt, ward, nachdem es 3 Stunden offen gestanden, in Leinewand gewickelt. Sechs Stunden nach der Mischung ward es ebenfalls warm, aber nach und nach wieder kalt.

Fünf und dreyßigster Versuch.

1 Pfund rußischer Kienruß ward mit ½ Pfund gekochten Hampföl eingetränkt, und nach 2 Stunden in Leinewand gewickelt, wobey die Mischung lauwarm befunden wurde. Nach 2 Stunden vermehrte sich die Hitze schnell, und nach andern 2 Stunden oder sechs Stunden seit der Mischung, erfolgte eine Entzündung.

dung. Sie brannte 3 Stunden mit starkem Rauch und glühete nachher noch 5 Stunden.

Mit destillirten Oelen stellete ich nur folgende Versuche an.

Sechs und dreyßigster Versuch.

2 Pfund russischer Kienruß wurden mit 2 Pfund Terpentinöl übergossen. Als diese Mischung nach einer Stunde in Leinewand gebunden ward, war sie klümperig. Es erfolgte nicht die geringste Erscheinung.

Sieben und dreyßigster Versuch.

3 Pfund russischer Kienruß wurden mit 3 Pfund Birkentheer (Dioggat, der in Erdgruben aus Birkenrinde per descensum destilliret wird), eingetränkt. Die Mischung stand 2 Stunden offen, und als sie darauf in Leinewand gewickelt ward, bestand sie aus eingetränkten Klumpen und trocknen Ruß. Die Klumpen waren warm und rochen flüchtig; der Bündel selbst ward auch bald wärmer, die Wärme aber verlor sich wieder.

Acht und dreyßigster Versuch.

Nach einigen Wochen öfnete ich die mehresten Bütten, bei der nicht entzündeten Mischungen und ließ alle diese Massen zu einer kneten, die ziemlich weich ward. Von derselben that ich 25 Pfund in einen erdenen Topf, band Leinewand darüber und stellete denselben an einen sichern Ort. In mehrern Wochen erfolgte keine Veränderung.

Neun und dreyßigster Versuch.

Andere 25 Pfund dieser gemischten Masse bedeckte ich in einem Topfe mit 1 Pfund russischen Kienruß

E 2   und

und stellete ihn neben den vorigen. Er blieb eben so ruhig P).

Aus den Versuchen der Admiralität und meinen zusammengenommen, findet man außer der entschiedenen Gewißheit der Selbstentzündung des Rußes mit Oelen, wenn beyde Substanzen unter gewissen Umständen vermischt werden, vorzüglich folgendes:

Unter den Rußarten gelingen Versuche mit dem gröbern, fettern und schwerern rußischen Mahlerruß weit öfter und sicherer, als mit zartem, leichten deutschen Rahm und mit groben Schornsteinruß; wiewohl ich mit letzterm nicht Versuche genug gemacht habe. In Absicht der Oele gelangen nur die mit trocknenden gepreßten, so wohl rohen als gekochten. Wo Entzündungen erfolgten, war zwar immer Hampföl angewendet, Lein-, Mohn-, Nuß- und alle trocknenden Oele würden aber eben diesen Erfolg gezeigt haben, wenn man sie so oft und häufig zu diesen Versuchen genommen hätte. Wahrscheinlich würde auch Kienruß mit brennslichen Oelen in mehrern und veränderten Versuchen zum Brennen gekommen seyn.

Das Verhältniß des Rußes zum Oele war in den geglückten Versuchen sehr verschieden, Ruß entzündete sich mit dem zehnten, fünften, dritten, gleichen, halben, aber auch gedoppelten Theil Oel. Am sichersten geschieht die Entzündung von ohngefähr gleichen Theilen beyder Substanzen. Ueberhaupt aber kömmt es mehr auf die Art der Mischung und der Manipulation, auf die Menge und wie ich vielfältig zu bemerken Gelegenheit hatte, auf die Witterung, als das Verhältniß, an. Eine leich-

p) In den Actis Acad. Petrop. Anni 1779 Vol. I. stehen alle diese Versuche in Tabellen wiederholt, welche ich hier der Ersparung des Raums wegen weglasse.

leichte Mischung oder die Eintränkung des Rußes mit
Oel, ist einer genauern Zusammenknetung weit vorzu-
ziehen, weil bey letzterer kein trockner Ruß neben dem
eingetränkten bleibt, daher man die Massen sehr reichlich
mit trocknem Ruß umgeben muß. Das Einwickeln der
Mixturen in Leinewand ist zwar zur Entzündung nicht
wesentlich erforderlich, begünstigt sie aber wegen Abhal-
tung der äußern bewegten Luft, und des Zusammenhal-
tens und Druckens der Masse, ungemein. Die Zeit
zwischen der Mischung und Entzündung war bey verschiedenen von vier- bis dreymal 24 Stunden verschieden, welches sich zu einem großen Theil auf die trockne
oder nasse Witterung bezog; in letzterer wurden bereits
warme Mischungen wieder kalt. Weil alle aufbewahr-
ten Bündel kalt blieben, so scheint die Zeit der Entzündung dieser Mischung spätestens nur nach 3 Tagen zu
erfolgen. Größere Mengen entzünden sich sicherer, als
kleinere, sehr kleine gelingen gar nicht. Selbst der Einfluß der Witterung ist auf größere Mengen, weil sie ihr
nur einen kleinen Theil der Oberfläche darbieten, von
wenigerm Einfluß. In größern Mischungen geht die
Reaktion an vielen Stellen vor, davon sie leicht an einigen bis zur Entzündung steigen kann. Durch Uebung
und genaue Beobachtung der Umstände schlagen aber
auch kleine Mengen, besonders bey trockner Witterung
nicht leicht fehl.

So sicher man aber auch bey gehöriger Behandlung
des Rußes mit gepreßten Oelen auf die Selbstentzündung
rechnen kann, und so leicht diese Behandlung ist, so selten wird doch diese Selbstentzündung zufällig entstehen
können, weil die vorhin beschriebene Behandlung dazu
durchaus erforderlich ist, und das macht diese Mischung
in Betracht der Feuersgefahren, und auch in Absicht des
Brandlegens, minder gefährlich. Wie sollte sonst wohl

E 3 diese

diese Selbstentzündung so selten erfolgt seyn, daß sie bisher gar nicht oder doch nicht gewiß bemerkt worden.
Freylich aber wäre sie auch diesesmal ohne die Aufmerksamkeit unsrer Kaiserin weder beobachtet, noch ein Gegenstand der Untersuchung geworden.

Wo das irrdische brennende Feuer keine Fortsetzung
des schon vorhandenen ist, entsteht es vorzüglich durch
Brennspiegel von gesammleten Sonnenstralen, dem Bliß
und die demselben verwandte Elektricität, die Erhitzung
von außen durch schon heiße Körper, durch das Anein-
anderreiben brennlicher Substanzen, Holzes an Holz,
des Knallpulvers in einem Mörsel 2c., durch glühende
Funken von Stahl und Stein oder ähnlicher harter Körper, durch so genannte Luftzünder, durch eine langsame,
besonders faulende Gährung, oder auch durch eine augen-
blickliche oder allmählige Zneinanderwürkung einiger
Substanzen z. B. der concentrirten Salpetersäure und
ätherischer Oele. Nur mit den drey letzten Feuererzeu-
gungen hat die Selbstentzündung des Rußes mit Oelen
Aehnlichkeit.

Anmerkung. Mit rauchendem Salpetergeist, der
aber fast ein Jahr gestanden, machte ich bey dieser
Gelegenheit folgende Proben:

1) Zu zwey Drachmas Hampfölfirniß goß ich 4 Scrupel rauchenden Salpetergeist. Es entstand ein starker Rauch und Hitze, aber nichts Harziges und
kein Feuer.

2) Auf 2 Drachmas rußischen Kienruß tröpfelte ich
1 $\frac{1}{2}$ Drachmas starke Salpetersäure. Der Ruß
schwoll schäumend auf, ward heiß und rauchte
sehr; der Rauch war an brennendem Papier nicht
entzünblich.

3) Auf

3) Auf 2 Drachmas Maſſe aus gleichen Theilen ruſſiſchen Ruß und Hampfölfirniß, goß ich 4 Skru-
pel rauchenden Salpetergeiſt. Die Miſchung
ward ſehr heiß und rauchte ſtark, der Rauch aber
war ebenfalls nicht entzündlich.

4) Eben ſo verhielt ſich auch eine Miſchung aus ruſ-
ſiſchem Ruß und Terpentinöl zu dieſem geſtandenen
Salpetergeiſt, nur mit dem Unterſchiede, daß der
Rauch entzündlich war.

5) Rauchender Salpetergeiſt und Vitriolöl zu gleichen
Theilen gemiſcht, hatten auf die vorher genannten
Subſtanzen keine andere Wirkung.

6) Ich warf einige Körnchen Zucker in den Salpetergeiſt, wodurch er augenblicklich wilder rauchend
ward. Mit dieſem wiederholte ich die vorigen Verſuche, aber ohne den Erfolg einer Entzündung.

Mit der Selbſtentzündung des Rußes mit Oelen
ſcheint es folgende Bewandniß zu haben: Gepreßte
Oele beſtehen aus einer Verbindung vielen brennlichen
Weſens mit Waſſer, mittelſt einer Säure, Ruß aus ko-
ligter Erde, vielem brennlichen Weſen, einiger Säure
und einigen flüchtigen Alkali. Wenn der Ruß das Oel
verſchluckt, würken die Beſtandtheile beyder in einander,
wodurch eine Wärme und Hitze entſteht, die einen Theil
des brennlichen Weſens beyder entbindet und entzündliche
Luft oder Dämpfe mit Phlogiſton und Säure, alſo gleich-
ſam mit einem luftigen Schwefel geſchwängert erzeugt.
Wenn die Miſchung an ofner und bewegter Luft bleibt, ſo
zerſtreuen ſich die entbundenen Theile. Wenn aber die
Miſchung durch die Umwickelung mit Leinewand zuſam-
mengehalten und die Wirkung der äußern Luft dadurch
noch mehr als durch ein blos feſtes Zimmer gemäßigt,
eine vortheilhafte Atmoſphäre erhalten, und die Zer-

E 4 ſtreuung

streuung der befreyeten Principien und erzeugten Luft ver-
hindert wird, so kann die Wärme zu einer Erhitzung steigen, in welcher sich der erzeugte unvollkommene vegeta-
bilische Schwefel entzündet. Das im Ruße vorhandene
wenige flüchtige Alkali kömmt hieben ebenfalls in Anschlag, welches die Entzündung des Knallgoldes von we-
nigem Reiben bestätigt. Die Entzündung des unvoll-
kommenen Schwefels scheint nach und nach zu entstehen,
und er würde sich selbst ohne sichtlich Feuer verzehren,
wenn nicht der vorhandene trockne Ruß die Flämmchen
als Zunder auffinge und als Kole ernährte. Auch die
mit Oel eingetränkte Leinewand kömmt als Zunder und
Feuernahrung in Anschlag; an ihr sammlet sich das
Feuer und breitet sich aus, so bald sie selbst entzündet worden.

Der berühmte Herr Direktor Marggraf in Berlin, dem der Herr Prof. Joh. Albr. Euler von dem
Vorfall bey der Admiralität und den dadurch bey der
Akademie veranlaßten Versuchen allgemeine Nachricht
gegeben hatte, schrieb unter dem 15. Junius 1781 an
gedachten Herrn Euler:

„Wenn Ruß und Oel wegen genauer Vereinigung
„zusammen gerieben, und dann zusammengepreßt ver-
„wahret werden, so kann der motus internus gar wohl
„zu dem Grade gedeihen, daß sie ineinander greifen, sich
„erhitzen und nach Art des Pyrophori durch den schnel-
„len Zusturz der Luft sich entzünden, so bald die einge-
„wickelte Materie an dieselbe gebracht wird. Da der
„Ruß sowohl brennliche, als urinöse Theile, das Dampf-
„öl aber eine natürliche Säure und brennliche Materie
„enthält, so ist nach physisch-chemischen Gründen kein
„Zweifel, daß durch die Wirkung und Gegenwirkung
„der innern nach und nach entstehenden heftigen Bewe-
„gung,

„gung, welche durch dazu gekommene Urſachen bis zum
„höchſten Grade gebracht werden kann, und beyden Na-
„turkörpern die feine brennbare Materie nicht fehlt, zu-
„letzt motus flammans mit dem wirklichen Ausbruch der
„Flamme erfolgen muß“. Noch treffender und be-
ſtimmter würde die Erklärung dieſes großen Chemiſten
ausgefallen ſeyn, wenn er damals von den Verſuchen und
deren Erfolgen hätte näher benachrichtigt werden können.

Die Aſchen von den durch Selbſtentzündung verbrannten Maſſen aus Ruß und Oel, ſind ſehr reich an
Eiſentheilchen; beſonders gilt dieſes von der aus Ruß
und rohen Oel. Ich habe verſchiedene Verſuche mit derſelben gemacht, und auch die nicht entzündete Maſſe
verſchloſſenem Feuer ausgeſetzt, aber keine leuchtenden
Erſcheinungen, die ich für möglich hielt, bemerkt.

Verſuche der Admiralität mit Mennig und Oel.

Vermuthlich wurden dieſe Verſuche gemacht, zu
finden, ob nicht das zum Firnißkochen angewandte Mi-
nium die Urſache der Entzündung ſeyn möchte, und ob
ſich wohl auch die auf der Flotte ſehr gebräuchlichen, mit
Hampf- oder Leinölfirniß geriebenen Bleyfarben, wenn
ſie ſtünden, erhitzen oder gar entzünden könnten. Auch
kann ſie folgender Umſtand, wenn er wahr iſt, veranlaßt haben: ein Anſtreicher ſoll nämlich der Unterſu-
chungskommißion berichtet haben, daß er eines Morgens den in einem Farbetopf geſtandenen Pinſel und die
Farbe ſelbſt warm befunden habe. Es ſind dieſer Verſuche aber, um etwas auszumachen, zu wenig, auch iſt
dieſe Erhitzung nach Grundſätzen unwahrſcheinlich, ſo
wie ſie auch von Malern, die tauſendmal mit Oele ab-
geriebene Bleyfarben ſtehen laſſen, längſt als gewiß bemerkt ſeyn würde, daher ich ſie nicht fortgeſetzt habe.

E 5

Erſter

Erster Versuch.

Am 29ten April, a. St. 1781, der ein heiterer Tag war, wurden im Galeerenhafen 20 Pfund Mennig mit 10 Pfund Hampfölfirniß gemischt, nachher aber so viel Firniß abgegossen, daß nur 2½ Pfund bey dem Mennig blieben. Es stand die Nacht und ward des Morgens wärmlich befunden.

Zweyter Versuch.

32 Pfund rothe Mennige wurden an eben dem Tage bey der Oberadmiralität in einem Zimmer mit 10 Pfund Hampfölfirniß übergossen und gemischt, nach einer Stunde aber 7 Pfund Firniß wieder abgegossen. Als diese Mischung 4 Stunden offen gestanden, ward sie in Segeltuch gewickelt in ein Zimmer gelegt; es erfolgte aber gar keine Veränderung.

Versuche der Rußisch-Kaiserlichen Admiralität wegen der Selbstentzündlichkeit des Hampfes mit Oelen.

Die Veranlassung dieser Versuche enthält das vorhin mitgetheilte Schreiben des Herrn Grafen Tschernischew an die Akademie der Wissenschaften. Die Versuche wurden alle am 2ten und 4ten May, a. St. 1781, beyde trockne Tage, bey der hiesigen Oberadmiralität gemacht, und stehen in der mitgetheilten Tabellenform in den Actis Acad. Petrop. Anni 1779. Vol. I. aus dem Rußischen ins Französische übersetzt. Ich habe die Tabellenform wie bey den Rußversuchen weggelassen. Sie sind sehr unvollkommen, und bey einigen ist kein Gewicht angezeigt, aber doch, besonders die mit getheertem Hampf nützlich, weil die Schiffsseile nicht nur aus-

ge-

getheerten Schnüren gemacht, sondern auch die Schiffe zum Theil mit getheertem Hampf kalfatert werden. Ueberdem sind sie auch durch ihre Veranlassung, und weil Admiralitäten nicht eben oft förmlich chemisiren, merkwürdig.

Erster Versuch.

Eine ungewogene, geringe Menge Hampf ward mit rohen Hampföl begossen, in Segeltuch gebunden in ein Zimmer mit Fenstern gelegt. In 28 Stunden zeigte sich keine Veränderung.

Zweyter Versuch.

Eine ähnliche geringe Menge Hampf ward reichlicher mit Oel begossen und eben so behandelt; aber ohne allen Erfolg.

Dritter Versuch.

1 Pfund Hampfheide ward mit $\frac{1}{2}$ Pfund rohen Hampföl angefeuchtet, in Segeltuch gebunden und in ein festes Zimmer gelegt. Der Bündel blieb kalt.

Vierter Versuch.

1 Pfund Hampfheide mit $\frac{1}{4}$ Pfund rohen Hampföl eben so behandelt, zeigte keine Veränderung.

Fünfter Versuch.

Eine kleine Menge Hampf ward mit Theer (Smola) eingetränkt, dann mit etwas rohen Hampföl befeuchtet, in Leinewand gebunden, blieb aber kalt.

Sechs-

Sechster Versuch.

Statt rohen Oel ward Hampfölfirniß genommen und wie beym sechsten Versuch verfahren, aber auch ohne Erfolg.

Siebenter Versuch.

1 Pfund mit Theer eingetränkter und dann mit ¼ Pfund Hampfölsirniß angefeuchteter Hampf auf die vorige Art behandelt, blieb kalt.

Achter Versuch.

1 Pfund getheerter Hampf mit ¼ Pfund rohen Hampföl befeuchtet und eingebunden, ward merklich warm, nach 31 Stunden aber wieder kalt und blieb es.

Neunter Versuch.

Eine kleine Menge getheerter Hampf mit rohen Hampföl befeuchtet, dann aber mit rußischen Kienruß bestreuet und in Leinewand gebunden in ein Zimmer gelegt, zeigte in 28 Stunden nichts besonderes.

Zehnter Versuch.

Eine Wiederholung des neunten nur statt rohen Oeles, Firniß, blieb ohne Folgen.

Eilfter Versuch.

Etwas reiner, ungetheerter Hampf ward mit rohen Hampföl stark angefeuchtet, dann mit rußischen Kienruß bestreuet, in Segeltuch gebunden und in ein Zimmer gelegt, keine Veränderung.

Zwölf-

Zwölfter Versuch.

Eine kleine Menge reiner Hampf ward mit sehr wenig Hampfölfirniß angefeuchtet und dann mit Ruß gemengt, in Segeltuch gebunden und benseite gelegt. Der Bündel ward bald warm und entzündete sich 4 Stunden nach dem Einbinden q).

Meine Versuche mit Hampf wegen der Selbstentzündung.

Diese Versuche wurden vom August bis zum November dieses (1781ten) Jahres, also in einer sehr regnigten Zeit gemacht. Keiner derselben hatte eine die Selbstentzündung bestätigende Folge, weil aber die Versuche bey der Admiralität nur im Kleinen gemacht wurden, und es für die, welche etwas suchen, zu wissen nützlich ist, wo sie, was sie suchen, nicht finden, so fanden sie ihren Platz in den Act. Acad. Petrop. Anni 1779. Vol. I. bey den Admiralitätsversuchen. Es sind folgende:

Erster Versuch.

½ Pfund rußischer Kienruß wurde mit 3 Pfund Hampfölfirniß auf einem Stein zusammen gerieben, wobey der Firniß stärker als für sich roch und sehr häufige Blasen entstunden, die der Farbe ein gleichsam kochendes Ansehen gaben. Mit dieser Farbe wurden 8 Ellen grobe, wenig gebleichte Flachsleinewand an einer Seite bestrichen, und dieser Anstrich des folgenden Tages wiederholt. Am dritten Tage nach dem zweyten Anstrich ward

q) Weil bey diesem Versuche kein Gewicht angegeben ist, so ists ungewiß, ob nicht so viel Ruß und Oel genommen worden, daß die Entzündung auch ohne Hampf erfolget seyn würde.

ward diese Leinewand als eine feste Rolle aufgewickelt und
mit Bindfaden umbunden, an einen sichern Ort gelegt.
Diese Rolle ward nicht kenntlich warm, doch roch sie in
den ersten 8 Tagen stärker als ruhiger Firniß. Als sie
nach 12 Wochen aufgewickelt ward, fand man die Leinewand von der Farbe ganz durchdrungen und zusammen-
geklebt, sonst aber ohne Veränderung.

Zweyter Versuch.

Acht Ellen grobe Leinewand wurden mit einer geriebenen Farbe von 4 Pfund Mennig und 3 Pfund Oelfirniß,
auf die der vorigen gleiche Art an einer Seite zweymal
wie eine Tapete bestrichen, und nachdem sie ziemlich trocken geworden, eben so fest aufgerollet, umbunden und
beyseite gelegt. Diese Rolle blieb kalt und als sie nach 3
Monaten aufgewickelt ward, war die Leinewand stark zu-
sammengeklebt, aber nicht weiter verändert.

Dritter Versuch.

Von gemeinem Hampf, der in einem Backofen wohl-
getrocknet worden (wobey ein Pud 8 Pfund verlor), wurden 10 Pfund mit ½ Pfund rohen Hampföl besprengt,
und durch Auseinanderzupfen des Hampfs derselbe mit
Oel gleichförmig benetzet. Der Hampf ward fest aufgewickelt und dann in eine einfache neue Bastmatte von Lin-
denrinde, mit einem Strick so fest als möglich geschnüret.
Dieser mit No. 1. bezeichnete Bündel ward in den ersten
acht Tagen täglich dem Sonnenschein blosgestellt, nachher war Regenwetter. Als der Bündel nach 8 Wochen
eröfnet ward, war der Hampf mehr trocken, sonst aber
unverändert.

Vier-

Vierter Versuch.

10 Pfund recht trockner Hampf mit 1 Pfund rohen Hanipföl gleichförmig benetzt, dem vorigen gleich behandelt und mit No. 2. bezeichnet, blieb unverändert.

Fünfter Versuch.

10 Pfund wohlgetrockneter Hampf mit 2 Pfund rohen Hampföl völlig nach dem zweyten Versuch behandelt, und mit No. 3. bezeichnet, ward 8 Wochen nachher ohne Veränderung befunden.

Sechster Versuch.

10 Pfund getrockneter Hampf mit 4 Pfund rohen Hampföl naß gemacht, völlig nach dem dritten Versuch eingebunden und No. 4. bezeichnet, zeigte in 8 Wochen nicht das geringste Besondere.

Siebenter Versuch.

Sechs faustgroße gewickelte Bälle von Hampf wurden mit rohen Hampföl so reichlich eingetränkt, daß man das Oel fast ausdrucken konnte, wozu 2 Pfund Oel erforderlich waren, diese Bälle wurden in 10 Pfund trocknen Hampf so gewickelt, daß einige in die Mitte, andere der Außenfläche nahe kamen, dann aber mit Matte umschnüret und No. 5. bezeichnet zu den vorigen Bündeln gelegt. Diese Probe machte ich in Nachahmung der Rußversuche, bey welchen auf die eingetränkten Klumpen so viel ankam; aber der Hampf blieb 8 Wochen kalt und ruhig.

Achter Versuch.

Ich tränkte eine Matte von Lindenbast mit rohen Hampföl reichlich ein, wozu 2 Pfund Oel erforderlich waren.

waren. In diese fette Matte wurden 10 Pfund getrockneter Hampf recht fest geschnüret und mit No. 6. bezeichnet. Auch dieser Bündel litte keine Art der Veränderung.

Mit gekochtem Oel oder Firniß machte ich keine Versuche, weil der Fall, daß Hampf oder Flachs mit demselben in Magazinen oder Schiffen verunreinigt werden
sollte, nicht leicht vorkömmt.

Da sich Heu, Getreide rc. erhitzen, und bisweilen
selbst entzünden, wenn sie vom Wasser naß aufeinander
liegen, so könnte dieses wohl auch der Fall für Hampf-
entzündungen seyn, wenn Ballen beregnen oder ins Wasser fallen. Deswegen veranstaltete ich auch noch folgende Versuche.

Neunter Versuch.

10 Pfund trockner Hampf wurden mit 2 Pfund Ne-
wawasser gleichförmig besprengt und angefeuchtet, denn
aber in einfache Bastmatte recht fest geschnüret und mit
No. 7. an einen sichern Ort gelegt. Als der Bündel
nach 7 Wochen eröfnet ward, roch der Hampf sehr dum-
pfig und war vom Stocken ziemlich mürbe, sonst aber
unverändert.

Zehnter Versuch.

10 Pfund getrockneter Hampf wurden mit 5 Pfund
Wasser befeuchtet, wie beym neunten Versuch eingebunden und No. 8. bezeichnet. Er blieb eben so ruhig. Nach 8 Wochen ward der Hampf bey Eröf-
nung des Bündels so mürbe befunden, daß man mit
einem Stock in denselben, als in eine Masse stoßen
und nicht blos denselben leicht zerreiben, sondern fast
zerbrechen konnte. Um seine weitere Veränderung ab-
zuwar-

zuwarten, ward er von neuen eingebunden und bey
ſeite gelegt.

Ailfter Verſuch.

10 Pfund trockner Hampf wurden mit 10 Pfund
Newawaſſer langſam begoſſen und davon ſo naß, daß
man das Waſſer faſt ausdrucken könnte. Er ward, wie
bey den vorigen Verſuchen eingeſchnüret und mit No. 9.
bezeichnet, zu denſelben gelegt. Sieben Wochen blieb
er ruhig, und als er nach deren Verlauf eröfnet ward, fand
ſich den Hampf wenig mehr als den vom zehnten Verſuch geſtockt, ſonſt aber ohnverändert. Auch dieſer
Bündel ward wieder eingebunden und aufbewahret.

Bey größern Mengen Hampf oder Flachs können
die Erſcheinungen zwar anders als bey ſo kleinen Proben
ausfallen, es iſt aber doch wahrſcheinlich, daß die zu dieſen Verſuchen angewandten geringen Mengen durch Erwärmung oder andere Erſcheinungen, die Spuren zeigen
konnten, auf welchen man bey Verſuchen im Größern
hätte weiter gehen und den Entzweck erreichen können.
Eine vorzügliche Hinberniß war die eingefallene naſſe
Witterung, den ganzen Erfolg, die Reaktion und ihre
Folge die Erwärmung konnte ſie doch nicht ganz
hindern.

Daß Hampf, Flachs und Heibe ſich, wenn ſie für ſich
zum Kalfatern oder Dichtmachen der Fugen der Balken-
häuſer oder wie in St. Petersburg gebräuchlich iſt, der
Fenſter gebraucht werben, ſich weder für ſich, noch durch
das abwechſelnde Naß- oder Trockenwerden erhitzen oder
gar entzünden, zeigt der tägliche Gebrauch des Hampfes
ꝛc. zu dieſem Zweck. Auch beym Kalfatern der Schiffe
ſieht man, daß ſich Hampf mit Theer eingetränkt, eben

so wenig als in getheerten Tauen an abwechselnder Luft
erhitzt oder entzündet, daher deswegen keine Versuche nöthig sind. Aber zu wissen, wie sich Hampf, der
mit Oel oder Fett beschmutzet worden, beym Kalfatern
verhalte, machte ich noch folgende Versuche:

Zwölfter Versuch.

Zwischen die Flächen von 4 starken, 2 Fuß langen,
6 Zoll breiten, neuen fichtenen Brettern wurden Lagen
vom Hampf, der mit einem Loth Hampföl auf ein Pfund
angeschmutzet worden, eines Fingers dick gelegt, und
dann die parallel liegenden Bretter mit langen eisernen
Nägeln fest zusammen getrieben. Die Kanten der Bretter waren größerer Ritzen wegen etwas beschnitten. In
diese Ritzen ward von dem gedachten fettigen Hampf mit
Meißel und Hammer so viel als man nur konnte, hin-
eingetrieben. So kalfatert ward dieser Bretterpack mit
No. 1. bezeichnet, 4 Wochen ins Laboratorium und dann
an die freye Luft gestellet. Dieses sind jetzo 6 Wochen,
in welchen sich nichts Veränderliches mit ihnen zugetragen hat.

Dreyzehnter Versuch.

Vier ähnliche Bretter wurden auf gleiche Weise mit
Hampf, der im Pfunde 3 Loth Oel verschluckt hatte, belegt, mit Nägeln zusammengetrieben und die Ritzen auf
das stärkste kalfatert. Es ging etwan 1 ¼ Pfund Hampf
darauf. Dieser mit No. 2. bezeichnete Bretterbündel
ward zu dem vorigen gestellet. Er blieb wie jener in
6 Wochen unverändert.

Vierzehnter Versuch.

Vier andere den vorigen gleiche Bretter wurden mit
Hampf, der vor einigen Tagen in jedem Pfund 6 Loth
rohes Hampföl eingeschluckt hatte belegt, zusammenge-
nagelt und die Ritzen mit Fleiß kalfatert.   Dieses Bret-
terpäcklein ward mit No. 3. zu den vorigen gelegt, blieb
aber in gedachter Zeit auch ruhig.

V.

Etwas
über die zu Astrachan
wohnende Indianer.

Da Herr Prof. Gmelin der jüngere in seiner Beschreibung von Astrachan, der daselbst wohnhaften und handelnden Indianer fast mit keinem Worte gedacht hat, und ich unter meinen Papieren einige Bemerkungen über selbige finde, welche auch der in der Beschreibung der Nationen des rußischen Reichs, davon ertheilten Nachricht fehlen: so glaube ich, daß die
Mittheilung derselben hier nicht unrecht angebracht
seyn wird.

Es wohnen in Astrachan seit Anfang dieses Jahrhunderts, beständig gegen anderthalb bis zwey hundert
Indianische Kaufleute oder Banjanen, die hauptsächlich
aus der zunächst an Persien gränzenden Provinz Mul-
tan gebürtig sind, und einen starken Handel, vorzüglich
auch in Edelgesteinen, treiben. Sie wohnen beysammen in einem steinernen, mit einer Mauer eingeschloß-
nen Caravanserat, wovon ein andrer Theil den Arme-
nianischen Handelsleuten gehört. Da sie keine Weiber
ihrer Nation unter sich haben, und die Gemeinschaft ta-
tarischer Weiber in Astrachan nur kontraktweise genießen;
so würde ihre Gesellschaft bald aussterben, wenn die ältern unter ihnen nicht von Zeit zu Zeit junge Leute von
ihren Verwandten und Befreundeten aus ihrem Vater-

lan-

lande, als Gehülfen und Theilnehmer ihres Handels
nachkommen ließen. — Sie gehören in Aſtrachan unter die vorzüglichſten Handelsleute, und ſind ihrer Recht-
ſchaffenheit wegen bekannt, die ſie den Armeniern weit
vorzüglich macht. Man findet in dem Caravanſerai, wo
ſie wohnen und auch zugleich ihre Buden haben, die koſt-
barſten perſiſchen Waaren; ſie laſſen aber nicht handeln,
ſondern bleiben auf dem einmal geforderten Preiſe.

Sie ſind faſt alle große, anſehnliche Leute, einige von
gelbbraunem oder ſchwärzlichen Anſehen; viele aber, ſonderlich die ſchon lange in Aſtrachan wohnhaften, ſind
ſchon mehr gebleicht, gelblich und den dortigen Tataren
im Anſehn nicht unähnlich. Sie gehen in Seide, Baum-
wollenzeuge und Laken gekleidet. Ihr Oberkleid hat
ſchmal gegen die Hände zu laufende Aermel, reicht bis
auf die Waden und iſt um den Leib loſe, vorn auf der
Bruſt nur mit einigen Spangen zugeheftet. Das Un-
terkleid, von leichten Zeugen, iſt etwas kürzer, gleichfalls loſe um den Leib, und die weiten Beinkleider gehen
bis auf die Knöchel herab. An den Füßen tragen ſie
ſaffiane Strümpfe oder Halbſtiefel ohne Solen, mit
welchen ſie außer dem Hauſe in Pantoffeln treten. Sie
ſcheeren den Kopf, einige auch den Bart, den ſie wenigſtens beſchneiden und tragen kleine runde Mützen, gemeiniglich von rother Farbe, mit einem geringen Rand.
Einige, doch nicht alle, laſſen ſich, ſonderlich an Feyer-
tagen, auf der Stirn, gleich über der Naſe, einen doppelten brandgelben Strich mit einer Salbe machen, die
aus Fett, Safran und heiligem Kuhmiſt beſteht, und
worüber zuweilen noch wohl ein Goldblättchen gelegt
wird.

Sie leben ſehr ſittſam, reinlich und untereinander ge-
ſellig. In der Kenntniß des Handels, und in der Be-

nußung ihres Geldes geben sie den feinsten asiatischen
Kaufleuten nichts nach. — Erfahrung hat sie äußerst
argwöhnisch und äußerst verschwiegen gemacht, so daß
ich nicht einmal ein kurzes Wörterbuch ihrer Sprache
von ihnen herausbringen konnte. Außer guten Bekannten und Fremden, die ihnen von diesen empfohlen werden, lassen sie nicht gern jemand in ihre Wohnungen;
alle Besucher aber werden, wenn sie ihnen etwas vorse-
tzen lassen, aus Geschirren bedient, die sie selbst nie gebrauchen; und was von trocknen Früchten, und dergleichen aufgesetzt worden, wird auch gemeiniglich dem Fremden mitgegeben, oder wenigstens von ihrem eignen Gebrauch verworfen. Das Besprengen mit Rosenwasser
ist, bey der Ankunft und dem Abschiede eines Besuchs,
auch hier eine der hauptsächlichsten Höflichkeitsbezeugun-
gen. Von Getränken aber setzen sie selten etwas, außer
Wasser, vor.

Einige unter ihnen dingen sich Weiber bey den No-
gaischen Tataren auf gewisse Zeit, oder verheirathen sich
auf Termin, ohne die Frau zu sich zu nehmen. — Sie
gehen täglich ans Wasser hinaus, um ihre Andacht zu
verrichten. — Zu Hause hat ein jeder sein eignes Ge-
schirr zum Essen und Trinken, und seinen eignen Kaljan r) zum Rauchen. Ihre gewöhnlichste Speise ist
Pelaw oder dick gekochter Reiß, den sie mit Kramküm-
mel, zuweilen auch mit Saffran würzen und mit viel
Butter übergießen. Sie thun auch wohl die Blätter
der Assa fetida, die sie sich von Bender-abassy kommen
lassen, oder den wilden Hanf (Bangue oder Bengy,
wie sie es nennen) der um Astrachan wächst, darunter.
Davon werden sie etwas berauscht und dann schläfrig;

noch

r) Die im Orient gebräuchliche Maschine, um Tabac
durchs Wasser zu rauchen.

noch mehr aber, wenn sie den Trank trinken, den sie sich
aus Assa fetida und dem Hanfsaamen zuweilen berei‐
ten. Sonst ist Wasser und Caffee ihr Getränk. ——
Auf den Reiß, den sie ohne Löffel, mit den Fingern es‐
sen, legen sie gebratne Badimshan oder Eierfrüchte
(Solanum Melongena) und Turi (Cucumis acutangu‐
lus) auch andre kürbisartige Früchte.

Im Sommer halten sie zuweilen ein gemeinschaftli‐
ches Gelag in einem Garten, wo sie sich zu dem Ende
ein Tschardak oder große, gedielte Scheure erbauen
lassen. Da lassen sie mehrerley Speisen bereiten, und
außer dem Pelaw und Bratfrüchten, auch allerley Back‐
werk auftischen. Jeder aber ißt aus seiner eignen mes‐
singenen Schaale, dergleichen sie sehr schöne haben, be‐
sonders seine Portion auf. Von jeder Speise wird zu‐
vor eine Schüssel voll, unter einem kurzen Gebet, für
die Fische ins Wasser geschüttet; und dann setzen sie sich
mit untergeschlagnen Füßen, auf Teppiche, zur Mahl‐
zeit. Zuschauern und Freunden, die dahin kommen,
theilen sie ebenfalls von ihrem Reiß aus. Die Zähne
zu reinigen, werden kleine Stücken von Weidenzweigen,
deren Ende wie eine Bürste zerklopft ist, herumgegeben.
Nach der Mahlzeit waschen sie sich, hängen den Tschar‐
dak rund herum mit Tapeten zu und legen sich schlafen.
Nach der Mittagsruhe wird der Kaljan geraucht und
der Nachmittag mit dem Indianischen Bretspiel zuge‐
bracht, wovon sie zweyerley Arten haben. Das eine
wird mit funfzehn Steinen auf einem durch ein lediges
Kreuz in vier Fächer getheiltem Brett, wo jedes Fach
überquer in sechs kleinere Fächer getheilt ist, gespielt.
Das andre Brett stellt ein Kreutz vor, wo das mittlere
Viereck acht Triangel, die Flächen aber, welche das
Kreutz machen, jede drey Reihen zu acht Fächern hat,
und worauf mit zwölf Steinen und sechs Schlangenköpfen

geſpielt wird. Während des Spiels laſſen ſie einige unter den dortigen Tataren bekannte Gaukler kommen, die
ihnen etwan, bey ein Paar kleinen Trommeln und einer
wunderlichen Stockfiedel, durch Geſänge die Zeit ver-
treiben; unterweilen einen Tänzer, mit Schellen an den
Beinen, Sprünge machen, oder einen Poſiturenmacher
auftreten laſſen, der mit ein Paar aufs Geſicht geſetzten
Hirſchfängern herumtanzt und andre Kunſtſtücke macht,
wobey mit einer Glocke geläutet wird.

Weil ſie bekanntermaßen die Seelenwanderung glauben, ſo tödten ſie nicht nur kein Thier, ſondern eſſen auch
weder Rindfleiſch, noch Geflügel; aber Schaffleiſch ſieht
man ſie oft, in ihrem Pelaw, eſſen, worüber ſie alſo
eine beſondre Meynung haben müſſen. Sie können nicht
leiden, daß man Thiere in ihrer Gegenwart beſchädige,
ängſtige, oder tödte. Die rußiſchen Knaben in Aſtrachan ſtellen ſich daher oft mit einer gefangnen Krähe an
das Thor des Indianiſchen Kaufhofes, und warten bis
ein Indianer heraus kommt, da ſie denn die Krähe ſo
lange quälen und ſchreien machen, bis ihnen der Indianer etwas Geld dafür giebt und die Krähe fliegen läßt.
Eben ſo hat man ſie auch zuweilen auf dem Markt lebendige Rebhühner kaufen und in die Wildniß frey aus-
laſſen geſehn.

Der erſte Braman ſoll im Jahr 1733 nach Aſtrachan zu dieſer kleinen Indianiſchen Kolonie gekommen
ſeyn. Er trug einen großen goldnen Ring in der Naſe,
der über das Maul herunter hieng. Im Jahr 1773,
als ich Aſtrachan beſuchte, befand ſich ein älterer und ein
jüngerer Braman unter ihnen; keiner von beyden aber
trug einen ſolchen Ring. Beyde trugen gewöhnlich eine
Art von weißem Bund auf dem Kopf, hatten unbe-
ſchnittne Bärte, und verrichteten den Gottesdienſt in
gen

ganz weißem Gewand. Sie sind von den übrigen sehr
verehrt und leben mit ihnen wenig in Gemeinschaft.
Wenn sie das Zeichen vor der Stirn tragen, so pflegt
es nicht von brandgelber, sondern von rother Farbe zu
seyn; auch tragen sie, außer dem Götzendienst, zuweilen
einen rothen Bund.

Ich wohnte einem gewöhnlichen Abendgebet, welches der ältere und vornehmste Braman verrichtete, durch
Begünstigung eines der ältesten Kaufleute, in dem Indianischen Caravanserai bey. — In einem ganz unge-
schmückten Saal hieng eine kleine, an Seilen schweben-
de Pagode, die unter einem zierlichen, auf Stäben ru-
henden Baldachin, drey große, aus Meßing zierlich ge-
goßne und vergoldete, stehende Götzen und noch einen
kleinern, alle mit seidnen Mäntelchen umhüllet, enthielt.
Von den größern Götzen hatten zwey am Kopfschmuck
das Zeichen einer Sichel, der dritte aber eine Figur, vollkommen wie ein Merkursstab, hervorstechen; die eine
Hand war gemeiniglich aufgehoben, und die andre, wie
bey vielen tybetanischen Götzen, gleichsam zum Segnen
bereit, vor der Brust ausgebreitet. Unter der schwebenden Götzenbühne stand ein zierliches Tischchen, statt des
Altars, welches mit allerley heiligen Gefäßen, als Schüsselchen, Fläschchen, Kännchen, alle zierlich gearbeitet,
besetzt war. Auf diesen Altar werden auch allerley Seltenheiten, z. B. Bezoarsteine, Lapis de Goa, Früchte
und dergleichen, zum Opfer für die Götzen hingelegt. Neben dem Altar stand eine Art von Gueridon, mit einer
großen angezündeten Lampe, und auf der Pagode brannten außerdem noch zwey Wachskerzen.

Der Braman stellte sich, indem der Vorhang vor
der schwebenden Pagode weggezogen ward, mit dem Gesicht gegen die Götzen gekehrt, vor den Altar, nahm

F 5   eine

eine Handglocke, wie sie die Lamen oder Gögenpriester
der Kalmücken gebrauchen, in die linke Hand und in
die rechte ein kleines zierliches Räuchergefäß, und stimmte auf einem Fuß, und nur auf den Zähen des andern
stehend, blos in einem baumwollenen weißen Unterge-
wand und seinem Bund gekleidet, einen sanften, tackt-
mäßigen Gesang an.   Hinter und neben ihm stanben
zwey gemeine Indianer, deren der eine, zur Linken des
Priesters stehende, vermittelst einer Schnur, zwey auf-
gehängte kleine Glöckchen läutete; der andre schlug, eben
so tacktmäßig, zwey kleine Handglöckchen oder Klangschaalen aneinander, da indessen der Braman selbst mit
seiner Priesterglocke beständig klingelte.   Während des
Gesangs versammlete sich nun die Gemeine, mit der
Müße auf dem Kopf, aber barfuß, wie auch der Braman selbst und seine Gehülfen waren.   Ein jeder der
hereintrat, warf sich neben dem rechten Fuß des Bramanen aufs Antliß zur Erden, berührte mit der Stirn den
Boden und den Fuß des Bramanen entweder mit der
Stirn oder mit der Hand, um sich Haupt und Augen damit
zu segnen, und stand dann ehrerbietig, mit gegeneinan-
der gelegten Fingern auf.   Die ganze Gemeine sang alle
Worte des Gesangs, den der Braman angefangen hatte,
mit feierlichem Anstand nach.   Während desselben setzte
der Braman das Räuchfaß auf den Gögentisch, und
hielt statt dessen mit der Hand ein Instrument empor,
welches wie ein zierliches Handleuchterchen gebildet, mit
einem erhabnen und vier vertieften Grübchen, am Hand-
griff aber mit einem Gögen und Elephanten geziert, und
worauf zwey frische Rosen gesteckt waren.

Nach diesem Gesang folgte ein sowohl durch die Rei-
ße der Sprache, als der Modulation sehr angenehm lau-
tendes und harmonisches Gebet, aber ohne Geläut, welches die Gemeine ebenfalls begleitete, und während dessen
der

der Braman, mit einem kleinen, zierlichen Sprengege-
fäß, welches er vom Götzentisch nahm, erst gegen die
Götzen, darnach auf die ganze Gemeinde fleißig sprengte.
Ferner goß er, wie es im tybetanischen Götzendienst üblich ist, vor dem Antlitz der Götzen eine zum Weihwaf-
fer bestimmte Feuchtigkeit über einem Gefäß aus, und
wischte, gleich als wollte er das Antlitz der Götzen ab-
trocknen, mit einem Tüchlein durch die Luft. Aus dem
vergoldeten Töpfchen, in welches er das Weihwasser goß,
schüttete er einen Theil davon in eine Schaale, schöpfte
daraus, mit einem Löffelchen, dreymal in seine hohle
Hand, welches er aufschlürfte, und theilte dann einem
jeden der Gemeine etwas von diesem Wasser, vermöge
eben des Löffels, in die hohle Hand mit. Ein jeder ge-
noß das Gnadentröpfchen mit ehrerbietiger Andacht und
wischte mit der nassen Hand über die Augen und das
Haupt her; so wie man es auch die gläubigen Kalmücken und Mongolen, mit ihrem Arafchan oder Weihwaf-
fer thun sieht. Nach dieser Ceremonie wurde ein Tel-
lerchen mit geschnittnen rohen Gurken, welches auf dem
Götzentisch gestanden hatte, zur Hand genommen, und
der ganzen Gemeinde, welche sich, zu diesem Liebesmahl,
in einen Kreiß vor der Pagode, mit untergeschlagnen
Füßen niedergesetzt hatte, herumgereicht. Und nun wurde zum Beschluß, dem Bramanen zu Ehre, welcher
obenan, der Pagode zur linken saß, und nicht mit ein-
stimmte, von der ganzen Gemeinde, unter dem Geläut
der Glöckchen, ein tacktmäßiger Lobgesang dargebracht,
womit die ganze Betstunde, deren feierlicher Anstand
und Harmonie, mir der Andacht vollkommen angemessen
schien, ihr Ende erreichte.

Der größte Feiertag, den die Indianer in Astrachan
feiern, fällt im Herbst ein. Im Jahr 1773 war er am
4. Oktober, alten Stils. Nach ihrem Vorgeben wird
der

derſelbe einem Götzen **Ramoſbi** zu Ehren gefeiert, oder
iſt von ihm eingeſetzt.   Am Tage vor dieſem Feſt laſſen
die Indianer ihre Wohnungen waſchen, reinigen und
aufs beſte mit Fußteppichen auszieren.   Alles Ueberflüſ-
ſige wird auf die Seite geſchaft und das Hausgeräth aufs
beſte gereinigt und geputzt.   Allerley friſche, getrocknete
und in Zucker eingemachte Früchte und Backwerk werden, zur Bewirthung der Gäſte, in Vorrath eingekauft.
Der Feiertag ſelbſt wird ohne Geſchäft zugebracht. Nach
der Mittagsmahlzeit läßt ein jeder ſeine beſten Freunde
und Gönner in der Stadt zum Feſt einladen.   Gegen
Abend werden von den beſten Zeugen und Waaren, die
ein jeder hat, Muſter im Vorhauſe ausgehängt, und
vor den Götzen und Büchern, die ein jeder im Hauſe
hat, große Haufen baares Geld aufgeſchüttet. Ueber
jeder Hausthür werden einige Unſchlittlampen angezündet, und endlich die Häuſer, in welchen eine Menge Kerzen brennen, für jedermann aufgethan.   Zwiſchen den
Kerzen brennen viereckigte thönerne Lampen, mit Toch-
ten in jeder Ecke.   Eine Menge Früchte und andre Le-
ckerwgaren werden für jedermann, der davon genießen
will, aufgeſtellt und beſonders auch die Gefäße mit Ro-
ſenwaſſer nicht vergeſſen.   Ein jeder Wirth ſetzt ſich mitten unter ſeinen Kerzen und Schätzen, mit untergeſchlag-
nen Beinen hin, und wartet unbeweglich ſeine Gäſte ab.
Man ſagt, die Indianer ſollen im Anfang, nach ihrem
Landesgebrauch, die Freygebigkeit an dieſem Feyertage ſo
weit getrieben haben, daß ein jeder Gaſt auch Geld und
Waaren, nach Belieben, nehmen konnte.   Allein der
Misbrauch, den unverſchämte Schmarotzer von dieſer
Erlaubniß machten, hat ſie bald vorſichtiger gemacht; ja
einige fangen ſchon an, ihre Hausthüren nicht mehr zu
öfnen, und begnügen ſich Lampen über ſelbiger hinzuſtel-
len. — Die Bekannten und geehrten Gäſte, welche
ein jeder bey ſich empfängt, werden zum Sitzen genö-
thigt.

thigt, mit Rosenwasser reichlich besprengt und mit allem,
was von Früchten vorräthig ist, auch wohl mit Thee und
Coffee bewirthet. Auch außen vor die Hausthür wird,
für den geringern Haufen, ein Tisch mit trocknen Früchten und zerschnittnen Wassermelonen preiß gegeben.
Man kann selbigen Abend, bis Mitternacht, auf diese
Art einen Jndianer nach dem andern beschmausen.

Von den Leichencereinonien der Jndianer hat mir
Herr Hablizl folgende Nachricht mitgetheilt.

Die Jndianer verhalten sich, beym Absterben ihrer
Freunde, in Vergleich mit andern Nationen, sehr gleichgültig. Sie sagen, es sey ja thörigt, sich um einen
Sterbefall zu bekümmern, da man zuverläßig weiß, ein
jeder Mensch müsse über kurz oder lang einmal sterben.
Diese Gleichgültigkeit und die Ceremonien, mit welchen
sie ihre Leichen verbrennen, haben in Astrachan das Vorurtheil allgemein gemacht, daß sich die Jndianer, beym
Absterben der Ihrigen, vielmehr freuen, als trauren;
welches doch ihrer eigentlichen Gesinnung nicht gemäß ist.

Die Todten werden bey den Jndianern, wie bey den
allermeisten andern Nationen, abgewaschen. Wann es
die Umstände nur irgend erlauben, so läßt man den Leichnam nicht über ein Paar Stunden in der Wohnung liegen. Sie sagen: was soll man ein so unnützes Wesen,
als der menschliche Leib ist, wenn sich die Seele von demselben getrennt hat, unnöthiger Weise aufbehalten; es
ist ja besser ihn je eher, je lieber in Erde und Staub, woraus er erschaffen worden, zu verwandeln.

Folgendes sind die Ceremonien, welche bey Abfüh-
rung des Leichnams nach dem Scheiterhaufen und beym
Verbrennen selbst, vorgehn. Der Erblaßte wird auf
einer Tragbaare, welche ganz schlecht, aus drey Stangen

gen und einem darauf befeſtigten Brett oder Baumrinde
beſteht, unbedeckt, auf dem Rücken liegend, mit den Füſſen voraus, von ſechs Perſonen aufs Feld getragen.
Der Braman geht, mit dem übrigen Gefolge, ohne alle
Ordnung vorne, hinten und zu beyden Seiten des Leichnams; der ganze Zug aber wird mit ſo ſchnellen Schrit-
ten vollbracht, daß die Träger ſich je nach Verflieſſung
einiger Minuten abwechſeln müſſen.   Während des Zu-
ges, bis zum Verbrennungsplaß, ruft ein jeder von den
Begleitern zu wiederhohltenmalen: Ram, Ram Sa-
baram! welches eine Anrufung an eine ihrer vornehm-
ſten Gottheiten iſt; dabey wird unterweilen in die Hände
geklatſcht.   Wenn der Leichnam an den Ort gekommen
iſt, wo er verbrannt werden ſoll, ſo nimmt man ihn von
der Baare und legt ihn platt auf die Erde nieder.   Der
Braman ſtellt ſich an den Kopf der Leiche und verrichtet
ein kurzes Gebet,   während deſſen einer von den Verwandten oder Freunden des Verſtorbnen einen Krug mit
reinem Waſſer rund um die Leiche her, ausgieſßt, und
auch die Leiche ſelbſt damit benetzt; der Krug wird, wenn
er leer iſt, in Stücken geſchlagen.   Dieſes iſt, wie ſie
ſagen, die letzte Gabe, die ein Freund dem andern, beym
Hintritt aus dieſer Welt ſchuldig iſt.   So bald das Gebet zu Ende iſt, fängt man an den Scheiterhaufen zu er-
richten, zu welchem gemeiniglich ein oder zwey Faden
Holz genommen werden, die man in Form eines längli-
chen Quadrats eine Arſchin hoch aufſtapelt.   Darauf
wird der bloß in baumwollene Leinwand eingewickelte
Leichnam gerade ausgeſtreckt und mit einem ſchlechten
ſeidnen Schleier bedeckt.   Die Todtenbaare wird auch
an den Scheiterhaufen mit angelehnt.   Der Braman
tritt alsdann nochmals hinzu und ſchmiert dem Leichnam
einen gewiſſen Brey, welcher aus Gerſtenmehl und Waſſer, mit einem gewiſſen, aus Indien hergebrachten Kraut
Rehan (wie es ſcheint Ocymum Baſilicum) bereitet iſt,

in

in den Mund und auf die Brust, auch werden einige
kleine Silbermünzen, als die letzte Mitgift, dem Leichnam in den Mund gethan. Endlich gießt der Braman
auch noch, um das Feuer zu beschleunigen, einen Krug
mit geschmolzener Butter über den Todten aus. Alsdenn legt das Gefolge den Rest des Holzes um und über
den Todten an und so wird der Scheiterhaufen auf allen
vier Ecken zugleich angezündet. Wann er in vollem
Brande steht, so setzen sich alle Begleiter in einer geringen Entfernung davon auf die Erde nieder, und singen
allerley an ihre Götter gerichtete Lobgesänge, welche mit
Händeklatschen, Klingeln von Glocken, und kleinen
Klangschaalen begleitet werden. Dieses dauert so lange,
bis der Kopf des Leichnams platzet, welches man an dem
Knall, den er von sich giebt, erkennet. Alsdenn stehen
alle auf, und gehen dreymal um das Feuer herum, um
von dem Todten Abschied zu nehmen, und wann dieses
geschehn ist, kehrt ein jeder nach seiner Wohnung zurück.

Nach vier Tagen geht der Braman, mit dem ganzen Gefolge, wieder zum Verbrennungsplatz hinaus, um
die nachgebliebenen Knochen und Asche einzusammlen.
Von letzterer wird ein geringer Theil an die Verwandten
des Verstorbnen, zum Beweiß seines wirklichen Abster-
bens, auch vielleicht zu einer heiligern Bestattung, geschickt; alles übrige wird, sammt den Knochen, ins Wasser geworfen, damit es nicht von Schweinen, Hunden
und andern unreinen Thieren verunreinigt werde. In
Indien soll die Asche der Todten aus dem ganzen Reich
an den heiligen Fluß Ganges geführt werden.

Die Trauer um Verstorbne ist bey den Indianern
nur in zweyen Fällen, und blos bey erwachsnen Personen gebräuchlich; wann nämlich der Vater oder der älteste Bruder abstirbt, so muß der Nachgebliebne seinen
Bart,

Bart, zum Zeichen der Trauer abscheeren. — Sonst
pflegten die Astrachanische Indianer, bey Ausführung
ihrer Leichen, auf den Straßen Geld und allerley Früchte, als Allmosen auszuwerfen. Weil es ihnen aber übel
gedeutet und so gar, als eine Geringschätzung des rußischen Geldes ausgelegt worden, so haben sie auch diese
wohlgemeynte Gewohnheit, seit einigen Jahren, unterlassen.

So ungleich auch die Tybetanischen Götzen der Kalmücken, denen Indianischen sind; so haben doch die Indianer eine Art von Achtung vor dem Lamaischen Götzendienst, gehen gelegentlich zu den Kalmückischen Gö-
tzenhütten und opfern auch unterweilen etwas auf ihre
Götzentische.

In der Sprache der in Astrachan wohnenden Indianer will man einige Aehnlichkeit einzelner Worte, mit der Zi-
geunersprache bemerkt haben. Ich will doch zum Beschluß hier einige Worte dieser Indianer und ihre Art
zu zählen, hersetzen:

1 Jk. 2 Du. 3 Trei. 4 Tschaar. 5 Pansh.
6 Tschi. 7 Sattee. 8 Atsch. 9 Näu. 10 Da. 11
Jarà. 12 Bara. 13 Terà. 14 Tschoba. 15 Pan-
dera. 16 Sola. 17 Sétarà. 18 Atara. 19 Un-
wi. 20 Bis. 21 Jkwi. 22 Bàabi. 30 Tri. 40
Tschaali. 50 Pandshà. 60 Sfatt. 70 Sater. 80
Assi. 90 Nowé. 99 Wedanwe. 100 Sáu. 200
Dosai. 1000 Gasaar.

Gott, Takur. Mensch, Aadmi. Mutter, Maa.
Mann, Pae. Knabe, Baal. u. s. w.

VI. Nach-

VI.

Nachricht

von

D. Daniel Gottlieb Meſſerſchmidts
ſiebenjähriger Reiſe
in Sibirien.

Unter den gelehrten Reiſenden, denen die Welt die innere Kenntniß Sibiriens, vorzüglich in Abſicht der
phyſikaliſchen Erdbeſchreibung, Naturhiſtorie, eigenthümlichen Völkerſchaften u. ſ. w. zu verdanken hat, war
Meſſerſchmidt der erſte. Seine Sammlungen waren
ein beträchtlicher Beytrag für die Naturalienſammlung
der Rußiſch Kaiſerlichen Akademie der Wiſſenſchaften,
ſeine Tagebücher, Beſchreibungen, Nachrichten ſind
zwar verſchiedentlich, beſonders bey den verbeſſerten Land-
karten genutzet, die mehreſten von ihm durchreiſten Gegenden aber ſind nachher von andern Gelehrten bereiſet,
und ſeine Bemerkungen darüber alſo durch deren Tagebücher ꝛc. größtentheils überflüßig geworden, daher auch
nicht gedruckt; dieſer würdige, faſt vergeſſene und ſelbſt
zu ſeiner Zeit wenig bemerkte Mann, verdient jedoch nur
gar zu ſehr, daß man ihn und ſeine Verdienſte um die
Kenntniß Sibiriens kenne und ihm Gerechtigkeit wiederfahren laſſe. Deswegen will ich hier von ihm, vorzüglich aber von ſeiner Reiſe in Sibirien einige Nachricht geben, und in einem folgenden Aufſatz das, was

ſeine vorhandene Papiere von Gegenden, die nach ihm
von andern gar nicht oder eilfertiger bereiſt, vorzüglich
für die phyſiſche Erdbeſchreibung enthalten, als Beyträge zu dieſer Wiſſenſchaft auszüglich mittheilen.   Das
Botaniſche und Hiſtoriſche ſeiner Bemerkungen iſt von
den neuern Reiſenden vollſtändiger bekannt gemacht worden, und Meſſerſchmidts Zoologiſche, Ornithologiſche und
andere Beſchreibungen ſind noch dazu überflüßig weitläuftig.

Der ſelige Meſſerſchmidt ward 1685, den 16.
September neuen Stils, geboren, ſtudirte in Halle und
ward daſelbſt 1707 M. Doctor.   Er beſaß eine ausgebreitete Gelehrſamkeit, auch in den orientaliſchen Sprachen, und widmete den Wiſſenſchaften den anhaltendſten
und mühſamſten Fleiß; wenn er den Tag über reiſete und
ſammlete, ſo journaliſirte er bis in die ſpäte Nacht und
oft bis zum folgenden Morgen, da er denn nur einige
Stunden ſchlummerte.   Seine Tagebücher ſind voller
Beweiſe ſeiner aufrichtigen Frömmigkeit; Hypochondrie
aber machte dieſen ſonſt aufgeweckten Mann oft ängſt-
lich, einſiedleriſch, zu ernſthaft, mistrauiſch und gegen
die Fehler ſeiner Untergebenen ſtrenge.   Wenn er auf
der Reiſe in den Quartieren nicht zum Arbeiten kommen
konnte, machte er lateiniſche und teutſche Sinngedichte,
Geſänge, Sonneten, die er theils mit ſeinem Namen,
theils Vulcanius Apollinaris unterſchrieb; oder ſchrieb
ganze Meditationen, beſonders theologiſche, in ſein Tagebuch; die vom 10. Julius 1726 iſt über die Apoca-
lypſe.   Sein Tagebuch iſt davon nicht nur ſehr bunt,
ſondern beſonders ſein Stil ſehr abwechſelnd und oft ziemlich komiſch.

Im Jahr 1716 kam er nach St. Petersburg. Siebenzehn hundert und neunzehn, den 14. Februar unter-
zeichnete er einen Vergleich, nach welchem er auf Befehl

fehl! Peters des Großen und auf dessen Kosten zum
Besten der medicinischen Kanzeley, die damals den Archiater Blumentrost zum Präsidenten hatte, im Russischen Reiche, vorzüglich aber in Sibirien, sieben Jahre reisen solle. Nach seiner Instruktion waren die Ge-
genstände seiner Reise 1) Erdbeschreibung, 2) Natur-
historie und deren Theile. 3) Medicin, Materia Me-
dica, epidemische Krankheiten ꝛc. 4) Beschreibung der
Sibirischen Nationen und Philologie. 5) Denkmäler
und andere Alterthümer, und 6) was sich sonst Merkwür-
diges finden würde. Alle Naturalien solle er sammlen
und nach St. Petersburg schicken u. s. f. Alles dieses
übernahm er ohne Gehülfen, also ganz allein und für die
geringe jährliche Besoldung von 500 Rubel, unter der
Versprechung eines Kaiserlichen Gnadengeschenks nach
seiner Zurückkunft. Man erstaunt, über das, was der
Mann ganz allein that, um so mehr, da er bey allem eine
überflüßige Pünktlichkeit beobachtete, über jede Kleinigkeiten Vorstellungen an die Befehlshaber schrieb ꝛc.
Die Thiere stopfte er meist allein aus, und zeichnete sie
ab. Pflanzen sammlete er theils selbst, theils bediente
er sich dazu rußischer Knaben, die auch die Saamen reinigten, welche er von alten trocknen Pflanzen sammlete.
An jedem namhaften Ort, nahm er, wenn die Sonne
schien, die Polhöhe, wobey er sich Lochmanns auf
Stettin gerichteter Tabellen bediente. Ueberall beobachtete er die Witterung, entwarf chorographische Karten und
bereiste deswegen die Flüsse stets mit dem Kompaß vor
sich. Seine in der akademischen Bibliothek aufbewahr-
te Mantissa Ornithologica beträgt 18 dichtgeschriebene
Oktavbände. Pflanzen determinirte er nach Tour-
nefort. Die Mineralogie kam am schlechtesten weg,
oft nennet er nicht einmal das Gestein, aus welchem Ge-
bürglagen, Felsenufer u. d. gl. bestehen.

Im Sommer 1720 ging Meſſerſchmidt von St. Petersburg über Moskau und überhaupt auf der großen Heerſtraße nach Tobolsk, wo er den Winter zubrachte und mit dem daſelbſt gefangenen Schwediſchen Kapitain, Philip Johann Tabbert, der nachher vom Könige von Schweden geadelt ward, und den Namen Stralenberg erhielt, eine genaue Freundſchaft errichtete. Stralenberg verband ſich, aus Neigung für Hiſtorie und Geographie, die Reiſe als Meſſerſchmidts Gehülfe mitzumachen.

Im Jahr 1721, den 1. März gingen beyde von Tobolsk den Irtyſch hinauf bis Tara, und dann durch die Barabinziſche Steppe nach Tomsk, am Tom und Ob.

Den 4. Junius ging Meſſerſchmidt allein den Tom hinauf bis Kusnezk, und denn durch das Gebürge nach Abakansk am Jeniſei. Tabbert von Stralenberg aber machte eine Reiſe nach Narim am Ob und kam hernach auch nach Abakansk. Vom Jeniſei wollten beyde durch das Sajaniſche Gebürge nach dem ſüdweſtlichen Ende des Baikalſees gehen, konnten aber dieſen Entwurf nicht durchſetzen.

Im Jahr 1722, den 22. Februar gingen ſie mit Schlitten den Jeniſei hinab nach Krasnojarsk. Tabbert von Stralenberg machte allein eine Waſſerreiſe den Jeniſei hinab, nach Jeniſeisk, als er aber nach Krasnojarsk zurück kam, fand er den Befehl, ſich bald in Tobolsk einzufinden, weil die Schweden nach ihrem Vaterlande gehen ſollten. Den 13. May ging er auch nach Tobolsk ab, und das war der Anfang von Meſſerſchmidts fataler hypochondriſcher Periode. „Ich „ſchied mich, ſagt er, von dem frommen, redlichen, fleiſ- „ſigen, treuen Tabbert, meinem einzigen Freunde und

„Bey-

„Beyſtande mit vielen Thränen. Nun bin ich ohne Um-
„gang und Hülfe, ganz verlaſſen. Nie werde ich mei-
„nen lieben Tabbert vergeſſen.‟

Den 13. May ging auch Meſſerſchmidt von Krasnojarsk und reiſete auf dem Kemtſchuk und Tſchulym
zu Waſſer, dann aber am Tſchornoi und Beloi
Kjus, die beyde den Tſchulym ausmachen; dann am
Abakan einem Jeniſeifluß, auch am Uibat und andern
Abakanflüſſen nach Sajanskoi Oſtrog am Jeniſei.
Die ganze bisherige Reiſe, von Tobolsk an, haben ſpä-
tere Reiſende, beſonders der ältere Gmelin und Pallas
auch, und die Merkwürdigkeiten derſelben in ihren Rei-
ſebeſchreibungen bekannt gemacht.

Den 12. September ging er zu Waſſer den Jeniſei
hinab, war in einem Sturm in großer Gefahr, kam
aber doch mit dem Verluſt einiger Sachen den 4. Oktober nach Krasnojarsk, wo er überwinterte.

1723, den 8. May ging er den Jeniſei von Krasnojarsk an, hinab, und kam den 20. May nach Jeniſeisk, den 16. Junius aber nach Mangaſea. Dieſen
Theil des Jeniſei haben im Jahr 1734, 1735 und 1739
der ältere Gmelin und Müller beſchifft, auch bereiſte
Pallas 1771 und 1772 den Theil des Jeniſei von Abakansk bis Krasnojarsk, daher Meſſerſchmidt wenig ei-
genes behalten hat.

Den 24. Junius ging er von Mangaſea in die Mündung der Niſhnaja oder unterſten Tunguska und
ſchiffte dieſen Fluß ſo weit er fahrbar iſt, alſo bis in die
Näye der Lena hinauf. Dieſe Reiſe iſt von keinem
ſpätern Reiſenden wiederholt, daher ich ſie im Auszuge
mitzutheilen gedenke.

Von Kirengskoi Ostrog an der Lena ging er anfänglich auf diesem Fluß, dann mit Schlitten nach Irkuß, auf Wegen die Gmelin und Müller nach ihm bereiset haben. Nach Irkuzk kam er den 2ten December.

Im Jahr 1724, den 29. Februar ging er von Irkuzk nach Daurien und reisete in diesem Lande nicht nur dieses ganze Jahr, sondern kam auch erst

1725, den 15. April nach Irkuzk zurück. Gmelin, Pallas und Georgi haben zwar nach Messerschmidt Daurien bereiset, und uns mit den vielen Merkwürdigkeiten dieser Gegend in ihren Reisebeschreibungen bekannt gemacht, Messerschmidt aber reiste vorzüglich in den mongolischen Steppen und war am Dalai Nor, daher ich diesen Theil seiner Reise zur Ergänzung vorhandener Nachrichten im Auszuge mitzutheilen gedenke.

Den 23. Junius trat er die Wasserreise die Angara und Werchnaja (obere) Tunguska hinab und im Jenisei denselben hinab nach Jeniseisk an. Diese Reise wiederholten 1738 der ältere Gmelin und Müller.

Den 16. August ging er von Jeniseisk über das Zwischenland (Wolok) nach dem obern Ket und schiffte denselben hinab bis in den Ob, und den Ob hinab fast bis zur Mündung des Irtysch, fror aber den 9. October ein und mußte 30 Tage sehr beschwerlich zubringen. Endlich kam er den 10. November nach Samarow Jam, einen ansehnlichen Fuhrmannsdorf, unten am Irtysch, nahe über seiner Vereinigung mit dem Ob. Hier beschloß er das Jahr. Diese Wasserreise ist ein nützlicher chorographischer Beytrag, daher ich dieselbe mittheilen werde.

1726

1726 den 17. Februar ging er von Samarow Jam am Irtysch hinauf nach Tobolsk; von hier den 22. März über Tiumen und Turinsk nach Werchoturien, alle drey an der Tura.

Den 2. April aber über das hohe Uralgebürge nach Solikamsk an der Kama, wohin er den 12. April noch mit Schlitten kam.

Erst den 14. December ging er von Solikamst nach Chlynow am Wjätka. „Der Weg ging überhaupt in W. SW, betrug 627 neue Werst, jede zu 500 Faden und ward in 170 Stunden, gefahren". So berechnet er alle Wege.

1725 den 5. Januar ging er von Chlynow (jetzo Wjätka) über Kusmodemjansk, Nischnei Nowgorod, beyde an der Wolga, Murom an der Oka, Wolodimer am Kliásma, nach Moskau, wohin er den 31. Januar kam. Unter mehrern alten Freunden traf er auch den berühmten Schober daselbst an.

Den 8. März reiste er von Moskau auf der großen Heerstraße über Twer und Nowgorod nach St. Petersburg, wohin er auch den 27. März, nach einer langen, sauern Reise gesund zurücke kam.

Von Sibirien, besonders von den Zöllen waren bey der medicinischen Kanzley Klagen über Messerschmidt eingelaufen, daher ihn der Archiater Blumentrost nicht nur nicht so freundlich, als ers hofte, aufnahm, sondern seine Sachen wurden auch mit Arrest belegt und zogen ihm eine Untersuchung zu, die ihm doch nicht schadete.

Er konnte bey der Bibliothek oder der Naturaliensammlung der Akademie der Wissenschaften, und auch bey der medicinischen Kanzley eine Stelle bekommen,

vermochte sich aber nicht zu determiniren. Indessen heirathete er, und unglücklicherweise eine rasche, wilde Frau,
die gerade das Gegentheil von ihm war. — Nun ging
er nach Danzig, fand aber auch seine Vaterstadt so
verändert und wie es ihm schien, so verdorben, daß er
sich wieder nach St. Petersburg begab. Hier lebte
er ohne allen Umgang armselig und so unbekannt, daß er
schon eine ziemliche Zeit begraben war, als seine Freunde und Bekannten von seinem Tode, etwas vernahmen.
Seine Wittwe heirathete nachher den berühmten Ad-
junkt Steller. Mit demselben wollte sie die Sibirisch-
Kamtschatkische Reise machen, kehrte aber von Moskau
nach St. Petersburg zurück.

D. De

D. Daniel Gottlieb Messerschmidts

Wasserreise von Mangasea, die Nischnaja (untere) Tunguska hinauf.

Im Jahr 1723.

———————

Ich war willens den Jenisei ganz hinab bis ans Eismeer zu gehen, und zugleich den Chatanga und
dessen brennenden Berg, an welchem viel Salmiak gesammlet wird, zu besuchen. Als ich aber den 16. Junius nach Mangasea, der nordlichsten unter allen Sibirischen Städten kam, deren Polhöhe ich unter 65 Grad 50'
N. Br. fand, machte man mich mit den Schwierigkeiten dieser Reise so bekannt, daß ich von derselben abstand.
Der Lieutenant Soldan (in Danzig geboren) erzählte,
daß er den Tribut zu heben, jährlich bis zum Eismeer
ginge, und daß sich die Reise in acht Wochen machen
lasse; dieses Jahr aber sey es schon zu spät und wenn ich
auch zurücke kommen könnte, so müßte ich in Mangasea
überwintern. Ich getrauete mir aber nicht die entsetzli-
che Winterkälte dieses Ortes auszuhalten. Nach dem
Chatanga könne man nur mit Narten oder kleinen Renn-
thierschlitten kommen, diese Reise aber erfordere eine weit
längere Zeit als die zum Eismeer. Ich beschloß also
die untere oder Nischnaja Tunguska hinauf und nach
der Lena rc. zu gehen. Vom Eismeersaum ward mir
das Folgende als zuverläßig erzählt:

Die weißen Meerbären sind weit leichter, als unsere gemeinen Bären zu überwältigen. Man hetzet Hun-

de

be auf ſie und nähert ſich ihnen unterdeſſen. Sieht der
Bär den Jäger, ſo geht er aufgerichtet auf ihn los und
iſt ſo zornig, daß er den Spies des Jägers nicht einmal
bemerkt, ſondern ihn ſich ſelbſt in den Bauch druckt,
dann aber auch ſo fort zurücke fällt und erſchlagen werden kann.

Bernſtein wird am Eismeer ſelbſt nur ſparſam,
häufiger aber am Chatangafluß gefunden.

Den 24. Junius ging ich von Mangaſea den Jeniſei hinauf, und in die in deſſen rechte Seite einfallende
Niſhnaja Tunguſka, die die Tunguſen auch Chatanga nennen. Von Mangaſea bis zu ihrer Mündung ſind
etwan 60 neue Werſte, jede zu 500 Faden gerechnet.
Ich will das dem Laufe der Tunguska nach rechte
Ufer immer das Samojediſche und das linke das Ir-
kuzkiſche nennen.

Den 25. Junius. Die Niſhnaja Tunguska iſt
unten ſo breit als der Jeniſei bey Jeniſeisk, und fließt
daſelbſt ſchnell. Beyde Ufer der Mündung und folglich
der rechten Seite des Jeniſei ſind durchaus moraſtig und
warm; den 15. Junius, da ichs unterſuchte noch gar nicht
tief aufgethauet. Die rechte Mündung iſt unter der
Polhöhe von 65 Gr. 47 Min.

Den 26. Junius ging ich in die Tunguska. Nahe
über der Mündung an der Samojediſchen Seite ſteht
das Mönchskloſter Troizkoi Monaſtyr. Noch über
dem Kloſter ſind beyde Seiten niedrig, dann folgt in einer flachen Gegend an beyden Seiten hohes Flußufer,
die die unterſten oder erſten Felſen (Perwye Stſchelie)
genennet werden. Wieder niedrige Ufer, dann die zweyte Felſenſtelle (Ftorye Stſchelie). Hier fand ich die
Polhöhe 65 Gr. 51 Min.

Den

Den 27. Junius. Die Mündung des schnellen
Sythemaflüßchens an der Samojedischen, und des
Literna an der Irkuzkischen Seite, letztere unter 65 Gr.
53 Min. N. Br.

Höher der unterste Wasserfall (Nißhnei Porog) über
welchen das Fahrzeug ohne Schwierigkeit hinaufgezogen
ward.

Den 28. Junius. An beyden Seiten hohe Ufer,
abwärts, wie vorher, gemischte Schwarzwaldung. Der
zweyte Wasserfall, schießender als der erste, doch nicht
gefährlich. Die Mündung des ziemlichen Flusses Pod-
poroschna an der Samojedischen Seite. Der dritte
Wasserfall stärker, als die vorigen; der Fluß schießt
über abschüßigen Felsengrund wie ein Pfeil, daher die
Fahrzeuge schwer hinauf zu ziehen sind.

Den 29. Junius. An beyden Seiten hohe Ufer,
auch abwärts bergigte Waldung. Die Mündung des
Karaulnoiflüßchens an der Irkuzkischen Seite.

Den 30. Junius. Poroschina Kamen, ein Felsenufer der Samojedischen Seite unter 65 Gr. 13. M.
N. Br.

Den 1. Julius. Die Mündung des Flüßchens
Porochina an der Samojedischen Seite, unter 64 Gr.
50 M. N. Br.

Die Gegend beyder Seiten ist auch hier noch bergigte Schwarzwaldung.

Den 2. Julius. Chui Ostrow eine Insel. Hier
fand ich die Polhöhe 64 Gr. 27 Min.

Das entfernte Gebürg beyder Seiten schien sehr
hoch. Im nahen Walde blühete Lilium pomponium &c.

Den

Den 3. Julius. An beyden Seiten felſiges Gebürg mit Waldung und Torfmoor. An der Samojediſchen Seite das hohe Felſenufer Tſcherumchows Byk.
Daſelbſt fand ich die Polhöhe 64 Gr. 34 Min.

Den 4. Julius. Die Mündung des Flüßchens
Chalturicha und höher den Flußwirbel Medwedkina
Ulowa (Bärenwirbel) beyde an der Samojediſchen Seite.

Den 5. Julius. Die Mündung des Sponnika,
eines ziemlichen Fluſſes an der Samojediſchen Seite, unter 64 Gr. 14 M. N. Breite.

Den 6. Julius. Die Mündung des Flüßchens
Antipicha an der Irkuzkiſchen Seite. Die Gegend
beyder Ufer iſt bergigt und waldigt. Die Inſel Si-
monowskoi Oſtrow unter 64 Gr. 3 Min. N. Br.

Den 7. Julius. Die Mündung des Flüßchens
Budanicha und Bjelomoshie Simowje (weismückig-
te Winterwohnung) beyde an der Irkuzkiſchen Seite.

Den 8. Julius. Popowa Simowje (Prieſter-
Winterhütte) und die Mündung des Flüßchens Popowa,
beyde an der Irkuzkiſchen, des Flüßchens Tſchiekowa
an der Samojediſchen Seite, letztere unter 63 Gr. 59
M. N. Br.

Die Inſeln Syranskye Oſtrowa. Noch immer
an beyden Seiten waldigtes Gebürge.

Den 9. Julius. Die Mündung des Flüßchens Ta-
lowka und des Krißina (Rattenbachs) auch Krißina
Simowje, alles an der Irkuzkiſchen Seite. Es giebt
hier viele Maulwürfe.

Den 10. Julius. Die Mündung des Flüßchens
Lietna an der Irkuzkiſchen Seite. Hier nahm ich die
Polhöhe und fand ſie 63 Gr. 42 Min.

Der

Der vierte Wasserfall (Porog), oder Stromschuß, der nicht groß ist. An den Ufern wurden Kryſtallbrocken gefunden.

Von dieſem Waſſerfall an wurden hie und da Tunguſiſche Jurten angetroffen. Sie ſind aus Stangen kegelförmig errichtet und mit gekochter Birkenrinde bedeckt. Die Tunguſen kamen ab und zu in ihren kleinen Nachen (Tung. Dſau), aus Birken-, theils auch von Lerchenbaumrinde gemacht, an mein Fahrzeug. Sie ſind brunett, haben etwas platte Geſichter und auf denſelben gezeichnete Figuren, gingen in kurzen, nach dem Leibe gemachten ledernen, zierlich-genäheten Kleidern, mit gebundenen Haaren und gefallen wohl einem jeden durch ihr munteres, freymüthiges, ofnes und ehrliches Betragen. So oft ich Tunguſen antraf, ſammlete ich Vokabeln und Nachrichten bey ihnen. Der erſten Tunguſen wegen machte ich einen Ruhetag.

Den 12. Julius. Taimurskaja Stolba iſt eine anſehnliche Klippe mitten im Fluß. Etwas höher iſt die Mündung des Flüßchens Taimura an der Irkutziſchen Seite. Die Samojediſche Seite hat viele Uferklippen, die dem ohnehin ſchnellen Fluß eine faſt ſchießende Geſchwindigkeit verſchaffen. An ſandigen Uferſtellen fanden ſich überall, beſonders hier, Kieſel, und unter dieſen Chalzedone und blaſſe Karniole auch andere durchſcheinliche, von welchen ich nach und nach über ein Pud geſammlet hatte. Viele dieſer Kieſel ſind nur der Oberfläche nahe durchſcheinend, der Kern oder das Innere iſt völlig undurchſichtig.

Die Jagd verſchafte mir hier wilde Rennthiere.

Den 13. Julius. Die Mündung des Gorellafluſſes an der Samojediſchen Seite. Das Ufer der
Tun-

hieſigen Zobeln galt ein Paar ſchon aus der erſten Hand
30 bis 40 Rubel. Wenn alſo auf jeden Mann von der
Geſellſchaft nur einige treffen, ſo kann er das ganze Jahr
gut leben; außer ſchönen Zobeln aber bekömmt die Geſellſchaft doch auch einige Vielfraße, Bären, Luchſe,
Füchſe und Hermeline.

Den 22. Julius. Popowskoi Byk oder Ufer-
klippe an der Irkuzkiſchen Seite. Der Fluß iſt hier
ſehr ſchnell. Die Polhöhe iſt 64 Gr. 4 Min. Sar-
kowa Simowje an der Irkuzkiſchen, und Hypathia
Simowje an der Samojediſchen Seite.

Den 23. Julius. Die Mündung des Flüßchens
Katſcherisma, an der Samojediſchen Seite. Hier beträgt die Polhöhe 64 Gr. 12 Min. Von hier an öfnet
ſich das Gebürg in weite Flächen, die aus Waldung und
Torfmooren mit Seen beſtehen. Die lange waldige Inſel Meſchenkina Oſtrow an der Irkuzkiſchen Seite.
Die Hitze dieſes Tages war faſt unausſtehlich.

Den 24. Julius. Leenoi Oſtrow (waldige Inſel) an der Irkuzkiſchen Seite. Die zweyfache Mündung des ziemlichen Flüßchens Koslicha, an der Samojediſchen Seite.

Den 25. Julius. Perelomowa Simowje, an
der Samojediſchen, das Felſenufer Lewkom Kamen
an der Irkuzkiſchen Seite. Hier war die nordliche Breite 63 Gr. 39 Min. Eine lange Inſel an der Samojediſchen Seite.

Den 26. Julius. Die Mündung des Flüßchens
Batriſchicha an der Irkuzkiſchen Seite. An der Samojediſchen iſt in einer weitläuftigen Fläche ein einzeler
hoher Bergzug, und an eben dieſer Seite höher am Fluß
das hohe Felſenufer Peremenie Stſchelye.

Den

Den 27. Julius. Die Tiefe des Flusses nahm immer mehr ab. Die Gegend beyder Ufer war wie vorher flache niedrige Waldung. An der Samojedischen Seite ist die Mündung des Flüßchens Rasmaknicha unter der Breite von 63 Gr. 48 Min. Rondogirka Ostrow (Insel) und Simowje (Winterhütte) beyde am Irkuzkischen Ufer.

Den 28. Julius. Die Mündung des Flüßchens Baklanicha und die dreyfache Mündung des Jlimpid flüßchens, beyde an der Irkuzkischen Seite. Der unterste Arm des Jlimpid hat über seine ganze Breite einen starken Wasserfall. Nahe an diesem Ufer ist ein ziemlicher See, der 6 Faden höher als der Fluß liegt. Die Gegend beyder Seiten ist wie die vorherige, nasse Waldung aus Weiß- und Rothtannen, Lerchenbäumen Birken ꝛc. mit großen Torfmooren und kleinen Seen. Kasatschja Simowje an der Irkuzkischen Seite.

Den 29. Julius. Am rechten, oder Samojedischen Ufer liegt der hohe Berg Justinyna Sobka, den der Fluß beynahe umgiebt, und davon in einer kurzen Strecke in O. dann in S. und hierauf in W. fließt. Der hier befindliche Wasserfall will nicht viel sagen. Bey dem Berge fand ich die Polhöhe 63 Gr. 47 Min.

Den 30. Julius. Juliana Bor (Fichtenwald), an der Samojedischen Seite und Juliana Mielka (Untiefe). Perednyje Stschelje an der Irkuzkischen Seite. Das Gestein des hohen Ufers besteht meist aus röthelähnlichen, aber zum Schreiben zu harten Steinmergel, dessen Mehl eine gute Anstrichfarbe giebt. Im Mergel findet man Selenitnester.

Die Insel Podarakowa Ostrow am Irkuzkischen Ufer und die seichte Flußstelle Podarakowa Miel-

ta in ihrer Nähe. **Oſtrowskowa Stſchelſe** an der
Irkuzkiſchen Seite.

Den 31. Julius. In der ſich gleichen waldigen,
flachen Gegend hatte der Fluß nur niedrige Ufer, aber
verſchiedene Sandbänke.

Den 1. Auguſt. **Putilowa Porog** iſt eine ſchieſ-
ſende Flußſtelle, die man ſchwer hinauf kömmt. Das
Bergufer **Wappowa Stſchelſe** an der Samojediſchen
Seite. Der Bergzug, der dieſes Ufer macht, zeigt ſtellenweiſe Lagen von ſchwarzer Kreide oder weichen
Schreibeſchiefer, grauer Kreide, Thon voller Kieſe
und Selenitneſter, auch an einem Ort eine 4 Fuß mächtige Lage von Steinkohlen, die auf einer Länge von
zwey Büchſenſchüſſen in dem abgeſtürzten Ufer anſteht
und ſehr beträchtlich ſeyn kann.

Kandakowa Kuria an der Irkuzkiſchen, und
Tſchetowa Kuria (Uferbuſen) an der Samojediſchen
Seite.

Den 2. Auguſt hatte ich **Smeyna Stſchelſe** (Schlan-
genfelſen) an der Samojediſchen, und die Mündung des
Flüßchens **Panowna** an der Irkuzkiſchen Seite. Hier
fand ich die Polhöhe 63 Gr. 23 Min. **Karablowka
Simowje**, an der Irkuzkiſchen Seite. Eine große
Sandbank.

Den 3. Auguſt. Die Mündung des Flüßchens
Karablowka an der Samojediſchen, **Syraenskoe Si-**
mowje an der Irkuzkiſchen Seite. Die flache Waldung dauerte noch immer fort. Der Strom hatte hier
viele Sandbänke.

Den 4. Auguſt **Guleſchowa Oſtrow** (Inſel)
an der Samojediſchen Seite, deren Polhöhe 63 Gr. 16
Min. betrug. Ueberall flache Waldung.

Den

Den 5. August. An der Irkuzkischen Seite zeigt sich ein langer Bergrücken, an welchem Brocken von Straubasbest herum liegen. Die Fläche umher ist Torfmoor, in welchem die schmackhafte Frucht, die die Russen **Kniäsniza** (Rubus arctic. Linn.) nennen, sehr häufig ist. Am Samojedischen Ufer ist **Bolschaja Kuria** und **Stschelje** (der große Busen und Felsenufer).

Den 6. August. Eine Insel und **Saostrowa Protok** (Nebenarm) an der Samojedischen Seite. Die Mündung des Flüßchens **Lariwonicha** am Irkuzkischen Ufer. Hier ist die Polhöhe 63 Gr. 9 Min.

Den 7. und 8. August. Der Fluß hatte viele Sandstellen, die zum Theil Staffeln bildeten, welche von Stürmen gegen den Strom entstanden zu seyn schienen. Die Gegend bestand durchaus aus nasser, flacher Waldung. Die Flußufer waren niedrig.

Den 10. August. An der Samojedischen Seite heißt eine Insel **Duvnowo Ostrow** und ein Felsenufer in ihrer Nähe **Duvnowo Jar**. Hier war die Polhöhe 62 Gr. 50 Min. Die kleinen Stechfliegen, die man hier **Moski** (Bibio, Pall.) nennet, hatten den Ruderern die nakten Stellen der Füße fast geschunden.

Den 11. bis 14. August. Die Gegend war der vorigen zwar gleich, doch zeigten sich an beyden Seiten des Flusses wieder Berge, die sich, je weiter den Fluß hinauf, demselben immer mehr näherten. Der **Lodie Kamen** an der Samojedischen Seite ist vorzüglich hoch.

Den 15. August. Heute war an beyden Seiten hügelige Waldung. Bey dem Felsenufer **Kotschorowa Stschelje** an der Irkuzkischen Seite ist die Polhöhe 62 Gr. 28 Min.

Den 16. und 17. Auguſt. Die Mündung des Niſh-
naja Rotſchorowaflüßchens an der Jrkuzkiſchen
Seite. Höher zeigt das etwas hohe jähe Ufer dieſer
Seite ſtellenweiſe ſchwarze Kreide oder Schreibſchie-
fer, auch liegen am Ufer große Brocken von verſteinten
Holzkohlen, kenntlich von Lerchenholz.

Den 18. Auguſt. Die Mündung des Seredna
(mittlern) Rotſchorowaflüßchens an der Jrkuzkiſchen Seite. Hier iſt die Polhöhe 62 Gr. 10 Min.
Eine große Jnſel an der Jrkuzkiſchen Seite. Die Gegend beyder Seiten war wie vorher etwas bergigte Waldung.

Den 16. bis 22. Auguſt. Eine der eben gedachten
gleiche Gegend. Unter den Flußinſeln zeigte eine namen-
loſe an einer Seite Felſen und trug vorzüglich Lerchenbäume.

Den 23. Auguſt. Die Mündung des Werchnaja
(obern) Rotſchorowa an der Jrkuzkiſchen Seite unter
61 Gr. 26 Min. N. Breite. Drey Tunguſen kamen
in einem Nachen von Rinde zu meinem Fahrzeuge. Jhr
Nachen wog 55 Apothekerpfunde.

Den 24. und 25. Auguſt. Krasnoe Bor (ſchö-
ner Fichtenwald) und das Felſenufer Korbukatſchan,
beyde an der Samojediſchen Seite. Bey letztern betrug
die Polhöhe 61 Gr. 16 Mine An der Samojediſchen
Seite heißt eine lange hohe Uferſtrecke ich weiß nicht
warum? Sludki Jar (Fraueneisufer).

Den 26. und 27. Auguſt. Die Hügel waren ſpar-
ſamer und niedriger, alſo die Gegend flacher, aber ſo waldigt und moraſtig, wie die vorige. Die Mündung des
Flüßchens Nabatska iſt an der Samojediſchen, und
des Tetheka an der Jrkuzkiſchen Seite. An dieſer iſt
auch

auch Oßipowa Saimka, die erste rußische beständige Wohnung, die ich an der Tunguska, von dem Troizkischen Kloster an, antraf. Sie besteht nur aus einem Rauchfange und der Bauer lebt mehr von der Jagd, als von dem wegen der Sommernachtfröste sehr mißlichen Ackerbau.

Den 28. und 29. August. Flache, nasse Waldung. An dem sandigen Flußufer fand ich in Kiesel verwandelte Holzbrocken, auch Steinkohlenbröcklein. Kriwoi Wolok (gekrümmtes Zwischenland) ist eine Stelle, wo der Fluß viele kurze Krümmungen macht. Hier nahm ich die Polhöhe; sie betrug 60 Gr. 97 Min.

Den 30. August. Heute traf meine Farth verschiedene steinige, seichte Stellen im Flusse an, über die der Fluß mit Geräusch fällt. Die lärmendste Stelle hieß Schargina Schiffera. Es schneiete heute stark, auch fror es.

Den 31. August. Die Mündung des Flüßchens Schargina an der Samojedischen, und des Maloi (kleinen) Jeroma an der Irkuzkischen Seite. Der Wasserfall Jeroma Porog ist nicht so beträchtlich, als seicht, daher ihn meine Struhge nicht paßiren konnte und die Reise in flachen Boten fortgesetzt werden mußte. Ein hier wohnender Bauer hatte dieses Jahr guten Roggen gewonnen.

Den 2. September reiste ich in Boten weiter und hatte die Mündung des Bolschaja (großen) Jeroma an der Irkuzkischen Seite, auch paßirte ich einige flache, steinigte, rauschende Flußstellen. Die Polhöhe ist an der Mündung des Jeroma 60 Gr. 23 Min.

Den 3. bis 5. September. Die ganze Gegend ist wie die vorige flachwaldigt, naß, mit Torfmooren und

H 3 　　　　　　kleinen

kleinen Seen, auch ofnen höhern Flächen.   Das Anmer-
kungswürdige auf dem Fluß ist der Wasserfall Jurlo-
wa Porog, eine klippige Stelle an der Irkuzkischen
Seite.   Eine Insel, das Dörfchen Troizkaja Saims-
ka, das Dorf Kalina an der Samojedischen und Goß-
sudarewa Paschna an der Irkuzkischen Seite, die alle
einen kleinen, mislichen Ackerbau treiben.   Die Mündung des Flüßchens Rneika an der Samojedischen, und
des Narega an der Irkuzkischen Seite.

   Den 6. September.   Das Felsenufer Kremennoi
an der Irkuzkischen Seite hat den Namen von vielen
Feuersteinen, die daselbst und auch höher an den Ufern
sehr häufig gefunden werden, und von verschiedenen Farben und theils durchscheinend sind.   Die Mündung des
Bachs Burinda und Rößolka, an der Irkuzkischen
Seite.   An beyden sind verschiedene arme Kochsalz-
Quellen.   Ostrikamen ist ein Felsenufer der Irkuzkischen Seite, die aus Marmor, dem florentinischen sehr
ähnlich, besteht.   Unter den Streusteinen des Ufers findet man auch Belemniten.

   Den 7. September.   Salie Kamen ein hohes
Felsenufer an der Samojedischen Seite, und das Dörfchen Danila Paschaua darneben.   Krasnoi Jar eine hohe Uferstelle derselben Seite, die aus rothem
Steinmergel besteht.   Ploskoibor ein Fichtenwald an
der Samojedischen Seite.

   Den 8. bis 12. September.   Die Gegend beyder
Seiten bleibt sich überall gleich und besteht vorzüglich aus
Schwarzwaldung mit geringen Hügeln.   Auf und an der
Tunguska war anmerklich, die Mündung des Flüßchens
Pschmuhria an der Samojedischen Seite. Usolie Ka-
men ein Felsenufer der Irkuzkischen Seite.   Die Mün-
dung des Nepä, und des Gatschinaflüßchens an der
Irkuz-

Irkuzkischen Seite. Das Dörfchen **Loginowa Saim=** **ka** auf eben diesem Ufer. Hier verstattete die Witterung die Polhöhe zu nehmen, welche 59 Gr. 5 Min. ist. Die Mündung des Bachs Botwanninga an der Irkuzki= schen Seite. Die ganze Gegend der Irkuzkischen Seite vom Kremennaja (S. den 6. September) an, bis zum Botwanninga, heißt wegen ihrer vielen Kochsalzquellen die Salzstrecke (**Rossolnaja Plössa**). An den Bächen sind verschiedene Salzquellen häufig. Die Quellen am Mepa sind die reichsten, doch nicht siedereich, gewiß aber würde man mehrere dieser Quellen in der Tiefe, wo sie von keinen wilden Wassern geschwächt werden, reich ge= nug finden.

Bey **Trophinowa Simowje** ist eine steinige, seichte, sehr rauschende Flußstelle (**Schiffera**).

Den 13. September. Kraska Schiffera ist ei= ne der vorigen ähnliche Stelle, wo ich die Polhöhe 58 Gr. 34 Min. fand. Hier hat das Samojedische Fluß= ufer eine Lage von zinnober=rothen Gestein, und theils dieses Gestein, theils die Streusteine am Ufer enthalten zum Theil Pectunculiten und andere versteinerte Mee= resbrut.

Den 14. und 15. September. Die kleinen Seen waren schon mit Eise bedeckt. Bey der rauschenden Stelle, die **Sosnowa Schiffera** genennet wird, ist die Polhöhe 58 Gr. 25 Min. Die rauschenden, steini= gen, seichten Stellen werden je höher im Fluß desto häu= figer. Das Felsenufer **Ankudinowa Erschelje** an der Samojedischen Seite, ist sehr hoch und besteht vor= züglich aus Lagen von graulichen, theils grünlichen Stein= mergel. Hier ist die Polhöhe 58 Gr. 20 Min.

Den 16. September. Das Dorf **Wasilowo Podwaloschna** am Samojedischen Ufer unter der Brei=

te von 58 Gr. 11 Min. Hier war der Fiſcherey wegen
eine Verzäunung queer über den Fluß gemacht.

Die Gegend iſt hier mehr offen, doch meiſt bewaldet.
Ein ziemlich Roggenfeld hatte von Nachtfröſten lauter
taube Aehren, welches hier oft das Schickſal des Ge-
traides iſt.

In Waſilowa blieb ich bis zum 19 September und
ging dann noch 5 Werſte den Fluß hinauf, von da ein Weg
über das Zwiſchenland (Woloß) zwiſchen der Lena und
Tunguska nach beyden Flüſſen iſt. Zwar hätte ich mit
meinen flachen Fahrzeugen bis Prokopierwa Saimka
die Tunguska hinauf gehen können, woſelbſt auch die
Waſſerfarth den Fluß hinab gewöhnlich anfängt; da aber
ein Weg, der in drey Tagen hinabgeſchifft wird, wegen
der vielen ſeichten, rauſchenden und ſchießenden Stellen
im Fluſſe kaum in 8 Tagen hinauf gemacht werden kann,
ſo beſchloß ich wegen der ſpäten Jahreszeit und empfind-
lichen Kälte dieſe Waſſerreiſe hier zu endigen, und über
das Zwiſchenland (Wolok) nach der ganz nahen Lena zu
Lande zu gehen.

Von dem obern Theil der Tunguska zog ich noch folgende Nachricht ein: Je höher den Fluß hinauf, deſto
häufiger ſind die rauſchenden ſeichten Stellen. An der
rechten oder Samojediſchen Seite erhält er von hier hinauf, nur unbedeutende Bäche, an der Irkuzkiſchen aber,
nebſt geringen Bächen, in der Folge aufwärts 6 Werſte
über Waſilowa das Tſchurundaflüßchen, 60 Werſt
höher das Flüßchen Paymicha, und dann höher nur
Bäche; auch ſtehen an demſelben ein paar kleine Dörf-
lein. Die Tunguska entſpringt, mit dem Kuta der
Lena, an einem Gebürge oder Bergzuge. Von Wa-
ſiliewa bis zur Lena waren 30 neue Werſt, von den
Dörſchen über der Mündung des Paymicha nur 17 Werſt.

Den

Den 20. September ging ich über eine hügliche, waldige Gegend nach der **Lena**, die bey Tſchetſchuiskoi Oſtrog ohngefähr ſo breit als der Jeniſei bey Abakansk ſchien.

D. Daniel Gottlieb Meſſerſchmidts
Reiſe in Daurien.
Im Jahr 1724.

Flußreiſe von Tſchitinsk nach Nertſchinsk.

Tſchitinsk oder Tſchitinskoi Oſtrog, auch Plot- biſiſche genannt, iſt ein geringer Flecken mit ei- nem Oſtrog an der Mündung des Tſchita, eines Ge- bürgflüßchens, in die linke der Ingoda oder wie ſie von den Tunguſen genennet wird Angoda. Plotbiſiſche heißt der Ort, weil man hier die Flöße (R. Plotti) bauet, mit welchen man dieſen Fluß gewöhnlich hinab reiſet.

Den 26. Junius konnte ich die für mich gebaueten Flöße beziehen und noch heute ſtieß ich ab. Nach der Mün- dung des ziemlichen Tſchitaflüßchen am linken Ufer hatte ich an eben demſelben die Mündung des Peſtſchanka- bachs.

Den 27. Junius. Die Mündung des Urengui- flüßchens im rechten Ufer und das Dorf Olenguiska Sloboda am linken Ufer. Hier fand ich die Polhöhe 51 Gr. 49 Min. Nachmittags ging ich die Mündun- gen der ſtarken Bäche Ulgür und Budungui, beyde an der linken Seite vorbey.

Im

In den Lagen des linken hohen Ufers wurden viele wohlerhaltene sehr große und dicke, nur etwas versteinte Muschelschaalen und noch mit einigem Perlenmutter-glanz gefunden.

Vom 27. Junius bis 2. Julius lag ich stille und ließ durch die Tungusen eine Klopfjagd, auf die Rehart, welche man hier Dschéren (Antilope gutturos. *Pall.*) nen-net, halten. Diese Thiere bekam ich, beschrieb sie und stopfte sie aus.

Den 2. Julius. Die Mündung des Bachs An-gadschikan und des Flüßchens Tura an dem rechten, des Bachs Doigona am linken Ufer.

Den 3. Julius. In der Nähe des Ufers blühete Linum perenne, Papaver fl. luteo, Asphodelus luteus, Paeonia communis, Iris dichotoma und andere schöne Pflanzen. Auf der weitern Farth hatte ich die Mündung des Flüßchens Uculzu und Talatscha, beyde am linken Ufer, des Bachs Schadrinki und das Dorf Galkina aber an der rechten Seite.

Auch hier waren im hohen rechten Ufer große halb-versteinte Muscheln häufig. In der Ingoda wur-den kleine glatte Krebse, den europäischen Flußkrebsen (Cancer Astachus, L.) gleich und häufig gefangen. Die-ses Insekt ist vom Ural an, in ganz Sibirien gar nicht, daher ists merkwürdig, daß man es im äußersten Sibi-rien wieder antrift.

Von Galkina aus veranstaltete ich wieder eine Tun-gusische Klopfjagd, um die wilden Steinschaafe (R. Dikoi Barann, Mong. Argali. S. Pallas Reise 3. Th. S. 231.) zu erhalten. Darüber und über deren Beschreibung verging die Zeit bis zu

Dem

Dem 16. Julius. An demselben fuhr ich einige Inseln und an beyden Seiten Einflüsse kleiner Bäche vorbey.

Den 17. Julius. Heute erreichte ich den Ononfluß an der rechten Seite und damit das Ende der Ingoda. Diese entspringt im Jablonoi Chrebel (Apfelgebirge) und ist etwan sechs Tagereise lang, schnell, steinigt, mit vielen seichten Stellen und wenigen kleinen Inseln. Ihr Wasser ist etwas trübe. Sie fließt oben ganz im Gebürge, weiter hinab behält sie an der linken niedrig, meist waldiges Gebürge und an beyden Seiten hohe Ufer. Die nur sparsamen Flächen beyder Seiten sind meistens mager, daher der Fluß sehr wenig bewohnt ist.

Der Onon entspringt im hohen, wilden Gränzgebürge, ist größer als die Ingoda und wird 10 Tagereise oder etwan 600 Werst lang geschätzt. Sein Lauf ist fast ganz in einer unfruchtbaren Wüste, daher er unbewohnt ist.

Aus Vereinigung des Ingoda und Onon entsteht die Schilka, ein sehr breiter, träger Fluß.

Den 18. Julius ging ich bey Gorodirschenska in die Schilka und dieselbe hinab. Die Mündung des Bachs Tschalbachra ist an der Linken, des Rongaflüßchens an der rechten, des Riaflüßchens an der linken und des Bachs Jidhigan oder Tschoktoi an der rechten Seite.

Den 19. bis 21. Julius lag ich stille und beschrieb Pflanzen, wobey mir sehr begreiflich ward, wie Bauhin an seinem Werk 24, und Tabernämontanus 37 Jahr an dem seinigen geschrieben.

Den

Den 22. Julius ging ich weiter und hatte im rechten Ufer der Schilka die Mündung des gut bewohnten Flüßchens Urulgui und weiter hinab im linken Ufer die Mündung des Nertschaflüßchens, an welchem 2 Werst über der Mündung die Stadt Nertschinsk steht, die ich den 23. Julius glücklich erreichte. Nertschinsk fand ich unter 51 Gr. 57 Min. N. Br.

Reise von Nertschinsk durch Steppen nach der Argunschen Hütte.

Den 14. August verließ ich Nertschinsk, und ging vom linken Ufer der Schilka nach dem rechten, an dieser aber am Urulgui (S. den 22. Julius) hinauf durch verschiedene Bäche bis zum Dorf Steno-Trußowa. Am Urulgui sind verschiedene kleine Ackerdörfer, die Gegend überhaupt aber ist hüglicht mit morastigen Flächen und Waldung. Columba Qenae, daurica und Turtur waren hier sehr häufig.

Von Steno Trußowa überfuhr ich ein kleines felsiges Gebürge, dessen jenseitige Bäche in die rechte Seite des Onon flossen. Die Ginseng der Chinesen suchte ich hier, so wie auf der ganzen Reise vergeblich. Hier sind keine gemessene Wege, weil ich mich aber sehr geübt habe, die Längen der Wege nach der Zeit, in der ich sie zurücklegte, zu schätzen, so werde ich wenig fehlen, wenn ich glaube, heute 32 neue Werste gefahren zu haben.

Den 15. August. Der heutige Weg ging über die Ononbäche Makarowa und Schida, auch über ein niedrig, mit Birkenwaldung bedecktes Gebürge zwischen beyden. Dann kam ich an den Unda, ein schönes Flüßchen der rechten Seite des Onon. Heute 20 neue Werste in meist offner, hüglicher Steppe.

Den

Den 16. August. Durch den Cholongui und Ulutai, beydes Bäche der rechten des Unda; dann durch den Unda selbst von seiner Rechten zur Linken; hierauf durch den starken Ononbach Ulutai. Heute theils offne, flache Steppe, theils niedrig schlecht bewaldetes Gebürge. 44 Werst.

Den 17. August. Ueber das kleine Gebürge Ulutai. Jenseits desselben ist ein kleiner Salzsee, den die Russen Dubrownoi Osiro, die Tungusen Chargui Nor nennen, und dessen Wasser so reich an Kochsalz ist, daß es den Rand des Sees mit kristallinischen Salze bedeckt hatte; der noch reichere Ononborsusee aber macht, daß man ihn nicht nutzt. Von diesem Gebürge bis zum Turga, an welchem ich mein Zelt aufschlug, ist offne, waldlose, kahle Steppe. Am Ononflüßchen Turga war die Polhöhe 50 Gr. 41 Min. Nachtfröste hatten das Birkenlaub schon zum Theil gelb gemacht. Heute etwan 14 Werst.

Den 18. August. Durch den Turga von der Rechten zur Linken; dann bis zum Ononborsa einem Flüßchen der Rechten des Onon, trockne, salzige Steppe mit vielen Salzpfützen und dem kleinen, unreinen See Ogoduk Bulak. Kleine Plätze mit weißem Salzmehl bedeckt, sind hier sehr häufig. Man sieht hier viele Salzpflanzen, aber wenig andere. Diese Steppe ist voller Murmelthiere (Ruß. Surky, Tung. Tarbagan), die aus den Löchern ihrer Hügel umherschaueten. Durch den Ononborsa ging ich von der Rechten zur Linken, etwan eine Tagereise über seinem Einfall in den Onon, also 6 Werst über dem mir zur Rechten gebliebenen merkwürdigen Ononborsaischen Salzsee. Mein Uebergang über den Borsa war unter 50 Gr. 19 Min. N. Breite. Heute 55 Werste.

Den

Den 19. bis 25. Auguſt. Die Steppen zwiſchen dem Argun und Onon haben ſehr merkwürdige Thiere, das Halbpferd (Mongol. Dſchigetei, Equus Hemionus, Pall.), die Felſen- oder Steinkatze (Mong. Manul, Felis Manul Pall.), den Dachs, eine beſondere Art Murmelthiere (Tung. Turbagan), verſchiedene Erd-haaſenarten als Tolai, Ogotona, Alakdaga oder Springhaſen; am Gebürge den Luchs u. m. a., daher ich Jagden veranſtaltete und einige dieſer Thiere, beſonders aber durch die Klopfjagd der Tunguſen den ſehr merkwürdigen fruchtbaren Mauleſel den ſie Dſchigetei nennen, erhielt, beſchrieb und ausſtopfte *).

Den 26. Auguſt. Vom Ononborſa bis zu dem kleinen Gebürge, dahin ich heute gelangte, hatte ich eine ſehr ebene, offne, dürre Steppe, die einen ſcheinbaren Horizont wie ein Meer gab. In derſelben durchfuhr ich einen Bach des Urulungui, eines Argunflüßchens. Mein Weg der in SO. und S. O. zum S. ging, betrug etwan 30 Werſt.

Den 27. Auguſt. Heute fuhr ich in O. S. O. in einer der geſtrigen in allen gleichen Steppe, und erreichte den Zagan Nor (weißer See), der einen Abfluß in den Urulungui hat. Die Nacht war ſehr kalt. Etwan 45 Werſt.

Den 28. Auguſt. Vom Zagan Nor bis zum Uru-lungui, den ich durch den in O. S. O. gerichteten Weg erreichte, und von der Rechten zur linken durchfuhr, war eben ſolche dürre Steppe. Vom Urulungui zu dem kleinen Gebürge Tſchulonſcha Chadda iſt die Steppe hügelicht und völlig waldbloß. Heute etwan 48 Werſte.

Den

---

*) Von dieſen vorhin unbekannten Thieren findet man in Pallas Reiſe 3ten Theil belehrende Nachrichten.

Den 29. August. Bis zum obern Borsa, (Ruß. Werchnaja, Tungus. Sachain Borsa) einem Flüßchen der Linken des Argun, hatte ich in einer hügeligen, holzlosen, dürren Steppe verschiedene Bäche des Urulungui und Borsa, und dann den Borsa selbst von der Rechten zur Linken zu durchfahren. Daselbst betrug die Polhöhe 50 Gr. 31 Min. Mein Weg ging heute in O. S. O. und O. und betrug etwan 55 Werst.

Den 30. August. Die Gegend war bergigt, daher der Weg bald in O. bald in NO. bisweilen auch in N. ging, und mich an den Anglikan, einen Bach der rechten Seite des mittlern Borsaflüßchens brachte. Etwan 50 Werste.

Den 30. August. Gebürge mit weniger Waldung, und großen trocknen Flächen; im Gebürge durch einige Borsabäche, dann durch den mittlern Borsa (Ruß. Serednei, Tung. Dundaki-Borsa) von seiner Rechten zur Linken. Dieses Flüßchen gleicht dem obern Borsa und fällt wie derselbe in die Linke des Argun. Die Nacht kampirte ich in einem Birkengehölz. Die Richtung des Weges war so veränderlich, wie gestern und der Weg mochte 32 Werste betragen.

Den 1. September. Bis zum dritten oder untern Borsa (Nishnaja, Tung. Tschado-Sachain-Borsa), der den beyden vorherigen in allem gleicht und wie sie in die Linke des Arguns fällt, ist dem vorigen gleich Gebürge, doch mit mehr Waldung. Auch diesen Fluß durchfuhr ich von der Rechten zur Linken. Die Farth ging heute in N. O. und N. N. O. Unter den Pflanzen der Gebürgflächen oder Steppen war Fraxinella offic., eine schöne Clematis und Lilium Convallium, welches ich seit Solikamsk nicht gefunden hatte. Heute erreichte ich nach zurückgelegten 30 Werften, die Argunsche Silberhütte

berhütte (Argunskoi auch Nertſchinskoi Sawod). Sie liegt unter 51 Gr. 14 Min. N. Br.

Von Nertſchinsk, wo ich den 14. Auguſt abging, bis Argunskoi Sawod, hatte ich eigentlich 70 Stunden gereiſet und die übrige Zeit ſtille gelegen und gearbeitet. Nach wiederholten Beobachtungen kann ich auf jede Stunde, die ich gefahren 6 $\frac{7}{10}$ neue Werſte (jede zu 500 Faden) rechnen, da denn mein Weg etwan 465 Werſte betrüge.

Den 2. bis 6. September hielt ich mich in dieſem Hüttenwerke auf. Der Kommißar Timofei Matwei Burzow, ein Bergwerksverſtändiger von Käthrinenburg, war erſter Hütteninſpektor, und der Grieche Simon, den die Ruſſen Simon Grek nannten, und der ſeit 1696, alſo vom erſten Anfange dieſer Bergwerke, hier geweſen, war jezo Bergmeiſter.

Das älteſte und faſt einzige Bergwerk hat von der Dreyfaltigkeit den Namen (Troizkoi Rudnik), liegt neben den Hütten und hat noch Bergarbeit von den vorigen Landeseinwohnern. Die jezige Bergarbeit beſtand vorzüglich in einem 30 Faden ins Gebürge getriebenen Stollen, aus welchem man in verſchiedene Seitenſtrecken kam. Der tiefſte Schacht brachte nur ſieben Faden Tiefe ein. Die Bleyglanzadern, die hier das Silbererz ausmachen, liefen im Quarz und andern Geſtein von ſehr verſchiedener Stärke und Länge, auch iſt das Erz von ſehr ungleichen Gehalt. Von Bergſchwaden wußte man nichts, auch litte die Grube wenig von Grubenwaſſer. Das Erz wird mit Haſpeln aus dem Schacht gefördert, und am Tage zerſtuft und ſortiret.

Jezo waren folgende Hüttenwerke: 1) Eine Röſtbütte mit vier offnen Oefen, in welchen alle Erze geröſtet wurden.

2) Eine

2) Eine Schmelzhütte, mit acht Paar, oder sechzehn Schmelzöfen, jeder mit zwey Balgen, die, weil
hier kein Fluß ist, durch Pferde-Künste bewegt werden.
Einige Oefen waren zwar für Kupfererze, da aber gegenwärtig keine Kupfererze gewonnen wurden, so wurden
in allen silberhaltige Bleyerze geschmolzen.

3) Eine kleine Hütte mit zwey Schmelzöfen und
einem Pochwerk zu Kohlengestübe. Diese hatte der ge-
fangene Schwedische Fähnbrich Damesᵗ) sehr artig
angelegt.

Jeder dieser Ofen schmelzt, wenn er im Gange ist,
in 24 Stunden 50 bis 60 Pud Erz und giebt 35 bis 45
Pfund sehr sprödes, silberreiches Bley.

4) Eine Treibhütte mit vier Treiböfen oder Her-
den. Man sagte mir, daß 1000 Pfund Werkbley etwan 36 Pfund fein Silber geben. Die Glötte wird
wieder gefrischt oder reducirt und giebt geschmeidig,
brauchbar Bley.

5) Die Eisenschmelzhütte enthielt sechs Oefen in
einer Linie, deren jeder fast 5 Fuß hoch ist und 2 Blase-
bälge, die ein Mensch bewegt, hat. Ein Ofen gab nach
der Güte des Erzes in 24 Stunden 3 bis 5 Pud Roh-
Eisen. Das Eisenerz ward in Bergen 10 Werst von
der Hütte, nesterweise gefunden.

Man sahe es den Hütten an, daß das Bauholz über
50 Werste geführet werden mußte; auch die Wohnungen

---

t) Zu Gmelins Zeiten im Jahr 1735 nämlich war dieser Dames Hüttenverwalter und eine Hauptperson
bey den Werken. Er starb daselbst 1739, ist aber
noch jetzo bey den ältern Berg- und Hüttenleuten in
gutem Andenken.

gen der Hütten und Bergleute waren klein und schlecht. Kohlen sind ebenfalls nicht nahe. Das Bächlein Altatscha, welches durch den Flecken fließt, hat gutes Trinkwasser, aber auch nur wenig darüber.

Gegenwärtig hatte dieses Bergwerk folgende Berg- und Hüttenleute: Einen Befehlshaber, einen Bergmeister mit 200 Rubel jährlich, fünf Oberschmelzmeister jeder jährlich mit 35 Rubel und zehen Unterschmelzmeister, jeder mit 30 Rubel. Siebenzig Berghauer, Pochknechte und dergleichen, jeder jährlich mit 15 Rubel. Eine ziemliche Anzahl Verbrecher, aus allen Gegenden des Reichs, die in dem Bergwerk und auch in den Hütten arbeiten müssen. Auch zwey Schreiber und einen Schulmeister für die Jugend der Bergleute u).

Steppenreise von Argunskoi oder Nertschinskoi Sawod nach dem Dalai Nor.

Den 6. September trat ich die Steppenreise von Argunskoi Sawod nach dem Dalai Nor (heiliger See),

aus

u) Zu Messerschmidts Zeit waren die Argunschen der Krone gehörigen Silberwerke unbedeutend, denn nie ging die Ausbeute über zwey Pud Silber; als Gmelin sie besuchte, kam man jährlich bis sieben Pud. Seitdem sind diese Werke sehr ergiebig geworden, haben viele Bergwerke im Umgange und schmelzen nunmehr in fünf Hütten. Gewöhnlich geben sie gegenwärtig jährlich nun 400 Pud fein Silber, von beträchtlichem Goldhalt und eine große Menge Bley, dessen sich vorzüglich die noch weit reichern Kolywano-Woskresenskischen Gold- und Silberwerke zum Verbleyen ihrer Metalle bedienen. Man sehe von den Argunschen Werken Gmelins Sibirische Reise, 2. Th. S. 52 &c. und von deren jetzigen Zustande Georgi Reise im Rußischen Reich, 1. Th. S. 356—427.

aus welchem der Argunfluß kömmt, an, und kam heute zu dem Borsabach Anglikan (S. den 30. August). Etwan 30 Werst.

Den 7. September fuhr ich in S. S. W. und kam über den mittlern Borsa. Heute 42 Werst.

Den 8. September. In S. und theils in S. W. durch den obern Borsa, daselbst betrug die Polhöhe 50 Gr. 30 Min. Heute 38 Werst.

Den 9. September. In offner, nackter Steppe in S. zum W. und S. W. durch den Urulungui (S. den 28. August), wo er den Bach Korkira aufnimmt. Hier fand ich die nördliche Breite 50 Gr. 17 Minuten. Heute 48 Werste.

Den 10. September. Am Urulungui besuchte ich Ruinen einer alten Stadt. Sie sind an der linken des Flusses, 5 Werst über der Mündung des Korkira und bestehen in einem Platz von 200 Schritte lang und breit, den ein eines Fadens hoher Erdwall umgiebt. Auf dem Platze und auch außer demselben sind Reste von Mauerwerk aus sehr verwitterten Ziegeln, auch liegt ein dem unsrigen ähnlicher Mühlstein daselbst. Sollte hier eine Chinesische Stadt gestanden haben?

Nachher setzte ich den Weg zum heiligen See fort und fuhr in flacher, kahler, holzloser Steppe in S. S. W. bis zum unreinen See Kantschegaitu Nor, nahe am linken Ufer des Arguns. Heute etwan 55 Werst.

Den 11. September. Ich folgte dem Urgun, den die Mongolen Orgun nennen, an seiner linken hinauf, daher der Weg theils in S. zum W., theils in S. S. W. geht. An der rechten, oder Chinesischen Seite sahe ich die Mündung des Ganflusses. Wo ich auch den Argun hatte, schien er zwischen 20 und 30 Faden breit.

J 2 Sein

Sein Fluß iſt träge. Hie und da, doch nur ſparſam
hat er niedrige Inſeln und am Chineſiſchen oder rechten
Ufer viele kleine Seen. Die Steppe iſt nackt und hüglicht.

Am Rußiſchen Ufer traf ich ein Lager von 12 Zelten
oder Filzjurten dauriſcher Buråtten an, deren Heerde
an Schafen, Ziegen, Rindvieh, Pferden und Kameelen
zuſammen aus wenigſtens 2000 Stück beſtand. Der
Aelteſte, den ſie Saiſan nannten, war ein vernünftiger,
höflicher Mann. — Bey den Jurten waren große
Haufen von Argall oder trocknen geſammleten Viehab-
fall, der ohne alle weitere Zurichtung die einzige Feuerung der Nomaden dieſer völlig holzloſen Steppen iſt.
Sie iſt aber nicht ſo ſchlecht, als man denken ſollte, ſondern beſſer als der meiſte Torf, denn ſie brennet beſſer
und mit Flamme, giebt gar keinen üblen Geruch, wenig
Rauch und hißt recht gut. Recht gern und recht nahe ſaß
ich an kalten Abenden bey dem wohlthätigen Feuer von
Argal.

Heute kam ich am Argun bis zur Mündung des Step-
penbachs Urrſchu. Hier war die Polhöhe 49 Gr. 52
Min. Heute 28 bis 30 Werſt.

Weil ich auf dem fernern Wege nicht leicht die Pferde abwechſeln konnte, geſchahe es hier. Außer dem Vor-
ſpann trieben die Buråtten zum Abwechſeln etliche 80
Pferde und auch zum Schlachten einige Stück Rindvieh
mit ſich. Durch die vielen Leute war ich auch wider die
Ueberfälle der Mongolen von der Chineſiſchen Seite
mehr geſichert.

Den 13. September verließ ich dieſe Jurten. Die
Steppe glich der vorigen, eben ſo öde, aber ebener und
voller Salzplätze oder kleiner, mit weißen mehligen Salze wie mit Schnee bedeckten Vertiefungen, mit häufigen
Salz-

Salzkräutern. Diese Steppe nannten die Burätten Chai affucu. Sie hatte eine ausgebreitete Vertiefung oder niedrige Fläche, die sie Tschangir Adsergab nannten. Mein Weg ging heute in W. S. W. und betrug 40 Werste. Die Nacht kampirte ich an dem großen See Buqutur Nor, eine Werst vom linken Ufer des Argunflusses.

Den 14. September. Die heutige Steppe glich der gestrigen. Beyde waren von der strengen Winterkälte voller Risse. Mein Weg, der in S. S. W. und theils in S. W. ging und den Argun oft nahe hatte, durchschnitt einen Steppen- oder trägen Bach desselben. Etwas höher am Argun ist ein höheres Felsenufer und gegen demselben fällt der Kailar in die rechte Seite des Arguns. In der Niedrigung, in welcher der Fluß seinen Lauf hat und die theils sehr breit ist, sind an beyden Seiten viele kleine Seen und überall viele Moräste. Auf der Steppe selbst traf ich einen ansehnlichen See, dessen Namen ich zu bemerken vergessen habe. Auf einem Grabhügel in seiner Nähe steht ein steinern Bild von Menschengestalt, aber von der rohesten Ausbildung.

Diesen Abend erreichte ich den heiligen See oder den Dalai Nor, an seinem nordlichen Ende, wo der Argun aus demselben fließt. Dieser Ausfluß ist, wie ich in den folgenden Tagen fand unter 49 Gr. 17 Min. Heute 30 Werst. Mein Zelt schlug ich nahe am Dalai Nor und Argun neben einem Hügel auf.

Den 15. bis 17. September. Ich habe nicht zu wissen bekommen, wovon der Dalai Nor (heiliger See), auch Eki Dalai Nor (der große heilige See) den Namen führet. Seine Länge beträgt etwan acht, und die scheinbare Breite fünf geographische Meilen. Sein Bette ist eine Vertiefung gegen das Gebürge. Sein

J 3   Grund

Grund iſt ſchlimmig und die Ufer ſind, wo ich ihn geſehen, und wie die Mongolen ſagen, auch überall, ſo weich, daß man nur auf denſelben reiten kann. Sein Waſſer iſt weißlich, faſt wie Seifenwaſſer, wenig klar und ſehr kalfigt. Sechzehn Pfund Apothekergewichts deſſelben hinterließen bey völliger Verdünſtung einen grauen, kalfigen, ſchleimigen und ſalzigen Reſt, der eine Unze und 3 Quentchen wog. Man kann denken, wie häßlich ſolch Waſſer ſchmecken müſſe. Weil die Buräten nicht fiſchen, bin ich mit ſeinen Fiſchen, deren er nicht viele haben kann, unbekannt geblieben, am Ufer aber findet man große **Seemuſcheln** (Mytilus lacuſtris), deren eine oft fünf Unzen wiegt. An der Weſtſeite iſt nah am See hüglige und theils bergige Steppe, und dieſe Berge beſtehen aus Felſenarten. Von ähnlicher Beſchaffenheit ſoll auch die Oſtſeite ſeyn. Dem ſüdlichen Ende nahe ſoll ein anſehnlicher See, den die Buräten **Bugra Nor** nennen, ſeyn.

An einer Stelle des nahen kleinen Gebürgs fand ich auf einem Felſenabſatz unter einer überhangenden Klippe eine metallene Glocke ohne Klöppel, 27½ Unzen ſchwer, ſechs kleine metallene glattgedrehete Becher, von welchen jeder 11 bis 14 Unzen wog, eine metallene Schüſſel mit Erde und Staub, deren Gewicht ohne die Erde 30 Unzen betrug, einen kleinen Bündel tangutiſcher Schriften zwiſchen zwey kleinen Brettlein, in einem baumwollenen Tuch mit einem Lederriemen umbunden. Vielleicht war unter der vom Winde herbeygewehten Erde auch die Aſche einer Leiche, wenigſtens ſchien alles zuſammen ein Todtenopfer lamaitiſcher Heiden zu ſeyn. Die ſämmtlichen Gefäße waren zwar ſimpel, aber gut geformt und abgedrehet. Ich nahm das ganze Opfer bis auf die Erde mit.

Hier

Hier hatte ich Gelegenheit einige Pflanzen Cannabis procera, Alclepias humilis, Spinacia saxatilis, Abrotani Species etc. und noch mehrern reifen Pflanzensaamen zu sammlen, welches geschahe.

Steppenreise vom Dalai Nor nach Tschitinsk am Ingoda.

Den 18. September. Die späte Jahreszeit und das heßliche, ungesunde Wasser hießen mich den Dalai Nor verlassen. Ich wollte durch die Steppe nach dem Selenga und Selenginsk gehen, wohin man, wie die Steppenbewohner versicherten, kommen könne, fand aber in der Folge unüberwindliche Hindernisse, wodurch ich wider Absicht und Vermuthung nach Tschitinsk am Ingoda zurück kam.

Der heutige Weg vom Dalai Nor ging erst in dem kleinen Gebürge, dann in offner hügliger Steppe in W. und theils in N. W. An einem Ort waren viele Steinsäulen von der ganzen und halben Höhe eines Menschen, die in der Ferne Statuen zu seyn schienen, aber nur durch die Erde hervorstechende Felsenklippen waren. Von der Art wird wohl auch die versteinte Armee seyn, die in der Kirgisischen Steppe oben am Tobol sich befinden soll. Hier trafen wir einen gegrabenen Brunnen mit gutem Wasser. Gegen Abend ging der Zug in W. S. W. in einer flachen, sehr häufig mit Kieseln bestreueten Steppe. Diese Kiesel sind zum Theil von verschiedenen Farben, mehr oder weniger durchscheinend, aber meistens außen schöner, als gegen den Mittelpunkt, doch sammlete ich einen Theil. Die Nacht stand ich an dem Schiffsee Daschimak Nor, unter 49 Gr. 22 Min. Bt. Heute waren etwan 40 Werst gefahren.

J 4   In

In der Nacht waren zwölf meiner Burätten durch-
gegangen und hatten 21 Pferde und 4 Kinder im Stich
gelaſſen, wodurch ich in dieſer, in Abſicht der Ermange-
lung aller Hülfe, einem offnen Meer ähnlichen Wüſte
mehrere Tage in ſehr großer Verlegenheit zubrachte, aber
doch Saamen ſammlen und (bey der Wärme von Argal-
oder Miſtfeuer (S. den 11. September) ſtudiren und
ſchreiben) konnte.

Den 23. September. Meine Leute brachten aus
entferntern Burättiſchen Jurten, Burätten und Pferde,
daher ich aufbrach. Heute hatte ich ebene, trockne, ſal-
zige, unfruchtbare Steppe. Mein Weg ging in W. S.
W. gegen den Tarei Nor, und Onon. Nachmittage hatte ich den See Ryra Nor mit ſalzigem, heßlichem Waſſer, und einem mit Salz ganz bedeckten Rande, auch waren um demſelben eine Menge kleiner vertiefter Plätze
mit weißen, mehligem, kalkigen, ſalpetrigen und muria-
tiſchem Salze, als mit Schnee bedeckt. Hier kampirten
Chineſiſche Mongolen, bey welchen ich mich verweil-
te. In einiger Entfernung vom See ging der Zug über
den Hügelrücken Ryra Chadda. Jenſeits deſſelben
kam ich an den Steppenbach Ryrim Bulak, deſſen
Waſſer wegen großer Salzigkeit weit ärger als das Waſſer des Dalai Nor ſchmeckte und meinen Leuten Erbrechen verurſachte, doch konnte ich heute nicht weiter kommen. 34 bis 35 Werſt.

Den 24. September. Die Steppe war heute wie
geſtern, doch hie und da mit ſanften Höhen und Hügeln,
und voller Murmelthiere. Ich ließ eine Murmelthier-
höhle nachgraben und fand ſie über drey Faden tief, unten mit vielen Zweigen und in allen Zweigen oder Kam-
mern reines, trocknes Heu, zum Lager für dieſe im Winter ſchlafende artige Thierchen.

Um

Um einige Hügel bestanden die Streusteine aus grünen Marmorbrocken ohne und mit weißen Adern. Wahrscheinlich wird man hier Marmor in ganzen Lagern antreffen. Auf meiner Wanderschaft, die in W. N. W., theils ganz in W. und theils auch in M. W. zum N. gerichtet war, kam ich des Abends an einen gegrabenen Brunnen, an dem unreinen Steppenbach Tala Bulak. 30 Werst.

Den 25. September. Ein Chinesischer Mongol wollte mich an den Uldsa, einen Fluß, der in den Tarei Nor fällt, bringen, wodurch mir der Tarei Nor an die 50 Werst zur Rechten und in N. blieb, welches meinen Weg sehr verkürzte.

Der Zug ging meistens recht in Westen, in hüglichter, magerer und so salziger Steppe, daß sie von den vielen mit Salz bedeckten Plätzen wie beschneiet schien. Um einige Hügel lagen Brocken von grünen, kieslichten, weißadrigen Marmor. Zur linken hatte ich den See Telei Nor, auf welchem noch viele Schwäne waren. Hier standen auch Chinesisch-Mongolische Jurten. Die Nacht brachte ich an dem in diesen See fallenden Bach Tele Bulak zu. 40 Werst.

Den 26. September. In einer der gestrigen völlig gleichen Steppe, und auf der Richtung in W. und W. z. N. kam ich heute bis an den See Dyrch Nor, der mit dem Uldsafluß in unterirdischer, und des Frühlings auch in oberirdischer Verbindung stehen soll. Auf ähnliche Art soll auch der Dyrch Nor mit dem Tarei Nor der nun schon hinter uns war, Gemeinschaft haben x). Der

J 5　　　　Dyrch

x) Der Tarei Nor ist ein weitläuftiger Salzgrund in höherer, flacher Steppe, der des Sommers bis auf einige Stellen, die als Salzpfützen nachbleiben, austrock-

Dyrch iſt nicht klein und war jetzo voller Schwäne, Gän-
ſe und anderer Waſſervögel, ſein Waſſer aber iſt ſo
ſchlecht als des Dalai Nor; doch mußten wir uns mit
demſelben behelfen.

Den 27. September. Auf harten Froſt fiel faſt einer Spanne hoch Schnee, der mir beſonders dadurch ſehr
beſchwerlich ward, daß er das Sammlen des Argals oder
trocknen Miſtes hinderte, daher ich weder zum Theeko-
chen, noch zum Erwärmen Feuer haben könnte. In
ſolchen Umſtänden vergehen Muth und Hoffnung. —
Gegen Mittag brach ich auf und reißte nach dem Kompaß, auch ſchmolz der Schnee. Endlich kam ich an den
Ulöſa; etwan 80 Werſt über dem Bette des Tarei Nor.
20 Werſt.

Den 28. September. Die Ufer des Ulöſa waren
mit Eiſe belegt. Heute fuhr ich durch denſelben von ſeiner rechten zur linken Seite und am Fluß hinauf, alſo
meiſtens recht in Weſten. Längſt dieſem Fluſſe kampirten viele Chineſiſche Mongolen. Heute 35 Werſt, in offner, magerer Steppe.

Den 29. September. An der linken des Ulöſa
hinauf, demſelben bisweilen nahe. Der Weg ging in
N. W. z. W., zum Theil auch in S. W. Am Wege
hatte ich den großen See Burdu Nor, 2 Werſt vom
Ulöſa, den ein kleines Gebürg, und hierauf den kleinern
Burdu Nor. Am Fluß und an den Seen ſtanden
Jurten Chineſiſcher Mongolen. Die Nacht brachte ich
nahe am Ulöſa zu. Heute 30 bis 32 Werſt.

Den 30. September. Weiter am Ulöſa hinauf in
offner, flacher Steppe mit kleinen Hügelrücken. Der
Weg

trocknet. Von dieſem waſſerloſen See ſehe man
Pallas Reiſe im Rußiſchen Reich, 3. Th. S. 215.

Weg ging in W. und S. W. über den kleinen Berg-
strich Osbun Kusun Chadda, woselbst ich die Polhöhe 49 Gr. 36 Min. fand. Ein zweyter kleiner Bergs-
rücken höher am Uldsa ward von den Mongolen Zagar
Ubugun Chadda genennet. Mein Nachtlager war
wieder am Uldsa. Heute bis 32 Werst.

Den 1. Oktober. Auch heute ging mein Weg am
Uldsa hinauf, in trockner, von Hügeln etwas welliger,
holzloser Steppe, über einige dieser Hügelreihen. Das
Nachtlager war wie die vorigen am linken Ufer des Uldsa. Einige Hügel an ihren rechten Ufer trugen Fichten-
haine. Heute 30 bis 32 Werst.

Den unabgewechselten Pferden einige Erhohlung zu
verschaffen, mußte ich auch den 2. und 3. Oktober hier
bleiben. In diesen Tagen sahe ich mancherley Wasser-
vögel häufig nach S. W. ziehen.

Den 4. Oktober ging ich am Uldsa noch weiter hinauf, und hatte eine der gestrigen gleiche, das ist, wellige,
offne, trockne Steppe. Das Nachtlager nahm ich nahe
am Uldsa. Heute wahrscheinlich 30 Werst.

Den 5. Oktober. Am Uldsa hinauf eine der gestrigen gleiche Steppe, aber auch ein kleines hügliges Gebürg mit Fichten bedeckt, welches die Russen Werchnei
Bor (oberer Fichtenwald), die Mongolen Tschado Sachain Sandachu nennen. Gegen meinem Nachtlager
über an der andern Seite des Uldsa sahe man das kleine
Gebürg Kaylenzay Chadda. Heute 24 bis 25
Werst.

Den 6. Oktober. Die Uldsa der auch heute mein
Weg aufwärts in N. W. folgte, war an vielen Stellen
schon überfroren. Die Steppe war der gestrigen gleich,
aber ohne alle Waldung. Heute stand ich zum letzten-
mal

mal an der Ullosa, und hatte etwan zwanzig Werste gefahren.

Den 7. Oktober. Die Fortsetzung des Weges in N. W. entfernte mich nun von der Ullosa. Die offne Steppe hatte Hügel, auch kam ich über ein kleines bewaldetes Gebürge. In der flachen Steppe fuhr ich neben dem See Kutschirtai Nor, der bittersalzig Wasser und mit Salz beschlagene Ufer hat, vorbey. Zum Nachtlager erreichte ich einen kleinen Bach im Thal des kleinen Gebürgs Mygky Chadda. Heute nur 5 Werst, denn der Wan oder Befehlshaber der Chinesischen Mongolen am Ullosa untersagte mir die weitere Reise nicht nur, sondern verlangte, daß ich den gekommenen Weg zurücke gehen sollte. Nach sehr verdrießlichen Unterhandlungen durch einen Unterbefehlshaber konnte ich endlich

Den 17. Oktober meinen Weg fortsetzen; ward aber von 20 Mongolen begleitet und bewacht. Der Onon war hier nahe, man konnte aber nicht über das Gebürg Mygky Chadda zu demselben kommen, daher ich in ebener, offner Steppe in N. O. z. N. fuhr, und die Nacht an einem Quellbach am Gebürge Kooko Tschololoh Chadda (blaues Gebürge), zubrachte. 10 Werst.

Den 18. Oktober. Ich zog in hüglicher kahlen Steppe wie gestern, in N. O. z. N. und theils in N. N. O. Am Wege war ein kleiner See und an demselben ein Lager Chinesischer Mongolen. Gegen den Abend erreichte ich das Gebürg Nador Chadda und lagerte mich an einen Quellbach desselben. Hier fand ich die Polhöhe 49 Gr. 12 Minuten. Heute gewiß 38 Werst.

Den 19. Oktober. Anfänglich fuhr ich in N. und in dieser Richtung über das Gebürg Xrehn, welches Waldung aus Lerchenbäumen, Fichten, Tannen und Birken

ken hat; dann in N. N. W. und dadurch erreichte
ich den Onon nahe über der Mündung des Terinflüß-
chens in seine linke Seite. Hier betrug die nordliche
Breite 49 Gr. 22 Min. Heute 23 bis 24 Werst.

Nicht weit von meinem Lager lag ein verstorbener
Mongol in seinen Kleidern, aber von wilden Thieren
schon angefressen. Neben ihm war ein Fähnlein von
weißer Leinewand, 40 Zoll lang, 14 Zoll breit aufgerichtet, auf welchem die tangutischen Worte standen: Om
ma ni pat me chum! Die Lamas bestimmen aus ihren
astrologischen Kalendern, ob eine Leiche verbrannt, begraben werden oder an der Luft verwesen und von Thieren gefressen werden soll. Das letztere wiederfährt den
mehresten, und je eher sich die Raubthiere über die Leichen machen, je ein besser Schicksal werden sie in jener
Welt haben.

Den 20. bis 22. Oktober. Endlich konnte ich den
Burättischen Vorspann von Argun mit Tungusischen, aus
Jurten am Onon umwechseln, worüber diese Tage ver-
gingen.

Den 23. Oktober. Heute ging ich 2 Werst unter
der Mündung des Terin nicht ohne Schwierigkeit durch
den hier schon ansehnlichen Ononfluß von seiner Rechten zur Linken.

Noch immer hatte ich die Absicht gerade nach Se-
linginsk zu gehen, und war auch dem Kompasse nach,
gar nicht aus dem Wege, die Tungusen aber versicherten, daß gerade zu wegen der Gebürge gar nicht durch-
zukommen sey, und daß ich den Weg über Tschitinsk
nehmen müßte, wozu ich mich, da ich den Weg von
Udinsk nach Tschitinsk noch einmal reisen mußte, sehr
ungern entschloß.

An

An der Linken des Onon reiſte ich an dieſem Fluß abwärts durch ebene, offne Steppe, daher ging mein Zug theils in N. theils in N. O. und N. W. In der Steppe kam ich an den **Chudſchir Nor**, der 2 Werſt vom Onon entfernt iſt. Der See hat ſeinen Namen von dem **Bitterſalze** (Cutſchir, Tung.), welches ſein Waſſer enthält und ſeine Ufer bedeckt. Auch die Step= pe dieſer Gegend iſt voller vertiefter Plätze, die mit meh= ligen, kalkigen, kochſalzigen Bitterſalz, als mit Schnee bedeckt ſind. Die Tunguſen bedienen ſich des bittern Uferſalzes zur Würzung ihres **Milchthees.** Eine Werſt weiter hatte ich das geringe Gebürg **Ulkuntz Oola** am Onon ſelbſt.

Die hier kampirenden Tunguſen verſicherten, daß der in ihrer Nähe geſehene Trupp wilder Ziegen, die *Dſhe= reni* (Antilope gutturoſa, *Pall.*) genennet werden, be= reits die weißlichen Winterhaare hätten. Stein= oder wilde **Katzen,** (Felis Manul, Pall.) wären hier äu= ſerſt ſelten und hielten ſich mehr in gebürgigter Waldung auf; ich erinnere mich auch am Iſetfluß gehört zu ha= ben, daß ſie im baſchkiriſchen waldigen Ural nicht ſelten ſeyn ſollen.

Das hohe Gebürg **Chongu Tologoi** (Schafhaupt) blieb mir nahe zur Linken. Die Nacht brachte ich an dem **Ononbach Tarbaldſchei** in Tunguſiſchen Jurten zu, denn in meinem Zelt konnte ich es nicht mehr aus= halten. Heute 36 bis 38 Werſt.

Den 24. Oktober. Durch den **Tarbaldſchei** von der Rechten zur Linken, nahe am Onon. Mein Weg ging in flacher offner Steppe in N. N. O. und bisweis len in N. z. O. Der ziemliche Berg **Karatau,** den die Ruſſen **Karaulin Gora** (Wachtberg) nennen, blieb mir zur Linken. Nachher fuhr ich durch das Flüßchen
Mangbut

Mangbut Gorochon, durch den Bach Machai und durch das ziemliche Flüßchen Karalgu Gorochon, die alle in die Linke des Onon fallen. An letzterm brachte ich die Nacht in einer Tungusischen Filzjurte zu. Die Tungusen dieser Steppe sind so genannte Pferdetungusen (Konnye Tungusy), die, wie die Burätten, in Filzjurten und nicht wie die Rennthiertungusen (Olenye Tungusy) an der Tunguska (S. den 10. Julius 1723) in Jurten von Birkenrinde wohnen. Heute 30 bis 31 Werst.

Den 25. Oktober. Auch heute blieb mir der Onon zur rechten Seite nahe. Die Steppe war überhaupt flach, offen und steinigt. In derselben fuhr ich nach der Reihe durch den kleinen, dann durch den größern, steinigen, schnellen Kurulgu, hierauf durch den Bach Onchum. Von demselben an hatte die Steppe Hügel und haltbar gefrorne kleine Moräste, auch ein kleines Gebürg, von welchem ein Theil Fichten trug. Jenseits des Gebürgs fuhr ich durch den kleinen Oschirka, und endlich durch den größern Oscha in der Nähe seines Einfalles in die Linke des Onon. Am Oscha oder Akscha sind Birken. Im Sommer hätte die heut durchzogene Steppe viele Annehmlichkeiten gehabt. Die Nacht brachte ich bey Tungusen am Oscha zu. Heute 50 bis 51 Werst.

Den 26. Oktober. Noch immer an der Linken des Onon hinab. Dadurch ging mein Zug in N. O. und zum Theil in N. N. O. In der Steppe bemerkte ich heute folgende Veränderungen: hügliche, offne Steppe, in derselben durch den Bach Nachalangda und neben einem kleinen See hin, denn durch die Ononbäche Tolothoi, Tarbagatai und Uladsbe. Hier sind Moräste; ein klein Gebürg, von welchem ich nach einander

zwey

zwey Berge mit Mühe überfuhr; die Ononbäche Oſhil-
koſchan und Uladſchagan. Etwas weiter hinab fallen
die Bäche Schilbangu und dann der Karoldſcha in
die rechte Seite des Onon. Bey Fortſetzung meines
Weges γ) an der linken Flußſeite kam ich wieder über einen Bergſtrich, und hinter demſelben durch das ſchnelle,
und deswegen noch offne, ſteinige 13 Faden breite Flüßchen Plaeh, 12 Werſt vom Onon. Hier nahm ich das
Nachtlager. Heute 55 Werſt.

Den 27. Oktober. Ich folgte dem Plaeh an der
linken hinauf und entfernte mich dadurch vom Onon.
Der Weg ging meiſtens in W. N. W. und in offner
Steppe, durch einige Plaehbäche. Der See Oſherum
Nor blieb mir zur Rechten, und die beyden kleinen Bit-
terſeen, die ſchlechthin Kudſchigir Nor genennet wurden, und das mit Fichten dicht bewaldete Gebürg Hala-
kanna Chadoa waren zur linken. Die Nacht brachte
ich in einer Tunguſiſchen Jurte zu. Heute 30 Werſt.

Den 28. Oktober. Anfänglich ging ich am Plaeh
noch weiter hinauf, meine Fahrt in N. z. O. aber entfernte mich von demſelben. In der flachen Steppe traf
ich zwey kleine Seen, dann blieb mir ein kleines Gebürg
mit Fichten und bald hernach ein ähnliches zur Rechten. Der Weg ſelbſt ging in flacher, offner Steppe, in
der ich nachher an den See Baldſchina Amuth kam,
aus dem der Tura, ein Fluß der Rechten der Ingoda
(S. den 2. Julius) kömmt. See und Fluß ließ ich
rechts. Nicht weit von erſtern hatte die Steppe ſelbſt
einen kleinen Fichtenwald, an welchem Tunguſen kampirten.

γ) Der itzt folgende Theil des Weges ſcheint mit dem in
Pallas Reiſe III. Theil. S. 193 bis 200 rückwärts
beſchriebnen, vollkommen einerley zu ſeyn.

pirten, bey welchen ich einkehrte. Hier betrug die Polhöhe 50 Gr. 59 Min. Heute 23 Werst.

Den 29. Oktober. Mein Weg ging in N. z. O.
in der Nähe der linken der Tura, durch einige ihrer Bäche. Bis auf einen kleinen Fichtenwald an der rechten
und ein kleines, waldiges Gebürge an der linken Seite
der Tura, war heute alles offne, ebene Steppe, doch
traf ich gegen den Abend wieder ein klein Steppenwäld-
chen an, an welchem Tungusen standen, bey welchen ich
die Nacht über blieb. Heute bis 30 Werst.

Den 30. Oktober. Die schon lange gefrorne Erde
ward in voriger Nacht einer queer Hand hoch mit Schnee
bedeckt. — Mein Weg folgte wieder der Tura abwärts durch viele ihrer Bäche. Die Steppe war mit
Birken bestreuet. An beyden Seiten der Tura sahe man
in der Entfernung Gebürge, die sich dem Fluß abwärts
gleichförmig näherten, und ihm endlich nur ein enges
Thal ließen. So weit ich den Tura sahe, waren viele,
aber, so viel man erkennen konnte, schon eröfnete Grä-
ber voriger Einwohner in seiner Nähe.

Jenseits des Gebürgs am linken Turaufer war offne
Steppe mit sparsamen Wälderchens. Bey einem derselben hatten mir die Tungusen eine warme Filzjurte
zum Nachtlager aufgeschlagen. Heute 35 Werst.

Den 31. Oktober. Heute fuhr ich meistens recht in
N. und entfernte mich dadurch vom Tura, doch über-
kreuzte ich noch einige seiner Bäche. Die Steppe war
eben, hie und da mit Birken bestreuet. Der Tsche-
galdur war der erste und der Angadschikan der zweyte Ingodabach, die ich antraf. Letzterer entspringt an
einem kleiner Gebürge. Ich folgte diesem Bache hinab
und kam dadurch an das rechte Ufer der Ingoda, wo
ich in dem Dörfchen Angadschikan oder nach seinem

Nord.Beytr. III.B.   K   älte-

älteſten Einwohner benannt **Uldſchuitu Saimka** ein-
kehrete. Hier war die Polhöhe 51 Gr. 43 Minuten.
Heute 23 Werſt.

Die Jngoda war zwar ſchon ſeit mehreren Tagen
mit Eiſe bedeckt, hatte aber noch große offne Stellen
und war unſicher.

Den 4. November aber konnte ich meine finſtere,
enge, kohlenſchwarze Stube in **Uldſchuitu Saimka**
verlaſſen und etwas weiter hinauf über die Jngoda nach
Olenguska Sloboda am linken Ufer der Jngoda gehen. Heute 14 Werſt.

Den 5. November ging ich an der linken der Jngoda auf einem bergigten Wege aufwärts, bis zu dem
aus zwey Rauchfängen beſtehenden Dörfchen **Krutſchi-**
nowka, wo ich nur eine kleine, ſo genannte **Schwarz-**
ſtube (die durch einen in derſelben befindlichen Backofen
erhitzt wird) bekommen konnte. Hier war kurz vor meiner Ankunft ein zu der Selenginskiſchen Karavane gehöriger **Dromedar** gefallen, den ich, wie ich bisher vergeblich gewünſcht, zergliedern konnte. Er wog **1556**
mediciniſche Pfunde, jedes zu zwölf Unzen gerechnet.
Mit großer Mühe brachte ich ihn in mein Stübchen,
das er faſt ausfüllte. Dieſe Zergliederung, Ausmeſſung,
Beſchreibung z) beſchäftigte mich faſt Tag und Nacht
bis zum 9. November.

Den 10. November ging ich von **Krutſchinowka**
weiter am Jngoda hinauf und kam von einer äußerſt ſau-
ren Reiſe nach **Tichitinskoi Oſtrog** (S. den 24. Junius) Gott lob! geſund zurücke.

Hier

z) Dieſe Beſchreibung findet man in den Commentariis Ac.
Scient. Petrop. von Ammann herausgegeben.

Hier mußte ich die Schlittenbahn abwarten und fand bis zur Abreise nach Udinsk, die erst 1725, den 24. Februar erfolgen konnte, mit den bisherigen Sammlungen, meinen Papieren und durch veranstaltete Jagden Beschäftigungen genug., Die ausgestopften Thiere und Vögel waren wohl erhalten, welches ich vorzüglich meinem Mumienpulver zuschrieb. Dasselbe bestand aus Steinsalz oder andern guten Salz 16 Unzen, schwarzen Pfeffer 2 Unzen, Wermuthknospen und Tabak von jedem 3 Unzen, Weihrauch 1 ½ Unze, Vitriol ½ Unze, Lavendelblumen 1 Unze. Jedes dieser Dinge zerpulverte ich besonders, mischte sie dann und hob das Gemische in gläsernen Flaschen auf. Beym Ausstopfen rieb ich die innere Seite der Häute der Thiere und Vögel mit diesem Pulver, und bestreute auch das Werch oder die Heide rc. mit welchen ausgestopft ward, reichlich mit demselben.

1725, den 25. Januar des Abends um 7 Uhr ward ich unversehens durch ein ziemlich starkes Erdbeben erschreckt. Die Erschütterung währete fast eine Viertelstunde und war so stark, daß ich den Einsturz meines alten, hölzernen, zitternden und krachenden Hauses fürchtete. Ein solch Erdbeben wird in Daurien öfter verspürt, doch war es seit sieben Jahren nicht so stark als heute gewesen.

K 2   D, Da

D. Daniel Gottlieb Messerschmidts

Reise auf dem Ketfluß von Makowskoi bis Narym am Ob.

Im Jahr 1725.

Als ich, nach geendigter Wasserreise von Irkuzk, die Angara und obere Tunguska hinab auf dem Jenisei nach Jeniseisk kam, beschloß ich zur Fortsetzung der Rückreise in Sibirien den Ketfluß hinab nach Narym am Ob zu gehen.

Den 16. August ging ich daher von Jeniseisk zu lande über ein Zwischenland (Wolok) nach dem obern Ket. Mein Weg ist der gewöhnliche der Kaufleute, die ihre Waaren vom Jenisei nach dem Ket oder vom Ket nach dem Jenisei bringen, und geht in einer hüglichen, theils auch morastigen Gegend über den Kem, einem ziemlichen Jeniseifluß und mehrere Kem- und Ketbäche nach Makowskoi, einem Flecken oben am Ket, unter 58 Gr. 7 Min. N. Br. wo dieser Fluß schiffbar zu werden anfängt. Dieser Landweg beträgt 180 Werst.

Den 21. August trat ich die Wasserreise den Ket hinab auf einer Flußbarke an.

Der Fluß macht hier viele Krümmungen, hat verschiedene Sandbänke (Ruß. Möli) und hohe Ufer. Die Gegend beyder Seiten ist flach, mit Fichtenwaldung bedeckt. Heute 35 Werst.

Den

Den 22. August. Im Fluß Sandbänke. Die Mündung des Baches Schadsche zur linken. Heute 40 Werst.

Den 23. August. Sandbänke. Puschkinoi Jar, eine hohe Uferstelle der rechten Seite. Heute 28 Werst.

Den 24. August. Die Mündung des Flusses Tatarka, zur linken. Er ist unten wenig schmäler als der Ket selbst. Die Gegend beyder Seiten ist wie die vorherige, dichte, flache, nasse Waldung. Der Fluß wird von der Tatarka an, merklich tiefer, macht aber immer noch viele und kurze Krümmungen. Am Tatarka ist die Polhöhe 58 Gr. 8 Min. Das Dörfchen Woroscheika am linken Ufer. Heute 57 Werst.

Den 25. August wurden in einer der vorigen gleichen Gegend 40 Werste fortgerudert.

Den 16. August. Auf dem linken Ufer steht Woroschilow Saimka mit einem Rauchfange. Eine hohe weiße, sandige Uferstelle der rechten Seite heißt Beloi Jar (weißes Ufer). Hier ist die Polhöhe 58 Gr. 17 M. Heute 60 Werst.

Den 27. August. Die Mündung des Flüßchens Loschinka an der linken Seite. Loschinaborskoi Monastir, an dieser Mündung. Hier beträgt die Polhöhe 58 Gr. 15 Min. Heute 70 Werst. Der Jagd und Botanik wegen verblieb ich bis zum 8. September hieselbst.

Den 8. September. Im Ket eine Sandbank; dann die Mündung des Flüßchens Saikowa zur linken und des Flusses Sotscher zur Rechten. Heute 60 Werst.

Den 9. September. Die Gegend beyder Seiten war wie alle vorige, nämlich flache, nasse Nadelwaldung.

bung. Im Fluſſe trafen wir eine große Sandbank. Heute 106 Werſt.

Den 10. September. Die Mündung des Fluſſes
Jelowa an der linken Seite. Im Ket eine Sandbank.
Heute 90 Werſt.

Den 11. September. Einige Sandbänke. Am
rechten Ufer eine verlaſſene Oſtiakiſche Dorfſtelle, die
Urlakowa Gorodiſche genennet wird. Heute 94
Werſt.

Den 12. und 13. September kam nichts Bemer-
kungswürdiges vor, da Ufer, Fluß und Gegend ſich völlig gleich blieben. In beyden Tagen 160 Werſt.

Den 14. September. Die Mündung des Flüßchens Urka zur linken und weiter hinab an eben dieſer
Seite Stara Keta Protok, oder ein altes Flußbette,
welches jezo ein Nebenarm iſt. Heute 105 Werſt.

Den 15. September. Die Mündung des Orlo-
waflüßchens und der Ort, wo das Dorf Starai Kets-
koi geſtanden. Heute 110 Werſt.

Den 16. September. Die Mündung des Flüßchens Lyſchiza zur Rechten. Heute 72 Werſt.

Den 17. September. Heute hatte ich breiten Strom,
aber auf einer Strecke von 96 Werſt nichts merkwür-
diges.

Den 18. September. Die Mündung des Flüßchens
Malimka zur Rechten. Heute 52 Werſt.

Den 19. September. Am Malimka hört die waldige Fläche beyder Seiten zwar nicht auf, doch ſind an
beyden Ufern auch anſehnliche trockne, ziemlich fruchtbare
offne Flächen, und an den Flußufern ſtehen nach der
Reihe

Reihe folgende Dörfer: Panowa mit sechs Höfen am rechten Ufer, Ramarowa und Othegowa, beyde klein, Machowa Selo (Kirchdorf) mit 20, Rureika mit 10, Retskoi Sloboda mit 15 und Ustreka mit 6 Höfen, alle am linken Ufer. Heute 80 Werst.

Den 20. September. Die Mündung des Flüß-chens Anga und das Dörfchen Wolkowa an der lin-ken Seite. Von Wolkowa bis zum Ob sind über ein Zwischenland nur 10 Werst. Heute 70 Werst.

Der Ret fließt mit drey Armen in die rechte Seite des Ob. Den Arm, den ich heute unter dem Anga zur Linken ließ, und der für meine Barke zu seicht war, heißt Togger Protok (Durchbruch), auch Werchnoi Ustie (oberste Mündung). Er soll 50 Werst lang seyn. In demselben fließt das Wasser bald aus dem Ret in den Ob, bald ists umgekehrt, nachdem nämlich der eine oder andere Fluß höher steht oder ein starker Wind wehet. Heute 90 Werst.

Den 21. September. Der Ret schien kaum zu fließen. Der zweyte Mündungsarm der Seredni Ustie (die mittlere Mündung) genennet wird, blieb mir auch zur Linken, und dadurch war ich in dem untersten oder dritten Mündungsarm oder der Nischnaja Ustie, die für den rechten Strom gehalten wird. Heute 108 Werst.

Den 22. September. In demselben steht das Dorf Atalajowa am linken Ufer; in die rechte Seite fällt das Flüßchen Taibachtina, unter welchem sich der Ret mit dem Ob an der rechten Seite des letztern vereint. Ich nahm die Polhöhe recht in der Mündung und fand sie 58 Gr. 45 Min. Bis zur Mündung hatte ich heute 58 Werst zurück gelegt.

K 4   Im

Im Ob ging ich abwärts und erreichte 2 Werſt unter der Mündung des Ket am rechten Uſer des Ob die
Stadt Narym an der Mündung des Flüßchens Narym.

Der Ket, den die Oſtiaken Puni nennen, durch-
ſtrömt überhaupt eine flache, wenig hüglichte, waldige,
naſſe und kalte, unfruchtbare Gegend und iſt ſo wie ſeine
Flüßchen, wenig bewohnt. Er hat faſt überall niedrige
Uſer, die theils weich, theils ſandig ſind. Solche Sand-
uſer werden Plößi genennet, und ob ſie gleich in ſehr verſchiedener Entfernung von einander ſind ſo rechnet doch
das Schiffervolk auf den Kaufmannsſtrugen die Diſtan-
zen darnach. Ueberhaupt werden 180 Plößi oder Sand-
uferſtellen gezählt.

Die Lage des Fluſſes von Makowskoi bis zum Ob
iſt nach den genommenen Polhöhen und meinen Kompaß-
bemerkungen von O. zum S. in W. z. N. Die Länge
deſſelben auf dieſer Strecke beträgt mit allen ſeinen Krümmungen nach der zum Hinabrudern erforderlichen Zeit,
die 340 Stunden 30 Minuten ausmachte, 1601 neue
Werſte (jede zu 500 Faden).

Waſſerreiſe auf dem Ob von Narym bis zum Irtyſch.

Im Jahr 1725.

Den Ob nennen die Oſtiaken Aß, auch Jag und
einige Kolta. Die Stadt Narym ſteht eine Werſt
vom Uſer des Ob am Flüßchen Narym auf einer hohen
mit waldigem Moraſt umgebenen Fläche, die Gegend
ſelbſt aber iſt hügligt und hat auch viele trockne Flächen,
die zu Ackern taugen und zum Theil dazu angewendet werden, denn ob die Felder gleich oft durch Miswachs leiden, ſo tragen ſie doch in manchen Jahren zehnfältig.
Auch

Auch gemeine Küchenkräuter und Wurzeln, kommen hier noch gut fort.

Die Einwohner der Stadt sind meistens Schlu-schiwie oder zu Fuß dienende Kasaken, die sich vorzüg-lich mit Einsammlung der Pelzereyen von den Ostiaken beschäftigen. Die Pelzkasse nimmt allein über 4000 Stück Zobel ein.

Unmittelbar am Ob steht auf einer mit Morast um-gebenen Höhe ein Dorf mit einer Kirche, welches Kamt-schatka genennet wird. Hier war die Polhöhe 58 Gr. 46 Minuten.

Den 24. September ging ich von Narym den Ob hinab. An der linken fängt der starke Nebenarm (Pro-tok) Parabel an, der 60 Werst lang ist, und eine so lange Insel macht. An den Ufern war das Dörfchen Goroditsche zur Rechten, die Mündung des Teksa-flüßchens und kleine rußische Dörfer, alles am rech-ten Ufer; heute 107 Werst.

Den 25. September. Die Mündungen der Flüß-chen Waßugan und Kildahn zur linken.

Den 26. September. Einige Rußische kleine Dör-fer und Ostiaksche Jurten, auch die 3 Mündungen des Timflusses an der Rechten. Bis hieher sieht man an beyden Seiten des Ob niedrige, waldige Berge, weiter hinab aber ist alles flache, morastige Waldung, auch hat der Fluß nur niedrige Ufer, die einem großen Theil nach mit Weidengesträuch bedeckt sind. Wie auf dem Ket (S. den 22. September) werden die Distanzen, ohnge-fähr so lang, als man an einem Ort den Fluß sehen kann Plößa genennt; jede derselben hat ihren Namen, der meistens von einem berühmten Ostiaken entlehnt ist. Heute 64 Werst.

K 5   Den

Den 27. September. Das Kirchdorf **Lumpu-**
kolsk steht am rechten Ufer, und besteht blos aus den
Wohnungen für den Priester, Gehülfen und Küster.
Die Mündung des Flüßchens **Lisitza**, welches die Ostiaken **Lokojohn** nennen, zur linken.   Heute 74 Werst.

Den 28. September.   Die Mündung des Flüßchens **Paminajohn** zur linken, und des **Pavajohn** zur
Rechten.   Heute 120 Werst.

Den 29. September.   Die Mündungen der Flüßchen **Lillepuljohn** und **Onkajohn** zur Rechten, des
Moggejohn zur linken.   Der Nebenarm **Trigoro-**
dok Protok an der linken Seite.   Im Ob selbst waren
große Sandbänke.   Heute 112 Werst.

Den 30. September.   Das Flüßchen **Lochju-**
john und der Bach **Adjugahn** zur linken.   Heute
116 Werst.

Den 1. Oktober.   Heute zeigte sich Treibeis, und
an den Ufern lag einer Spanne hoher Schnee.   Auf
meiner Fahrt hatte ich die Mündung des Bachs **Mög-**
gi und des Flusses **Wach** auch **Waga**, beyde zur Rechten.   Der Waga ist ansehnlich, entspringt mit dem
Barfluß, der in den Ocean fällt, in einem Morast, ist
fischreich und von Ostiaken stark bewohnt.   Heute 93
Werst.

Den 2. Oktober.   Die Mündungen der Flüßchen
Gulgajohn und **Bokerd** zur linken und des **Okrojohn**
zur Rechten.   Heute 120 Werst.

Den 3. Oktober.   Die Mündungen des Flüßchens
Tohromgajohn und **Archon**, beyde zur Rechten. Der
Nebenarm **Pordang Mogul** und **Babin Protok** zur
linken.

Den

Den 4. Oktober. Ein Nebenarm, den die Ruſſen Maloi Ob und die Oſtiaken Ay Aß, d. i. den kleinen Ob nennen, zur Rechten; das Dörfchen Norumbai zur linken; die Mündung des Burdukowka zur Rechten und an derſelben die Stadt Surgut. Heute 54 Werſt.

Dieſes Städtchen ſteht nicht unmittelbar am Ob. Es iſt eines der älteſten Sibiriens und hat ſeinen Namen von einem ſeiner Einwohner. Sonſt heißt auch Surgut in Chineſiſcher Sprache Siegelwachs, daher die Chineſiſchen Befehlshaber Surgutſchei genennet werden.

Aus vielen und wiederhohlten Verſuchen iſt gefunden, daß hier kein Getreide fortkommt. Die Erde verliert nicht vor dem Junius den Froſt, und im Auguſt ſind ſchon wieder Fröſte. Kohl kömmt fort, macht aber gar keine Köpfe; Rüben, Zwiebeln, Lauch und Rettig gedeihen.

Den 5. Oktober. Auf der heutigen Fahrt hatte ich die Mündung des Flüßchens Kriwula zur Rechten, Romanowa Protok zur linken, den Bach Schüvaez und Tundra Protok zur Rechten, Schaitanskoi Kuria (Teufelsbuſen) zur linken, die Mündung des Fluſſes Pym, des Baches Limb und eine Uferſtelle, die Krasnoiſar genennet wird, zur Rechten, an beyden Seiten aber viele Oſtiaſiſche Hütten und einige kleine Rußiſche Dörfer an beyden Seiten. Heute 120 Werſt.

Den 6. Oktober. Juganskoi Protok zur linken, Sitim Protok zur Rechten. Hier nahm ich die Polhöhe, die 61 Gr. 14 Minuten betrug. Heute 63 Werſt. Den 7. Oktober mußte ich eines Sturms wegen ſtille liegen.

Den

Den 8. Oktober. Das Dörfchen Gorskowa Pa-
wos mit 3 Rauchfängen ſtand am rechten Ufer; am
linken hatte ich die Mündung des Fluſſes Salim. Heute 48 ⅞ Werſt.

Den 9. Oktober. An beyden Seiten ging viel Treibeis, in der Mitte aber war der Ob ziemlich rein, daher
ich die Reiſe nach dem Jrtyſch fortſetzte und den Ausfluß des Newola Protok, der aus dem Jrtyſch kömmt
und die landſpitze zwiſchen dem Ob und der Mündung
des Jrtyſch durchſchneidet, alſo die Waſſerreiſe dahin
ſehr abtürzt. Am Ausfluß des Newola war die Polhöhe 61 Gr. 4 Min.

Jch fuhr nun den Newola aufwärts, es begegnete
mir aber ſo viel Treibeis, daß davon mein Fahrzeug zer-
ſchnitten werden konnte; alſo mußte ich zurück eilen und
erreichte mit großer Mühe am rechten Ufer des Ob einen
ſichern Einbuſen (Kuria), in welchem ich auch in der
folgenden Nacht einfror, obgleich der Ob ſelbſt noch bis
zum 16. Oktober mit Treibeiſe ging. An dieſem Tage
ſtand er, und den 17. Oktober gingen ſchon meine Ru-
derer über den Fluß nach dem Dörfchen Senkowa, um
mir daſelbſt ein Quartier zu bereiten, ich und meine Sachen aber mußten auf der Barke bis zum 19. Oktober
verbleiben. So hart war das Ende dieſer meiner letzten
ſibiriſchen Waſſerreiſe.

Die geringen Berge, welche man von Narym bis
zum Tim (S. den 26. September) an beyden Seiten
des Obfluſſes ſiehet, verdienen den Namen der Gebürge
gar nicht und weiter hinab iſt ſo weit das Auge an beyden Seiten reicht, alles völlige Fläche, durchaus mit
naſſer Waldung bedeckt, und der Fluß hat auch nur niedrige Ufer, daher es ſo viele Durchbrüche oder Nebenar-
me (Protoki), deren ich nur einige genannt habe, giebt.

Jch

Ich weiß nicht, woher unsere bisherigen Erdbeschreiber
die Gebürge, die sie an den Ob pflanzen, nehmen konnten. Unten am Obbusen kann er Gebürge nahe haben,
doch versichern die Seefahrer, welche die **Meerenge
Waigaz** beschifft haben, daß längst der ganzen Hyper-
borischen Küste vom Ob zum Jenisei mehrentheils flach
und offen Land sey, und damit stimmen auch die Nachrichten, welche ich in **Mangasea** am Jenisei von Sa-
mojeden sammlen können, überein.

An den mehresten Stellen sind die **Ob**ufer wenig
über einen Faden hoch), und an vielen Orten bestehen sie
von der Oberfläche aus einer Schichte von Moostorf,
darunter ist eine Schichte Sand und unter demselben
Thon, aus welchem an einigen Stellen eine braune ocher-
hafte Guhr dringt.

Die Zahl der **Rußischen Einwohner** auf dieser
Distanz des Ob und an den in denselben einfallenden Flüssen ist, weil Ackerbau und Viehzucht wegfallen, sehr geringe, und diese wenigen Russen leben meistens wie die
Ostiaken von Fischen und Fleisch, ohne Brod, äußerst
schmutzig. Die **Ostiaken** sind zwar ein zahlreich Volk,
aber in so ungeheuren Wildnissen doch nur sehr zer-
streuet; alle ihre beständigen oder Winterdörfer sind klein
und weit auseinander. Sie selbst bekümmern sich so wenig um ihre Brüder, daß mir die, welche ich zu fragen
Gelegenheit hatte, nur eilf Obische Wolosten (in ihrer
Sprache Mogh) nennen konnten, die von den Flüssen,
an welchen sie wohnen und ziehen, die Namen führen
Waghu Meg, Pym Meg und so f. Dieses faule Volk
macht mehr aus der Fischerey als aus der Jagd, daher
wimmeln die Wälder dieser Gegend von reißenden Thieren und anderm Wilde, besonders sind Bären sehr häufig, wie denn die Narymschen Kasaken auf der Jagd eines

nes Tages zwanzig Bären erlegten; kurz vorher hatten
die Bären nahe bey Narym drey Menſchen zerriſſen.
Merkwürdig wäre es, wenn es wahr ſeyn ſollte, daß es
hier gar keine Wölfe giebt; alle die ich frug, bezeugten dieſes.

Meine Waſſerfahrt auf dem Ob vom Ket bis faſt
zur Mündnng des Irtyſch ging überhaupt in W. N.
W.   Die Zeit der Fahrt betrug 259½ Stunden 30 Minuten.   Die Länge dieſer Diſtanz des Ob mit allen ſeinen Krümmungen beträgt nach der zum Schiffen gebrauchten Zeit 1274¾ Werſte, jede zu 500 Faden gerechnet.

Den 19. Oktober ging ich mit Schlitten von meinem
eingefrornen Fahrzeuge nach dem elenden Dörfchen Senkowa am Newola Protok, und mußte in der trau-
rigſten Hütte die Schlitten von Samarow Jam erwarten, daher ich erſt den 9. November weiter gehen
konnte und den folgenden Tag den Flecken Samarow
Jam am rechten Ufer des Irtiſch, nicht weit über der
Vereinigung deſſelben mit dem Ob erreichte.   Hier hatte
ich eine gute Wohnung, daher ich meine Winterarbeiten
mit gutem Fortgange betrieb.   Dieſer Fuhrmannsfle-
cken liegt unter 60 Gr. 58 Min. N. Breite.

————————————

VII.

Kurzer Bericht

von einer beynahe

halbjährigen physikalischen Reise

durch

einige nordische Statthalterschaften

des

russischen Reiches. [a]

Erst den 17. Julius (alt. St.) 1779 war ich mit den nothwendigsten Geräthschaften fertig, so daß ich selbigen Nachmittag (von Petersburg) abreisen konnte.

Ich fuhr so langsam als möglich, weil ich die Gegend zwischen dem Finnischen Busen und dem Ilmensee, die über einen mit Muschelwerk und andern Seeprodukten

[a] Dieser Bericht, welcher den gewesenen Professor der Rußischkaiserlichen Akademie der Wissenschaften, nunmehrigen Hofrath und Gouvernements-Beysitzer, Herrn Laxmann, zum Verfasser hat, ist zu Ergänzung dessen, was die im ersten Theil der N. Nord. Beyträge S. 132 mitgetheilte Bemerkungen über die Olonzischen Gebürge enthalten, so reichhaltig, daß ich mich nicht habe enthalten können, denselben hier einzurücken, um so mehr, da er, wegen der gegenwärtigen Entfernung des Herrn Verfassers, sonst lange ungedruckt bleiben möchte.   P.

produkten bespickten Kalkflöz aufgeschlemmt und einem Seegrunde gar zu ähnlich zu seyn scheint, etwas genauer kennen lernen wollte. Ueberdem war es, wegen des unerträglichen Staubes, der durch einen eben bey meiner Abreise fallenden Regen nur bis Ishora etwas gedämpft worden war, unmöglich geschwinder zu fahren, wenn auch die schlimmen, mit Knüppeln gebrückten Wege es nicht gehindert hätten. (186 Werste)

Den 19ten erreichte ich Novogrod, wo ich von dem Herrn Statthalter von Sievers durch offne Befehle unterstützt, mich einige Tage zur Ausbesserung des Fuhrwerks aufhalten mußte. Ich nahm indessen die Alterthümer dieser berühmten Stadt in Augenschein, besahe die umliegende Gegend am Wolchow und reiste endlich von dort ab und zwar, auf Empfehlung des Herrn Statthalters, den Pleskowschen Weg, um die Salzquellen, Steinbrüche, Kalkbrennereyen und andere Merkwürdigkeiten um den Ilmensee zu untersuchen. (60 W.)

Ich betrachtete die Salzquellen bey Mschaga. Salziwekscha und Uglenka, die Kalkbrennereyen bey Swinort und Salzi am Schelonfluß, die Erdschichten, Kalkflöze, Versteinerungen und Steinbrüche der gedachten Oerter sowohl, als auch im Korostinschen Distrikt, längst dem Ilmen, wie auch an dessen verschiedenen Bächen, und erreichte die Stadt Staraja Russa den 26. Abends. (188 W.)

Die Gegenden am Schelon um Korostino und bis zum Poilstfluß gehören unter die schönsten in der Novgorodschen Statthalterschaft. Fruchtbares Erdreich, beträchtliche Flüsse und Bäche, ansehnliche Felder mit Hügeln, die sich sanft erheben, schöne Waldungen mit vielem Eichenholz, nebst angenehmen Wiesen, wechseln unaufhöraufhörlich und oberhalb Salzi verschönern brausende Wasserfälle die Aussichten.

Was der wilde Weinstock im südlichen Europa zur Anmuth der schattigten Hayne beyträgt, das thut hier der Hopfen, der sich allerwärts um die Bäume und Gebüsche herumschlingt.

Die Viehseuche hatte an der Mündung des Schelon, und besonders im Korostinschen Distrikt, diesen Frühling grausam gewüthet, und viele tausend Stück Hornvieh weggerafft, welches man an einigen Orten ziemlich nachläßig verscharrt hatte. In manchen Gegenden war davon der unerträglichste Gestank zu bemerken, und bey den merkwürdigen Kalk- und Mergelschieferflötzen am Gestade des Ilmen, wo die dendritische Kalkmergelgeschiebe herkommen, konnte ich dieser Ursach halber nicht, nach meinem Wunsch, anhalten.

(77 W.) Nachdem ich die Gegenden um Staraja Rusa und besonders die wohleingerichteten Salzwerke daselbst in Augenschein genommen hatte, richtete ich den 1. August meine Reise nach dem See Seliger und den Quellen der Wolga. Ich fuhr über den Lowatfluß und längst der Pola, bis zur Mündung des brausenden Jawanflüßchens. Hier erhebt sich das um den Ilmen beynahe einen halben Zirkel bildende Waldaische Flößgebürge, welches sich am Schelon oberhalb Salzi, am Lowat etwan zwanzig Werste unterhalb Cholm, am Mstä bey Belskoi Woloft, und am Sjäs bey Tichwin erhöhet, zu einem sehr prasligen Hügelwerk. Unterhalb der Mündung des Jawan, längst welchem das Geschiebe, gleichwie um die Quellen des Sjäs, am allerhöchsten und steilsten ist, ergießt sich die Pola einige Werste lang über einen Mergel und Sandschieferflöß. An mehrgemeldetem Jawan werden um den isolirten Hügel Demos

nowo Gorodißtsche jährlich über 30 Barkenladungen Töpfe gemacht.

Die Gegenden dort herum geben schöne Aussichten. Die Wege aber sind ungemein beschwerlich, so daß ich erst den 7ten August mit zerbrochnem Fuhrwerk das ansehnliche Kloster Nilowo Pußtina, und die Stadt Oßtaschkof am See Seliger erreichte. (181 Werste) Hier stellte ich meteorologische Beobachtungen an, und bereiste die umliegenden Gegenden bis zum 13ten, da ich diese Stadt verließ und nach den Quellen der Wolga reißte. (80 W.) Ich sammlete überall längst diesem berühmten Fluß, aus den merkwürdigen, mit Agaten reichlich bespickten, auch ein weit höheres Alter, als jene am Ilmen, andeutenden Kalkflözen, verschiedne Versteinerungen und folgte denenselben bis zu der Stadt Rschew Wladimerof, (193 W.) wo ich den 16ten des Abends eintraf.

Gestehen muß ichs, daß sich die Gegend hieselbst, die unter die schönsten der Iwerischen Statthalterschaft gehört, merklich veränderte. So bald man Oßtaschkof verläßt, höret das häufige Granitgeschiebe auf, und die Kieselarten, Kalksteine und häufige Versteinerungen, die sich schon am nördlichen Ende des Seliger bey Polonnowa wahrnehmen lassen, nehmen jener ihre Stelle fast gänzlich ein. Die Sandgeschiebe zeigen sich sparsamer, und Thon, nebst mergelichten Erdarten werden häufiger. Das anhöhigte Land ist überall angebaut, und die vielen adlichen Höfe zieren die schon von Natur schönen Aussichten, durch Lustwälder, Gärten und guten Geschmack in der Bauart.

Von Rschew reiste ich noch längst der Wolga, (50 Werst) über Subzof bis Stariza und betrachtete die natürlichen Produkte dieser Gegenden, welche mit jenen

ober-

oberhalb Rſchew von einerley Beſchaffenheit ſind. Nur
längſt der Wahuſa findet man die Kieſelarten von allen
möglichen Farben, gleich denen auf dem Hundsrück in
Teutſchland. Das ungemein hohe, aus weißem Tuf-
ſtein beſtehende Ufer der Wolga geht nur bis Stariza.
Weiter hinunter verliert es ſich in ein flaches Gefilde.

Den 22. Auguſt verließ ich die Wolga und reiſte
queer über das flache Land, durch Jaropolz, Wolo-
kolamsk und das Woskreſenskiſche Kloſter, welches
das neue Jeruſalem genannt wird, nach Moskau, theils
um die Beſchaffenheit dieſer Gegenden kennen zu lernen,
theils aber auch inn in letztgenannter Hauptſtadt des
Reichs mein ſehr verbrochnes Fuhrwerk ausbeſſern zu
laſſen. (230 W.)

Der Kalkflöz ſtreicht in dieſer Gegend faſt überall
fort und ſcheint eine wellenförmige Lage zu haben; indem
er ſich bald erhebt, bald wieder ſinkend zeigt. Um Ja-
ropolez, Woloklamsk und weiter gegen Moskau zu, ſind
die Gegenden vortreflich, und gleichen jenen in der Wo-
roneſiſchen Statthalterſchaft. Man hat die ſchönſten
Ausſichten, einen ſehr fruchtbaren Boden, anmuthige
Wälder und Gebüſche von allerley harten Holzarten unter Tangelholz gemiſcht. Ueberall iſt häufiger Verrath
an Kalk und Bruchſtücken, aus denen längſt den Flüſſen überall entblößten Kalkflözen. — So gar bemerkte
ich hier, von Inſekten, den Feuerſchröter und den Nas-
hornkäfer; aber auch die kleine, unverſchämte, aus Chi-
na über Sibirien hergebrachte bräunliche Schabe in allen Häuſern, und es ſcheint, daß ſie wohl ein allgemeines Uebel werden wird, beſonders wenn ſie ſich ins ſüdliche Rußland mehr wird verbreiten können.

Um Moskau betrachtete ich die Belegenheiten am
Moskuafluß, bey Choroſchowa, Oſtrof und weiter
hinun-

hinunter bis Bachra, sowohl am Tulischen, als Ke-
lomnischen Wege, auch sonst noch in der Nähe dieser
weitläuftigen Stadt. (265 W.)

Der ganze Strich hier herum und der ganze hohe
Bergrücken, den die alten Erdbeschreiber Mons Alaunus
genannt haben, scheint gar zu deutlich ein Werk gewal-
tiger Ueberschwemmungen zu seyn. Der erstaunlich häufige Kalkstein, der als ein gemeinschaftliches Fundament
unter die ganze Gegend in eins fortstreicht, gehört gar
nicht unter die alten Bergarten, sondern ist ein bloßer
Tuffstein, der vom Meer angeschlemmt worden, und der
sein Daseyn wohl den zertrümmerten und zerstörten Mee-
resprodukten zu verdanken hat. Und würde ich sehr ir-
ren? wenn ich mir vorstellte, daß die große herrliche Ebne von ganz Rußland und Polen, mit sammt dem nördlichen Teutschland, vor diesem einem Theil des Weltmee-
res, einigen großen Busen desselben, oder ganzen Seen
zum Boden gedienet. Ich würde keine kühnere Sprache reden, als die angenehmen Erzählungen unsrer neue-
sten Naturforscher, von der Entstehung der Weltkörper
und der Erde, sind; wenn ich sagte: der Skandinavische,
einem Pferdehuf ähnliche Bergrücken ist vormals eine
Insel gewesen, und ein Ocean hat über ganz Rußland,
bis zum Fuße des Urals, des Caucasus, und der teutschen
Bergkette gestürmet. Wenn ich sagte: es wären Untiefen, Sandbänke, niedrige Klippen und flache Inseln
in diesem Ocean, auf welche die Wuth gewaltsamer Fluthen den hohen Flöz, der sich vom Fuß des Carpathus,
bis zum Fuß des Urals, oder von Südwesten gegen
Nordost, durch ganz Polen und Rußland, fast in einer
geraden Linie erstrecket, aufgeschlemmt und mit Meer-
produkten so reichlich bespickt, und dadurch die schwarze
See, die Kaspische und die Aralsche, welche allerdings
vor Deucalions Fluth nur ein Gewässer ausmachten, ab-
geson-

gesondert und gebildet hat. Es haben Ueberschwemmungen und Ströme des Meeres dem Dnestr, Dnepr
und Don in das schwarze Meer, der Wolga in das Kaspische, der Dwina in das Weisse, denen vielen Waldai-
schen Flüssen, der Düna und einigen teutschen Strömen
in das Baltische, ihr Hügelwerk bereitet, durch welches
sie ihre Richtungen bekommen haben. — Doch hier
ist wohl der Ort nicht, von diesen und mehrern Muthmaßungen dieser Art zu reden, sondern ich will den weitern Verfolg meiner Reise zu erzählen fortfahren.

Aus Moskau reiste ich den 6. September des Morgens, und erreichte am folgenden Abend die Stadt
Twer. (164 W.) Bey dieser von unsrer großen Kaiserin so sehr verschönerten Stadt, geht die weltberühmte
Wasserkommunikation an, die das Caspische Meer mit
dem Baltischen verbindet, und die man immer mehr
zur möglichsten Vollkommenheit zu bringen sucht.

Da ich mir vorgesetzt hatte dieselbe genauer kennen
zu lernen, so reiste ich längst dem Fluß Twerza und
sammlete Bergarten und Versteinerungen aus denen an
derselben ausstreichenden Kalkflötzen.

In Torschok betrachtete ich die Merkwürdigkeiten
dieser hübschen Stadt, und die umliegenden, sehr anmuthigen und an Versteinerungen reichen Gegenden.

Um Wyschnei Wolotschok besah ich die verschiedenen Schleußen, durch welche das Wasser, nachdem es
nöthig ist, bald in die Twerza, bald in die Msta geleitet wird.

Am Mstafluß, bis Poterpeliz, war der Kalkflötz
noch von selbiger Beschaffenheit, wie am Wolga, und machte
oft das Bette dieses schnellen Flusses aus; doch waren
die kieselartigen Steine schon sparsamer unter dem Ge-

L 3 schiebe,

schiebe, und die Granitknauer zeigten sich häufiger: wie
dann der Flöß unterhalb Borowez mehr sandig, gleichwie an der Mündung des Jawan, ja hin und wieder ganz
thonig wurde. Hingegen enthalten die Flöße am Msta
einen großen Schatz an Schwefelkießen, Vitriol und
Alaunerde, Steinkohlen, Eisenerzen, Bleyglanz, und
schönen kießigten Holzpetrefakten. Die Kieße findet
man von allen nur bekannten Figuren und von vorzügli-
chem Glanz.

Im Flußbette sind die verhärteten Kalkflöße b) überall mit parallellaufenden runden Löchern durchgebohrt,
welches ganz zuverläßig eine Arbeit der Uferaase ist.

Bey Poterpeliz c) ist der verwitterte Kießflöß wohl
einsmals in Brand gerathen, wovon ansehnliche Gruben und Tiefen entstanden, welche nachmals das Wasser
angefüllt hat, und die nunmehro kleine fischreiche Seen
sind. Die Hitze des Brandes aber muß sehr heftig gewesen seyn, weil die martialischen Theile der Kieße gänzlich im Fluß gewesen, und zu einem, theils porösen, theils
derben Eisenstein geflossen sind, ohne einige Auswürfe
und Merkmale der fürchterlichen Erscheinungen feuer-
speyender Berge nachgelassen zu haben. Vielmehr besteht der ganze Grund der Seen aus gedachten gefloßnem
Eisenstein, der ein ziemlich gutes Eisen geben würde und
fast wie Roheisen ist. (567 W.)

Ich

b) Der Verfasser scheint hier kalkigten verhärteten Mer-
　gel für Kalk genommen zu haben. Denn in Kalk-
　stein würden die Haftwürmer nie eindringen können,
　wie sie es im derben, leicht versteinernden Thon, so lan-
　ge er noch weich ist, leicht thun. Alle von Haft durch-
　bohrte Steine, die ich gesehen und in meiner Reise
　erwähnt habe, waren Thonsteine, oder aus Thon ent-
　standene Kiesel. P.
c) Poterpeliz scheint von Nortipudne herzurühren.

Ich fuhr längſt dem Mſtafluß bald zu Waſſer, bald zu Land bis Belskoi, und ſchickte von hier meine Söhne, mit dem Wagen und den geſammleten Sachen nach Hauſe. (420 W.)

Mit dem leichteren Fuhrwerk, das ich in Borowez anſchafte, fuhr ich von Belskoi über ungemein ſteinigtes und pralliges Geſchiebe nach Tiſchwin, Olonez und Petroſawodskoi. (543 W.) Hier hatte ich Gelegenheit die Gegenden an den Flüſſen Sjås, Paſch und Ojat kennen zu lernen, unter welchen die Kalkflöße bis an den Swir und Onegaſee ſich erſtrecken.

Der Swirfluß hat ſeinen Lauf über ein Granitgeſchiebe, welches ſich bis an den Schujafluß erſtreckt, allwo erſt der ſüdliche Abhang der alten nordiſchen Gebürge angeht.

Den 4ten Oktober erreichte ich die Stadt Petroſawodskoi, wo man noch einen Luſtwald von großen Birken ſiehet, welchen glorwürdigſten Andenkens Kaiſer Peter der Große meiſtens mit eignen Händen gepflanzt hat. Ebenfalls ſtehen hier unterhalb der Eiſenblechfabrik die Trümmer von denen vier hohen Oefen, bey welchen dieſer große Kaiſer zuweilen ſelbſt Eiſen auf dem großen Hammer geſchmiedet hat. d)

Selten wird man ein bequemeres Gewäſſer zu Hüttenwerken ausfündig machen können, als hier der Fluß Loſſoſicha, der in einer Entfernung von etwan 700 Faden drey Hüttenwerke, nämlich die Alexandroſſche, die Blechhütte und die Petroſkiſche Kupferhütte und Pochwerk treibt, und wohl zwölf Faden Fall hat.

£ 4 Bis

d) Man verwahrt eine Probe dieſer Arbeit des großen Kaiſers auf der akademiſchen Kunſtkammer in Petersburg, mit ſchicklichen Inſchriften. **P.**

Bis ich mit den Anstalten zur Wasserreise längst dem Onegasee fertig wurde, machte ich eine Reise nach dem nordwestlichen Gebürge, die auch meist zu Wasser geschah. Ich fuhr nach der Kontzoserskischen Hütte, um einen Theil der dort umher liegenden, von Norden gegen Süden in parallelen Riffen streichenden Gebürgen etwas genauer kennen zu lernen, und die Bergarten aus allen alten Gruben zu sammlen. Alle Kupfergruben stan- den, wegen Mangel an Bergleuten, aufläßig. (361 W.) — Ich traf von dieser Reise den 13. Oktober mit einem ziemlichen Haufen allerley Bergarten in Petrosawodsk wieder ein.

Den 16ten des Morgens trat ich die Wasserreise längst dem westlichen Ufer des Onega, bis zum nordlich- sten Ende dieses Sees an. Merkwürdig ist es, daß dieser See fast überall eine weit beträchtlichere Tiefe hat, als das weiße Meer; denn von der großen Insel Kli- mentskoi, gegen Süden hin, ist er meist überall mehr als 80, auch wohl bis über hundert Faden tief.

Das alte nordliche Gebürge endiget sich gegen Süd- osten mit dieser Insel, und enthält vom Peregubschen Busen an lauter alten schwärzlichen Schiefer, mit eini- gen Kalkfelsen, welcher von ungemein vielen Erzgängen zertrümmert ist. Nordostlich zieht sich das alte Gebürge durch den See nach Pelma, längst den Quellen des obern Wigflusses, bis zur Mündung des Onega- stroms, wo es aber meistens aus serpentinartigen, auf Granit aufgesetztem Gebürge bestehet.

Man kann sich kaum vorstellen, wie malerisch schön die Aussichten der Insel Klimentskoi sind. Diese große, gegen 30 Werste lange Insel, worauf 33 Dör- fer, und 1033 Seelen männlichen Geschlechts wohnhaft sind, liegt am südlichen Ende eines Archipels von etwan

200 meiſt kleinen Inſelchen, von welchen ſieben berechnet ſind und 22 Dörfer mit 748 männlichen Seelen enthalten, auch mit hübſchen Ackerfeldern, Wieſen, dichtem
Nadelholz, und Birkengehölz, anmuthigen Lindenwäl-
dern, Bergen, ſteilen Felſen, nakten Klippen und Hügeln abwechſeln.

Der ſchwarze, feine, trappartige Schiefer, der in
der Härte vom Jaſpis bis zur Kreide, durch alle mögliche
Grade abwechſelt, macht mit dem weißlichen marmorar-
tigen Kalkſtein, der hin und wieder vorkommt, am häu-
figſten aber auf den Inſeln Olenji oſtrowa, einen angenehmen Contraſt. Dieſer Kalkſtein wird über den
See nach Petroſawodsk zum Bauen und für die Hütten geführt.

Auch enthält dieſes Trappſchiefergebürg die alleräl-
teſte und tiefſte Kupfergrube im rußiſchen Reich, nämlich
die Foymagubſche, die ſchon im vorigen Jahrhundert
bis über ſechzig Faden Seigerteufe getrieben worden, und
deren Erze, die aus derbem, graulichtem Kupferglas be-
ſtanden haben, man nach der alten Art mit Feuerſetzen
gewältiget hat. (275 W.) Ich beſahe dieſe merkwürdige Grube den 20. Oktober, und fand ſie in einer völlig
romanhaften Gegend belegen, die vor hundert andern ge-
mahlt zu werden verdiente. So wie ſie die älteſte im
Reiche iſt, ſo befindet ſie ſich auch auf dem Gipfel eines
von den höchſten Bergriffen des nordiſchen Gebürges,
deſſen Seigerhöhe über der Fläche des Onega wohl mehr
als ſechzig Faden betragen mag. Auch iſt dieſes
Felſengebürge ſo ſteil, daß man nicht ohne Gefahr und
die größte Mühe hinauf klettert. Uebrigens wird die
anliegende Gegend von verſchiednen fiſchreichen Seen,
Flüßchen, Bächen, Waſſerfällen, Inſeln, Wäldern,
Thälern und Dörfern verſchönert. Die Ausſicht von

L 5

dem

dem Felſen iſt eine der prächtigſten; denn gegen Morgen
überſieht man zwey große Seen, den Buſen von Tolwa,
und den Onega ſelbſt, gegen Südoſt verliert ſich das
Auge in dieſem großen See.

Die hier geſtandne alte Kupferhütte, welche etwas
über eine Werſt von der Grube geſtanden, iſt nunmehro
ſchon ſo unkenntlich, daß man kaum den Ort recht bemerken kann. Das Schmelzweſen muß wohl, nach den
Schlacken zu urtheilen, nicht auf dem beſten Fuß geweſen ſeyn, denn die Schlacken ſehen zu röthlich aus.

In dieſer Gegend iſt der Onegaſee ſehr fiſchreich:
allein an der etwa 2 Werſte langen Inſel Mjäg pflegen
ſich gegen fünfhundert Zugnetze zugleich im Herbſtmonat
aufzuhalten, um Repſen und Sig zu fangen.

Um die anliegenden, felſigten, aber ſchönen Gegenden gehörig in Augenſchein zu nehmen, ritt ich den 21.
Oktober längſt Putkoſero bis Schjunga, einem anſehnlichen Kirchdorf auf einer Inſel am nördlichſten Ende dieſes über zwanzig Werſte langen Sees. Hier herum iſt der alte ſchwarze Schiefer, der den ganzen Strich
von Klimentskoi Oſtrof an, einnimmt, an mehrern Stellen ganz weich wie Kreide, und zugleich großentheils
eins der reichhaltigſten Vitriol- und Alaunerze c). Dieſe
Entdeckung war mir deswegen angenehm, weil ich den
denkenden Mineralogen hiedurch eine Gelegenheit verſchaf-
ſe, nach Salzen und Steinkohlen nicht immer in den
Flötzgebürgen zu ſuchen.

Von

c) Die feinſte und am wenigſten vitrioliſche ſchwarze Erde
   dieſer Art, wird in Petersburg und Moskau auf den
   Märkten, unter dem Namen Olonka, zum grauen
   Anſtrich für Mauerwerk ꝛc. verkauft.   P.

Von der Mündung des Putkaflüßchens fuhr ich
über den Onega, der hier etwan zwanzig Werste breit
seyn möchte, und landete bey Pigmatka, in dem Hafen
der am Wigfluß wohnenden Roskolniken, welcher Ort
auf den Carten bald Tesmaga, bald Timaga heißt.
Allhier hatte der Boden schon ein ganz andres Ansehn.
Das Gebürgigte, das Abwechselnde, das unvermerkt
Angenehme hörte mit den westlichen Gegenden dieses grossen Sees auf. Ein sandiges, fast ebnes, mit mäßigen,
meist aus Tangelholz bestehenden Waldung bewachsenes,
und eine Menge Moräste und Seen einschließendes Feld
erstreckt sich von derselben an, bis zum Onegastrom hin.
Die Granitmauer kommen in den Sandriffen nur als
Geschiebe vor. — Die bräunliches Wasser führende,
fast unmerklich fließende Flüsse schlängeln sich in niedrigen, morastigen Ufern; und nur bey den Wasserfällen,
die sie bey den unmerklichen Absätzen der Gegend machen, sind niedrige Serpentinfelsen, die einige Gangart
unter dem Sandgeschiebe, entblößt worden.

Diese meistens prächtig-fürchterliche, mit brandgel-
bem Schaum herunterstürzende Cascaden der Natur,
scheinen hieselbst von dem gütigen Urheber dazu bestimmt zu seyn, um diese sonst traurige Wüsteneyen
durch eine angenehme Abwechselung zu verschönern. Denn
würklich kann der Reisende, so bald er einen brausenden
Wasserfall hört, auf angenehme Aussichten Rechnung machen.

Zwischen Onega und dem obern Wigfluß ist das
Roskolnikendorf Tichwinskoi Bor oder Schir, in welchem zwey große, kirchenähnliche Bethäuser sich befinden,
am schönsten belegen. Die Häuser sind um drey dicht
aneinanderliegenden kleinen Seen, zwischen Hügeln und
Vorgebürgen zerstreut. Der starke Bach Stemena,

der

der gedachte Seen verbindet, umringt die ganze Gegend, formirt mehrere brausende Wasserfälle und kleine Inseln, dergleichen sich auch verschiedne in den Seen befinden, und giebt dem Dorfe das Ansehn eines chinesischen Gartens.

Erst gestern zeigte sich der erste Schnee und heute fiel er den ganzen Tag. Der Weg war sehr schlüpfrig, so daß ich erst in der Abenddämmerung am Ufer des Wigflusses Danilow-Schit, den Hauptsitz der Roskolniken, erreichte. (166 W.)

Dieser Ort hat nichts Angenehmes von der Lage. Er liegt auf einer niedern Ebne, dicht an dem etwan 60 Faden breiten Fluß, und besteht aus zwey, mit einer hölzernen Wand umgebnen Dörfern. In dem nördlichen befinden sich etwan dreyhundert Mannspersonen, und im südlichen, welches der Viehhof genennt wird, gegen 500 Weibsbilder, die meistens Mägde sind. Ein viereckigt dichter, etwan funfzig Faden breiter Fichtenwald steht zwischen beyden Wohnplätzen, und einige heuchlerische, etwas menschenfreundliche Greise regieren nach ihrem Gutdünken. Die zwey folgenden Tage reiste ich, bald im Kahn, bald reitend, längst gedachtem Fluß, der, die brausenden Wasserfälle ausgenommen, meistens über eine halbe Werst breit ist, und einem See ähnlich sieht.

Den 25. Oktober fuhr ich über den 60 Werste langen Wig osero und erreichte des Abends die merkwürdige Woitzer Goldgrube. (158 W.) An diesem Tage fror auch der See zu, so daß ich über 6 Werste das Eiß mußte durchbrechen lassen.

Die allgemeine Klage der Bauern hier herum, wie auch schon am Onegasee, war über den großen Salzmangel, den sie schon mehrere Jahre nacheinander leiden. Seit einigen Monaten standen die Salzmagazine leer,
und

und die Fiſche, ihre einzige Waare, haben verfaulen
müſſen, und ſind an einigen Orten ausgeworfen worden.
Sie bezahlten unter ſich das Pfund Kochſalz mit 4 bis 5
Kopeken, und gaben gute Worte dazu.

Das alte Gebürge, deſſen höchſte Spitzen die Waſ=
ſerfälle am obern Wigfluſſe entblößt haben, und welches
ſchon am Onegafluß unter die Lage der Salzquellen in ei=
ne beträchtliche Tiefe muß geſunken ſeyn, war am Wig=
oſero noch nicht zu bemerken, ſondern die gegen vier=
hundert größere und kleinere Inſeln beſtehen meiſtens aus
abgerundeten Granitgeſchieben. Erſt am weſtlichen und
ſüdweſtlichen Ufer dieſes Sees erhebt ſich Trapp und
Serpentingebürge zu mäßigen Riffen und Hügelwerk.
Das etwan zwey Werſte lange, von Norden gegen Mit=
tag ſich erſtreckende, Woiter Vorgebürge, welches von
dem erſten und größten Waſſerfall an, unterm Wigſtrom
den Namen führt, beſteht aus einem quarzigten Gneiß,
auf welchen Serpentin und Trappſchieferarten aufgeſetzt
ſind. Es iſt von ſehr vielen, von Morgen gegen Abend
ſtreichenden, und gegen Mitternacht meiſt donlegigt fal=
lenden Quarzgängen durchgekreuzt, welche meiſtens von
einerley Beſchaffenheit mit dem merkwürdigen Golbgan=
ge zu ſeyn ſcheinen.

Dieſer Gang iſt im Jahr 1739 von einem Bauer
Taraß Antonof entdeckt worden, und iſt wegen der
maßiven und prächtigen Goldſtufen, welche daraus ge=
wonnen werden, ſehr merkwürdig. Der gefallene Schnee
hinderte mich etwas an einer genaueren Betrachtung die=
ſer, viele Aufmerkſamkeit verdienenden Gegend. Hin=
ter dem dicht bey der Grube vorbeyſtrömenden Wigfluß,
der niemals zufriert, ſondern den Waſſeramſeln einen an=
genehmen Winteraufenthalt verſtattet, ſtreicht das Ge=
bürge mit dem vorerwähnten parallel, iſt aber von Ser=

pentin

pentin und Trappauffätzen, in denen unzählbare Erzadern kreutzen, bedeckt, und scheint da keinen vortheilhaften Bergbau zu versprechen.

Den 30. Oktober trat ich die Reise nach dem weissen Meer, zu Wasser, längst dem Wigstrom, an, und hatte das aufgesetzte, meistens serpentinartige Gebürge bis unter den gewaltig brausenden Wasserfall Palo Gorga. Von hier an fängt sich Granitgebürge an zu zeigen, doch von so feinkörniger Vermischung, daß ein geübtes Auge dazu gehört, um es von den Serpentinarten zu unterscheiden.

Weit schöner waren hier die Gegenden, als am obern Wigfluß und viele Stellen sind ganz malerisch. Bey dem Dorfe Wig ostrow ist der Granitfels schon ganz grobkörnig, besonders in der Gegend, wo der prächtige in drey Arme sich theilende Wasserfall Solotez herunterstürzt. Diesen Namen hat derselbe von einem ganzen Granitknauer, mitten in dem westlichsten und grössten Arm, über dem das heruntersprudelnde, gelbliche Wasser eine hohe, goldgelbe, zuckerhutförmige Pyramide bildet, welcher zu Ehren der nach Gold begierige Obriste Maslof eine sehr beschwerliche Reise angestellet, weil ein hiesiger Knecht ihm erzählt hatte, dieser Stein sey seines Gold.

Den 1. November endigte ich meine angenehme Reise längst dem Wig und erreichte Abends den Pogost (Kirchsprengel) Soroka, (109 W.) auf einer Insel, die der Fluß bey seinem Ausfluß ins Meer formiret.

Den 2. November besahe ich den Heringsfang in dem Busen von Soroka. Die hier gefangne Heringe sind weit kleiner, als die Kemischen und Anserkischen und nur etwas grösser, als jene in der Ostsee; aber an Güte sind sie den Kemischen großen Heringen weit vorzuziezuziehen. Man fängt ſie eher als der Buſen zufriert, mit kleinen Zugnetzen, deren Umfang 15 Faden beträgt; und doch iſt der Fang oft ſo reich, daß 15 bis 25 Kähne von einem Zuge geladen werden. Nachdem der Buſen zugefroren, geht der Fang mit Setznetzen an, welcher den ganzen Winter währet.

Den 3. November reiſte ich nach Kemskoi gorodok und beſichtigte die felſigten Inſeln vor Wignawolok, in dem Buſen vor Schuja und um Kuſawa, die alle aus ſehr grobkörnigem Granit beſtehen. Auf dem Wignawolok und Kumaliſcha iſt der Granit mit Granaten und mit ſchönem grünen, ſpatigen Schörl, in Gängen von ſchuppigt ſchwarzen Glimmern, häufig beſpickt.

Den 5. hatte ich das Unglück vor der Mündung des Schujaſtroms, etwa eine Werſt vom Ufer, durchs Eiß zu brechen, ſo daß ich mit Noth aus dem Waſſer, welches daſelbſt über 2 Faden tief war, zu meinem 4 Faden von mir entfernten Bot entkam. Nachdem die Gefahr vorbey war, mußte ich über zwey Stunden lang, ſo naß als ich war, in der Kälte zubringen, bis ich eine funfzehn Werſte entfernte Klippe, Pawnawolok erreichte; da ich denn die darauf befindliche Fiſcherhütten einheitzen ließ, und den dickſten Rauch abwartete, ehe ich hinein kriechen, mich erwärmen, und meine Kleider trocknen konnte.

Den 6. November erreichte ich den anſehnlichen und wohlbelegnen Ort Kemskoi Gorodok, an der Mündung des anſehnlichen Kemfluſſes. Vor dem Dorfe ſteht, auf einer kleinen Inſel mitten im Strom, eine alte, verfallene hölzerne Feſtung, und 8 Werſte davon, vor der Mündung, iſt die felſigte Inſel Naumicha bele-

bel gen, um welche die hiesigen großen Heringe gefangen werden, und wo vormals das Herings-Comtoir stand.

Dicht daran liegt die Insel Popof oſtrof, bey welcher große Schiffe anlegen können, eben wie auch um die Inseln Kuſawa überall die sichersten Häfen und Ankerplätze sind.

Den 9. des Abends landete ich vor Soroka, und ſahe unterweges, wie die Delfinen, nebst den Robben, die Heringe bis auf die Untiefen des Busens verfolgten.

Den 10. trat ich die Reise nach Sumskoi oſtrog an. Auf der Insel Tunis oſtrof, auf den Klippen Risluda, und auf Molſchanof oſtrof bricht schwarze Mica gangweise, in großen Scheiben, im reinsten Feldspat, der hieſelbſt die Hauptmiſchung des Granits ausmacht und die ſchönſte Petunkſe für die Porcellanfabrik abgeben könnte. In Knauern kam ein kryſtalliniſcher, schwarzer Schörl und opalfarbiger Feldspat, in ſchiefrigten, dunkelgrauem Gestein zum Vorscheln.

Den 11. November des Abends erreichte ich Sumskoi oſtrog, (467 Werſte) welcher aus etwan zweyhundert Häusern bestehende, anſehnliche Ort auf beyden Seiten des Sumafluſſes, drey Werſte oberhalb der Mündung, gelegen ist. Hier wohnt der Solowetzkoiſche Archimandrit des Winters, auch iſt alsdenn der Salzkommiſſar daſelbſt und hat die Aufsicht über die 44 Salzſiedereyen, welche längſt dem Ufer angelegt sind, und das ungrabirte Meerwaſſer, mit großem Schaden für die Wälder, die hier überdies langſam wachſen, und nur zu einer mäßigen Größe gelangen, zu einem ziemlich unreinen Salz verſieden.

Gleich

Gleichwie ich von Kemskoi nicht weiter gegen Mitternacht kommen konnte, eben so war es mir unmöglich von hier weiter gegen Osten zu gehen.   Ich mußte also hier die Schlittenbahn erwarten, und ging damit am 26sten, über Wojez, Wigoferskoi, Tekakina, Powenez, Perguba und Siungi, nach Petrosawodsk, und nachdem ich daselbst die nöthigen Nachrichten noch eingesammlet und das Fuhrwerk in Stand gesetzt hatte, den 17. December weiter auf Petersburg, wo ich den 21. meine Reise endigte. (924 W.)

VIII.

Wegverzeichniſſe

von

Kiew nach Conſtantinopel.

vom Jahr 1714.

Aus dem Ruſſiſchen Original. f)

I.

Beſchreibung des Weges über Bender.

Von **Kiew** bis **Bjelogorodok** ſind drey Meilen. Letzteres hat eine alte hölzerne Feſtung auf einem hohen Berge, am Fluß Irpen, und iſt zur Vormauer von Kiew ſehr wohl gelegen, wenn neue Feſtungswerke daſelbſt angelegt würden. Waldung zum Häuſerbau und zum Brennholz iſt um und in der Nachbarſchaft von Bjelogorodok genug vorhanden. Auch Waſſilkof und Tripolje könnten zur Beſchützung von Kiew mit Feſtungswerken und Garniſonen, nach Befinden der Umſtände verſehen werden.

Von Bjelogorodok bis zum Kirchdorf Nowoſelok ſind zwey Meilen; der Ort liegt in der Ebne und hat Waldung. Eine Meile vor Nowoſelok geht man über

f) S. Akademitſcheskjä Iſtweſtjä 1781. März S. 326 u. folg.

über den Bach Aleschna, der von der polnischen Seite in den Irpen fällt und bequem zu paßiren ist. Ueberhaupt ist auch der Weg nicht bergigt.

Von Nowofelok bis Tschernogorodok zwey Meilen. Der Ort liegt eben, mit Waldung reichlich umgeben und der Weg ist noch immer gut.

Von Tschernogorodok bis Chwastof zwey Meilen; der Ort liegt auf einem hohen Berge, Festung und Wohnungen sind zerstört und nur noch ein einiges Haus wohnbar, wo ein Wächter sich aufhält; ausserdem sieht man von noch etwan zehn Häusern die Ueberreste. Der vorbeyfliessende Bach heißt Malaja (die kleine) Unwa und macht Mühlenteiche. Waldung ist in der Nähe, außer Gestrippe, keine. Als der Ort noch bewohnt war, führte man das Bauholz eine bis zwey Meilen weit herbey.

Von Chwostof bis zum Kirchdorf Triljeff, eine Meile. Es steht auf einer Höhe, wohin der Weg durch kleines Gehölz und Ackerfelder geht. Man hat einen beschwerlichen Berg und einen Bach unterwegs zu paßiren, der sumpfig und sonderlich im Frühling ziemlich verdrießlich ist.

Von Triljeß nach Powolotschjä drey Meilen. Der Weg ist gut ohne Berge oder Ueberfahrt. Bey Powolotschjä findet man zwey Bäche, Powolotschka und Rastowiza. Der Ort steht auf der Höhe und hat innerhalb eines Walles und Grabens eine von Juden und Polnischen Bürgern bewohnte Stadt, von ohngefähr hundert Häusern. Der Polnische Befehlshaber hat sein Haus auf der Höhe, innerhalb einer hölzernen Befestigung, die an zwey Seiten Wasser hat.

Von Powolotschjä nach Pogrebistsche sechs Meilen. Man geht über drey Bäche und hat einen bergig-

ten

ten Weg.   Bey dem Ort fließt der Bach **Roſſa**, in einer ebnen Gegend, treibt einige Mühlen, und iſt mit anſehnlichen Bergen von zwey Seiten umgeben.

Weiter bis **Lenetz** fünf Meilen.   Unterwegs kommt
man über zwey ſumpfige Gründe und einen beträchtlichen
Berg; der bey Lenetz vorbeyfließende Bach heißt **Sub**
und der Ort liegt im Grunde.

Von Lenetz nach **Nemirof** drey Meilen.   Dieſer
Ort liegt auf einer Anhöhe, am Bach **Gorodniza**, hat
einen doppelten Wall ohne Thürme, und eine Kirche,
nebſt etwan hundert Chriſten und Judenhäuſern.   Man
paßirt, ehe man Nemirof erreicht, dreymal kleine Bäche und feuchte Gründe; Waldung giebts in der ganzen
Gegend genug und darunter viel Aepfel- und Birnbäu-
me, woran auch die Gärten dortherum einen Ueberfluß
und zum Theil große und wohlſchmeckende Sorten haben.

Weiter nach **Breslawl** zwey Meilen.   Der Weg
bergigt und einige Ueberfahrten.   Der Ort liegt, mit
wenigen Wohnungen, auf einer Höhe; und eine alte
hölzerne Feſtung, welche zwey Kirchen und 15 Häuſer
enthält, liegt auf dem hohen Hügel; eine dem Wunderthäter Nikolaus gewidmete Kirche aber etwas niedriger.
Der **Bug**, welcher nicht ſehr beträchtlich iſt, fließt hier
vorbey; und zur Ueberfahrt über denſelben ſind ein Paar
kleine Fähren vorhanden.   Ein Oberſter mit etwan hundert zerlumpten und ſchlechtbewafneten polniſchen Soldaten liegt hier zur Garniſon, und hat in der Feſtung
drey Kanonen.

Von Breslawl zum Flecken **Toltſchina** zwey Meilen; unterweges hat man einen beträchtlichen Berg zu
paßiren und findet den Ort auf einer Höhe, am Bach
Sinniza.

Weiter

Weiter nach Kirnoſſowka eine Meile, ebner Weg:
der Ort liegt an einer Höhe, unter welcher der Bach
Kaſaricha vorbeyfließt, und hat eine Kirche zur Mutter Gottes.

Von Kirnoſſofka zwey Meilen bis Troſtenez, wohin
der Weg eben und waldigt iſt. Der Ort liegt im Grunde und hat eine Kirche.

Von Troſtenez nach Obodofka eine Meile. Dieſes Kirchdorf liegt auf ebnem Boden, am Bach Ber-
ſchedka. Der Weg dahin iſt ganz eben.

Weiter bis zum Kirchdorf Lug 2 Meilen, ebner
Weg. Hier iſt kein Bachwaſſer, und die Einwohner
verſehen ſich aus Brunnen; der Ort liegt im Grunde.

Weiter der Flecken Raſchkowa von Lug fünf Meilen, bergigte Gegend. Daſelbſt iſt ein polniſcher Befehlshaber. Der Ort liegt am Dneſtr, zwiſchen hohen
Bergen, die auch den Zugang dahin beſchwerlich machen,
und hat ein dem Wunderthäter Nikolaus geweihtes Kloſter. In dieſem Jahr war ein polniſcher Regimentar
mit hundert Mann Soldaten zur Garniſon hieher geſchickt, die den Einwohnern viel Bedrängniß anthaten.

Zwey Meilen weiter folgt das Kirchdorf Strojenzy,
wohin man einen felſigten Weg, und einen beträchtlichen Berg zu paßiren hat: das Dorf liegt zwiſchen Bergen im Thal, hat eine Kirche zum Erzengel Michael und
liegt nahe am Dneſtr, an einem dahin fließenden Bach
Wybrafka.

Sieben Meilen weiter liegt Jegorlyk. Nur die
zwey letzten Meilen geht der Weg eben, von Strojenzy
an aber iſt er ſehr bergigt, auf welchem Abſtand man,
bey einer wüſten Dorfſtelle, über den Bach Rybniza
geht, der bey hohem Waſſer nicht wenig Beſchwerlich-

M 3　　　keit

kelt verurſacht.   Jegorlyk ſelbſt liegt am Dneſtr in einem Thal, wo zwey Bäche Jrgorlyk genannt, in dieſen
Fluß einfallen, an welchem, auf der Benderſchen Seite
ein hoher Berg liegt.   Mit Jegorlyk, welches nebſt
dem 2 Meilen weiter gelegnen Ort Dubaſſary dem
Krymſchen Chan gehört, endiget ſich das polniſche Ge-
biet. — In Jegorlyk ſind auf 200 von Wolochen,
Bolgaren und Juden bewohnte Häuſer und die Chriſten
haben eine dem Märtyrer Georg gewidmete Kirche daſelbſt.   Von Befeſtigung iſt nichts zu ſehen. —

Zwey Meilen von Jegorlyk folgt Bjeläkofka, wohin der Weg bergigt iſt.   Dieſes Dorf gehört dem Paſcha von Bender und liegt, mit einer Kirche zum Erzengel Michael, im Thal am Dneſtr.   Deſſen Wohnungen, etwan hundert an der Zahl, haben Wolochen und
Bolgaren inne.

Eine Meile weiter folgt das andre, dem Benderſchen
Paſcha gehörige Dorf Taſchlyk; der Weg meiſt eben,
und nur eine geringe Höhe zu paßiren.   Der Ort hat
eine ebne Lage am Dneſtr, beſteht aus etwan zweyhundert, von Wolochen und Bolgaren bewohnten Häuſern,
und wird von dem Bach Taſchlyk bewäſſert.

Bis Bender iſt nur noch eine Meile von Taſchlyk
und ebner Weg.   Die Feſtung liegt am Dneſtr ſelbſt,
und beſteht eigentlich aus zwey ſteinernen, auf dem Berge gelegnen Citadellen und einem kleinen Fort unten am
Dneſtr, bey der Ueberfahrt.   Die alte Feſtung wird Tä-
gin genannt und iſt kleiner; die neue aber iſt beträchtlich, und hat wohl eine Werſt im Umkreiß.   Beyde ſind
an der Landſeite mit Erdwällen, tiefen ausgemauerten
Gräben befeſtigt und mit mehr als hundert Kanonen beſetzt.   Auf der vierten Seite, gegen das ſteile Flußufer
des Dneſtr hat die neue Feſtung weder Wälle, noch Ba-
ſtionen

stionen oder Batterien, sondern die steinernen Häuser,
des Paschen und andrer Officier, sind an das Ufer hin-
gebaut. Daher ist diese Seite die schwächste; auch liegen auf der Wolochischen Seite Anhöhen nahe, von
welchen die Stadt mit Mörsern und Kanonen beschossen
werden könnte. Die Garnison in Bender besteht abwechselnd aus zweytausend und drüber Janitscharen, Spa-
his und Tataren, wovon Tag und Nacht scharfe Wachten gehalten werden. Die Zahl der Bürgerhäuser innerhalb der Festungen und in den Vorstädten, mag sich
nicht völlig auf zweytausend belaufen. Der etwan aus
hundert Häusern bestehende Ort Warniza, wo der König von Schweden sein Hauptquartier hatte, liegt im
Gesicht, etwan zwey Werste von der Festung, und etwas höher am Dnestr ist ein Fischerdorf angelegt. Drey
Werste oberhalb dieses Fischerfleckens kömmt von der
Wolochischen Seite ein beträchtlicher Fluß Buik zum
Dnestr. Das steinerne Haus und die Kirche des Schwedischen Königs waren schon itzt (1714) völlig abgetra-
gen und die Ziegel zum Verschleiß nach Bender gebracht.
— Von Kiew bis Bender sind, nach dem verzeichne-
ten Wege, überhaupt 55 Meilen; Poststationen sind
nicht angelegt und die Couriere müssen mit eignen oder
gemietheten Pferden reisen. Von Bender geht der Weg
über die Budshakische Steppe (Bessarabien) folgen-
dermaßen fort.

Von Bender hat man zwey Meilen oder vier Stunden bis Kouschan, einem von Türken und Tataren ingleichen Christen, bewohnten, aber dem Krymschen Chan
gehörigen Flecken, der auf 500 Wohnungen enthalten
mag. Die Christen machen die größere Zahl der Einwohner aus, haben zwey, denen Erzengeln Michael und
Gabriel geweihte Kirchen, und sind theils Wolochen und
Bolgaren, theils Griechen. Der Ort liegt auf der Eb-

M 4   ne,

ne, ohne alle Befeſtigung.   Waſſer, Getralbe, Schlachtvieh und Fiſche zieht der Ort vom Dneſtr, letztere auch
aus den umliegenden Seen; ſo daß die Einwohner an allem
Ueberfluß haben.   Sie geben auch keinem Durchreiſenden weder Pferde, noch Quartier, und gehorchen dem
Paſcha von Bender, ohne ausdrückliche Befehle des
Krymſchen Chans, in keinem Stück.

Von Kauſchan bis zum Kirchdorf Konduk ſind
acht Stunden oder vier Meilen; dieſes iſt ein kleiner,
von Tataren bewohnter Ort.

Weiter bis Kureni, ebenfalls einem kleinen Tata-
riſchen Dorf, ſind 12 Stunden oder ſechs Meilen.   Die
ganze Budſhakiſche Steppe iſt ohne Waldung und
Gewäſſer; Hornvieh, Pferde und Schaafheerden weiden
da im Ueberfluß.   Die Tataren haben wenig Feuerge-
wehr; Ihre Waffen beſtehn meiſtens in Pfeil und Bogen, Säbeln und Lanzen; außer Viehzucht, iſt Räube-
rey ihre einige Beſchäftigung; von Ackerbau und Hand-
werkern wollen die meiſten nichts wiſſen: daher iſt das
Brod unter ihnen ſelten, und Hirſe nebſt Gerſten iſt das
einige Getraide, was noch von einigen geſäet wird.   Daraus backen ſie Flaben, die ſie auf ihren Feuerſtellen auf
Brändern von trocknem Miſt halbgar backen, und die,
nebſt Fleiſch und Milch ihre einige Nahrung ſind.   Sie
wohnen in geflochtnen, ebenfalls mit Miſtfladen beworf-
nen elenden Hütten, in welchen von ihrem Miſtfeuer der
Rauch faſt erſtickend iſt.   Alle Budſchakſche Tataren g)

gehor-

g) Bekanntlich ſind während des letzten Krieges mit den
   Türken, die Stämme der Budſhakiſchen Tataren unter ruſſiſchen Schutz übergetreten, und nach der zwiſchen dem Kumafluß und Caukaſiſchen Gebürg gelegenen Steppe übergezogen.

gehorchen mehr dem Krymschen Chan, als dem Türkischen Sultan, zahlen auch nur dem erstern ordentliche
Abgaben; der Chan hat gegen zweyhundert eigne Dörfer
unter ihnen, von welchen er Vieh und Proviant ziehet;
die ganze Budshakische Horde aber soll ihm auf 30,000
Löwenthaler eintragen. Von allem Raub muß ihm überdem noch der Zehnte abgegeben werden, und wegen dieses Vortheils schützt der Chan diese Tataren auch bey ihren zu Friedenszeiten begangnen Räubereyen. Wenn
der Krymsche Chan sich in der Budshakischen Horde aufhält, so ist sein Hoflager bey dem Ort Kischly, zwölf
Stunden reitens von Kouschan.

Von Kureni geht der Weg auf Ismail, welches
acht Stunden oder vier Meilen davon, an der Donau
(Dunay) liegt. Diese Stadt ist volkreicher, als Bender, Janitscharen aber halten sich dort wenige auf; es
sind da sieben Türkische Metscheten und fünf Christliche
Kirchen. Der Ort ist unbefestigt, und auch der auf
der Benderschen und Wolochischen Seite darum gezogne
geringe Wall und Graben fast ganz verwachsen. Die
Gegend umher ist eben, und am Donauufer können die
Seefahrzeuge in der Stadt anlegen, wo, durch Vorsorge des vormaligen Pascha von Silistrien Joseph ein
steinernes Chan (Kaufhaus) erbaut ist. Ismail hat
Türken, Wolochen, Bolgaren und Griechen zu Einwohnern; es giebt aber wenig Janitscharen daselbst. Der
Handel des Orts ist beträchtlich und die Fischerey ist hier
ergiebig. Zur Ueberfahrt sind große und kleine Fähren
vorhanden. Man kann von hier auf der Donau in vier
und zwanzig Stunden abwärts nach Kilia schiffen, und
in acht Stunden Strom an nach Saktschi, wo im Pruth-
schen Feldzuge eine Türkische Brücke über die Donau
war. Kilia liegt an der Mündung der Donau; alle
Seefahrzeuge aber können bequem bis Ismail herauf
kommen.

M 5   Von

Von Iſmail bis Tultſcha geht der Weg über eine hin und wieder ſehr ſumpfige Donauinſel, vier Stunden oder zwey Meilen weg. Man fährt erſt am Donauufer, dann über viele, bey niedrigem Waſſer etwan eine Ar= ſchin tiefe Gräben. Die Inſel wird von zweyen Armen, in welche ſich die Donau theilt, und deren einer bey Iſ= mail, der andre bey Tultſcha vorbeygeht, und ſich ein Paar Meilen unterhalb wieder vereinigen, gebildet, und bey hohem Waſſer großentheils überſchwemmt. Der Iſmailſche Donauarm iſt ohngefähr eine kleine Werſt breit ; der andre wohl etwas breiter, wird aber an dem Ort der Ueberfahrt, bey dem ſteinernen Fort von Tult= ſcha, etwas verengert, wohin man in kleinen Fähren übergeſetzt wird. In dem Fort müſſen wenigſtens drey= hundert Mann zur Beſatzung liegen, itzt aber war es nur mit 20 Mann beſetzt. Tultſcha ſelbſt liegt auf Anhö= hen und hat einen beträchtlichen Berg ganz nahe: es ſind etwan zweyhundert von Türken und Bolgaren be= wohnte Häuſer, eine Türkiſche Metſchet und eine Chriſt= liche Kirche daſelbſt. Man kann hier Wein und Fiſche in Menge haben, auch iſt an Brod kein Mangel.

Von Tultſcha ſind ſechs Stunden oder drey Meilen bis zur Stadt Baba, der Weg gut und nicht bergig. Die Stadt ſelbſt aber liegt zwiſchen hohen Bergen im Thal, hat vier Türkiſche Metſcheten und gegen tauſend Häuſer, und wird zum Theil von Türken, am meiſten aber von Wolochen und Bolgaren bewohnt. Ein Waſ= ſerarm (Liman) reicht aus dem ſchwarzen Meer bis an dieſen Ort.

Die drey itzt erwähnte Städte, Iſmail, Tultſcha und Baba ſtehn unter dem Paſcha von Chotin, der in Baba einen Jaſytſchei oder Schreiber hält.

Nach

Nach einem ebnen Wege von 6 Stunden oder 3 Meilen findet man das von Türken und Bolgaren bewohnte Dorf Roselät auf der Ebne. Es steht unter dem Krymschen Chan und eine Poststation von dreyßig Pferden wird da unterhalten. Von dort ist eine Meile oder zwey Stunden guten Weges bis zum Flecken Isterii, der Griechen, Bolgaren, Wolochen und Moldawaner zu Bewohnern, etwan vierhundert Häuser, nebst zwey Christlichen Kirchen hat, und im Thal, zwischen Bergen liegt. Für Durchreisende ist ein steinernes Chan daselbst und man findet alles im Ueberfluß zu Kauf.

Sechs Stunden oder drey Meilen weiter folgt die Stadt Karassef. Dahin ist der Weg steinigt und bergigt; der Ort aber hat eine ganz ebne Lage, ist ohne Befestigung, wird von Türken, Wolochen, Bolgaren und Moldawanern bewohnt und hat keine Christliche Kirche, aber fünf Metscheten, auch einen steinernen Chan und hundert Pferde auf der Station. Ein gewisser Serdar-Aga Otadri Effendi, welcher sich als Commissar bey der Asowischen Gränzscheidung befunden, ist Herrschaft über diesen Ort.

Nach einem guten Wege von acht Stunden oder vier Meilen folgt das Dörfchen Aoinabei in der Ebne. Es ist von lauter Türken bewohnt, die eine Metschet haben, und hält eine Station von hundert Pferden.

Ferner folgt nach acht Stunden oder vier starken Meilen, eines gleichfalls ebnen Weges, der beträchtliche ganz unbefestigte Flecken Gadschaly-Basartschja, in einem Thal. Es wohnen meist Türken daselbst, die unter dem Pascha von Chotin stehn, und hier sieben Metscheten haben. Hier stehn funfzig Pferde.

Bis zum folgenden Flecken Kosltsch hat man sechs Stunden oder drey Meilen bergigten Weg. Der Ort

ist

iſt klein, von Türken und Bolgaren bewohnt, hat jedoch ein ſteinernes Chan und liegt in einer Thalebne.

Prowady iſt eine Stadt, mit einer Station von funfzig Pferden, zwey Meilen oder vier Stunden weiter'; ein ſteinigter Weg über Berge, und auch der Ort liegt zwiſchen zwey Reihen hoher Berge im Thal. Er ſteht unter dem Chotiniſchen Paſcha, hat einen Mühlentreibenden Bach, der in türkiſcher Sprache den Namen kalt Waſſer führt, ein Schloß, mit einem griechiſchen Kloſter und Kirche Johannis des Täufers, acht türkiſche Metſcheten oder Bethäuſer und ein ſteinernes Chan. Die Einwohner ſind Türken, Bolgaren und Griechen und der Ort iſt volkreich, aber gar nicht feſt; auch liegen keine Janitſcharen daſelbſt.

Weiter folgt, nach drey Stunden oder anderthalb Meilen eines bergigten Weges, das ganz bolgariſche, etwan hundert Häuſer ſtarke und im Thal gelegne Dorf Auprjuk, mit zwey Kirchen dem Propheten Elias und den beyden Apoſteln Peter und Paul geweihet.

Ein ſonderlich für Fuhrwerk, höchſt beſchwerlicher Weg über dicht bewaldete Berge, führt nach faſt vier Meilen oder achthalb Stunden zu dem Dorf Nadyr. Der Wald, durch welchen man kommt, iſt unter dem Namen des Boyn bekannt, und den zwiſchen den walbigten Bergen ſich ſchlängelnden geringen Bach Kamtſcha muß man zwey und ſechzig mal paßiren. Das Dorf hat Bolgaren zu Bewohnern, gehört einem Suleiman Aga, hat ein ſteinernes Chan und einen kleinen Bach auch Nadyr genannt. Das ſchwarze Meer iſt zwey oder drey Tagreiſen von hier entfernt.

Ein beſſerer Weg von einer Meile, über geringe Hügel, führt nach dem zwiſchen Höhen liegenden Flecken Gaidus, den Türken und Bolgariſche Chriſten bewohnen.

wohnen, die hier eine Metschet und zwey Kirchen, eine
den Erzengeln Gabriel und Michael, die andre dem heiligen Demetrius geweihet haben. Es giebt hier herum
viel Cypressen und Zederngehölz. Befestigung und Janitscharen hat der Ort nicht.

Nach vier Stunden oder zwey Meilen ebnen Weges,
und über einen Bach Sürüstre, erreicht man das, aus
etwan 40 Häusern bestehende und sehr wohl gelegne
Dorf Rostrukas. Es gehörte dem vorigen Vesir Os-
man Pascha, ist ohne Kirche und hat Bolgaren zu Bewohnern.

Eben dem gewesenen Vesir gehörte das Dorf Kara-
bunar, vier Stunden oder zwey Meilen weiter, durch
bergigte Wege. Die Lage ist schön und der Ort hat an
Holzung, Gärten und Weinbergen einen Ueberfluß, etwan hundert von Bolgaren bewohnte Häuser, und eine
Kirche zu Allen Heiligen.

Bis Foky, wo wieder eine Station von hundert
Pferden gehalten wird, sind vier Stunden oder zwey
Meilen; der Weg über waldigte Berge, sehr steinigt,
und von Räubern unsicher, weswegen zwey Wachten angelegt sind. Von zwey zu zwey Wersten ist ein Bulgar
mit Pauken postirt, der jeden Reisenden über eine Werst
weit, oder auch bis zum folgenden Posten begleitet und
dabey die Pauke beständig anschlägt, um die Räuber zu
verscheuchen, wofür ein jeder Reisender ihn nach Will-
kühr belohnt. — In dem Dorf Foky sind auf 200
Bolgarische Häuser, ein steinernes Chan, und eine dem
heiligen Demetrius geweihte, mit drey Popen besetzte Kirche. Der vorbeyfließende Bach heißt Fakidere.

Insbi-Kanara ist ein vier Stunden oder zwey
Meilen weiter gelegnes Dorf, wohin ein sehr beschwer-
licher Weg, über steinigte Berge führt. Die hier wohnende

nende Bolgaren haben eine Kirche deren Schutzpatron,
der heilige Georg iſt, und ſtanden, nebſt dem vorigen
Dorf, dermalen unter Oſman Aga. Man rechnet zwölf
Stunden oder ſechs Meilen bis Adrianopel.

Nach ſieben Stunden, oder nicht voll vier Meilen
folgt die Stadt Kirch-Kleſſy, in einem Thal. Der
Weg geht dahin über ſteinigte Berge mit unterbrochner
Waldung. Der Ort iſt an ſich nicht groß, ſchlecht gebaut und unbefeſtigt. Doch ſind neun Metſcheten daſelbſt; und außer Türken, die einen Befehlshaber haben, wohnen da Bolgaren und Juden. Für Reiſende
iſt ein ſteinernes Chan vorhanden. Von hier an müſſen
ſich die Kouriere ſelbſt Pferde miethen, deren funfzig auf
jeder Poſtirung ſtehn; von Bender bis hieher aber werden ſie aus der Kaſſe des Paſcha bezahlt, der auch ſonſt (itzt
aber nicht mehr) den Zurückgehenden, von Bender bis
Raſchkowo Poſtgelder auszahlte.

Von Kirch-Kleſſy bis zum Flecken Burgaſſy
ſind ſieben Stunden, ein ebner Weg. Der Ort iſt klein,
ſchlecht gebaut, von Türken, Bolgaren und Juden bewohnt, und mit drey Metſcheten und zwey ſteinernen
Chanen verſehn. Der in der Ebne vorbey fließende
Bach heißt Tſcharlo.

Man hat dann einen ebnen Weg von 10 Stunden
oder fünf Meilen bis zum Flecken Tſchorloe, welcher
Türken und Bolgaren zu Bewohnern, drey Metſcheten,
zwey Chriſtliche Kirchen und gegen zwanzig Chane für
Reiſende hat. Es iſt kein fließendes Waſſer, aber Brunnen und Springbrunnen zum Gebrauch der Einwohner
vorhanden. Der Ort iſt offen und liegt eben, hat viele
Weinberge und verkauft beſſern Wein, als man in andern Türkiſchen Städten findet.

Zwey

Zwey Meilen von hier seitwärts vom Wege nur eine halbe Werst zur linken, liegt das Sultanische Dorf Kalutschiron oder Arystran, mit einem großen steinernen Palast, wo der Sultan, wenn er nach Adrianopel geht, das Nachtlager zunehmen pflegt.

Von Tschorloje bis zum Städtchen Seliwria rechnet man acht Stunden oder vier Meilen, über eine bequeme, sanfthüglichte Gegend. Hier sind drey türkische Metschets, und zwey Christliche Kirchen, eine dem heiligen Nikolaus gewidmet, die andre zur Geburt der Mutter Gottes, wo ein uraltes, wunderthätiges Marienbild bewahrt wird. Auch ist hier ein Griechischer Bischof. Die Einwohner sind Türken und Bolgaren, und der Ort ist volkreich, ziemlich wohlgebaut, und am weissen oder Marmorameer gelegen. Die schon über 700 Jahr alte, ganz verfallene Festung liegt auf einem Berge, und in derselben befindet sich des Bischofs Wohnung.

Vier Stunden von Seliwrien kommt man, auf eben so bequemem Wege, der auch weiter fortdauert, zum Dorf Bagaidus, welches auch am Meer liegt, Griechen zu Bewohnern und eine Kirche hat, deren Patron der heilige Georg ist.

Drey Stunden weiter folgt der gleichfalls am Meer gelegne Flecken Bijuk-Tschekmetschi. Die Türken haben hier drey Metschets und die Griechen eine Kirche. Wenn der Sultan nach Adrianopel geht, so ist auch hier eine Station und eine Wohnung für ihn.

Vier Stunden weiter folgt Kotschjuk Tschekmetschi, an einem beträchtlichen Meerbusen gelegen, wo es ungemein viel Wild giebt. Auch hier ist ein Sultanischer Reisepalast. Der weitere, nur zwey Stunden betragen-

tragende Weg bis Conſtantinopel iſt ſehr bergigt, ſtei‹
nigt und beſchwerlich.

Nach dieſem Wege kann der ganze Abſtand von
Kiew bis Conſtantinopel auf 133 $\frac{1}{2}$ Meile gerechnet
werden: von Kiew nämlich bis Bender ſind 55 Meilen;
von Bender, über die Budſhakiſche Steppe, bis zur
Donau 16 Meilen; von der Donau endlich bis Conſtan‹
tinopel 62 $\frac{1}{2}$ Meile.

II.

Beſchreibung des Weges

von

Kiew nach Conſtantinopel

durch

die Walachey.

Dieſer Weg geht von Kiew ab über Waſſilkof, Ro‹
manofka, Chwaſtof, Parwolotſchje, die Welikof‹
ſche Mühle, die Oſſännikoffſche Fuhrt, zum Bach Tur‹
ba und Stadt Nemirof.

Von Nemirof an den Bugſtrom, nach Breslawl;
ferner auf das Dorf Shekofka, und über die Gegend
Ruſſowo Krehizy nach Soroka. Daſelbſt liegt auf
der polniſchen Seite am Dneſtr der kleine Flecken Zyka‹
nofka, welcher die polniſche Gränze macht und nur aus
etwan zwanzig Häuſern beſteht. Soroka liegt auf der
Türkiſchen Seite, etwas höher herauf, nicht weit vom
Fluß und beſteht aus einer kleinen ſteinernen Feſtung
die nicht zweyhundert Klafter im Umfang und eine Vor‹
ſtadt von etwan dreyßig Häuſer neben ſich hat.

Von

Von Soroka bis zum ersten Walde sind anderthalb Meilen, und vom Walde reitet man einen ganzen Tag über Berge und Steppen, wo, außer Schleengestrippe, kein Gehölz zu sehn ist, bis an den Bach Byſtruchi und den dabey belegnen kleinen See, von wo man fünf Stunden bis an den Pruth hat.

Vom Fluß Pruth bis an das Flüßchen Siſcha sind zwey Stunden; auf beyden sollen zur Ueberfahrt Fähren angelegt seyn.

Von der Siſcha hat man nicht mehr weit bis an die Wolochische Hauptstadt Jaſſy, die sonst gegen siebenhundert Häuser hatte, itzt aber (1714) viel geringer war und einen Erdwall zur Vertheidigung hat. Es sind daselbst verschiedne ansehnliche, steinerne Klöster, und in dem einen, welches den heiligen Georg zum Patron hat, werden die Reliquien der heiligen Paraskewia, die in der rußischen Legende den Zunamen Pätniza führt, aufgehoben.

Von Jaſſy kömmt man durch große Wälder in vier Stunden nach dem geringen Dorf Rentü; von Rentü in siebenthalb Stunden nach Baslona oder Waſſilkowa, am Bach Burlat. Waſſilkowa war, nach der Lage zu urtheilen, ein beträchtlicher Ort, und hat seinen Namen daher, weil die Wolochischen Hospodaren vormals ihre Residenz daselbst hatten. Allein im Jahr 123, da die Türken diese Gegenden eroberten, ward diese Stadt verwüstet, so daß itzt nur ein Dorf von etwan 30 Häusern, mit einer steinernen Kirche zur heiligen Dreyfaltigkeit, davon übrig ist.

Von Waſſilkowa geht der Weg eine halbe Stunde über Ackerfelder und Waldung, bis auf die an eben dem Flüßchen Burlat gelegne Wiesen, und dann anderthalb Stunden bis zum Dorf Birlat, wo der kleine Bur-

lat, und zwar im Sommer auf der Furth, bey hohem
Waſſer aber, mittelſt einer Brücke oder Fähre, paßirt
wird.

Von Burlat ſind ſechs Stunden, durch Wald und
Ackerfelder, bis an das Dorf Putſeni, und von dieſem
vier Stunden zum Wolochiſchen Dorf Pisk.

Vier Stunden davon erreicht man die Donau und
den daran gelegnen Ort Galaz, welcher auf einer Höhe, an dem hier eine gute Werſt breiten Fluß, liegt, über
welchen man mit platten Fahrzeugen, deren zehn vorhanden ſind, übergeſetzt wird. Fiſche, Fleiſch und Brod
hat man hier im Ueberfluß. Bis zum ſchwarzen Meer
wird der Abſtand von Galaz, nach dem Lauf des Fluſſes,
auf vierzig, und bis Iſmail auf vier und zwanzig Stunden gerechnet. Das hier befindliche Fort iſt mit Artillerie verſehen.

Von Galaz ſind, mit der Ueberfahrt der Donau, vier
Stunden bis Matſchin, einem mehrentheils von Wolochen und Moldawanen bewohnten und mit allen Lebens-
mitteln reichlich verſehenen Dorf.

Fünf Stunden weiter folgt das eben ſo bewohnte
Dorf Jenikui; und vier Stunden davon, über Steppe
und Ackerfelder, Dojaki, wo neben wenigen Türken,
die nur eine Metſchet haben, mehrentheils Griechen, Wolochen und Bolgaren wohnen, weswegen der überhaupt
nahrhafte Ort drey Kirchen hat.

Von Dojaki hat man acht Stunden über waſſerloſe
Steppe bis zum Dorf Boldaudſhi, wo Wolochen,
Bolgaren und wenige Türken wohnen. Daſelbſt werden nach Verordnung die Poſtpferde der Durchreiſenden
abgewechſelt, und Fleiſch und Brod iſt im Ueberfluß zu
haben. — Bis Karoſſewo, allwo auch die Pferde ge-
wechſelt werden, ſind ferner vier Stunden.

Wei-

Weiter folgt nach vier Stunden das, dem Krymschen
Chan gehörige Dorf Kubadin, wo Türken und Tataren, mit wenigen Bolgaren, untereinander wohnen.
Der Ort hat Mangel an Wasser, welches nur aus einem Brunnen geschöpft werden kann; an Fleisch und
Brod fehlt es dagegen nicht. Hier lebte (1714) ein Ta-
tar, der nebst seiner Frau über hundert Jahr alt war,
und dessen Kinder, Enkel, Urenkel und Ururenkel im
Dorf zweyhundert lebendige Seelen ausmachten.

Das nach vier Stunden folgende, ganz von Türken
bewohnte und ziemlich armselige Dorf heißt Alibei oder
Osmani. — Darauf folgt nach fünf Stunden Ar-
mani, wo einige Türken, und mit ihnen Zigeuner und
Polnische Flüchtlinge sehr armselig wohnen. — Drey
Stunden weiter kommt man in das Städtchen Bazar-
schik, welches wenig Lebensmittel hat.

Sechs Stunden von Bazartschik liegt das Dorf und
Landhaus des Vesirs, Wesir-Koelitschi, mit etwan
zweyhundert Häusern, in einem Thal. An Lebensmitteln ist
daselbst kein Mangel, und man reist auch die folgende
vier Stunden, bis Prowady über lauter Ackerfelder.
Letztgenannter Ort ist ein volkreiches Städtchen zwischen
hohen Bergen, ohne Befestigung, wo Griechen und Türken mehrentheils Handwerker und Kaufleute, wohnen,
denen es an nichts zu fehlen scheint. Artillerie ist da
nicht vorhanden, es wohnen aber gegen hundert Janitscharen daselbst, die zum Verschicken gebraucht werden.
Denn es theilen sich von hier aus die Postwege nach Galaz und Bender, wie auch nach Adrianopel.

Von Prowady hat man dritthalb Stunden, durch
unterbrochne Gehölze und Ackerfelder, nach Kuprsii,
einem Chanischen, nur vier Stunden Weges vom schwarzen Meer abgelegnen Dorf. Die dasigen Einwohner

N 2   erzählt

erzählten, daß in dem letztverfloßnen Jahrhundert einst-
mals ein Schwarm Donischer und Saporogischer Kasaken, in Seefahrzeugen hier gelandet, den Ort geplündert
und gegen dreyhundert Häuser verbrannt haben.   Gegenwärtig sind hier nur etwan hundert Türkische und
Griechische Häuser und man kann alle Lebensmittel ziemlich reichlich haben.

Von Kuprju hat man eine Tagreise zwischen hohen
Bergen, welche bewaldet sind und die Waldung Woyn
ausmachen, bis Nadyr, wohin der im Thal fortlau-
fende Bach Pljet (Peitsche), auf Türkisch Kamtscha,
zwey und sechzig mal zu paßiren ist, welches die Reise,
nebst dem ungesunden Wasser des Bachs, sehr beschwerlich macht, ohngeachtet der Bach nur seicht ist. Nur
an einer Stelle, wenn man von der Donau kömmt zur
Rechten, befindet sich ein sehr guter und gesunder Quell,
dessen sich die Reisenden bedienen.   In den Waldungen
dieser Geburge wachsen wilde Weintrauben und Erd-
schwämme, deren Genuß aber oft schädlich befunden worden, weswegen sich niemand gern daran vergreift.

Von Nadyr nach dem großen Bolgarischen Dorf
Atas sind drey Stunden. Es wohnen da auch Griechen
und einige wenige Türken, und es ist da an allem Ueberfluß. Man kömmt auch über einige kleine Dörfer und
der Abstand vom schwarzen Meer wird auf eine Meile
gerechnet.

Bey dem dritthalb Stunden weiter folgenden Bolga-
tischen Dorf Butlas, wohinwärts man einige Salzseen
paßirt, liegt das schwarze Meer ganz nahe und im Gesicht. — Sechsthalb Stunden weiter liegt das ebenfalls von Bolgaren bewohnte Dorf Katakul oder schwarzer Brunnen genannt. Es war sonst von Serbiern bewohnt, die es wüste ließen, worauf sich Bolgaren dort
angebaut, und auch eine Kirche haben.

Vier

Vier Stunden weiter folgt das griechische Dorf Fo-
ty, welches volkreich und mit Korn, Wein und Viehzucht wohl versehen ist.   Die Zahl der Häuser beläuft
sich über zweyhundert, und die Kirche ist dem heiligen
Demetrius geweiht.

Dewlet Atschagi ist ein Bolgarisches, vier Stunden weiter gelegnes, und zweyhundert Häuser starkes
Dorf, wo man auch Proviant gut kaufen kann.   Nur
anderthalb Stunden davon liegt ein elendes Dorf, welches den Namen Kodschat Archa, oder der Sultani-
schen Ställe führt; und das gleichfalls armselige Dorf
Jerikly folgt nach andern vier Stunden.

Dann hat man vier Stunden Weges über felsigtes
Gebürge zur Stadt Kirch-Klessy, die auch zwischen
Bergen liegt, beträchtlich ist und von Türken und Grie-
chen bewohnt, aber ohne Artillerie und Befestigung ist.
Etwan hundert Janitscharen liegen daselbst, die zum
Verschicken gebraucht werden.   Von dieser Stadt geht
der gewöhnliche Weg von Constantinopel (Zarágrad)
auf Adrianopel, so wie auch auf Bender und Galaz.
Nach Adrianopel werden zwölf Stunden gerechnet; nach
Constantinopel ist der fernere Weg über das Gebürge, schon
bey dem ersten Wege beschrieben.

Dieser letztere Weg beträgt überhaupt von Kiew bis
Soroka 42 Meilen; von da bis Galaz an der Donau
32 $\frac{1}{2}$ Stunde; von Galaz bis Constantinopel 112 $\frac{1}{2}$
Stunde.

IX.

Tagebuch

einer

im Jahr 1775 zu Untersuchung der nördlich von
Californien fortgesetzten Küsten,

geschehenen Reise;

durch

den zweyten Steuermann der Königlich Spanischen Flotte, Don Francisco Antonio Maurelle, in dem Königlichen Galiot Sonora, geführt durch Don Juan Francisco de la
Bodega. h)

Vorbericht

des Herausgebers.

Da nachstehendes Tagebuch mir zum Durchlesen an-
vertrauet worden, fand ich es für die Erdbeschreibung so wichtig, daß ich um Erlaubniß bat es übersetzen
und durch den Druck bekannt machen zu dürfen.

Es

h) Im Ersten Theil der VI. Nordischen Beyträge
S. 269 bis 271 ist einer im Jahr 1775 von den Spaniern veranstalteten Küstenbefahrung, nördlich von
Californien, längst der Westseite von Nordamerika,
kürzlich

Es schien mir um so viel mehr diese Bemühung zu
verdienen, da gewiß die Spanier selbst, nach ihrer bekannten Eifersucht über alles, was ihre Besitzungen in
Amerika betrifft i), niemals die Hand bieten werden,
durch Bekanntmachung dieser Reise, den Seefahrern
andrer Nationen und sonderlich Engländern, zu einer
Kenntniß der treflichen Häfen in so nordlichen Breiten
der Westküste von Amerika, die dadurch zuverläßig bekannt geworden, und des daselbst anzutreffenden Vor-
raths von Masten, Brennholz und Wasser, — behülflich zu seyn.

Aus Venegas Geschichte von Californien, welche
im Jahr 1747 herauskam, sieht man k), daß die Spanier

N 4

kürzlich Erwähnung geschehn. Da itt ein etwas um-
ständlicherer Bericht davon in englischer Sprache,
durch Herrn Magellan bekannt gemacht worden, so
habe ich demselben, zu mehrerer Erläuterung, hier einen Platz gegeben; obgleich Uebersetzungen fremder
gedruckter Arbeiten nach dem ersten Plan, in diese
Sammlung eigentlich nicht aufgenommen werden
sollten. Anm. des Uebers.

i) Der trefliche Geschichtschreiber Dr. Robertson fährt,
bey Erwähnung der im Archiv zu Simanka bey
Valjadolid verwahrten Amerikanischen Originalpa-
piere also fort: „Die Aussicht einen solchen Schatz zu
„nutzen, erregte bey mir die äußerste Neubegierde; al-
„lein die Aussicht ist es allein, die ich hievon genos-
„sen habe. Spanien hat mit der übertriebensten Vor-
„sicht, über alle seine Amerikanischen Angelegenheiten
„einen Schleyer geworfen und alles wird vor Fremden
„mit besondrer Sorgfalt verhehlt." Vorrede zu der
History of America S. IX.

k) Igualmente notorias son las *ruidosas y porfiadas* tenta-
tivas de los Ingleses, para hallar un passage al Mar del
Sur per el *Norte de America.* Am angef. Ort T. III.
p. 225. *Madrit.* 4.

nier auf die von den Engländern gesuchte Nordwestliche
Durchfahrt sehr aufmerksam waren, weil sie selbige für
die Ruhe ihrer Mexikanischen und Peruvianischen Küsten
im Südmeer gefährlich hielten.

Nichts kann jedoch ungegründeter seyn, als ihr Verdacht. Denn falls auch jemals die Nordwestliche oder
irgend eine andre nordliche Gemeinschaft zwischen dem
Atlantischen und Stillen Meer ausfündig gemacht werden sollte, so darf man zum voraus behaupten, selbige
werde so kümmerlich und beschwerlich seyn, daß weder in
Absicht des Handels, noch der in Kriegszeiten etwan zu
wagenden Unternehmungen, jemals darauf zu rechnen
seyn möchte.

Die Spanier sollten, nach glücklicher Beendigung
unserer für den itzt regierenden König (von England) so
rühmlichen Entdeckungsreisen, endlich einmal überzeugt
seyn, daß die Englische Nation nur allein zum Zweck
hat, die geographische Kenntniß unsres Planeten zur
möglichsten Vollkommenheit zu bringen.

Wollten sie ja über eine fremde Nation eifersüchtig
seyn, so wären es die Russen, die leicht von Kamtschatka aus, an der Westküste von Amerika festen Fuß fassen,
und mit der Zeit das schon itzt schwankende und ungeheure Reich Spaniens in diesem Welttheil bedrohen könnten.

Indessen ist dieser Verdacht, den sie über die etwani-
gen Absichten der Engländer gegen ihre Besitzungen an
der Südsee hegen, die Ursach, warum die Spanier keinem fremden Menschen, sonderlich keinem Engländer,
nicht einmal in blos wissenschaftlichen Absichten, den Zutritt, in ihrem Antheil von Amerika, erlauben. [1]

Alles

[1] Folgende Begebenheit ist unter andern von dem, was
ich hier sage, ein Beweiß. Im Jahr 1766 wandte
sich

Alles Verdachts der Spanier gegen England ungeachtet, und selbst da itzt der Krieg zwischen beyden Nationen geführt wird, getraue ich mich doch zu behaupten,
daß

N 5

sich Lord Morton, als damaliger Präsident der Königlichen Gesellschaft der Wissenschaften, an den beym
englischen Hofe angestellten Spanischen Minister, um
eine Erlaubniß zu bewirken, daß ein Englischer Astro-
nom, den für das Jahr 1769 erwarteten Durchgang
der Venus, irgendwo in Californien beobachten dürfte. Dieses ward sogleich abgeschlagen, und als Lord
Morton darauf vorschlug, daß diese Erlaubniß dem
P. Boskowich, einem Ausländer und gut katholischen Christen ertheilt werden möchte, so fand er zwar
etwas mehr Gehör, allein man suchte die Erlaubniß
durch allerley Bedingungen zu beschweren und nahm
sie endlich, unter dem Vorwand, daß er ein Jesuit
sey, deren Orden damals aus Alt- und Neu-Spa-
nien vertrieben war, ganz zurück. — Zu eben der
Zeit erhielt gleichwohl Chappe d'Auterosche diese
Erlaubniß, zu eben der Absicht: Die Folge davon
war, daß man unter seinen Manuscripten einen Plan
des gegenwärtigen Zustandes von Mexiko fand, den
die guten Freunde und Alliirte des katholischen Königs, zum Unterricht für die Feinde Spaniens, bekannt gemacht haben. — Ich wandte mich einst-
mals selbst an den Prinzen von Masserano, der
während seines Aufenthalts in England so viel Achtung verdient hat, um Erlaubniß, daß ein Teutscher,
Namens Kukahn, der wegen seiner Geschicklichkeit in
Zubereitung ausgestopfter Thiere und Vögel bekannt
ist, nur blos zu Einsammlung natürlicher Seltenheiten von Vera Cruz nach irgend einem Theil von
Mexiko, unter beliebigen Bedingungen reisen dürfe.
Obgleich dieses Gesuch durch Gunst unterstützt war,
entschuldigte sich der Minister dennoch es an seinen
Hof gelangen zu lassen, unter dem Vorwand, daß der
spanische Hof es sich zum Gesetz gemacht habe, keinem
Fremden die Durchreise in irgend einem Theil seiner
Amerikanischen Besitzungen zu erlauben.

daß ein Anschlag auf die Stadt oder das Reich Mexiko für England keinesweges rathsam seyn möchte. Die Spanier würden am weisesten handeln, wenn sie diese Provinz freiwillig verließen; denn alle bequem gelegne Bergwerke sind fast erschöpft, und die Transportkosten für das Quecksilber, welches von Vera Cruz zugeführt werden muß, sind durch die Entfernung zu groß geworden. Venegas giebt uns auch zu verstehen, daß es die Kosten nicht werth sey, die weit abgelegnen obgleich viel reicheren nordlichern Bergwerke von Sonora aufzunehmen [m]). Schon vor 150 Jahren wurde das Mexikanische Silber hauptsächlich von S. Ludwig de Saketas, fast hundert Stunden (Leagues) nordlich von Mexiko hergebracht. Dazu kömmt noch die ungesunde Lage der Stadt Mexiko, deren viele Kanäle Gage (*Survey of the W. Indies*) mit den oft sehr stinkenden Kanälen von Venedig vergleicht. Don Alzate berichtete an die Pariser Akademie, daß in den Jahren 1736 und 1768 mehr als ein Drittheil der Einwohner am schwarzen Erbrechen wegstarben. Dazu kommen noch die Ueberschwemmungen, denen die Stadt ausgesetzt ist. Die Silberbergwerke in Peru haben dagegen den Vortheil, daß die berühmte Quecksilbergrube zu Guanakabelika in eben der Landschaft zur Hand liegt. Man glaubt, daß die uneigentlich sogenannten Goldbergwerke der Spanier in Amerika ebenfalls nicht sehr vortheilhaft sind. Wenigstens weiß ich von jemand, der sich zwey bis drey Jahr in Brasilien, wo von diesem edlen Metall am meisten gewonnen wird, aufzuhalten Gelegenheit hatte, daß die Leute,

[m]) Vielleicht wäre doch diesem Bericht des Spaniers nicht allerdings Glauben beyzumessen. Zumal da die an gediegenem Silber ergiebigen Gegenden von Sonora, vielleicht ohne Quecksilber genutzt werden können. Anm. des Ueberf.

leute, welche sich mit Goldsammlen abgeben, nicht über
eines englischen Schillings Werth an Taglohn verdienen.
Man findet das Gold dort nicht in Erzgängen, und för-
dert es nicht aus tiefen Bergwerken: die Goldsucher gehen in kleinen Gesellschaften, zu fünf bis sechs Mann
aus und schürfen in Gegenden, wo sie es nahe am Tage
anzutreffen hoffen; kommen aber oft nach mehreren Monaten mit einem sehr armseligen Gewinnst zurück.

Eben so wenig würde England gewinnen, wenn es
sich, um des Manillaschiffs willen, dessen Ausrüstung
gleich nach einem andern Hafen verlegt werden würde,
von Akapulko, oder, um die Silberflotte aufzufangen,
von Panama Meister machen wollte, da letztere nach
neuern Verordnungen nicht mehr in Panama an-
spricht [n]).

Spanien könnte, überdas alles, aus Englands unglücklicher Eroberung Canadas zum Vortheil seiner un-
dankbaren Colonien, lernen, daß es vielmehr zu seiner
eignen Sicherheit abzwecken müßte, wenn sich eine andre
Nation nordlich von Mexiko festsetzte, und dessen Mexikanische Einwohner in Furcht hielte. England mußte
den Abfall seiner Colonien wenige Jahre, nachdem es
selbige von der Furcht vor den Franzosen in Canada befreit hatte, bey allen zu ihrer Aufnahme ertheilten Frey-
heiten,

n) Das Silber aus Peru und Chili wird itzt entweder
über einen Theil der Andes nach Buenos Ayres zu
Lande gebracht, oder auf einzelnen Registerschiffen zur
See am Cap Horn abgeschickt. Da die vorige Ab-
sendung der Galeonen von Cadix in ganzen Flotten
itzt auch abgeschaft worden, so sind die Häfen Kartha-
gena, Portobello und Panama für Spanien mehr als
unnütz geworden, indem ihre Lage ungesund und die
Unterhaltung der Civilbedienten und des Militairs an
diesen Orten sehr kostbar ist.

heiten, erfahren. Was muß also nicht für Spanien, in deſſen weitläuftigen Amerikaniſchen Reiche, deſſen Einwohner durch unerſchwingliche Auflagen und Einſchränkungen gedrückt ſind, zu befürchten ſeyn?

So viel habe ich zu erinnern wagen wollen, in Hoffnung, der Spaniſche Hof werde künftig vorzunehmende Entdeckungsreiſen, im nordlichen Theil des Stillen Meeres eher zu befördern, als zu ſtören ſuchen.

Ich bedaure, daß ich nicht alle neun Carten, welche dieſes Tagebuch begleiten ſollten, ſtechen laſſen kann; da aber die Breiten und Längen der neuen Entdeckungen an der Küſte von Amerika hier ſo genau beſtimmt ſind, ſo möchte ich faſt hoffen, daß die Spanier ſelbſt einſehn werden, wie unnütz es nunmehr iſt, ſelbige noch ferner geheim zu halten.

Man erſieht aus dem hier mitgetheilten Tagebuch, daß der Vicekönig von Mexiko das Jahr zuvor einige andre Schiffe Nordwärts auf Entdeckungen ausgeſandt hatte, die bis auf den 55ſten Grad der Breite gekommen ſind. Don Juan Perez der bey gegenwärtiger Reiſe auf der Fregatte als Fähnrich (Alferez) diente, war bey der vorigen Reiſe gebraucht worden, und hatte eine Carte, desjenigen Theils der Küſte, welchen man auf der vorigen Reiſe kennen gelernt, bey ſich. Ich bedaure, daß ich von dieſer erſtern Reiſe keine nähere Umſtände angeben kann; indeſſen wollte ich doch ſo viel davon erwähnen, um vielleicht zu Bekanntmachung des dabey geführten Tagebuchs Anlaß zu geben.

Ich bin der Meynung, daß beyde Expeditionen durch die engliſchen Verſuche, die Nordweſtliche Durchfarth zu finden, veranlaßt worden ſind °). Denn man ſieht,

°) Viel wahrſcheinlicher iſt es, daß die Rußiſche Entdeckungen im öſtlichen Ocean, die zwiſchen 1767 und
1773

sieht, daß die Spanische Instruktion dahin gelautet habe, überall, wo man landen würde, mit allen Formalitäten Besitz des Landes zu nehmen, das man doch nicht besetzen konnte, um dadurch ein vermeyntliches Recht gegen künftige Entdecker zu behaupten.

Der Verfasser unsres gegenwärtigen Tagebuchs, Don Antonio Maurelle, diente auf dem bey dieser Reise, nebst der Fregatte, gebrauchten Galiot (Schooner), unter dem Titel eines zweyten Steuermanns der Königlichen Flotte, ein Rang, der in andern Seediensten nicht gebräuchlich ist. In einem seiner, während dieses Diensts, ertheilten schriftlichen Bescheide erwähnt er seine in der Bay von Biskaja geleisteten zehnjährigen Dienste, und scheint ein sehr fleißiger Seemann zu seyn. Zu seiner Ehre räth er beständig, die Fahrt so weit als möglich nordwärts fortzusetzen, da schon einige der andern Officiere der Expedition zu verzweifeln anfiengen.

Am Ende seines Tagebuchs giebt er eine sehr genaue Tabelle über den gehaltnen Cours, von Tag zu Tag, in nicht weniger als neun Columnen. Einige sehr erfahrne Seeofficiere, die ich desfalls zu Rathe gezogen, haben mich bewogen nur einige dieser Columnen abdrucken zu lassen, weil die übrigen schwerlich von irgend einem Seemann, der kein Spanier ist, verstanden werden können, P).

Ueber-

1773 in Petersburg immer bekannter wurden, bey dem Spanischen Hofe einige Besorgniß für Sonora, und den Entschluß die Küste nordwärts von Californien in Besitz nehmen zu lassen erweckt haben. Unstreitig aber ist das Recht der Besitznehmung, für die Küste Nördlich von Cap S. Augustine, schon lange zuvor an Rußland verfallen. Anm. des Uebers.

p) Ich muß anmerken, daß, obgleich die Columne, welche die Abweichung der Magnetnadel angiebt, beygedruckt

Ueberhaupt darf ich hoffen, daß dieser Bericht von
einer achtmonatlichen Fahrt längst der wenig oder gar
nicht besuchten Westküste von Nordamerika, als ein wichtiger Beytrag für die Erdbeschreibung aufgenommen werden wird; um so viel mehr, da der unsterbliche Cook,
desto weniger Gelegenheit gehabt hat, diese Westküste zu
untersuchen q), je wichtiger seine Entdeckungen Nordwärts sind.

Vorrede

des Verfassers Don Antonio Maurelle.

Zu mehrerer Verständlichkeit des nachstehenden Tagebuchs, ist nöthig folgendes zu erinnern.

Die Carten, deren wir uns auf unsrer Seereise bedienten, waren die von Bellin im Jahr 1766 und in einem späteren Jahr herausgegebnen. Die erstere setzt
den Hafen von S. Blas, 110 Grade Westlicher Länge
vom Pariser Meridian; die zweyte setzt denselben auf
114 Gr. und geht also um 4 Grade von der vorigen ab.
Wegen dieses Unterschieds habe ich die Westliche Länge
in meinem Tagebuch von S. Blas r) und nicht von Paris gerechnet.

Am

druckt worden, dennoch nirgend angegeben ist, ob selbige westlich oder östlich zu verstehen sey; fast möchte
ich mich nach Halley, für das letztere, erklären, obgleich die Richtung seit dem vorigen Jahrhundert sich
verändert haben mag. Wenn Cap. Cook's letzte Reise
im Druck erscheint, so wird sich dieser Zweifel auf-
lösen.

q) Ungünstige Winde sollen davon Ursach gewesen seyn.
r) S. Blas ist ein kleiner Flecken auf der Westküste von
Mexiko, an der Mündung des S. Pedroflusses. Die
Spa-

Am Ende des Tagebuchs ist eine genaue Tabelle beygefügt, wovon jede Seite einen Monat enthält: darin ist der Cours des Schiffs für jeden Tag, die Zahl der Seemeilen (Leagues) die man zurückgelegt, die beobachtete Länge, Breite, Abweichung der Magnetnadel (welche, wenn sie ausdrücklich beobachtet worden, mit einem Sternchen bezeichnet ist,) und die Entfernung vom nächsten Lande, angegeben.

Die Risse von den entdeckten Seehäfen folgen auf diese Tabelle, so wie auch eine sorgfältig gezeichnete Carte der ganzen Küste, deren merklichste Punkte wir allemal ansetzten. Um noch genauer zu seyn, verglichen wir den Cours der Schiffe, mit der Richtung der Küste, und wiederholten unsre Beobachtungen, so wohl auf der Ausreise Nordwärts, als auf der Rückreise nach Süden.

Alle Längen, wo wir, wegen zufälliger Umstände geirrt zu haben glaubten, sind weggelassen worden; und wo wir nur um einen geringen Abstand zweifelhaft waren, da sind die nöthigsten Correctionen angebracht worden.

Die Breiten auf den Carten*) sind mit der größten Genauigkeit angegeben, sonderlich da, wo selbige am nützlichsten

Spanier haben diesen Ort erst seit wenig Jahren angelegt, um den Truppen- und Provianttransport nach Californien zu befördern. Dr. Robertson setzt es in seiner Carte auf 22 Grad nördlicher Breite und 88 Grad westlicher Länge vom Meridian der Insel Fero. Man sehe auch des Abt Chappe d'Auteroche Bericht seiner Reise von La Vera Cruz nach S. Blas im Jahr 1769. Die Breite des Orts, so wie auch dessen Länge, ist im Tagebuch nicht eigentlich bestimmt.

*) Unglücklicher Weise sind diese Carten nicht alle, mit dem Tagebuch, in meine Hände gerathen. Anm. des Herausg.

lichsten seyn können; denn wir hatten zu deren Beobachtung hinlängliche Zeit, und für die aus der Refrak-
tion entstehende Irrungen ist gehörig gesorget worden.

Tagebuch

der Reise vom Januar 1775 an.

Ich befand mich am Bord des Königlichen im Hafen zu Vera Cruz liegenden Frachtschiffes (Urca)
Santa Anna genannt, als ich am 10. Januar von Sr.
Excellenz dem Vicekönig (von Mexico) Don Antonio
Maria de Bukarelly e Orsua Befehl erhielt, den
Dienst als erster Steuermann bey derjenigen Expedition
zu übernehmen, welche damals in dem Hafen S. Blas,
zu Entdeckungen an der nordlichen Küste von Californien, ausgerüstet wurde ').

Da ich jederzeit den größten Eifer gefühlt habe, dem
König, so groß auch immer die Gefahr, zu dienen, so
nahm ich diesen Auftrag sehr willig an, trat die Reise
von La Vera Cruz am 12. Januar an, und erreichte
Mexiko den 18. um daselbst Sr. Excellenz fernere Befehle zu empfangen.   Mexiko verließ ich wieder am 16.
Februar, und erreichte den Hafen S. Blas "), wo ich
mich unter das Commando desjenigen Officiers, der die
Expedi-

---

t) Aus diesem Ausdruck scheint zu folgen, daß die Spa-
    nier die Küste von Amerika Nordwestwärts von Cali-
    fornien, mit unter diese Provinz begreifen.

u) Von La Vera Cruz bis S. Blas wird der Abstand
    auf 300 Stunden (Leagues) gerechnet; nämlich von
    Vera Cruz nach Mexiko 110, und von da nach S.
    Blas 190.   A. d. H.

Expedition ausrüſten ſollte, Don **Bruno Heceta**, ſtell-
te. Die zu unſrer Reiſe beſtimmte Schiffe waren eine
Fregatte und ein Galiot (Golera), leßteres 36 Fuß
(oder 18 Codos jedes zu 2 Fuß) lang, 12 Fuß weit und
acht Fuß tief, unter den Befehlen des Lieutnants Don
Juan de Ayala, dem als Gehülfe von gleichem Rang
Don **Juan Francisco de la Bodega** zugeordnet war;
auf dieſem Galiot nahm auch ich meinen Plaß. Es füg-
te ſich, daß eben damals das Paketbot S. Carlos, von
dem Lieutnant D. **Miguel Maurrique** commandirt, im
Hafen zu S. Blas lag, welches nach **Monterey** x) zu
ſegeln beſtimmt war. — Wir nahmen, während un-
ſres Aufenthalts im Hafen, auf ein Jahr Proviant ein,
welcher aus der Nachbarſchaft zugeführt wurde.

Am 16. März hatten wir alles Nothwendige an
Bord und um 10 Uhr Abends gingen alle drey Fahrzeuge unter Segel und ſteuerten, bey einem gelinden, aus
NNO. wehenden Landwinde, NWwärts. Wir thaten
was wir konnten, um übernachts in Geſellſchaft der beyden andern Schiffe zu bleiben, allein es wollte uns nicht
gelingen, und in Betracht der vorher bekannten Leichtig-
keit des Galiots im Segeln, konnten wir keiner andern
Urſach, als der unrechten Art, wie die Fracht vertheilt
worden war, die Schuld beymeſſen.

Am 17. bey Tages Anbruch ſtillte der Wind ab, und
blieb ſo bis um 3 Uhr Nachmittages, da wir mit einem
gelinden NWwind, bis gegen Sonnenuntergang, da es
wieder Windſtill wurde, NNO. gegen die Küſte ſteuern
konnten. Wir ließen den Anker fallen und befanden
uns

---

x) Nach dem Tagebuch iſt weiterhin die Breite von Mon-
terey auf 36. 44. und die Länge auf 17°. weſtlich von
S. Blas, beſtimmt. Es liegt an der Weſtküſte von
Californien, und die Jeſuiten hatten da eine Miſſion.

uns hier 4 Seemeilen (Leagues) NNO. von S. Blas; und auf diese Weise setzten wir unsre Reise fernerhin fort, indem wir uns bey Tage des Seewindes, und übernachts des Landwindes bedienten, nur wenig Windwärts hielten und wann es still wurde vor Anker gingen, um nicht durch die Strömungen y) das wenige, was wir täglich gewonnen, wieder zu verlieren.

Den 18. um drey Uhr Nachmittags machte das Paketbot S. Carlos Nothsignale, worauf unser Capitain sein Bot zu selbigem an Bord schickte, in welchem Don Miguel Maurrique, der das Paketbot kommandirte, zu uns gebracht wurde. Man konnte es gleich an ihm wahrnehmen, daß sein Verstand zerrüttet war, weswegen ihn unsre vornehmsten Officiere nach der Fregatte begleiteten, um des Commodore Entschluß über ihn zu vernehmen. Man hielt Kriegsrath und beschloß, so wohl nach dem, was die Wundärzte berichteten, als nach den sichtlichen Kennzeichen von Tollheit, die man an dem Mann bemerkte, ihn ans Land zu setzen, das Kommando des Paketbots dem Lieutnant der Fregatte Don Juan d' Ayla zu übertragen, das Galiot aber unter den Befehlen des Don J. Fr. de la Bodega y Quadra allein zu lassen.

Am 20. bey mäßigem Winde, zeigten sich im Topsegel an unserm Fokmast verschiedne Risse, die sogleich ausgebessert werden mußten. — Während der Wind so stand, versuchte unser Kapitain allerley Mittel, um das Galiot leichter segelnd zu machen, und es gelang uns auch durch eins dessen Lauf etwas zu beschleunigen; dennoch mußte die Fregatte noch immer Segel mindern,

y) Die Ströme sind hier längst der Küste so stark, daß eine südwärts von S. Blas gelegne Landspitze davon den Namen C. Corrientes bekommen hat. A. d. H.

dern, um uns beyzubehalten und uns zuweilen in Tau
nehmen.

Am 24. zu Mittag kam uns die südlichste von den
drey Mariasinseln ins Gesicht, NO. etwan drey Seemeilen entfernt, welches unsre Lage, nach Bellins Carte, gerade einen Grad westlich von S. Blas und 21°.
4'. nordlicher Breite bestimmte; nach meinen Bemerkungen aber waren wir um 26 Minuten weniger Nordwärts gekommen.

In dieser Lage verloren wir das Paketbot aus dem
Gesicht, setzten aber unsern Cours SW ¼ W. fort, sa-
hen viele Vögel, deren einige schwarz, mit einem weißen
Fleck auf der Brust, langen Flügeln, ziemlich großen
Schnabel und einem Gabelschwanz, andre hinwiederum
ganz weiß, und einige graue mit einer einzelnen langen
Richtfeder — waren. Wir sahen auch andre Vögel,
die oft untertauchen und Bobos genannt werden.

Den ganzen Märzmonat hindurch nahm der gemeiniglich zwischen NW. und N. wehende Wind übertages zu
und stillte zu Nachts ab, sonderlich kurz vor dem Neumond ²), der am 29. einfiel; nach welchem Tage sich öf-
tere Windstillen ereigneten.

An eben dem Tage (den 29.) sahen wir, bey Untergang der Sonne eine Insel, welche den Namen Sokorro ¹) führen soll, unter welchem Namen sie weder
auf den französischen Carten, noch in der Geschichte von

O 2 Cali-

____

²) Auch weiterhin wird man in diesem Tagebuch besondre
Aufmerksamkeit auf die Mondesveränderungen und deren Einfluß auf das Wetter, wahrnehmen. A. d. H.
¹) Diese Insel ist in Dr. Robertsons Carte in 19 nordlicher Breite und 94 westlicher Länge von Fero, angelegt. A. d. H.

Californien b) zu finden ist. Sie lag, als wir sie zu Gesicht bekamen, ostwärts 9 oder 10 Seemeilen von uns und wir hatten Mühe, diesen Abstand Windwärts zu gewinnen, um, wie wir wünschten, so viel als möglich den Cours auf dem Meridian dieser Insel fortzuhalten.

Am 30. bemühten wir uns der Insel Sokorro näher zu kommen, die WNW. (*Quarta al oeste*) vier Seemeilen vor uns lag; wir konnten aber unsern Zweck, wegen der Südwärts setzenden Strömung, die uns seewärts führte, nicht erreichen.

Vom 31. März bis zum 4. April hatten wir theils Windstille, theils schwachen Wind, so daß wir nicht mehr von der Insel fort gewinnen konnten, als wir durch die Strömung verloren. Wir versuchten durch Rudern und Buxiren das Galiot fortzubringen, um irgend einen Theil der Insel, wo Wasser einzunehmen wäre, zu erreichen, allein der Strom ließ es nicht zu.

Diese, wie schon gesagt worden, unter dem Namen Sokorro in keiner Carte angezeigte Insel, ist unstreitig eben diejenige, welche Hernando Triabba entdeckte, da ihn Hernand Cortes in einem Fahrzeug von Guantepeque aussandte, um die Küste von Californien zu verkundschaften. Dieses Fahrzeug segelte dreyhundert

b) Vermuthlich wird hier die Historie dieses Landes, deren Verfasser Miguel Venegas (ein Merikanischer Jesuit) ist, zu verstehn seyn. Sie ist 1758 zu Madrit gedruckt und eine englische Uebersetzung davon kam 1759 zu London heraus. Daß Venegas, welcher hauptsächlich die östliche Küste von Californien beschreibt, diese Insel nicht erwähnt, ist gar kein Wunder. Sokorro liegt beträchtlich Südlicher. A. d. H.

dert Seemeilen — c) und traf auf eine Insel S. Thomas, deren Namen man in den französischen Carten, aber in einer unrechten Lage, findet. Die eigentliche Breite derselben ist 16°. 53'. — und 5°. 18'. die westliche Länge von S. Blas.

Am 4. April verloren wir Sokorro in ONO. aus dem Gesicht und sezten unsern Cours, so viel möglich windwärts haltend, fort, ohne daß sich etwas zutrug, als daß die Fregatte am Bogspriet schadhaft wurde, welchem man aber bald zu Hülfe kam.

Um diese Zeit bemerkten wir, daß der Himmel nicht mehr so klar war, als bevor wir Sokorro vorbey waren; die Sonne zeigte sich nicht mehr so oft, die Nebel waren weniger dick, der Wind kälter, und wir fanden überhaupt das Klima ganz verändert.

Bis zum 14. da der Vollmond antrat, hatten wir wenig Wind, und südwärts setzende Strömung; nach diesem verstärkte sich der Wind aus NNO. lief zuweilen nach NO. herum und wehete alsdenn noch stärker. Bey so bewandtem Wetter versuchten wir das Galiot im Segeln; je rauher die See, desto mehr wurden Segel beygesetzt, so daß das Verdeck auf der Leeseite auf zwey Planken breit unter Wasser lag; wodurch wir der Fregatte unsern festen Entschluß, die Reise möglichst fortzusetzen, genugsam zu erkennen gaben.

Beyde Schiffsgesellschaften sahen aus den Segeln, die das Galiot zu führen vermochte, und die nach dem festen Entschluß seiner Officiere, so weit als möglich Nordwärts zu gehn, beständig gebraucht wurden, sich in

O 3   der

c) Hier ist im Manuscript ein leerer Raum, wo vermuthlich die Richtung der Reise hat angezeigt werden sollen. A. d. H.

der vorhergehabten Meynung, als wenn man dieses Fahrzeug in den ersten vierzehn Tagen nach S. Blas würde
zurückführen müssen, nunmehr betrogen. Demohnge-
achtet war man, wegen dessen Fähigkeit zu Fortsetzung
der Reise nicht außer Sorgen, da einige von der Mannschaft des Galiots zu kränkeln und sich auf die Fregatte
zu wünschen anfiengen, wo Arzneyen und ein Wundarzt
war. Da aber der Wundarzt erklärte, daß die kränklichen Matrosen, wenn sie an Bord der Fregatte gebracht
werden sollten, gewiß in Fieber verfallen würden, so ließ
der Capitain dieses der Besatzung des Galiots bekannt
machen, in der Ueberzeugung, daß eine solche Erklärung
mehr, als angedrohte Strafen, fruchten würde. Die
Wahrheit zu gestehn: man konnte nicht ohne Mitleiden
den Abscheu der Matrosen gegen den Zustand des Galiots betrachten, wo für die Kranken elende Bequem-
lichkeit war, und die Leute ihren Dienst beym geringsten
Winde nicht, ohne durchaus naß zu werden, verrichten konnten. Dieses Elend würde unerträglich geworden seyn,
wenn sich nicht der Befehlshaber gegen die Leute aufs
freundschaftlichste betragen, sie oft durch kleine Geschenke aufgemuntert und an die Ehre erinnert hätte, die sie
davon haben würden, wenn sie die bestimmte Breite erreichten d). Dabey stellte man ihnen vor, daß die Gefahr für beyde Fahrzeuge gleich sey, und daß, da jene
für ihr Leben eben so wohl besorgt seyn müßten, man gewiß nicht weiter, als es Sicherheit erlaubte, gehn würb-
be. Diese Vorstellungen des Befehlshabers hatten endlich die erwünschte Würkung, und alle entschlossen sich
zusammen zu leben und zu sterben.

Am

d) Aus der Folge erhellet, daß ihre Instruktion dahin
lautete, wo möglich bis auf 65° Nordlicher Breite
zu gehn.

Am 11. May fing der Wind an umzusetzen und lief alle östliche Punkte des Compasses durch, bis er sich endlich O. und SO. mit vielen Stoßwinden und Nebeln setzte. Die vorhin so starke Strömungen Südwärts waren itzt kaum merklich.

Am 21. hielt unser Comodore Kriegsrath, worin berathschlagt wurde, ob man die Reise fortsetzen oder in Monterey einlaufen sollte; und damit ein jeder mit desto mehr Ueberlegung antworten möchte, wurden die Stimmen schriftlich eingefordert. Weil jedoch der Wind so heftig war, so konnten die Officier beyder Schiffe nicht zusammen kommen, sondern unsre Meynungen wurden vermittelst eines Fasses dem andern Schiff mitgetheilt.

(Im Original folgen hier Abschriften der eingegebnen Meynungen, weil aber darinnen nichts für Seefahrende und Geographen sehr wichtiges enthalten ist, so merkt der Herausgeber nur überhaupt an, daß alle dahin übereinstimmen, man solle lieber bis 43° Norder Breite gehn, als in Monterey einlaufen. Der angegebne Bewegungsgrund ist, daß Martin de Aguilar in dieser Breite einen Fluß entdeckt habe e), wo man folglich die Schiffe würde ausbessern und Wasser einnehmen können.)

Demnach setzten wir unsre Reise mit starken N. und NNO. Winden, bey rauher See, bis zum 30. fort, da der Neumond eintrat. Bis dahin lavirten wir oft hin

D 4   und

e) In dem Bericht dieser im Jahr 1601 geschehenen Reise, welche Venegas Historie von Californien beygefügt ist, heißt es, dieser Fluß sey durch den Steuermann Lopes, nicht durch Martin de Aguilar entdeckt. Einige Carten setzen ihn auf 45° Norder Breite.

und her und hatten keine genaue Wahrnehmung für Länge oder Breite.

An gedachtem Tage bekamen wir gelinderen Wind, der diesen und die drey folgenden Tage, zwischen N.W. und S.W. unbeständig fortdauerte, endlich aber in W.N.W. setzte und mit zunehmendem Mond immer frischer wehte.

Am 1. Junius war einer von unsern Matrosen so stark in Brantwein bezecht, daß wir ihn nach der Fregatte, wo ein Wundarzt war, bringen lassen mußten; daselbst starb er in weniger als sechs Stunden. An eben dem Tage beobachteten wir schwimmenden Seetang, dessen oberstes Theil wie eine Pomeranze gestaltet war, woraus oben große breite Blätter hervorsproßten. Der Stiel, womit die Pflanze an den Felsen festgesessen, ist eine lange Röhre, welche die Wellen von der Wurzel abreißen und oft auf hundert Seemeilen vom Lande fortführen. Wir gaben diesem Tang den Namen Pomeranzenkopf (*Orange-head*).

Am folgenden Tage bemerkten wir eine andre Art Seetang, mit langen, bänderähnlichen Blättern, die *Zacate del Mare* genannt wird; auch wurden viel Seehunde (*Sea-wolves*), Enten und Fische gesehn.

Am 5. riß das Tau, an welchem uns die Fregatte schleppte, welches sich zwar schon einigemal zuvor zugetragen hatte; diesesmal aber entschlossen wir uns so gut als möglich seyn würde, ohne diese Hülfe die Reise fortzusetzen.

Am 7. schlossen wir aus der Farbe der See, daß wir uns der Küste näher auf geringer Tiefe befinden müßten, und schätzten den Abstand zum Lande etwan 30 Seemeilen. Selbigen Tag gegen Mittag erblickten wir einen
langen

langen Zug der Küste, obwohl noch sehr entfernt, der sich SW. und NO. erstreckte, wir konnten uns aber, weil es übernachts und den folgenden Tag windstill ward, dem Lande nicht nähern.

Am 8. sahe man die Küste viel deutlicher, etwan 9 Seemeilen von uns, und in den nächsten 24 Stunden wurden die Strömungen Südwärts sehr stark, so daß die beobachtete Breite von unsern Rechnungen auf 29 Minuten abwich.

Der Wind nahm heute zu und die Fregatte machte uns das Signal die Küste näher zu untersuchen. Wir thaten unser möglichstes, um diesen Zweck zu erreichen, steuerten NNO. und bekamen gegen sechs Uhr Abends verschiedne Landspitzen, Buchten, Ebnen, Berge, mit Bäumen und grünen Gefilden deutlich ins Gesicht. Abends gegen acht Uhr waren wir nicht mehr als zwey Seemeilen, und die Fregatte etwan drey, vom Lande ab; wir segelten nach ihr zu und lagen so die Nacht über.

Am 9. bey Anbruch des Tages machte die Fregatte das Signal ihr näher zu kommen und um 10 Uhr folgten wir ihrem Cours gegen einen andern Theil der Küste, wo man aufs deutlichste Ebnen, Felsen, Buchten und Vorgebürge, auch die Klippen an der Küste, und die Bäume auf dem Lande unterscheiden konnte: wir fanden auf 30 Faden Grund, schwarzen Sand. Wir hielten um einen Hafen zu entdecken, längst der Küste, ohngefähr eine (englische?) Meile davon entfernt, und näherten uns einer hohen Landspitze, welche Schutz zu versprechen schien, obgleich Vorsicht nöthig war, da einige vorliegende Inseln verschiedne, kaum über See hervorragende Klippen bedeckten.

Endlich erblickten wir Südwestwärts einen mit Land umgebnen Hafen, in den wir einzulaufen beschlossen und

O 5   der

; der Fregatte ein Signal machten, uns einen Anker zu leißen; welches aber, wegen der Entfernung, und weil es ziemlich stark wehte, nicht geschehn konnte. Indeßen liefen wir mit dem Galiot, das Wurfbley in der Hand, in den Hafen ein, und die Fregatte steuerte uns nach).

Während des Einlaufens sahen wir von M. her zwey Canos gegen die Fregatte anrudern, die allerley Thierfelle, gegen Glaskorallen und andre Kleinigkeiten vertauschten. Das Galiot ging, einem kleinen, am Fuß eines Berges gelegnen Dorf gegen über, vor Anker; es kam aber niemand zu uns gerudert.

Wir untersuchten mit dem Wurfbley das innere des Hafens und fanden ihn tief genug, um einen Bogenschuß vom Lande vor Anker zu liegen. Die Fregatte lief in das innerste des Hafens ein, und wir befestigten unser Schiff mit Tauen an einigen Felsen, die von der Natur gleichsam dazu bestimmt schienen; zugleich aber legten wir auf der andern Seite, gegen S. und SW. zwey Anker aus, worin die Fregatte unserm Beyspiel folgte.

Wir waren kaum damit fertig, als einige Indianer in Canos zu uns am Bord kamen, und ohne die mindeste Furcht zu verrathen, Glaskorallen gegen Felle eintauschten.

Hier ist nun vorzüglich die Unrichtigkeit der Französischen Carten, so wohl in Betracht der Landspitzen, als der Richtung der Küste, zu erwähnen. Fast möchte man auf den Gedanken kommen, daß gänzlicher Mangel an zuverläßigen Materialien die ohngefähre Anlage einiger tiefen Einbuchten veranlaßt hat, die wir weder Nord- noch Südwärts fanden, da selbige uns doch oberhalb Cap Fortuna nicht hätten verborgen bleiben können,

wel-

welches achtzehn Seemeilen ſüblich von Cap Mendoci-
no [s]) angeſetzt iſt, wo hingegen wir 20 Seemeilen nördlicher
waren, welches einen Unterſchied von 2 Graden der
Breite ausmacht.

Am 11. da wir uns ſicher vor Anker befanden, wurde beſchloſſen, die feyerliche Beſitznehmung des Landes
auf der Spitze eines hohen, am Eingang des Hofens gelegnen Berges zu veranſtalten. Zu dem Ende wurden
von unſrer Mannſchaft verſchiedne Poſten ausgeſtellt,
damit der Reſt, ohne Gefahr eines Angriffs, zu Werk
gehen konnte. Einige verlorne Wachten mußten die
Fußſteige der Landeseinwohner beobachten und ſolche Stellen beſetzen, die am gefährlichſten ſchienen. Mit dieſer
Vorſicht marſchirte unſre Mannſchaft in zwey Partheyen, verrichteten bey der erſten Landung ihre Anbetung vor dem heiligen Kreuz und formirte, als ſie die
Höhe des Berges erreichte, ein Viereck, ſtatt einer Kapelle. Daſelbſt ward das Kreuz abermals aufgerichtet, Meſſe und Predigt gehalten und die Beſitznehmung,
mit allen, uns nach der Inſtruktion vorgeſchriebnen
Formalitäten, vollbracht. Alles große und kleine Gewehr wurde abgefeuert, welches uns in den Augen der
Indianer ein furchtbares Anſehn gab. Doch erhohlten
ſie ſich wieder von ihrem Schrecken, da ſie ſich unbe-
ſchädigt ſahen, und wagten ſich wieder zu uns, vermuthlich um näher zu unterſuchen, was eigentlich das ihnen
unerhörte Getöſe verurſacht haben möchte. Weil dieſe
Beſitznehmung am Tage des heiligen Dreyfaltigkeits-
feſto

s) Es hat ſeinen Namen von Mendoza einem Vicekö-
	nig von Mexiko, der Schiffe auf Entdeckungen aus-
	ſandte. Die meiſten Carten ſetzen es an die Nord-
	weſtliche Ecke von Californien.

fefts gefchahe, so wurde auch der Hafen (*Porto de la Trinidad*) darnach benannt g).

Die folgenden Tage wurden angewandt, Holz und Waſſer einzunehmen, und zugleich das Galiot auszubeſſern, für welches auch einige Vorrathsmaſten gehauen wurden.

Während dieſer Geſchäfte hatten wir Gelegenheit das Beginnen der Indianer, die ſich in unſrer Nachbarſchaft befanden, ihre Lebensart, Wohnungen, Kleidung, Nahrung, politiſche Verfaſſung, Sprache und Waffen, ihre Jagd h) und Fiſcherey, zu beobachten. Unſer Mißtrauen gegen ſie, war ein Bewegungsgrund mehr, um ſie zu beobachten, wir konnten aber nichts wahrnehmen, als vollkommnes Zutrauen und freundſchaftliches Betragen gegen uns.

Ihre Wohnungen waren viereckigt, aus Zimmerholz, das Dach der Erde gleich angelegt; ein rundes Loch, nur eben groß genug für einen Menſchen, dient ſtatt der Thür; der Fußboden glatt und reinlich, mit einer viereckigten zwey Fuß tiefen Feuergrube in der Mitte, um welche ſie ſich

g) Dieſe Gewohnheit der Spanier, Oerter nach den Feſten, an welchen ſie Beſitz davon nehmen, zu benennen, kann in ſo fern für Erdbeſchreiber nützlich ſeyn, weil dadurch das Angedenken der Jahrszeit erhalten wird, da ſolches geſchehen.

h) Das im Spaniſchen Original gebrauchte Wort *Caza* begreift Jagd und Vogelfang. In Sir Aſhton Lever's prächtiger Kunſt- und Naturalienſammlung ſind verſchiedene Erfindungen zu ſehen, deren ſich die Amerikaner an dem von Cook benannten King George's Sound, auf eben dieſer Küſte, zu gleichem Zweck bedienen. In eben der Sammlung wird eine Art Vogelleim von den ganz neu entdeckten Sandwich-Inſeln verwahrt. **Anm. des Herausg.**

sich wärmen. In diesen Wohnungen sind sie vor Wind und Wetter, und vor reißenden Thieren gesichert.

Die Männer gehn mehrentheils nackend, außer wenn es sehr kalt ist, da sie Pelze von Seehunden, Ottern, Rehen und andern Thierfellen über die Schultern hängen. Viele tragen Kränze von wohlriechenden Kräutern um den Kopf. Sie tragen das Haar entweder lose um den Kopf hängend, oder in einen Knoten? (en castanna) gebunden. — In den Ohrlappen tragen sie Ringe, gleich denjenigen die man am Ende der Flinte befestiget. Hüften und Füsse umwinden sie, bis auf die Knöchel hinunter, mit Riemen oder Schnüren. — Im Gesicht und auf dem größten Theil des Leibes bemalen sie sich mit regelmäßigen blauen oder schwarzen Figuren. Die Arme sind mit getüpfelten Zirkeln bezeichnet, fast so, wie das gemeine Volk in Spanien Fahrzeuge und Anker bemalt.

Die Weiber setzen einen Kopfputz auf, der dem Kamm eines Helms ähnlich ist i), und tragen das Haar in zwey Flechten, welche sie mit wohlriechenden Kräutern bestecken. Sie tragen sonst eben solche, aus Knochen gemachte Ringe, und solche Pelze, wie die Männer; überdies aber, der Ehrbarkeit halber, einen Fuß breiten Schurz von Fellen, mit Franzen von Schnüren umher. Die Füsse unwickeln sie wie die Männer.

Die Unterlippe dieser Weiber k) ist zu drey Abtheilungen (falcia) oder Erhebungen angeschwellt; zwey laufen

i) Solche helmähnliche Weibermützen hat man auch von der Insel Kadjak, auf der S. Petersburgischen Akademischen Kunstkammer; wie schon im Ersten Theil der N. Nordischen Beyträge S. 310 erwähnt worden ist. Anm. des Uebers.

k) Nach dieser Beschreibung, welche der Englische Herausgeber nicht deutlich genug verstanden zu haben gesteht,

sen von den Mundwinkeln gegen das Kinn zusammen, und die dritte vom mittlern Rand der Lippe gegen das Kinn; dazwischen befindet sich auf jeder Seite ein Raum rohes Fleisch, welcher größer bey den jungen, als bey alten Weibern ist, deren Gesicht fast überall ausgestichelt und davon ganz ungestalt aussieht.

Um den Nacken tragen sie allerley Früchte, auch wohl Thierknochen und Schneckenschaalen, statt Corallen.

Derjenige Stamm, welchen wir hier wohnhaft fanden, hatte ein Oberhaupt, der die Gegend der gemeinschaftlichen Jagd und Fischerey anzeigt. Wir bemerkten auch, daß einer dieser Indianer, alle Abend, wenn wir vom Lande zurückkehrten, den Strand beobachtete, vermuthlich um zu sehn, ob alle seine Landsleute um selbige Zeit in ihre Wohnungen wohlbehalten zurückkehrten.

Es schien uns, als wenn die Herrschaft des Befehlshabers nur auf das eine Dorf, und den etwan dazu gehörigen Landesdistrikt eingeschränkt sey; und als wenn sie mit andern Dörfern zuweilen Krieg hätten, gegen welche sie unsre Hülfe durch Zeichen zu verlangen schienen. Indessen müssen in der Gegend umher auch viele, wo nicht mit dieser Dorfschaft, doch untereinander friedfertige Dorfschaften vorhanden seyn; denn gleich nach unsrer Ankunft kamen mehr wie dreyhundert Amerikaner, in verschiednen Partheyen, mit Weibern und Kindern, zum Hafen, die aber nicht in die am Hafen gelegne Dorfschaft kommen durften.

Während unsres Umgangs mit diesen Amerikanern, bemerkten wir ein Kind, das kaum ein Jahr alt seyn mochte,

steht, scheint es, daß diese Amerikaner, wie die Inselbewohner, Einschnitte in die Unterlippe machen. Anm. des Uebers.

mochte, welches mit einem kleinen Bogen so genau Pfeile nach dem Ziel schoß, daß es auf zwey bis drey Ellen von sich die Hand traf, die man ihm vorhielt.

Wir konnten bey diesen Wilden weder Gößen, noch Opfer bemerken; aus ihrer Vielweiberey aber war genugsam zu schließen, daß sie von Gott nichts wissen.

Beym Absterben eines dieser Indianer erhoben sie eine Art von Klaggeschrey, und verbrannten die Leiche in der Hütte ihres Oberhaupts: daraus aber läßt sich nichts von Abgötterey folgern, da das Klaggeschrey aus natürlichem Beyleid entstehn, und die Verbrennung nur deswegen im Gebrauch seyn konnte, damit der Leichnam nicht von wilden Thieren zerrissen, oder den Lebenden durch seine Fäulniß schädlich werden sollte.

Wir konnten keinen Grund ausfündig machen, warum sie uns in alle Wohnungen, außer der ihrem Oberhaupt gehörigen, und in diese niemals, einließen. Dennoch fanden wir, als endlich dieses Etiket gebrochen wurde, in letzterer gar nichts besondres.

Es war uns unmöglich etwas von ihrer Sprache zu verstehn; wir mußten also blos durch Zeichen reden, welche oft nicht hinreichten uns einander verständlich zu machen: dennoch konnten sie unsre Worte fertig nachsprechen 1).

Ihre Waffen waren hauptsächlich Pfeile mit Spißen von Feuerstein, auch Kupfer und Eisen m), welches sie,
soviel

1) Vermuthlich also sprechen diese Amerikaner aus der Kehle; wie, außer den Engländern, Franzosen und dem größten Theil von Welschland, die Europäischen Nationen thun. Anm. des Herausg.

m) Dergleichen Pfeile sind auch in Ashton Levers Sammlung zu sehen, die von K. Georges Sound
50°

so viel wir verstunden, von Norden her bekommen; und
worauf wir, an einem Pfeil, das Zeichen G,, bemerkten. Sie tragen diese Pfeile in hölzernen oder knöchernen Köchern, die an der Hand oder am Halse hängen.

Den größten Werth setzen sie auf Eisen, besonders
Messerklingen und alte Faßringe. Sie tauschten auch
gern auf Glaskorallen; aber Proviant und Kleidungs-
stücke weigerten sie sich anzunehmen. Zuweilen stellten sie
sich doch, als ob sie, uns zu Ehren, Eßwaaren annäh-
men; allein wir sahen bald, daß sie das angenommene
Fleisch auf die Seite legten und nicht achteten. Zuletzt
ließen sie sich doch unsre Zwiebacke gut schmecken.

Einer von unsern Amerikanern bezeigte sich viel ge-
selliger mit uns, als die übrigen, in deren Angesicht er
sich oft unter uns niedersetzte.

Sie

50° nordlicher Breite kommen, und die hier geäußer-
te Angabe, daß solche Materialien den Amerikanern
um Porto Trinidad von Norden zugeführt wurden,
bestätigen. Ich bilde mir ein, daß das Kupfer und
Eisen bey den englischen Forts am Hudsonsbay eingetauscht seyn mag, etwan durch herumziehende amerikanische Stämme, die zu gewissen Zeiten dahin kommen. Auch einige Engländer machen ziemlich dreiste
Reisen westwärts, wie denn vor wenig Jahren ein
solcher Reisender bis auf 72° nordlicher Breite, und
24° der Länge von Fort Churchil gelanget, und da
das offene Nordmeer vor sich gesehen hat. In Levers Sammlung ist auch ein merkwürdiger, von der
Westküste gebrachter Bogen zu sehen, welcher denen von Labrador ganz ähnlich ist. Anm. des Herausg. — Das Kupfer und Eisen, welches die Spanier bey den Amerikanern um Porto Trinidad sahen,
kann viel näher von denen auf Aläska fahrenden
Russen eingetauscht und südwärts geführt seyn.
Anm. des Uebers.

Sie verstunden Taback zu rauchen, aus kleinen, hölzernen, wie Trompeten gebildeten Pfeifen; sie hatten dergleichen auch in kleinen Gärten gepflanzt.

Sie jagen vorzüglich Rehe, Zibulos (ein mir unbekanntes Thier, doch wohl nicht Zobel?), Seehunde und Ottern, um andre Thiere schienen sie sich nicht zu bekümmern. Wir sahen hier an der Küste keine andre Vögel als Dohlen, Stoßvögel, sehr kleine Papagojen oder Parrakieten, Enten und Meven. Noch zeigten sich mittelmäßige Papagojen mit rothen Füßen, Brust und Schnabel, die an Kopf und Flug den Lories glichen. Die Fischarten an der Küste, die wir bemerkten, waren Sardellen, Pejerey (eine Art Sparus) und Kabliau; davon fangen sie täglich nicht mehr, als sie nöthig haben.

Wir suchten von ihnen zu erfahren, ob sie je andre Fremde, oder Fahrzeuge wie die unsrigen gesehn hätten; aber aller Bemühung ungeachtet konnten wir niemals recht ihre Antwort verstehn; doch schien uns, daß wir die ersten Fremden an dieser Küste gewesen seyn müßten. Eben so wenig fruchteten unsre Fragen nach Erzten und Edelgesteinen.

So viel wir vom Lande sahen, ließ dessen Fruchtbarkeit hinlänglich blicken, und daß es alle Arten von Europäischen Gewächsen hervorzubringen geschickt ist. Aus den meisten Thälern, zwischen den Höhen kommen reine und kühle Bäche herunter, deren Ufer, wie europäische Wiesen, mit wohlriechenden und schön grünenden Kräutern bewachsen sind. Wir erkannten darunter Castilische Rosen, Sellery, Lilien, Disteln, Camillen und viele andre bekannte Gattungen. Wir fanden auch Erdbeeren, Himbeeren, Blaubeeren, süße Zwiebeln und Kartoffeln, alles ziemlich häufig und hauptsächlich an den Bächen. Unter andern wuchs auch ein Kraut Peterfillen ähnlich, nur von anderm Geruch, welches die Amerikaner, zerquetscht und mit Zwiebeln vermischt, aßen.

Die Höhen sind mit hohen und geraden Fichten bewachsen, unter welchen ich einige bis 130 Fuß hoch, und 4 Fuß im Durchschnitt an der Wurzel, bemerkt habe. Sie sind zu Masten und andern Zimmerstücken vortreflich.

Der Umriß des Hafens ist in der Carte No. 6. ") durch D. Bruno Heceta, D. Juan Fr. de la Bodega und mich entworfen; und obwohl der Hafen als offen vorgestellt ist, so ist doch zu merken, daß derselbe in SW. W. und NW. ingleichen von NNO. und O. Schutz hat.

(Die Entdeckung dieses Hafens geschahe durch das Galiot, am 9. Junius.)

An der Westseite des Hafens liegt ein 50 Faden hoher Hügel, der auf der Nordseite mit dem festen Lande zusammenhängt, wo eine andre Höhe von etwan 20 Faden anliegt. Beyde sind nicht nur ein guter Schutz vor Stürmen, sondern können auch zur Vertheidigung des Hafens dienen. Im Eingang des Hafens liegt eine kleine, ansehnlich hohe Insel, die von Pflanzen gänzlich entblößt ist; und das Ufer zu beiden Seiten hat hohe brante Felsen, wo man sehr bequem anlegen kann. An dem vorliegenden Hügel kann man die Fahrzeuge so nahe ans Land bringen, daß eine Treppe vom Fahrzeuge aufs Land reicht. Bey der Sandbank liegen kleine Klippen, die

---

n) Die Specialcarten, neun an der Zahl, sind, wie schon gesagt worden, nicht mit dem Tagebuch nach England gekommen. Anm. des Herausg.

die von SO. und SW. her die Schiffe im Hafen
schützen.

Wir wurden, bey der großen Zahl der Bäche, die
in den Hafen ihren Ausfluß haben, sehr bald mit unserm Wasservorrath fertig. Das Holz kostete uns auch
nicht viel Zeit.

Wir beobachteten die Ebbe und Fluth, und fanden
sie so ordentlich, als in Europa.

Wiederholte Wahrnehmungen über die Breite dieses Hafens überzeugten uns, daß derselbe gerade unter 41 Gr.
7 Min. nordlicher Breite liegt; die Länge schätzten wir
19 Gr. 4 Min. westlich von S. Blas.

Alle Gelegenheit dieses Hafens schien uns genugsam erforscht, bis auf den Lauf eines aus SW. einfallenden Stroms, den wir vom Hügel gesehn hatten. Wir
gingen also den 18. im Bot dahin, und fanden dessen
Mündung breiter, als der Wasservorrath erforderte,
wovon ein Theil an beyden Ufern im Sande versiegt, so
daß wir nicht einmal anders, als bey voller Fluth, in
dieselbe einlaufen konnten. Wir verließen unser Bot,
und marschirten eine Stunde landeinwärts, wo der
Strom immer von gleicher Breite, (ohngefähr 20 Fuß,
und 5 Fuß tief) verblieb. Auf beyden Ufern wuchs noch
höheres Zimmerholz, als wir beym Hafen gesehn hatten. Uns dünkte, daß bey Bergfluthen die ganze Niedrigung des Stroms, die auf eine Viertelstunde breit
ist, von Wasser überschwemmt seyn müsse, welches an
vielen Orten Weyher und Sümpfe hinterlassen hatte. —
Wir benannten diesen Fluß nach den Tauben (de las
Torrolas) deren wir beym Landen ganze Schwärme,
nebst andern Vögeln sahen, wovon einige annehmlichen
Gesang hören ließen.

Am Gehänge der Berge fanden wir eben die Kräuter und wilde Früchte, die schon näher um den Hafen bemerkt worden waren.

*   *   *

Den 19. Junius, um 8 Uhr morgens, lichteten wir Anker und gingen mit gelindem NW. der während unsres ganzen Aufenthalts im Hafen anhaltend geweht hatte, unter Seegel. Allein um 10 Uhr stille es ab und wir mußten uns ohngefähr einen Kanonenschuß weit von dem kleinen Eylande, auf zehn Faden Schlammgrund vor Anker legen.

Den 20. Abends ward der Wind wieder NW. und wir segelten OSO. und SO. bey anhaltendem NW. der hohe Wellen trieb.

Den 21. war Neumond und der Wind setzte nach W. um, bey kleinem Regen und Nebel, wodurch die Schiffe einander sechs bis acht Stunden lang aus dem Gesicht verloren. Wir machten während dieser Zeit, mit Laternen und Kanonenschüssen, Signale.

Um unsern vorgesetzten Cours zu gewinnen, erinnerte ich unsern Commodore an das, was ich in des Don Juan Perez o) ihm mitgegebnen Tagebuch gelesen hatte: daß nämlich dieser Seefahrer mehrentheils S. und SO. Winde gehabt, womit man bequem längst der Küste zu einer hohen Nordlichen Breite fortsegeln kann. Deswegen meynte Perez man müsse sich der Küste nicht eher,

o) Weiterhin erhellet, daß dieser Perez an Bord der Fregatte Fähnrich war und eine vorige Entdeckungsreise, längst der Westküste, bis auf eine beträchtliche nordliche Breite, gethan hatte. Anm. des Herausg.

eher, als auf 45° Breite, nähern; worin ich seiner
Meynung war. Unsre Befehlshaber hielten sich auch,
so viel möglich windwärts, um sich des Windes, wenn
er günstig werden sollte, zu bedienen; allein er wurde
bald W. und NW. und trieb uns gegen denjenigen Theil
der Küste, den wir vermeiden wollten.

Wir besserten heute einige erlittne Beschädigung, mit
dem besten Muth aus, in Hoffnung, unsre Entdeckungen recht weit fortsetzen zu können, und fanden auch, daß
unser Galiot gegen die Fregatte besser, als zuvor, segelte. (Die näheren Umstände dieser Verbesserung, sind
in der englischen Ausgabe, weggelassen).

Am 2. Junius wurde wieder einiger Schaden ausgebessert. — Obgleich uns viel daran gelegen war, mehr
Westwärts zu kommen, um dann Nordwärts gehn und
einen Hafen über 65 Gr. Breite entdecken zu können, so
konnten wir es doch nicht dahin bringen; weil der Wind
aus W. nach NW. umlief und uns (zu früh) gegen das
Land trieb.

Am 9. glaubte ich auf der Breite derjenigen Oeffnung (boca) zu seyn, welche (nach den französischen Carten) Johann de Fucá entdeckt haben soll; und die wir
also zu erreichen suchen wollten, da die See ihre Farbe,
wie allezeit, wenn man sich dem Lande nähert, veränderte und viele Makrelen (*Toninas*), zwanzig Fuß langes
Schilf und auch das vorhin erwähnte köpfige Seetang
zu sehn waren, woraus wir ebenfalls die Nähe des Landes schließen mußten.

Noch heute wurden Wind und Wellen so heftig,
daß die See über unser Verdeck schlug und unsre Was-
sercisterne sehr beschädigte, weßhalb wir von 5 Uhr Abends
bis zum Anbruch des folgenden Tages, da das Wetter
stiller und günstiger wurde, vor den Wind (SW.) hal-

P 3   ten

ten mußten. Alsdenn steuerten wir N. und einen Strich
O. in Hoffnung Land zu entdecken.

Bey Untergang der Sonne ward der Horizont mehr
aufgeklärt und die Zeichen, daß wir uns der Küste näherten, nahmen zu. Weil aber doch noch kein Land zu
sehn war, so hielten wir bey klarem Mondenlicht der Fregatte nach.

Den 11. bey Tagesanbruch war der Himmel sehr
Heiter; Zeichen des annähernden Landes, viel Tang, Vögel und andre Merkmale. Um 11 Uhr schien die Sonne und wir würden in NW. Land, etwan 12 Seemeilen von uns, ansichtig. — Abends nahmen Wind und
Wellen dergestalt zu, daß uns die Fregatte im Gesicht
zu behalten suchte; der Sturm aber mattete unser Volk
sehr ab.

Am 12. befanden wir uns 5 bis 6 Seemeilen Nordwärts von der Fregatte, und nur etwan drey vom Lande
entfernt; gegen 11 Uhr kamen wir, bey stillerem Wetter, der Fregatte wieder nahe. Abends um 6 Uhr, war
das Land nur eine Seemeile von uns, und man konnte
die Landspitzen, verschiedne kleine Inseln, und mit Schnee
bedeckte Gebirge unterscheiden.

Wir sahen auch eine (weiter vom Lande liegende)
unfruchtbare, etwan eine halbe Seemeile im Umkreiß
haltende Insel, die wir de Dolores nannten.

Wir setzten nun alle Segel bey, die wir führen konnten, um der Fregatte zu folgen, allein wir kamen nicht
nahe genug, sondern verloren sie bey Untergang der Sonne aus dem Gesicht. Die ganze Nacht hindurch zeigten
wir Licht, feuerten Stücke und ließen Raketen steigen; er-
hielten aber auf alle unsre Signale keine Antwort, woraus
wir schlossen, daß sie nicht müßten gesehn worden seyn.

Dennoch

Dennoch war am 13, die Fregatte, in sehr großer Entfernung von uns zu sehn, und schien gegen das Land zu steuern.

Wir warfen das Loth und fanden 30 Faden Grund, wo wir dritthalb Seemeilen vom Lande ankerten. Um 12 Uhr sahen wir die Fregatte noch weiter auf der Seeseite entfernt, obgleich sie sich der Küste zu nähern suchte. Deswegen gingen wir wieder unter Segel, um ihr näher zu kommen, hielten uns so viel möglich nahe zum Lande, und konnten in der Entfernung einer Seemeile, indem wir SW. steuerten, ganz deutlich Ebnen, kleine abgebrochne Klippen und niedrige Landspitzen, bis Abends gegen sechs Uhr, unterscheiden. Weil jedoch kein Anschein zu einem Hafen war, und wir unsre, mit so vieler Mühe gewonnene nordliche Lage nicht wieder verlieren wollten, so ließen wir bey einer Landspitze, wo wir Wasser, Holz und Masten zu finden hofften, die Anker fallen.

Die Fregatte war itzt nur eine halbe Meile von uns, wir machten ihr also das Signal zum Ankern, da wir auf acht Faden Grund hatten.

Ich ging bald zur Fregatte an Bord, deren Capitain, durch mich den Galioten-Befehlshaber zu sich entbot, um in einem Kriegsrath auszumachen, ob das Galiot noch nordlicher segeln sollte oder nicht; da jede Minute, die wir an der Küste verweilten, unsre Gefahr von Wind und See vermehren mußte. Wir hatten desto mehr zu besorgen, da fast die sämmtliche Mannschaft der Fregatte seit zwey Tagen krankte und unser Commodore selbst nichts weniger, als gesund war. Das Galiot sollte sich also in der Nähe halten, um gemeinschaftlich von diesem Theil der Küste Besitz zu nehmen. Ich überbrachte diese Befehle; worauf der Capitain des Galiots

P 4   befahl,

befahl, daß wir uns den folgenden Morgen der Fregatte zur Seite legen sollten.

Unterdessen erschienen neun Kanos, mit großen und starken Amerikanern bemannt, welche die Mannschaft des Galiots, mit vielen Freundschaftsbezeugungen nö-thigten am Lande bey ihnen zu essen, trinken und zu schlafen. Unser Befehlshaber suchte sie bestens zu em-pfangen, und die Anführer so wohl, als wer sonst an Bord kam, mit dem, was ihnen am besten zu gefallen schien, zu beschenken. Diese Amerikaner ruderten nahe um das Galiot mit vielen Zeichen von Zufriedenheit, die von uns mit freundlichem Bezeugen erwiedert wurden, worauf sie uns um 9 Uhr zwar verließen, aber bald dar-auf mit allerley Fischen, Wallfischfleisch und Lachs, auch allerley Fleisch von Landthieren zurück kamen, womit sie uns reichlich beschenkten, und, voll Verwunderung über ihr edles Betragen, endlich verließen.

Am 14. Morgens ebbte die See so stark, daß ein längst der Küste liegendes Felsenrif hervorragte; wir mußten also bis zur vollen Fluth um 12 Uhr warten, ehe wir segeln durften. Indessen brachten uns die In-dianer Thierfelle, wofür sie Eisen verlangten, wie sie uns an den Steuerbolzen zu verstehn gaben. Man machte ihnen also alte eiserne Beschläge von Kasten loß, womit sie nach ihrem Dorf zurück ruderten, und eben sol-che Zeichen, wie Tages zuvor, machten.

Am 1. Jullus hatten wir von unserm Commodore Befehl ans Land zu gehn; weil man die Reise noch ei-nige Zeit fortzusetzen beschlossen hatte, so mußte nothwen-dig ein frischer Vorrath von Wasser eingenommen wer-den, da schon viel seit dem letzten Hafen verbraucht war; bisher aber hatten wir, aus Mangel hinlänglicher Fluth weder dazu, noch auch um Holz und einen Mast zu hauen,
gelan-

gelangen können. Zur Ausführung dieses Vorhabens
wurden die besten Leute unsrer Mannschaft gewählt, jeder
mit einem Gewehr und Pistol, einige auch mit Säbeln
und Patrontaschen, versehen, und das Commando dem
bey ähnlichen Gelegenheiten schon geprüften Midschmann
Pedro de Santa-Ana aufgetragen. Man gab ihnen Aerzte mit und befahl das Bot wieder zurück zu schicken, um damit die Fässer ans Land zu bringen, die sie
dann am bequemsten Ort zu füllen suchen sollten.

Das Commando suchte im tiefsten Wasser, und so
nahe, als möglich zu einer Strommündung zu landen.
Kaum war ihnen dieses gelungen, da auf dreyhundert
Indianer von den Bergen herab, sie überfielen, umring-
ten und vermuthlich alle niedermachten, da wir unsre
Leute nur einmal feuern und zwey Flüchtlinge in die See
springen sahen, welchen wir, wegen der seichten Gründe
nicht zu Hülfe kommen konnten. Wir feuerten zwar
unser Geschütz und Gewehr, allein die Kugeln reichten
bey weitem nicht und hielten daher die Indianer von ihrem verräthrischen Beginnen nicht ab. In der Unmöglichkeit also, unsern Leuten beyzustehn, zeigten wir ein
Nothsignal, welches aber die zu weit entfernte Fregatte
nicht bemerkte. Indessen kehrten, um 11 Uhr die Amerikaner nach ihren Dörfern zurück, und wir sahen von
unsern Leuten und Bot nichts mehr.

Mittags um 12 Uhr war volle Fluth und nun thaten wir alles mögliche, um die Fregatte zu erreichen; unsre ganze Mannschaft bestand nur noch an Gesunden aus
fünf Mann und einem Jungen, und aus vier Kranken.
Wir hatten nur eben die Segel aufgezogen, da neun
Kähne voll Amerikaner, stärker als zuvor besetzt, bis auf
einen gewissen Abstand angerudert kamen, und einer,
worinnen neun der Vornehmsten zu seyn schienen, sich

P 5   nahe

nahe an unſern Bord legte, aus welchem uns einige aus-
gewählte Pelzkleider zur Lockung angeboten wurden ſo
wie ſie uns zuvor durch ihre Speiſewaaren getäuſcht hatten. — Wir waren aber ißt auf unirer Hut und machten uns zur Vertheidigung fertig. Indeſſen ſuchten wir
ſie durch Vorzeigung bunter Glaskorallen und andrer
Kleinigkeiten näher zu locken: woran ſich aber unſre
Feinde auch nicht kehrten, ſondern uns vielmehr durch
Zeichen nach dem Ufer einluden. Endlich wurden ſie
der Poſſen müde und machten Miene unſer Schiff, deſſen geringe Bemannung ſie wohl ſahen, mit geſpannten
Bogen zu umringen. — Nun waren wir zwar nur
unſer drey an Bord, die ein Gewehr regieren konnten,
der Capitain, ſein Bedienter und ich; gleichwohl erlegten wir bald ſechs von den Amerikanern und beſchädigten
ihren Kahn. Sie mochten nunmehr fühlen, wie gefährlich wir ihnen wären und ſchienen erſtaunt. Sie
bedeckten die Todten mit ihren Kleidern und ruderten ſo
weit von uns ab, daß unſre Schüſſe ſie nicht mehr erreichen konnten; worinnen die andern Canos, die ſich noch
nicht genähert hatten, ihnen behülflich waren; nach einiger Berathſchlagung ruderten alle nach ihren Dörfern zurück.

Da der Commodore am Bord der Fregatte unſer
Feuern hörte, ſchickte er ſeine Schaluppe, um uns Mu-
nition zu bringen, mit deren Hülfe wir neben der Fregatte zu Anker kamen. Wir begaben uns zum Commodore, in Hoffnung zu erhalten, daß uns in der Schaluppe zu landen, das amerikaniſche Dorf zu zerſtören,
und die von unſrer Mannſchaft etwan im Gehölz verborgne oder durch Schwimmen entkommne Flüchtlin-
linge zu retten erlaubt würde.

Man

Man hielt einen Kriegsrath, worin der Commodore unsre gefährliche Lage, die zu erwartende Schwierigkeiten bey einer Landung, sowohl in Absicht der See und des Windes, als der Entfernung zu den Amerikanischen Dorfschaften, vortrug; dabey vorstellte, daß die Niederlage unsrer Mannschaft fast sichtbar gewesen und wenig Wahrscheinlichkeit sey, nur einen einigen Flüchtling anzutreffen.

D. Cristoval de Revilla und D. Juan Perez waren der Meynung, man solle ohne den geringsten Aufenthalt absegeln. Dagegen bestand (unser) Befehlshaber und ich darauf, daß man die Niedermetzelung unsrer Gefährten rächen, und das Schicksal derjenigen, die vielleicht durch Schwimmen ihr Leben gerettet haben möchten, und sich sonst den Wilden ergeben müßten, abwarten sollte. Wir stellten vor: es könnte vielleicht des Königs Willen gemäßer seyn, daß diese Wilden die Uebermacht seiner Waffen fühlten, da sie sonst künftigen Seefahrern eben so zu begegnen, aufgemuntert würden; und obschon das Dorf uns nicht nahe lag, so könne man es doch wohl, wenn bis zum folgenden Tage gewartet würde, erreichen, ohne daß man beym Antritt des Neumondes heftige Winde zu befürchten hätte.

Nachdem beyde Partheyen ihre Gründe vorgetragen, erklärte sich der Commodore für die Mehrheit der Stimmen, und

Da dieser Punkt entschieden war, so verlangte er unsre Meynung über die weitere Reise des Galiots, das sich in so schlechten Umständen befand, zu vernehmen; worauf jedermann, bis auf D. Cristoval de Revilla, entschied die Reise ferner damit fortzusetzen. Diese Entschlüsse wurden am 16. zu Papier gebracht.

(In

(In der Englischen Ausgabe sind auch diese Aufsä-
ße, als überflüßig, weggelassen; die Befehlshaber und
der Verfasser des Tagebuchs sind dahin einstimmig, daß
man die Reise fortsetzen müsse.)

Den 14. Julius um 5 Uhr Abends segelten wir
von diesem Ankerplaß, der unter 17° 41' Norder Breite
liegt, mit NW. und NNW. Winde ab und steuerten,
von der Küste ab SW wärts.

Den 19. empfing der Capitain des Galiots Briefe
von Don Juan Perez, ingleichen von dem Wundarzt
der Fregatte, worin der kränkliche Zustand ihrer Mannschaft erzählt und unser Gutachten in der Sache verlangt wurde.

(Hier sind im Original wieder die Antworten des Capitains auf dem Galiot, und des Verfassers Maurelle
eing rückt, welche byyderseits, zu ihrer Ehre, darauf be-
harren die Entdeckungsreise fortzusetzen.)

Bis zum 24. hielt sich der Wind NW. und N. an
diesem Tage schickte uns die Fregatte eine Kanone, mit
Pulverkasten und Kugeln zu.

Bis den 30. steuerten wir NW. und diesen Tag
ließ es sich bey Sonnenuntergang zum Sturm an; der
Himmel ward so finster und die See so ungestüm, daß
wir die Lichter der Fregatte nicht sehen konnten, und daher mit Kanonen und Raketen Signale machen mußten.

Den ganzen 31. blieb es so dunkel, daß wir auch
übertags nichts von der Fregatte sahen.

Am 1. August war, bey Tagesanbruch, das Wetter noch eben so trüb, daß man nicht auf eine halbe Meile sehen konnte; auch war nichts von der Fregatte zu unterscheiden. Indessen setzten wir, bey abnehmendem
Sturm

Sturm, unsern Westlichen Cours bis zum 4. fort, da wir uns siebzehn Seemeilen westlich vom festen Lande schätzten.

Am 5. fing der Wind an aus SW. uns günstig zu wehen; weil aber von der Fregatte noch immer nichts zu sehn war, so forderte unser Capitain Rath, ob wir die Entdeckungen allein fortsetzen sollten. Nun waren zwar schon seit zwey Monaten unsre Portionen eingeschränkt, und seit dem letzten Ankerplaß nur ein Quart Wasser täglich auf jeden Mann ausgetheilt worden; unser Brod war von dem in die Proviantkammer eingedrungnen See‑wasser fast verdorben und die Jahrszeit fing an zu einer nordlichen Fahrt schon spät zu werden. Dessen und al‑les andern was noch mehr dagegen hätte angeführt wer‑den können ungeachtet, verblieben wir einmüthig bey dem Entschluß, unsern Auftrag zu erfüllen; weil widrigen‑falls der König die Kosten einer neuen Ausrüstung ha‑ben würde. Unsre Mannschaft war voll Muths, und jedermann gelobte zu einer feierlichen Messe für die Bethlehemitische Mutter Gottes beyzutragen, und sie um Beystand zu Erreichung der uns vorgeschriebnen Breite, anzuflehen. Der Capitain lobte hierin den Ei‑fer und die Frömmigkeit der Mannschaft, und sie wur‑de noch vor Abends durch einen günstigen Wind be‑lohnt.

Am 10. war Vollmond und der Wind wehte frisch aus SW.

Den 13. zeigte die Farbe der See, daß wir uns dem Lande näherten; der köpfigte Tang, viel Schilf, häufige Vögel mit rothen Füßen, Brust und Schnabel, und Wallfische bestärkten uns in dieser Vermuthung noch mehr.

　　　　　　　　　　　　　　　　　Den

Den 14. und 15. wurden die Zeichen des Landes
noch häufiger, da wir uns in 56, 8 nordlicher Breite
und 154 Seemeilen westlich vom festen Lande, 69 Meilen aber von einer Insel rechneten, die auf unsrer Carte P) angezeigt war, und, nach selbiger, mit andern eine
Art von Archipelag auf demselben Parallel ausmachen
soll. Die Aufsuchung dieser Inseln aber war itzt nicht
leicht, da der Wind mit großer Heftigkeit wehte, und
die Nebel alle Aussicht benahmen.

Den 16. zu Mittag sahen wir Land in NW. auf
sechs Seemeilen von uns; bald darnach zeigte es sich
auch in NO. mit ansehnlichen Landspitzen und Gebürgen; ein besonders hocherhabner Berg zeigte sich auf einem in die See auslaufenden Vorgebürge, mit der schönsten und regelmäßigsten Form, die ich je gesehen; er lag
von der Kette der übrigen sichtbaren Gebürge ganz abgesondert, sein Gipfel war mit Schnee bedeckt, von welchem einige tiefe Thäler oder Bachgerinne bis ohngefähr
zur halben Höhe herabliefen; der untere Theil des Berges aber erschien mit eben der hohen Waldung, die beym
Dreyfaltigkeitshafen bemerkt worden ist, bekleidet.

Wir nannten diesen Berg St. Hyacynthus q) und
das Vorgebürge del Enganno (des Betrugs); beyde
liegen uhter 57, 2 nordlicher Breite, und aus zwey wiederholten Wahrnehmungen, die eine Meile davon gemacht wurden, folgerten wir deren westliche Länge von
St.

p) Ich sollte glauben, daß hier die Carte des auf der Fregatte befindlichen D. Juan Perez, über dessen vorige Entdeckungsreise, zu verstehen sey. Anm. des
Herausg.

q) Ein diesem Heiligen gewidmetes Kloster befindet sich
unweit Mexiko. S. Gage Survey of the Westindies,

St. Blas 34. 12. — Nach diesem Vorgebürge sind die vornehmsten Punkte der Küste bestimmt worden, wie aus der Carte erhellet r).

Den 17. wehte ein mäßiger Südwind, durch dessen Hülfe wir in einen Meerbusen einliefen, dessen Mündung drey Seemeilen breit und auf der Nordseite durch das Cap del Enganno bedeckt war. Auf der andern Seite des Vorgebürges fanden wir einen Hafen, dessen Einfahrt über eine Seemeile breit ist, und wo man vor allen Winden, den Südlichen ausgenommen, ganz sicher liegt. Wir näherten uns den Ufern dieses Meerbusens, und fanden nirgend weniger, als funfzig Faden Tiefe; man sieht keine Ebnen am Ufer, sondern die Berge laufen hart an das Gestade nieder. Wir sahen aber einen kleinen Strom, den wir, wegen Dunkelheit der einfallenden Nacht nicht weiter untersuchten, sondern in 66 Faden, guten Thongrund, ankerten.

Dieser Hafen liegt auf 57, 11. nordlicher Breite, und 34, 12 West von St. Blas, und wir nannten ihn, mit seiner Landspitze, Guadelupe.

Am 18. gingen wir, bey geringem Wind, wieder unter Segel, als zwey Canos, jeder mit vier Amerikanern (zwey Männern und zwey Weibern) besetzt, erschienen, die jedoch nicht zu uns zu kommen Lust bezeigten, sondern uns an Land zu gehen winkten. Wir aber setz-

r) Nach Cooks Bestimmung kömmt Berings Cap St. Elias gerade in die Gegend zu liegen, wo das Cap Enganno unsrer Spanischen Seefahrer auf ihrer Carte angezeigt ist. Auch der hohe Berg und andre Umstände verrathen zwischen beyden eine große Aehnlichkeit. Bering aber hatte seinen Hafen etwas nordlicher und westlicher bestimmt, daher die Spanier den ihrigen nicht dafür gehalten haben. Anm. des Ueberf.

festen unsern Cours (bey NW. Winde) bis 9 Uhr morgens fort, da wir in einem andern Hafen einliefen, der nicht so groß, als der vorige, aber für Seefahrende viel bequemer ist, weil ein acht bis zehn Fuß breiter Strom in selbigen fällt, eine lange Reihe hoher, hart aneinander liegender Eylande ihn fast vor allen Winden schützt und überall guter, sandiger Ankergrund auf 18 Faden zu finden ist. Hier legten wir uns, einen Pistolenschuß weit vom Lande, vor Anker und sahen am Ufer des vorgedachten Flusses ein hohes Haus und ein auf Pfählen gezimmertes Gerüste ⁵), wobey sich zehn Amerikaner, nebst Weibern und Kindern zeigten.

Diesen Hafen nannten wir de los Remedios und bestimmten dessen Breite 57, 18. die Länge aber auf 34, 12. westlich von St. Blas.

Nach getroffnen Vertheidigungsanstalten, landeten fünf von uns, um Mittag, faßten einen sichern Posten, und richteten daselbst mit gehöriger Andacht ein Kreuz auf, gruben auch ein Kreuz in den nächsten Felsen ein, und ließen, unsrer Instruktion gemäß, die Spanische Flagge wehen ᵗ).

Nachdem wir solchergestalt Besitz vom Lande genommen, rückten wir bis zum Flußufer vor, um die bequemste Stelle zu Einnehmung des Wassers, dessen wir sehr (und noch mehr des Holzes) benöthigt waren, zu wählen; von beyden mußte hier nothwendig frischer Vorrath eingenommen werden. Nach getroffner Wahl kehrten wir

s) Vermuthlich um Fische zu trocknen, womit die Amerikaner bald darauf unsre Spanier beschenkten. Anm. des Herausg.

t) Auf einer schon lange zuvor von den Russen entdeckten und befahrnen Küste! Anm. des Uebers.

wir an Bord zurück, die Amerikaner aber waren aus ihrem Gerüst nicht hervor gekommen.

Wir sahen sie bald nach unsrer Entfernung nach der
Stelle zugehn, wo wir das Kreutz errichtet hatten, selbiges wegnehmen, und in der gehörigen Lage am Vor-
dertheil ihres Hauses befestigen, wobey sie mit offnen Armen uns durch Zeichen zu verstehen zu geben suchten, daß
sie sich unsres Kreutzes bemächtigt hätten.

Den 19. landeten wir auf einer etwas abgelegnen
Landspitze, um Holz und einen Mast zu fällen, verwahr-
ten aber unsern Rückzug durch gehörige Richtung der
Drehbassen und des kleinen Gewehrs vom Fahrzeug.

Darnach kehrten wir zur Mündung des Stroms zurück, um unsre Wasserfässer zu füllen. Und nun ließen
die Amerikaner an einer nahe beym Hause aufgerichteten
Stange ein weißes Blatt (Oia) wehen, näherten sich
ohne Waffen dem gegenseitigen Flußufer, und machten
Zeichen, die wir nicht verstanden. Wir suchten ihnen
so viel möglich verständlich zu machen, daß wir nur nach
Wasser gekommen wären u), worauf ihr Oberhaupt, etwan

u) Das Betragen dieser Amerikaner, gegen die Spanier
scheint mehr Kultur zu verrathen, als man gemeiniglich bey Wilden wahrnimmt. Man sieht erstlich, daß
sie das aufgerichtete Kreutz nicht dulden, sondern wegnehmen; wie ein Europäer gegen eine unrechtmäßige
Besitznehmung verfahren würde. Auf unbewohntem
und ungenutztem Lande kann eine solche Besitznehmung
wohl gegen spätere Ankömmlinge, die kein besseres
Recht mitbringen, einige Gerechtsame geben; hier aber
sehen wir die Küste, die man in Besitz nehmen will,
nicht nur bevölkert, sondern auch bebaut. — Man
sieht aus dem ganzen Tagebuch, daß der Vicekönig
von Mexiko überall die Besitznehmung ganz besonders
vorgeschrieben hatte; vermuthlich in der Meynung,

wan in der Meynung, daß uns sehr dürstete, eine Schaale voll Wasser, und etwas geräucherte Fische bis mitten

daß derjenige, welcher Indianer zum Christenthum
bekehrt, zu deren Eigenthum und Ländern ein Recht
bekömmt. Aber nicht einmal aus diesem Grunde konnte hier die Besitznehmung vor dem gesunden Menschen-
verstand gerechtfertigt werden; denn die Spanier hatten weder damals, noch nachher zur Absicht, in so
nordlicher Breite sich ordentlich fest zu setzen: Und ohne eine solche Anlage, konnte jenes gottselige Bekeh-
rungswerk nie erfüllet werden. Ferner geben die Spanier diesen Amerikanern zu verstehen, daß sie Wasser
bedürfen; worauf einer von letztern eine damit ange-
füllte Schaale, nebst einigen Fischen, ihnen bis mitten
in den Fluß trägt, einem ihm entgegenkommenden
Spanier übergiebt, und statt der angebotnen Kleinigkeiten, andre Bezahlung verlangt.

Aus der angebotnen Schaale Wasser und Fischen
ersieht man, daß die Amerikaner den Ankömmlingen,
ohngeachtet ihrer unrechtmäßigen Besitznehmung, mit
allen Nothwendigkeiten beyzustehen bereit waren; und
sie schienen Recht zu haben, solche Sachen, die ihnen
am nöthigsten waren, dagegen in Tausch zu verlangen. (Ich habe gehört, daß die Anwohner von King
George's Sound, auf eben dieser Küste, von Cap.
Cook für das von ihm abgemähte Gras Bezahlung
verlangten).

Die gegen Glaskorallen und andre geringschätzige
Kleinigkeiten bezeigte Verachtung, ist ein fernerer Beweiß von Kultur bey diesen Amerikanern, deren Stamm-
väter man vielmehr an der Asiatischen, als an der La-
bradorküste wird suchen müssen; zumal da sie, wie ich
höre, Bärte haben, die den inländischen und östlichen
Nordamerikanern fehlen. Denn wenn gleich einige
sagen wollen, daß letztere sich das Barthaar, von dessen
erster Erscheinung an, ausraufen; so glaube ich doch
so wenig, daß man den Bart, auch bey allem angewandten

ten in den Strom trug, wo einer von unsern Matrosen
es von ihm empfing und ihn an unsern Capitain ver-
wieß, der ihn mit Glaskorallen und Tuchsetzen beschenkte. Aber damit waren die Amerikaner nicht zufrieden,
sondern verlangten andre Gegengeschenke für das Wasser; und als wir ihnen die verweigerten, drohten sie uns
mit ihren langen und schweren Lanzen, die mit Spitzen
aus Feuersteinen bewaffnet waren. Wir kehrten uns daran weiter nicht, als daß wir auf unsrer Hut waren; und
wie die Feinde sahen, daß wir sie nicht angriffen, sondern zu verachten schienen, kehrten sie nach ihren Wohnungen, und wir zu unserm Schiff zurück, zwar mit
Holz und dem uns nöthigen Mast versehen, aber nicht
mit einem hinlänglichen Wasservorrath; gleichwohl wollten wir davon nicht mehr einfüllen, um die Einwohner
nicht ferner zu reitzen.

In der Flußmündung war eine Menge Fische zu
sehn, wovon unsre Leute, da wir am Lande waren viele
fingen; und hätten wir gehöriges Fischzeug gehabt, so
hätten wir uns auf eine geraume Zeit mit Fischen versor-
gen können. Sie waren wohlschmeckend und in Schwär-
men.

Die Berge waren eben so, wie beym Dreyfaltigkeitshafen, mit Fichten bewaldet; die Einwohner hatten
auch eben die Kleidung, nur etwas länger; auf dem
Kopf trugen sie Mützen, welche das Haar ganz bedeckten.

Wir fanden hier das Wetter außerordentlich kalt,
mit Nebel und Regen, und während der drey Tage un-

Q 2   sres

wandten Fleiß, gänzlich ausrotten könne, als daß man
durch Kunst auf der flachen Hand Haar hervorbringen
könne. Anm. des Herausg.

ſres Aufenthalts in dieſem Hafen, war nicht ein Son-
nenblick zu ſehn.   Dabey wehten nur ſchwache Lüfte vom
Lande.   Alle dieſe Umſtände aber machten, bey der be-
ſtändigen Arbeit, ſchlechtem Schutz gegen das Wetter,
und Mangel an Regenkleidern, unſre Mannſchaft ſo
kränklich, daß nur zwey Mann auf jede Wacht zum
Dienſt brauchbar blieben.

Den 21ſten liefen wir aus und ſteuerten bey SO.
Winde gegen NW. um zu verſuchen, ob das Land in
O. liege und wir noch einige Grade nordlicher gehen könnten, oder ob es ſich nicht weſtlich ſtrecke, wie uns wahrſcheinlicher vorkam.

Den 22. ſchloſſen wir, aus unſrer Rechnung, daß
wir dem öſtlich liegenden Lande nahe ſeyn müßten; denn
um Mittag machten wir eine Beobachtung, nach welcher
wir uns in 57, 18 nordlicher Breite befanden.

Um 2 Uhr wehte der Wind friſch aus NW. da wir
doch weiter weſtwärts zu kommen nöthig gehabt hätten, um eine nordlichere Breite zu erreichen.   Dazu würden wir demnach viele Tage gebraucht haben, und doch
lief die zu unſrer Schifffahrt günſtige Zeit bereits zum
Ende.   Dazu kam noch, daß die Kränklichkeit unſrer
Mannſchaft bey ihrer Abmattung, täglich zunahm.
Deswegen verließen wir unſern nordlichen Cours und
ſteuerten gegen SO. nicht völlig eine Meile vom Lande,
deſſen auslaufende Spitzen wir zu beobachten ſuchten.

Obwohl unſre Abſicht nunmehr ſeyn mußte, nach S.
Blas zurück zu kehren, ſo konnten wir uns doch damit
tröſten, daß wir bis auf den 58ſten Grad x) der Breite,
                                              alſo

_____

x) Nach der Carte nur 57. 57.   Dahingegen hat Cap.
Cook die Weſtküſte von Amerika bis über den 60ſten
Grad verfolgt, wo ſie einige Grade oſtwärts laufen ſoll.
Anm. des Herausg.

also nordlicher gekommen waren, als noch je Seefahrende in dieser See gegangen, und das mit einem so
schlecht segelnden Fahrzeuge, daß wir es oft im Stich zu
laßen, in Versuchung gewesen sind.

Beym Besegeln der Küsten waren wir unermüdet,
deren Lage genau zu beobachten; wobey sich unzählige Ein-
würfe gegen Bellins Carten äußerten.

Dieser Geograph scheint sich hauptsächlich auf den
Cours zweyer rußischer Seefahrer, Bering und Tschi-
rikof gegründet zu haben, die im Jahr 1741 auf Entdeckungen auswaren. Es ist aber ganz klar, daß man
sich auf diese Rußische Carten nicht verlaßen könne, weil
wir sonst viel eher in Westen, als gegen Osten Land erreicht haben müßten y).

Nicht weniger irrt Bellin in der Anlage der Amerikanischen Westküste; es ist auch gar nicht zu verwun-
dern, daß er hier so häufig gefehlet, da er nicht nach
würklichen Materialien, sondern blos nach seiner fruchtbaren Einbildungskraft gearbeitet hat. Denn noch kein
Seefahrer hatte vor uns mehrere Punkte dieser Küste,
unter einer so nordlichen Breite, untersucht.

Q 3

Wir

y) Man wird aus Vergleichung der Carte, welche dem
Ersten Theil der nordischen Beyträge angehängt
ist, ersehen können, daß eben da, wo die Spanier den
Versuch nordwestlich machten, das feste Land von
Amerika sich, nach Cook's unzweifelhafter Beobachtung, tief nordwärts zurück zieht, ehe es in die Spitze von Alaska gegen Südwest ausläuft. Deswegen
konnten die Spanier hier wohl in Norden und Osten,
aber nicht, durch ein Paar Tage Fahrt, gegen Westen und Nordwesten, auf Land treffen. Anm. des
Uebers.

Wir bemühten uns nun die vorgebliche Einfahrt [z]) des Admirals de Fonte zu entdecken, obwohl wir den Archipelag von St. Lazarus, durch welchen er dahin gesegelt seyn soll, noch nicht hatten antreffen können.

In dieser Absicht untersuchten wir jeden Busen und jede Einbucht der Küste, umsegelten die Vorgebürge, und legten uns des Nachts aufs Treiben, um diese Einfahrt ja nicht zu verfehlen. Nach so viel Bemühungen, bey welchen uns ein Nordwestlicher Wind [a]) sehr günstig war, darf man behaupten, daß dergleichen Einfahrt und Meerenge gar nicht vorhanden sey.

Am 24. um zwey Uhr Nachmittags, umsegelten wir, unter 55° 17' nordlicher Breite, eine Landspitze (Cap) und kamen in einen großen Meerbusen, wo sich nordwärts ein Seearm zeigte und die Luft sehr unangenehm [b]) war; die See aber war hier ganz ruhig und vor dem Winde gedeckt. Dieser Seearm giebt treflisches Wasser aus Bächen und kleinen Seen, hat guten Ankergrund und Ueberfluß von Fischen. Er ist auf einer unsrer Karten gezeichnet.

Weil uns hier der Wind fehlte, so ruderte das Galiot, bis wir am Eingang oder der Mündung dieses Seearms, in 20 Faden Wasser, auf weichem Schlammgrund, ankern konnten. Wir waren hier nur zwey Flintenschüsse weit vom Lande entfernt und wünschten das innere

---

z) (*Entrada.*) In einer Carte, die ich mir verschaft habe, wird diese Einfarth in 48° nordlicher Breite gesetzt und deren Entdeckung im Jahr 1592 dem Juan de Fuka zugeschrieben. Anm. des Herausg.

a) Man erinnere sich hier daß das Galiot nunmehr rückwärts gegen S. Blas segelt.

b) Vermuthlich wegen der empfundenen Kälte. Anm. des Herausg.

nere aufzunehmen, konnten aber, aus Mangel an Wind, nicht dazu gelangen. Wir fanden aber nun die Temperatur der Luft sehr angenehm, welches vermuthlich von einigen mächtigen Feuerbergen (*Volcanoes*) herrührte, deren Feuer wir übernachts, obwohl in großer Entfernung, sehen konnten. Diese unerwartete Wärme erquickte unsre Mannschaft so sehr, daß alle völlig gesund wurden.

Da wir uns hier in einer so erwünschten Lage vor Anker befanden, befahl mir der Capitain, weil er selbst unpäßlich war, mit einiger Mannschaft, unter eben der Vorsicht, wie zu **Los Remedios**, zu landen, diesen Theil der Küste für Ihro Majestät förmlich in Besitz zu nehmen, und ihr den Namen **Bukarelly** (des damaligen Vicekönigs von Mexiko) beyzulegen. Ich erfüllte alle Punkte dieses Auftrags, ohne einen Amerikaner zu sehen, obgleich wir, an einer Wohnhütte, einigen Fußstegen und einem hölzernen Nebengebäude, abnehmen konnten, daß die Küste bewohnt seyn mußte. Den 24. waren wir abermals am Lande und versorgten uns mit dem nöthigen Holz und Wasser.

Wir machten hier an zwey verschiednen Tagen Beobachtungen und fanden die Breite 55° 17′. Die westliche Länge aber von St. Blas gerechnet, 32° 9′.

Die nahe um den Hafen gelegne Berge sind eben so, wie an den andern von uns besuchten Orten der Küste, mit Waldung von eben der Art bedeckt; allein aus dem vorhin erwähnten folgt, daß wir von den Einwohnern keine Kenntniß bekommen konnten.

In Süden sahen wir ein mäßig erhöhtes Eyland, etwan sechs Seemeilen von uns entfernt, liegen, welchem wir den Namen St. Carlos gaben. Den 29. segelten wir dahinwärts mit einem gelinden Nordwind, der aber

Q 4　　　　　　　　um

um Mittag abstillte, da wir uns bey einem wüsten, kaum
über die Seefläche hervorragenden Eyland befanden, wo
Ost- und Westwärts viele Klippen liegen und wir in 22
Faden, ohngefähr 2 Seemeilen von St. Carlos ankerten.

In dieser Stellung bemerkten wir ein Vorgebürge,
welches wir Cap St. Augustin nannten, vier bis fünf
Seemeilen von uns entfernt; von selbigem lief die Küste
so weit ostwärts zurück, daß wir sie aus dem Gesicht verloren. Wir fanden hier so heftige und einander entge-
gensetzende Strömungen, daß man das Loth nicht gebrauchen konnte. Da diese Ströme mit der See ebben
und fluthen, so scheint der Einbusen keine andre Gemeinschaft, als mit der See, zu haben.

Cap St. Augustin ist ohngefähr im 55° nordlicher Breite; und da Don Juan Perez, bey seiner vorigen Reise, auf dieser Höhe eine Meerenge, und dabey
heftige Strömungen, entdeckt haben sollte, so schlossen
wir, daß dieses der Ort seyn müßte; obwohl einige unsrer Seeleute, die auf gedachter Reise mit ihm gefahren
hatten, sich weder des Caps, noch der benachbarten Berge erinnerten; welches aber daher kommen konnte, daß
sie sich in einer andern Richtung selbigen genähert
hatten.

Dasjenige, was wir hier bemerkten, machte uns
sehr geneigt, eine genauere Kenntniß von diesem Theil
der Küste zu erlangen; allein der Wind wurde, bey Antritt des Neumondes, veränderlich und setzte sich endlich
in SW. Nach Vermuthung konnte dieser Wind bis
zum Vollmond anhalten und in den Meerbusen einzulaufen, dessen Inneres gehörig zu untersuchen, uns verhindern. Wir überlegten demnächst, daß wir uns noch
in einer Breite befanden, wo wir bey günstigem Winde
leicht

leicht bis auf sechzig Grad gelangen könnten; mit allem Nothwendigen hatten wir uns versehen; die Gesundheit der Mannschaft war wieder hergestellt. Also schien es rathsamer wieder nordwärts zu kehren und die höchste mögliche Breite zu versuchen.

Dazu kam noch, daß uns der neue Versuch, durch die schon erlangte Kenntniß der Küste erleichtert wurde. So bald also der Entschluß gefaßt war, theilte man unter die Mannschaft beyder Fahrzeuge einige Kleidungs= stücke, die zum Tausch mit den Amerikanern im Drey= faltigkeitshafen, am Bord des Galiots waren, aus, und nun schienen die Matrosen alle vorige Noth vergessen zu haben. Wir segelten also wieder NW. an.

Den 28. war der Wind veränderlich und nöthigte uns in 55° 50′ gegen die Küste zu laufen; abends aber setzte er sich in SW. wie wir wünschten.

Den 29. und 30. war Südwind, veränderlich gegen SW. zuweilen mit Stoßwinden und Regengüssen, wo= bey die See sehr hoch lief und uns gegen das Land trieb, von welchem wir uns kaum durch den Landwind und die zuweilen ankommende Stoßwinde (*tornados*) entfernen konnten. Und in dieser unangenehmen Lage befanden wir uns bis zum 1. September.

Seit zwey Tagen zeigten sich starke Merkmale von Scharbock an sechs von unsern Leuten, nicht allein am Zahnfleisch, sondern auch durch Geschwulst an den Fü= ßen, die sie zum Gehn ganz untüchtig machten. Diese neue Wiederwärtigkeit ließ uns abermals nur zwey Mann für jede Wacht, davon der eine steuerte und der andre die Segel regieren mußte. Unglücklicher Weise mochten wir diese schreckliche Krankheit von der Fregatte

Q 5   her=

herüber bekommen haben c), mit deren Mannschaft wir zuweilen Gemeinschaft hatten. Eine Folge davon war, daß wir uns zur Rückreise entschließen mußten, wobey nur so viel möglich die Lage der Küste untersucht werden sollte.

Im Anfang des Septembers hatten wir veränderlichen Wind; den 6. aber setzte er sich in SW. und wehte mit solcher Heftigkeit, daß wir zu Mitternacht alle Segel einnehmen und das Schiff gegen S. richten mußten. Wind und See aber wurden so ungestüm, daß um 2 Uhr des Morgens vom 7. beyde Schiffe der Gewalt zu weichen anfingen, so sehr wir uns auch, wegen Nähe der Küste, bestrebten, unsern Posten zu behaupten. Während dieser Bemühung schlug eine Welle über uns, die außer andern Schaden, (wovon die umständliche Erzählung in der englischen Ausgabe weggeblieben ist) unsern meisten Proviant verdarb.

Noch am 7. September wurde doch Wind und See ruhiger, da wir denn, von 6 Uhr Abends, bis zum Anbruch des folgenden Tages, ostwärts steuerten; dann wurde der Wind aus NW. günstig, um in 55° der Breite wieder auf die Küste anzulaufen. Wir hatten, seit diesem Sturm, nur noch einen Mann für jede Wacht gesund, der ans Steuer gestellt wurde, da indessen ich und der Capitain selbst die Segel besorgten.

Itzt, weil der Wind günstig war, suchte der Capitain die Kranken zu ermuntern; aber nur zwey, die sich etwas besser befanden, ließen sich zur Beyhülfe bereden.

Der

---

c) Der Scorbut zur See möchte wohl nie ansteckend seyn, wie hier unser Verfasser zu vermuthen scheint. Anm. des Uebers.

Der Steuermannsmaat war so schlecht, daß wir seinen Tod erwarteten.

Den 11. sahen wir Land, acht bis zehn Seemeilen von uns, auf 53° 54′ Breite. Weil wir aber so wenig Leute aufs Verdeck zu stellen hatten, so durften wir uns der Küste nicht nähern, damit uns nicht das Abkommen unmöglich werden möchte; sondern suchten sie nur von Tag zu Tag ins Gesicht zu bekommen, ohne die Landspitzen, Buchten und Häfen zu untersuchen.

Auf 49° Breite suchten wir doch der Küste näher zu kommen, theils weil wir ziemlich sicher hoffen durften, daß der günstige Wind anhalten würde, theils weil auch einige von den Kranken wieder hülfliche Hand leisten konnten. In 47° 3′ befanden wir uns nur eine Meile von der Küste und konnten unsre Untersuchungen längst derselben, wie zuvor, wieder fortsetzen.

Den 20. Morgens um acht Uhr, waren wir kaum eine halbe Meile vom Lande, genau wieder in derselben Lage wie am 13. Julius; allein wir fanden in der Rechnung unsrer Länge 17 Seemeilen Unterschied.

Am 21. war uns das Land noch näher, allein der Wind wendete sich S. und SW. und nöthigte uns davon abzuhalten.

Den 22sten wurde er NW. Weil aber der Capitain und ich mit dem Fieber befallen wurden, so steuerte man gegen Monterey. Unsre Krankheit brachte den Rest der Mannschaft fast zur Verzweiflung, wir suchten daher so oft es uns nur möglich war, auf dem Verdeck zu erscheinen, wozu uns der Höchste Kräfte gab.

Am 24sten fühlten wir uns etwas besser, sahen Land in 45° 27′ und segelten längst desselben in Entfernung eines Kanonenschusses. Da solchergestalt die ganze Be-

schaffen-

schaffenheit der Küste genau beobachtet werden konnte,
so lagen wir übernachts ohne Segel, in Hoffnung Martin Aquilars Strom zu finden. Diese Untersuchung
setzten wir bis 45° 50' fort, wo wir ein Vorgebürge,
wie eine runde Tafel gestaltet, mit einigen rothen Thälern (Barankos) zu Gesicht bekamen. Daselbst lief
die Küste gegen SW. In dieser Gegend liegen zehn
kleine Inseln und noch einige kaum über die Seefläche
erhabne Bänke; und die Länge dieses Caps (dessen Breite oben angezeigt ist) war 20° 4' W. von St Blas. —
Da bey dieser Untersuchung nichts von Martin Aquilars Strom zu entdecken war, so schlossen wir, daß dergleichen nicht vorhanden seyn müsse; denn nothwendig
hätten wir denselben sonst zu sehn bekommen müssen.

Man sagt, daß Aquilar die Mündung dieses Stroms
auf 43° gefunden. Allein dazumal (1603) waren die
Beobachtungswerkzeuge noch sehr unvollkommen. Will
man annehmen, daß der Irrthum in Aquilars Breite
südwärts gewesen, und daß also der Fluß in 42° oder
noch südlicher zu suchen sey; so müssen wir auch hierin
mit Grunde zweifeln, da dieser ganze Strich der Küste,
etwan 50 Minuten Breite ausgenommen, von uns untersucht worden ist.

Nach dieser letzten Wiederkehr zum Lande, bemühten wir uns den Hafen St. Francisco zu erreichen, fanden ihn auch in 38° 18' und liefen in einen Meerbusen, der von der N. und SW. Seite genugsamen Schutz
hat. Wir sahen gar bald die Mündung eines beträchtlichen Flusses, und etwas aufwärts einen geraumen Hafen, fast wie eine Docke (Digue). Daraus schlossen
wir, daß wir uns wirklich in dem gesuchten Hafen St.
Francisco befänden, den die Geschichte von Californien
auf 38° 4' setzt.

In

In dieser Meynung wünschten wir nun zwar in den Hafen einzulaufen, welches aber, wegen der hohen Wellen, itzt nicht so leicht war. Und doch zweifelten wir auch noch, ob dieses wirklich der St. Francisco-Hafen sey, da wir weder Einwohner, noch die kleinen Eylande, welche davor liegen sollen, sahen. In solcher Ungewißheit also ankerten wir hart an der einen Landspitze, die wir de Arenas nannten, auf sechs Faden Thongrund.

Nunmehr erschien eine große Menge Amerikaner an beyden Landspitzen des Hafens, die von der einen zur andern in kleinen aus Fule (vermuthlich einer in Mexiko bekannten Art Holz) gemachten Kähnen überfuhren und wohl ein Paar Stunden lang laute Gespräche führten; bis endlich zwey in ihrem Kahn sich an unsern Bord legten und uns sehr freygebig mit Federbüscheln, knöchernen Rosenkränzen, Federkleidern und aus Federn gemachten Kränzen, die sie um den Kopf trugen, auch einem Korb voll Saamen, die fast wie Wallnüsse schmecken, beschenkten. Zum Gegengeschenk reichte ihnen unser Capitain Glaskorallen, Spiegel d) und Stücken Tuch.

Diese Amerikaner waren große und starke Leute, von Farbe ohngefähr, wie sie in der ganzen Gegend e) gewöhnlich ist. Sie schienen von sehr freygebigem Charakter zu seyn, und keine Belohnung für die uns dargebrachten

d) Bey ihren vorigen Unterhandlungen mit den Amerikanern, haben die Spanier zuvor nicht diesen Tauschartikel gezeigt; welches eine übelverstandne Sparsamkeit gewesen zu seyn scheint. Itzt waren sie auf ihrer Rückreise und hätten dergleichen Kleinigkeiten in S. Blas vielleicht wegwerfen müssen. Anm. des Herausg.

e) Es ist schwer zu bestimmen, ob der Verfasser hier die Gegend von Mexiko oder die Nordwestliche Küste von Amerika verstanden wissen will. Anm. des Herausg.

brachten Geschenke zu erwarten; ein Umstand, den wir bey den nordlichern Amerikanern nicht erfahren hatten.

Wegen unsrer kränklichen Mannschaft konnten wir das Innere des Hafens nicht mit dem Wurfbley unter- suchen; die Kranken wurden so bald, wie möglich, an einem sichern Ort gelandet, damit sie bessere Gelegenheit haben möchten, sich zu erholen.

Während unsres Aufenthalts in diesem Hafen (den wir doch am Ende nicht für den von St. Francisco hiel- ten) hatten wir weiter mit den Amerikanern keine Ge- meinschaft. Wir bereiteten uns von der Landspitze de Arenas abzukommen, um den folgenden Tag, bey dem NW. Winde desto bequemer von der Küste auszulegen. Nach Erreichung dieses Zwecks legten wir uns auf sechs Faden, Thongrund, vor Anker.

Der izt bemeldete Hafen, den wir de la Bodega f) nannten, liegt 38° 18′ nordlicher Breite und 18° 4′ W. von S. Blas.

Als am 4ten Oktober, morgens um zwey Uhr, die Fluth zuerst der Seeströmung entgegen ansetzte, gingen die Wellen so hoch, daß unser Schiff davon überdeckt, und das Bot an dessen Seite zu Trümmern zersplittert wurde.

An der Mündung des Hafens ist zum Ankern nicht Tiefe genug, damit ein Fahrzeug, in ähnlichen Fällen, den einbrechenden Wellen widerstehen könne. — Hät- ten wir dies zuvor gewußt, so würden wir entweder auf unserm

---

f) Name des Capitains auf dem Gallot. Die Breite dieses Hafens kömmt beynahe mit dem von Sir Fran- cis Drake entdeckten, überein. Allein Spanier wür- den diesem tapfern Ketzer niemals in ihrem Kalender einen Platz vergönnen. Anm. des Herausg.

unserm vorigen Ankerplaß geblieben, oder weiter von der Mündung des Hafens fortgesegelt seyn.

In allen Gegenden, wo wir diesen Hafen (de la Bo-drga) mit dem Loth zu untersuchen Gelegenheit hatten, fand sich fast einerley Tiefe g). Die Einfahrt ist bey an-haltenden NW. Winden sehr bequem. Wenn man ihn aber bey eben dem Winde verlassen will, so muß man sich weiter von den Landzungen in die See legen. Diese Vorsicht aber ist bey SW. östlichem oder südlichem Winde nicht nöthig h).

Wir bemerkten, daß hier die Fluth in dieser Breite so ordentlich, als in Europa, erfolgt. Beym Neumon-de nämlich war zu Mittags hohe Fluth.

Die Berge, welche diesem Hafen nahe liegen, sind überall ganz kahl i); weiter landeinwärts aber sahen wir auch bewaldete Berge. Die Ebnen an der Küste waren wohlbegrünt und schienen ein fruchtbares Land zu ver-sprechen.

Den 4. Oktober morgens um 8 Uhr wurde die See stiller, da denn die Amerikaner, wie zuvor, in ihren Käh-nen zu uns kamen und eben solche Geschenke brachten, die wir auch eben so erwiederten.

Um 9 Uhr segelten wir, kamen die andre Spiße des Ha-fens (el Cordon) vorbey, und steuerten bey mäßigem West-

g) Auch von diesem Hafen ist ein geographischer Entwurf gemacht worden, den wir nicht erhalten haben. Anm. des Herausg.

h) Weil nämlich alsdenn der Wind nicht der Strömung entgegen arbeitet. Anm. des Herausg.

i) Hieran ist vermuthlich der Nordwestwind, dem sie ent-gegen liegen, Schuld.

Westwinde gegen SSW. um eine Landspitze zu gewinnen, die sich etwan fünf Seemeilen in Süden zeigte.

Den 5. segelten wir längst an kleinen Inseln hin,
wie sie auf den Carten und in der Geschichte von Californien an dem Eingang des Hafens St. Francisco beschrieben werden. Da uns aber klar schien, daß der Hafen,
den wir verließen, nicht dieser sey, so setzten wir den Cours
NO. zwischen einigen dieser Inseln fort, um vorerwähn-
te Landspitze zu gewinnen, da wir denn wieder gegen die
Küste zu steuern und uns nach dem Hafen St. Francisco umzusehen, gedachten.

Am Mittag des nämlichen Tages machten wir eine
Beobachtung und fanden die Breite dieser südwestlich
von der Landspitze, etwan eine Seemeile abliegenden Inseln 37° 55″.

So bald wir die Landspitze vorbey waren, liefen wir
längst der Küste, die Ost und NO. lag, etwan in Entfernung eines Kanonenschusses, und um sechs Uhr
Abends befanden wir uns nicht zwey Meilen von dem
Hafen St. Francisco entfernt. Weil wir aber kein
Boot mehr hatten, um zu landen, so beschlossen wir gegen Monterey zu segeln und also noch ein andres, weiter in die See gestrecktes Vorgebürge zu umschiffen.

Um zehn Uhr Nachts ward es Windstille, und blieb
so bis den 6. Mittags, da wir bey mäßigem Westwinde
SSW. steuern konnten.

Selbigen Abends um 8 Uhr wehte es aus NW.
stärker, mit Windstößen und Nebel.

Am 7. Morgens um 8 Uhr rechneten wir uns auf
der Breite von Monterey, und suchten selbige beyzubehalten, obgleich die Luft so neblicht war, daß man nicht
eine halbe Seemeile weit sehen konnte.

Um

Um drey Uhr Nachmittags entdeckten wir Land in SW. eine Meile von uns, und merkten bald darauf, daß wir uns in einem Meerbusen befanden, wo sich auch der St. Carlos vor Anker zeigte, so daß wir nun mit Sicherheit den Hafen von Monterey erreicht zu haben erkannten. Wir feuerten einige Kanonen, worauf sogleich einige Schaluppen zu uns kamen, mit deren Hülfe wir auf drey Faden, Sandgrund, ankerten.

Der Hafen liegt in 36° 44' Nordlicher Breite und 17° W. von S. Blas.

Am 8. setzten wir unsre Kranken ans Land, worunter auch der Capitain und ich waren; wir hatten fast mehr, als die übrigen, vom Scharbock gelitten. Und kein Mann von der ganzen Schiffsbesatzung war von diesem Uebel frey geblieben. — Der gütige Beystand der Väter von der hier angesetzten Mißion, die uns alle Art von Erfrischungen, mit der größten Mildthätigkeit herbeyschafften, kam uns bald zu statten. Sie beraubten sich selbst des Nöthigen, um uns zu helfen, und ohne ihre Vorsorge würden wir gewiß nicht so bald von unserm elenden Zustand haben genesen können.

Don Fernando de Rivuera, als Befehlshaber des hiesigen Hafens, bezeigte sich eben so gütig und bereit unsern Mängeln abzuhelfen; dergestalt, daß wir innerhalb Monatsfrist genugsam hergestellt waren, um die Rückreise nach St. Blas anzutreten.

Demnach gingen wir den 1. November von Monterey unter Segel, und bekamen einige Mann von der Fregatte zu Hülfe, deren Besatzung nicht so stark, als wir auf dem Galiot, vom Scharbock gelitten hatte. Kaum waren wir zwey Meilen in die See hinaus, da sich der Wind legte, und wir blieben bis zum 4. bey S. und SW. Winden im Gesicht des Hafens.

Am 4. Mittags wurde der Wind aus NW. günstig, und wir steuerten bis zum 13. beständig südwärts, da wir uns der Küste von Californien in 24° 15′ Nordlicher Breite näherten, und längst derselben bis zum Cap St. Lukas hielten, welches wir den 16ten Abends um 6 Uhr verließen.

Dieses Cap wird in 22° 49′ nordlicher Breite und 5° westlicher Länge von St. Blas geschätzt.

Den 16ten sahen wir die Inseln Maria und den 20ten Abends ließen wir im Hafen St. Blas unsre Anker fallen.

So endigte unsre Entdeckungsreise, und ich vertraue, daß die Beschwerlichkeiten und Noth, die wir ausgestanden, zum Vortheil und zur Ehre unsres unüberwindlichen Monarchen, den Gott unter seinem heiligen Schutz behalten wolle, gereichen werden!

Francisco Antonio Maurelle.

Bemer

Bemerkungen

des Verfassers Don Antonio Maurelle aus Veranlassung der Ereignisse dieser Reise, über die beste Art, an der westlichen Küste von Amerika,
nordwärts von Californien, Entdeckungen
zu machen.

Man könnte gleich anfangs diesen Bemerkungen ent-
gegensetzen, daß die Erfahrung einer einzigen Reise in dieser See, nicht hinreiche, um zuverläßige Anwei-
sungen für künftige Reisende darauf zu bauen. Hierauf antworte ich, daß unsre Fahrt an dieser Küste mehr
als acht Monat gedauert hat, und also Veranlassung genug zu vernünftigen Muthmaßungen geben konnte; und
nur als solche will ich meine Bemerkungen künftigen Seefahrern empfehlen.

Ueber die Fahrt von St. Blas nach Monterey ist
gar keine Anweisung nöthig, da dieser Weg, seit Anlage
der Kolonie am letztern Ort, so oft schon besegelt worden,
und die vortheilhafteste Art, diese Reise zu machen, so
wohl bekannt ist.

Es sey also genug zu sagen, daß der Weg Windwärts bis zu den Inseln Maria wegen der Seeströme
nöthig ist, die sonst das Fahrzeug bald ins Gesicht von
Cap St. Lukas bringen möchten, wo es sich von verdrießlichen Windstillen aufgehalten befinden würde.

Einige vermeynen, man solle nicht eher nordwärts
gehn, bis man beträchtlich windwärts von diesen Inseln
gesegelt ist. Allein ich sehe für diesen Zeitverlust keinen

R 2   Grund,

Grund, sondern halte es für hinlänglich, wenn man nur um die Inseln westlich herumgeht, und so kann man den nämlichen Tag, da man ihre Parallel erreicht, nord= wärts steuren.

Um eine solche Entdeckungsreise glücklich zu vollfüh= ren, muß man sich so viel westwärts halten, als es nur immer die Winde erlauben, die bis zum 15 Gr. der Län= ge von St. Blas W. mehrentheils aus NW. und N. wehen, auch oft noch weiter westlich anhalten, und kei= nen andern Cours als WNW. O. oder OSO. erlau= ben. Dieser Passatwinde ungeachtet muß das Schiff niemals beyliegen, noch viel weniger ostwärts steuern, weil dadurch die Reise (nordwärts) sehr verzögert wer= den würde.

Vom 15° Grad westlicher Länge bis zum 30° sind die Winde gemeiniglich NO. und N. womit man einen NWestlichen Cours halten kann. Vielleicht ist es so= gar rathsam, bis auf 35° westwärts zu gehn, wenn man sich vorsetzt, die Reise bis 55°, 60° oder 65° k) nordli= cher Breite fortzusetzen. Denn je westlicher man kömmt, desto sicherer kann man auf südliche und SW. Winde rechnen, die zu einer solchen Fahrt die günstigsten sind.

Wenn in einer so westlichen Länge der Wind verän= derlich seyn sollte, so würde ich doch immer einen nord= ostlichen Cours anrathen. Will der Seefahrer die Kü= ste von Amerika auf 55° der Breite erreichen, so muß er sich,

k) Aus dem Tagebuch erhellet, daß die Reise, laut der Instruktion, bis zu dieser Breite hätte fortgesetzt werden sollen. Vermuthlich hatte die Vorrede zu Ellis Nordwestlicher Reise, woraus Venega viele Auszüge, sonderlich was diese Breite von 65° betrift, seiner Historie von Californien einverleibt hat, diesen Gedanken veranlaßt.

sich, bis in diese Breite, zwischen 35 und 37° westlicher
Länge halten. Will er hingegen die Küste auf dem
60sten Grade der Breite untersuchen, so wäre der Cours
nordwestwärts, bis auf den 39sten Grade westlicher Länge anzurathen. Will man gar bis 65° nördlicher Breite gehn, so müßte man bis in diese Breite 45 Grad westwärts zu gewinnen suchen. — Mit dieser Vorsicht
glaube ich, daß ein vorsichtiger Seefahrer seine äußersten
Wünsche erreichen würde.

So wie aber bey allen Seereisen Zufälle möglich
sind, die das Fahrzeug in einer geringern Breite gegen
die Küste treiben könnten; so wollte ich rathen auf 200
Seemeilen vom Lande westwärts zu gehn. Dabey merke man wohl, daß 150 Seemeilen vom Lande der Wind
veränderlich seyn kann; es ist aber darauf, wenn er günstig wird, nicht zu rechnen, sondern er setzt bald wieder
nach NW. um. Um deswillen halte ich durchaus für
nöthig, ehe man noch 50° horder Breite erreicht, bis
auf 200 Seemeilen westwärts zu gehn.

Wird das Schiff in geringerer Breite gegen das
Land getrieben, so wird das Volk nicht nur durch Arbeit und Kränklichkeit mehr abgemattet, sondern man
verliert auch so viel Zeit, daß der Winter heran kömmt,
ehe der große Zweck der Reise erreicht werden kann. Ich
rathe deswegen, schon mit Ausgang des Januars, oder
höchstens im Anfang des Februars von St. Blas abzu-
segeln; auch noch aus diesem Grunde, weil alsdenn die
Seeleute durch Veränderung der Temperatur weniger
leiden, wenn sie so auf einmal gegen die auf 55° gele-
nen Küsten segeln. In dieser Breite könnten sie sich
dann etwas erfrischen und durch Genuß einer gemäßig-

R 3   ten

ten Luft [1]) von etwaniger Kränklichkeit erholen, auch frisch Wasser einnehmen. Ueberdem hätte man in dieser Breite keine Schwierigkeit, da die Winde hier sehr veränderlich wehen, ohne Zeitverlust aufs neue westwärts vom Lande zu gehn.

Es ist ohne Erinnerung klar, daß die Kenntniß der Witterung, welche in dieser See herrscht, für die Befahrer derselben von großer Wichtigkeit sey. Noch weniger darf erinnert werden, daß man auf die am Horizont erscheinende Merkmale, welche Sturm vorbedeuten, aufmerksam seyn müsse. Dergleichen aber sind vor dem 40sten Gr. der Breite nicht sehr zu befürchten, da zwischen St. Blas und dieser Breite solche hängende Wolken gemeiniglich sich zu zerstreuen oder in Regen niederzu fallen pflegen, welches die See besänftigt.

Zwischen 40 und 50° nordlicher Breite, wenn man 200 Seemeilen von der Küste westwärts gegangen ist, sind dergleichen Sturmvorbedeutungen mehrerer Aufmerksamkeit werth, da in dieser Breite die Südwinde stark wehen; doch sie sind dabey anhaltend.

Zuweilen ist, in dieser Breite, der SW. heftiger, als der Südwind, daher ist nicht rathsam viel Segel aufzusehen.

In noch höherer Breite (über 50°) ist diese Vorsicht noch nöthiger, weil da der SW. Wind oft so heftig tobt,

---

1) Es wird hier auf den Hafen **Los Remedios** gezielt, der sich auf 57. 18 befindet, und wo das Seevolk durch die erwärmte Luft, welche den benachbarten Volkanen zugeschrieben wird, so erquickt wurde. S. Blas hat auf dem 22° der Breite im Januar nothwendig die kühlste Witterung; die Breite von 55° aber würde man solchergestalt mitten im Sommer erreichen.

tobt, daß man ohne Segel beyliegen muß; diese Stoßwinde aber pflegen nicht lange zu dauern.

Ich rathe auch den Seefahrern gar sehr, sich hier
vor den Ostwinden in Acht zu nehmen, die zuweilen wü-
thend wehen; nicht, als ob der Westwind in diesen Gegenden gar nicht stürmisch wäre, sondern es stürmt nur
seltner und nicht so anhaltend aus dieser Weltgegend.
Man hat überhaupt zu merken, daß je weiter man nördlich kommt, desto mehr Unwetter zu besorgen ist.

Wenn man der Küste von Amerika sehr nahe ist, so
hat man keinen beständigen Wind, als NW. Und das
gilt von dem südlichsten Punkt bis auf 54° der Breite. Zuweilen weht es aus dieser Gegend recht frisch, und das
kann zur Rückreise nicht schaden m).

Von St. Blas bis zu 40° norder Breite treibt die
See gemeiniglich, bey NW. oder nordlichem Winde,
sehr hohe Wellen. Weil aber diese Winde selten wehen,
so ist die See hier noch erträglich genug. Zwischen 40
und 50° thürmen sich die Wellen, wenn man dem Lande nahe ist, noch höher, sonderlich wenn sie der vom Lande zurücktretenden Fluth begegnen. Doch ich will in
dieser Absicht auch nicht zu viel Sorge erwecken.

Noch weit gefährlicher aber tobt oft die See, wenn
man auf ohngefähr hundert Seemeilen vom Lande ist.
Da würde ich, bey nicht günstigem Winde, beyzuliegen
rathen.

R 4 Vom

m) Wegen dieser Nordwestwinde räth auch der Verfasser
demjenigen, der eine sehr nordliche Breite zu erreichen
trachtet, so weit von der Küste, westwärts zu gehn.
Anm. des Herausg.

Vom 50sten Grade nordwärts hebt sich die See je nach Beschaffenheit des Windes, sonderlich wenn er aus S. oder SW. weht; sie wird aber bey heiterm Wetter bald wieder still.

(Hier folgen im Original Wahrnehmungen, über den Einfluß des Mondes auf das Wetter, welche der englische Herausgeber, weil, wie er meynt, wenig mehr darauf gehalten wird, weggelassen hat.)

Da ein Seefahrer allemal, wenn er sich dem Lande nähert, Vorsicht gebrauchen muß, so kann man aus folgenden Wahrzeichen sonderlich die Nähe des Landes muthmaßen.

Wenn die Küste noch 80 bis 90 Seemeilen ostwärts entfernt ist, so fangen die Seepflanzen, welche wir Pomeranzenköpfe genannt haben, an, sich zu zeigen. Ich muß aber hier umständlicher anzeigen, wie man da, wo sie schon häufig umherschwimmen, aus ihrem Zustand zuweilen schließen kann, daß man nicht so weit mehr zum Lande hat.

Die Gestalt dieses Seegewächses gleicht einem hohlen Knoblauchsstengel [n]); oben von dem kopfigten Theil gehen einige lange Blätter aus. Wenn diese ziemlich wohl erhalten sind, so darf man muthmaßen, daß sie nicht fern von der Küste weggetrieben sind. Dahingegen haben die weiter weggeführten schon mehrentheils die Köpfe verloren und ihr Stengel ist rauher; da man denn die Entfernung vom Lande auf etwan 50 Seemeilen schätzen kann.

Auf

---

*) Die Erscheinung dieser Seepflanze an der Küste von Californien ist auch in Lord Ansons Reise erwähnt. Anm. des Herausg.

Auf eben dem Abstand pflegt die veränderte Farbe der See anzuzeigen, daß man mit dem Loth Grund erreichen kann oder in sounding ist. Allein bey dieser Bemerkung ist Aufmerksamkeit und Uebung nöthig. Wenn man sich nur noch 30 bis 40 Seemeilen von der Küste befindet, so ist dieses Zeichen viel sichtbarer, obschon man da mit dem Anker noch keinen Grund erreichen würde. In dieser Nähe lassen sich auch Vögel, Seehunde, Ottern und Wallfische sehn, ingleichen die vorhin erwähnte Pflanze Zacate del Mare, mit langen schmalen Blättern. Wenn man diese Zeichen bemerkt, so darf man sich versprechen, noch den nämlichen oder den nächstfolgenden Tag das Land zu erblicken.

Zugleich bemerkt man, daß die See eine Eisenfarbe annimmt, und von fern wie mit kleinen Boten und Segeln bedeckt erscheint; und schwarze Vögel, mit rothem Kopf, Schnabel und Füßen, die wie Papagojen (Lory) aussehen, fangen an um das Schiff zu fliegen.

Was verborgne Klippen und Bänke anbelangt, die Seefahrern oft so gefährlich sind; so darf ich fast versichern, daß man an den gefährlichsten Gegenden dieser ganzen Küste, ganz sicher in Abstand einer Seemeile längst dem Lande segeln kann.

Sollte sich ein nachfolgender Seefahrer auf 55° 17′ nordlicher Breite eines Hafens bedienen wollen, so findet er da eine Oeffnung (Entrada), welche an der Nordseite überall gute Tiefe hat und vielleicht die beste Stelle der ganzen Küste ist, wenn sich das Fahrzeug in einem Abstand von 3 Seemeilen davon hält.

R 5   Tabella-

Tabellarisches Tagebuch
der Reise.

1775 Tag des Monats.	Breite nach Rechnung.	Breite nach Beobachtung.	Länge von St. Blas W.	Abweichung der Magnetnadel.	Entfernung der Küste.
März 16	—	21.25	—	—	—
17	—	—	—	—	2
18	—	—	—	—	1
19	—	—	—	—	2
20	—	21.34	—	4.30*	2
21	—	21.39	—	*	2
22	—	21.43	—	*	1
23	—	21.47	—	—	2
24	—	21.14	—	—	3
25	21.36	21.34	1.20	—	38
26	20.15	20.10	1.59	—	48
27	19.51	19.49	3.2	5	73
28	19.25	19.17	4.10	—	79
29	19.23	19.4	5.1	—	86
30	18.56	18.42	5.37	—	100
31	18.42	18.33	5.37	—	104
April 1	18.36	18.33	5.37	5	104
2	18.35	18.33	5.48	5.13*	107
3	18.56	18.48	5.27	*	102
4	18.36	18.30	6.8	—	108
5	18.25	18.15	6.37	—	117
6	18.2	17.48	7.31½	—	132
7	17.48	17.43	8.36	—	140
8	17.42	17.42	9.28	—	148

1775 Tag des Monats.	Breite nach Rechnung.	Breite nach Beobachtung.	Länge von St Blas W.	Abweichung der Magnetnadel.	Entfernung der Küste.
April 9	17. 43	17. 45	10. 22½	—	155
10	17. 42	17. 35	11. 8	—	165
11	17. 47	17. 48	12. 42	6	166
12	17. 54	17. 44	12. 22½	—	176
13	17. 49	17. 44	13. 54	—	181
14	17. 55	17. 47	14. 39	—	186
15	18. 28	18. 20	15. 35	—	186
16	19. 6	—	16. 24½	—	190
17	19. 51	19. 50	17. 25½	—	201
18	20. 33	20. 19	18. 16½	—	206
19	20. 42	20. 37	18. 50½	—	209
20	20. 53	—	19. 14	—	210
21	21. 8	—	20. 47	—	211
22	21. 16	21. 4	21. 34½	—	222
23	21. 24	21. 21	22. 15	—	232
24	21. 55	21. 47	23. 13	—	248
25	23. 31	22. 32	23. 8	—	259
26	23. 20	23. 22	24. 13	—	277
27	24. 8	24. 14	24. 58	—	284
28	24. 48	24. 50	25. 32	—	294
29	25. 25	25. 17	25. 30	—	300
30	26. 3	25. 57	26. 22	7	—
May 1	26. 29	26. 31	27. 07	7	302
2	26. 45	26. 44	27. 19	—	303
3	26. 55	26. 50	27. 31	—	303
4	27. 39	27. 30	28. 18	—	304
5	28. 39	28. 37	28. 12	8	295
6	29. 30	—	29. 15	—	281
7	30. 9	—	30. 14	—	284
8	30. 19	—	30. 54	—	284

1775. Tag des Monats.	Breite nach Rechnung.	Breite nach Beobachtung.	Länge von St. Blas W.	Abweichung der Magnetnadel.	Entfernung der Küste.
May 9	30. 36	30. 45	31. 41	—	291
10	31. 18	—	32. 15	—	297
11	32. 12	32. 10	32. 50	—	294
12	33. 13	33. 15	32. 45	—	280
13	33. 57	334. 3	31. 56	—	261
14	34. 29	4. 35	30. 50	—	239
15	34. 26	34. 30	30. 12	—	231
16	34. 45	34. 54	31. 6	—	238
17	34. 50	34. 50	31. 28	—	240
18	34. 49	34. 49	31. 17	—	240
19	35. 46	35. 45	30. 20	—	224
20	36. 42	36. 45	28. 42	9	184
21	37. 6	37. 1	27. 46	—	167
22	37. 42	37. 46	28. 41	—	178
23	38. 9	38. 8	29. 33	—	185
24	37. 48	37. 46	29. 10	—	183
25	37. 29	37. 26	29. 3	—	184
26	37. 14	37. 11	28. 51	—	179
27	37. 6	—	29. 12	—	186
28	37. 10	—	29. 3	—	185
29	37. 48	37. 25	28. 15½	—	174
30	37. 47	37. 45	27. 21	—	156
31	37. 59	—	26. 35	10	145
Junius 1	38. 21	38. 14	26. 12	10	128
2	39. 3	—	25. 26	12	122
3	39. 46	39. 51	24. 38	—	107
4	40. 13	—	23. 55	13. 30	89
5	41. 11	41. 22	22. 58	—	70
6	41. 41	41. 37	21. 15	—	42
7	41. 49	41. 30	20. 19	14	33

1775 Tag des Monats.	Breite nach Rechnung.	Breite nach Beobachtung.	Länge von St. Blas W.	Abweichung der Magnetnadel.	Entfernung der Küste.
Jun. 8	49. 59	41. 14	13. 13	14. 30	—
9	41. 25	—	19. 4	—	—
10bis14	—	—		—	—
15	—	41. 17	—	—	—
16	—	—	—	—	—
17	—	41. 7	—	—	—
18		41. 7	19. 4	—	—
19	—	40. 59	19. 21	—	—
20	—	40. 53	19. 41	14	12
21	40. 59	40. 7	20. 56	—	31
22	40. 25	40	21. 41	—	48
23	40. 2	—	23. 1	—	67
24	39. 45	39. 23	24. 7	—	85
25	39. 24	39. 20	25. 40	13	106
26	39. 21	39. 21	26. 40	—	121
27	39. 22	—	26. 30	—	113
28	39. 51	—	26. 45	—	118
29	33. 43	—	26. 25	—	107
30	40. 26	40. 16	26	—	—
Julius 1	41. 2	41. 1	26. 14	13	100
2	47. 17	42. 15	26. 49	14	90
3	43. 25	43. 24	26. 50	—	70
4	44. 21	—	26. 30½	—	57
5	44. 27	—	26. 10	15	47
6	44. 24	—	25. 47	—	32
7	46. 10	—	26. 6	16	26
8	46. 59	47. 3	25. 47	—	12
9	47. 44	47. 37	24. 20	—	—
10	47. 45	47. 35	23. 28½	17	—
11	48. 32	48. 26	22. 17	—	10

1775. Tag des Monats	Breite nach Rechnung.	Breite nach Beobachtung.	Länge von S. Blas W.	Abweichung der Magnetnadel.	Entfernung der Küste.
Jul. 12	48. 1	47. 39	21. 53	—	6
13	47. 41	47. 28	21. 34	—	2
14	47. 24	47. 20	21. 19	—	—
15	47. 23	47. 7	21. 40	17. 30	9
16	47. 20	47. 13	22. 3	—	17
17	47. 17	47. 9	22. 22	17	18
18	47. 3	46. 32	23. 32	16 *	35
19	46. 34	46. 26	24. 28	—	50
20	46. 18	46. 17	25. 29	—	61
21	46. 6	45. 57	27. 5	15	82
22	45. 50	45. 44	28. 18	—	100
23	45. 44	45. 41	29. 24	—	115
24	45. 51	45. 52	30. 32	—	124
25	46. 4	46. 9	29. 59	—	120
26	46. 34	46. 32	29. 52	—	199
27	47. 6	47. 5	29. 19	16 *	117
28	47. 45	47. 40	29. 41	—	103
29	48. 10	47. 50	28. 44	—	92
30	47. 21	47. 21	29. 32	—	102
31	46. 55	—	30. 9	—	117
Aug. 1	46. 34	—	30. 56	16	131
2	46. 45	46. 40	31. 52	—	141
3	46. 40	46. 35	32. 46	—	157
4	46. 29	46. 16	33. 39	—	157
5	46. 47	46. 47	34. 5	—	171
6	47. 49	47. 50	34. 6	—	164
7	48. 26	48. 24	34. 12	—	159
8	48. 39	—	34. 7	17 *	156
9	49. 11	49. 9	34. 7	—	154
10	50. 18	—	34. 54	18	160

1775

1775 Tag des Monats.	Breite nach Rechnung.	Breite nach Beobachtung.	Länge von S. Blas W.	Abweichung der Magnetnadel.	Entfernung der Küste.
Aug. 11	51. 24	51. 34	34. 58	—	159
12	52. 18	52. 27	35	19	158
13	53. 39	54. 54	35. 26	—	161
14	54. 58	55. 4	36. 7	—	166
15	55. 53	56. 8	35. 47	—	154
16	56. 43	56. 44	35. 15	—	4
17	56. 54	57. 2	35. 27	—	
18	57. 21	—	35. 27		
19 bis 21	—	—	—		
22	57. 55	57. 57	38. 2	20	—
23	57. 10	57. 8	35. 50	22 *	2
24	56. 1	—	33. 46	24 *	1
25	55. 17	55. 17	33. 24	—	—
26	56. 6	55. 6	33. 22	24	
27	—	—	—	—	—
28	55. 36	—	34. 39	23 *	2
29	55. 55	55. 55	34. 32	—	
30	56. 21	—	35	—	
31	56. 41	56. 47	35. 32	—	
Sept. 1	56. 31	—	16. 10	23	10
2	56. 5	56. 3	36. 22	23. 30	17
3	55. 45	55. 47	36. 39	23	21
4	55. 28	—	36. 33	—	22
5	55. 8	55. 7	37. 5	—	26
6	54. 40	54. 42	36. 27	22	20
7	54. 53	—	36. 56	23	26
8	55. 4	—	36. 56	—	26
9	54. 39	54. 32	35. 22	21	7
10	54. 4	54. 6	34. 6	—	6
11	53. 54	53. 52	32. 19	20	8

1775 Tag des Monats.	Breite nach Rechnung.	Breite nach Beobachtung.	Länge von S. Blas W.	Abweichung der Magnetnadel	Entfernung der Küste.
Sept. 12	52. 58	—	31. 5	—	8
13	52. 11	52. 9	30	—	9
14	51. 14	51. 16	29. 35	—	9
15	50. 4	50. 12	27. 2	—	9
16	49. 23	49. 21	25. 38	—	9
17	48. 51	48. 53	24. 35	—	7
18	48. 37	48. 33	23. 40	19	6
19	47. 50	47. 49	23. 10	—	1½
20	47. 11	47. 12	22. 33	—	1½
21	46. 21	—	21. 58	—	11
22	46. 20	—	22. 42	—	10
23	45. 38	—	22. 35	—	1½
24	44. 47	21. 12	—	—	1½
25	44. 17	44. 19	21. 2	18	1½
26	43. 15	43. 16	21. 20	17	10
27	42. 37	—	21. 41	—	12
28	42. 37	—	21. 41	—	10
29	41. 1	40. 54	21. 41	—	1½
30	39. 38	39. 42	21. 11	16	1½
Oktob. 1	39. 17	39. 15	20. 26	16	1½
2	38. 49	38. 49	19. 51	16	1½
3	38. 16	38. 16	19. 2	16	—
4	38. 16	38. 16	19. 22	16	—
5	37. 54	37. 53	19. 24	15	3
6	37. 45	37. 43	19. 4	15	1
7	36. 43	36. 42	18. 47	14	—
8	36. 46	—	17. 17	14	—
Nov. 2	36. 44	36. 42	17. 5	14	7
3	36. 28	—	17. 27	13	8
4	36. 6	36. 11	17. 42	12	8

1775 Tag des Monats.	Breite nach Rechnung.	Breite nach Beobachtung.	Länge von S. Glas W.	Abweichung der Magnetnadel.	Entfernung der Küste.
Nov. 5	34. 41	34. 36	17. 25	11	23
6	32. 50	32. 48	16. 58	10	45
7	30. 56	30. 57	16. 2	9	48
8	29. 32	—	15. 18	8	46
9	28. 52	—	14. 45	7	45
10	28. 21	27. 52	14. 13	7	42
11	27. 16	27. 8	13. 26	7	35
12	26. 16	26. 12	12. 13	7	24
13	25. 18	25. 16	10. 46	6	38
14	24. 53	24. 37	8. 58	6	6
15	24. 15	24. 1	6. 56	6	10
16	23. 2	23	5. 25	5	$1\frac{1}{2}$
17	22. 20	22. 22	4. 3	5	40
18	21. 54	21. 53	2. 38	—	10
19	21. 45	21. 44	0. 46	5	3
20	21. 36	21. 34	0. 2	5	—

X.

Auszug

aus dem Reisebericht

des

Rußischen Steuermanns Saikof,

über eine

bis an das feste Land

von

Amerika geschehenen Schifffahrt.

Der hier folgende Bericht ist erst vor kurzem der Rus-
sisch - Kaiserlichen Akademie der Wissenschaften,
durch den Generalmajor, des S. Georgenordens Ritter
und Gouverneur von Irkuzk, Herrn von Klitschka
mitgetheilt worden und verdient, nebst der dabey über-
schickten Carte, welche die Lage und Bildung der Inseln
besonders genau vorzustellen scheint, in unsern nordischen
Beyträgen allerdings einen Platz.

Ueber eine Gegend unsrer Erdkugel, wovon die guten Nachrichten bisher noch so selten und die vorhandnen
so widersprechend oder doch von einander abweichend sind,
muß man erst durch Vergleichung solcher verschieden lau-
tender Berichte, das Wahre nach und nach von dem
Falschen zu läutern und die Fehler zu berichtigen suchen,
folglich nichts unterdrücken. Zudem hat gegenwärtiger
Bericht das Gepräge der Genauigkeit, wenn gleich in
der Hauptanlage, besonders in Absicht der Länge von

Aläska,

Aläska, die auf guten Glauben angenommen zu seyn
scheint, gefehlt seyn sollte. Es kommt mir nämlich vor,
als ob die von dem Kapitain Krenizyn, auf seiner von
Herrn Core bekannt gemachten Carte, festgesetzte Lage
von Aläska und Unalaschka von dem Steuermann
Saikof zum Grunde gelegt worden. Vielleicht hat
auch dieses veranlaßt, daß die Amerikanische Landspitze
Aläska so sehr lang angenommen worden ist. Ich habe mich aber schon im ersten Theil der Neuen Nordischen Beyträge erklärt, daß ich mich in Absicht der
Länge von Unalaschka lieber auf die Cookschen, mit
guten Werkzeugen und von geübten Beobachtern angestellten Wahrnehmungen, als auf Schiffrechnung, verlassen wollen; und dieser Richtschnur bin ich bey Entwer-
fung der gedachtem ersten Theil beygefügten Carte
gefolgt.

Was aber das Detail der Inseln betrift, so ist im
angeführten Theil, und in der Note Z. 3. 4 des zweyten Theils dieser Beyträge schon zum voraus erinnert
worden, daß darüber genauere, auf der Stelle gemachte
Entwürfe zu wünschen wären. Und da mir von des Herrn
Generals von Klitschka Excellenz (dem ich meine für
die Nordischen Beyträge gestochne Carte in der Absicht zuzuschicken die Ehre hatte, um mir über die Inseln aus den etwan dort vorräthigen Materialien, Ver-
besserungen zu erbitten) eben diese, auf Saikofs Carte
befindliche specielle Zeichnung derselben, doch mit Bey-
behaltung der von mir angenommenen Länge von Aläska
und Unalaschka, mitgetheilet worden ist; so urtheile ich,
daß Saikofs Carte, (auf welcher zugleich die im zweyten Theil der neuen Nordischen Beyträge beschriebene Schiffahrt des Dmitr. Bragin angelegt und mit
grüner Farbe unterschieden ist) vorißt unter den dortigen
Seefahrern für die beste und genaueste, in Absicht der

S 2 In-

Inseln, gehalten werden muß, und finde keine Ursach selbiger in diesem Detail mein Zutrauen zu versagen, wenn ich gleich wegen der großen Ausdehnung und der Länge von Aláska gegründete Zweifel habe.

Nach dieser nöthigen Vorerinnerung lasse ich den Auszug des Saikofschen Reiseberichts, aus dem Russischen übersetzt, hier folgen.

Das Fahrzeug (Bot St. Wladimir) worauf Saikof seine Fahrt verrichtete, war dem Tulischen Gewehrfabrikanten Orechof und dessen Associirten zuständig. Die Besatzung desselben bestand außer dem Steuermann und Peredofschik (Jagdanführer oder Vormann) aus sieben und funfzig Mann Russen und zehn Jakuten.

Der St. Wladimir segelte im Jahr 1772 (da auch die im Zweyten Theil dieser Beyträge mitgetheilte Reise des Dmitri Bragin ihren Anfang nahm) am 22. September aus dem Hafen Ochotsk und setzte seinen Cours gegen Kamtschatka bis zum 1. Oktober bey gutem Winde fort, worauf anhaltende widrige Winde das Schiff weit in die See trieben. Als endlich der Wind wieder günstig wurde, mußte Saikof, nach dem einmüthigen Entschluß der Schiffsgesellschaft, gegen Kamtschatka steuern, wo man denn auch den 19. Oktober glücklich in die Mündung des Flusses Borowsk, welcher 160 Werste nördlich von Bolscherezk liegt, einlief. Es lag damals schon hoher Schnee in Kamtschatka, und die Schiffsgesellschaft bauete sich deshalb Hütten zum überwintern.

Wie die Flüsse aufgingen segelten sie den 12. Junius 1773 aus der Mündung des Borowsk, richteten ihren Lauf längst der Kamtschatkischen Küste, und erreichten den 7. Julius die zweyte Kurilische Meerenge. Hier nahmen sie frisches Wasser ein, gingen darauf bey günstigem

stigem Winde wieder in See, hielten ihren Lauf SO, OSO und O, ohne eine einzige Insel anzutreffen, und kamen zuletzt den 26. Julius an die Kupferinsel und zwar an die nordliche Seite, wo das Fahrzeug in einer sandigten Bucht, wo schon vorher andre Schiffe gewesen waren, vor Anker geleget wurde. Hier wurde das Fahrzeug auf Balken geleget und Hütten erbauet, welches an jedem Ort geschah, wo Saikof überwinterte, worauf Baidaren oder lederne Kähne, in deren jedem zehn Mann Platz hatten, verfertiget wurden.

Die Kupferinsel, welche unbewohnt ist, streckt sich von NW gegen SW, ist 50 Werste lang und 3 bis 10 Werste breit. An allen Seiten der Insel sind steile Felsen, welche ohngefähr 40 bis 50 Werste Faden hoch sind, und an der nordlichen Seite kleine Buchten und zwey unbeträchtliche Flüsse; an der westlichen Seite der Insel werden bey hoher See Stücke Kupfer angespület, und das Vorgebürge sieht an der Seite wie ein Kupferbergwerk aus. Auf der ganzen Insel findet sich keine Hölzung, nur kleine Strauchweiden ausgenommen, welche, obgleich nur selten, an morastigen und feuchten Stellen wachsen. In niedrigen Gegenden wächst die rothe Türkische Bundlilje, deren Zwiebel im Geschmack den Erdäpfeln nahe kömmt, und eine Art eßbarer Wurzeln, welche ohngefähr so groß sind, als eine kleine gelbe Rübe; das Kraut derselben, welches höher als eine Arschin wächst, wird zur Speise gebraucht. Was die Thiere betrift, so finden sich auf dieser Insel vornehmlich Seelöwen, Robben und Seebären, welche in großen Haufen aus der See an die Insel kommen. Die Biber (Seeottern) kommen im May an die Insel, gebähren Junge und halten sich auf selbiger bis zum November auf. Die Seelöwen und Seebären entfernen sich im November gänzlich von der Insel, die Seeottern über-

S 3

wintern

wintern aber nahe an der Küste.   Letztere werden im
September und Oktober gefangen, weil ihr Fell alsdann
am besten ist; das Fleisch derselben wird gegessen und
auch getrocknet als Vorrath auf die Reise nach den entferntern Inseln mitgenommen.   Der Herbst fangt auf
der Kupferinsel bey warmer Luft im September an;
Nord- und Nordwestwinde bringen Schnee; der Winter nimmt in der Mitte des Decembers seinen Anfang;
der Schnee liegt nicht höher als eine Arschin und zwar
bis zur Hälfte des Märzes, worauf er von den südöstli-
chen Winden und dem Regenwetter zerschmilzt; helles
Wetter fängt bey Nordwinden an.   Im Winter halten
sich auf der Insel drey Arten von Seevögeln auf, die
man Seeschwalben nennt, und welche Saikof in gröf-
sere, kleinere und mittlere abtheilet.   Der Frühling tritt
im März bey warmer, reiner Luft und bey gemäßigten
obgleich veränderlichen Winden ein.   Im Sommer sind
hier von der Mitte des Junius bis zur Mitte des Augusts
dicke Nebel gewöhnlich, welche von Nord- und Nord-
westwinden vertrieben werden.   Auf den Bergen liegt
der Schnee bis in den Julius.

Bey dem Anfange des Sommers nahm Saikof die
zur fernern Reise erforderlichen Bedürfnisse ein, ging
den 7. Julius wieder in See, und richtete seinen Lauf
nach den andern Inseln und zwar zuerst nach der aleuti-
schen Insel Attu, wo er den 30 Julius in einer von
der nördlichen Seite durch drey kleine Inseln bedeckten
Bucht, deren Ufer und Grund sandigt ist, anlangte.
In einiger Entfernung von dieser Bucht befindet sich ein
Fluß, Gawaneka genannt, welcher eine halbe Werst
lang, sieben Fuß breit und $1\frac{1}{2}$ Fuß tief ist, und aus einem kleinen See entspringt, welcher eine halbe Werst im
Umfange und zwey Fuß Tiefe hat.   In diesem Hafen
können bequem große Fahrzeuge liegen; es wurde daher
aus

aus dem Treibholz alles was zum Ueberwintern erforderlich war bereitet, und das Schiffsvolk vertheilte sich nach
verschiedenen Gegenden zum Seeotterfang.

Die Insel Attu streckt sich von Westen gegen Osten;
sie ist 99 Werste lang, 10 bis 30 breit, und eben so wie das
Kupfereiland ganz mit Bergen bedeckt; an einigen Stellen wachsen kleine Strauchwelden. An der nordlichen
Seite, nicht weit von dem Gawanska fließt ein kleiner
Fluß, welcher Saralna heißt, weil viel Liljenzwiebeln
(Sarana) an selbigem wachsen; dieser Fluß entspringt
aus einem See und ist ohngefähr so groß wie der Gawanska. An der Südseite, gegen Westen von dem östlichen Vorgebürge, ist noch ein Fluß, Ubienna genannt, welcher den beyden vorigen gleicht und so wie sie
aus einem See entspringt.

Diese Insel wurde von dem tobolskischen Kaufmann
Michaila Newodtschikof entdeckt, und die Bewohner
derselben, deren Anzahl sich, ohne Weiber und Kinder,
auf 27 beläuft, im Jahre 1748 zum Tribut genöthiget.
Die Insulaner leben in Gesellschaft, haben nur jeder eine Frau, und verstehen die rußische Sprache, sie haben
auch von den Russen die Taufe angenommen, und bezei-
gen sich gegen selbige freundlich. Sie haben von den
Russen gelernt Hemde zu tragen und Beinkleider mit
Strümpfen, — Männer und Weiber tragen sonst Pelz-
hemde (Parki) von Fellen der Eisfüchse oder auch aus
Vogelfellen zusammen genähet. Von den Russen erhalten sie Korallen, Strümpfe, Halstücher, Mützen, Kleider und kupferne Kessel; Tobak lieben so wohl die Männer als Weiber. Alle diese Waaren werden gegen Seeottern von den Russen eingetauscht. Sie essen Fische,
welche im May in die Flüsse und Seen eintreten; als
Krasna, Lenok, Chaiko und Talmen und sich bis
im September in selbigen aufhalten.

S 4

Im

Im Herbst und Winter fangen sie in der See Stockfische und Steinbutten (Palteßina); zu Zeiten wirft
die See auch Wallfische aus, deren Fett und Fleisch von
den Insulanern gleichfalls gegessen wird. Auf dem
Lande fangen sie Seeottern, und blaue Eisfüchse, obgleich in geringer Menge, und auch ziemlich selten, Seelöwen, Seebären und Robben. Sie bauen sich Jurten
oder Häuser die den Kamtschadalischen gleichen und brauchen dazu das Treibholz, welches an das Ufer geworfen
wird. Die Luft und Witterung kömmt mit der auf der
Kupferinsel überein. Fünf und dreißig Werste von dieser Insel liegt eine andre, welche Agata heißt, deren
Bewohner eben so leben, wie die Bewohner von Atta.

Auf der Insel Atta wurden zehn Mann zum Wildfang zurückgelassen und darauf den 4. Julius 1775 die
Reise zu den, einen Grad von den vorigen entfernten Inseln fortgesetzt. Sie segelten längst der nordlichen Seite
und kamen den 19. dieses Monats an die Insel Umnak, bey welcher sie in einer kleinen Bucht Anker warfen. In dieser Bucht lag schon das Fahrzeug, die heilige Eva, welches von dem Wologdischen Kaufmann
Burenin und Kompagnie ausgerüstet war. Zu besserer Betreibung des Fanges wurden die beyden Schiffsgesellschaften eins, daß ein Fahrzeug, welches mit 60 Mann
und allen erforderlichen Bedürfnissen versehen werden
sollte, weiter gegen Osten, zur Entdeckung neuer Inseln
und zum Wildfang segeln, das andre Fahrzeug aber mit
35 Mann bis zur Rückkunft des erstern bey Umnack
bleiben, und zuletzt der gemeinschaftliche Fang beyder
Gesellschaften getheilt werden solle. Der Steuermann
Saikof segelte daher den 3. August 1775 mit dem Bot
der heilige Wladimir von der Insel Umnack weiter gegen
Osten, setzte bey veränderlichen Winden seinen Lauf fort
und kam den 17. August gegen die Insel Ummak, wo
er

er in die Meerenge Jsanok, welche die Insel Unimak
von dem amerikanischen Vorgebürge Aläska absondert,
einlief, und zuletzt in eben der Bucht, wo der Kapitain
Krenizyn gelegen hatte, Anker warf. Die Breite der
Meerenge beträgt an der nordlichen Seite ohngefähr 3
Werste, die Tiefe aber 9, 10, 12, 14 und 16 Fuß. Die
Ebbe und Fluth geht in derselben sehr stark.

Auf dieser Insel blieben die Russen beynahe drey
Jahre und waren daher im Stande, zuverläßige Nachrichten von der Lebensart der dortigen Einwohner einzu-
ziehen. Weil sie mit den Bewohnern der Insel Unimak
freundlich umgingen, erwarben sie sich auch das Wohl-
wollen der Aleuten, welche über die Meerenge auf dem
amerikanischen Vorgebürge Aläska wohnen. Diese
Leute besuchten oft die Wohnungen der Russen, wo sie
mit dem was sie am liebsten haben, bewirthet wurden;
die Russen beschenkten sie auch mit tscherkaskischen Tabak, mit Korallen von verschiedener Farbe, mit kupfer-
nen Kesseln, Hemden und Katzenfellen. Saikof gewann
diese Leute ganz, und sie brachten freiwillig Tribut. Wie
Kapitain Cook da war und die Engländer sie fragten,
unter welcher Herrschaft sie stünden, so zeigten ihnen die
Insulaner, zum Zeichen ihrer Abhängigkeit von Rußland, die ihnen von Saikof ertheilten Tributquittungen.
Sie gaben den Russen auch ihre Kinder und Verwandte
als Geißeln, welche sehr gut gehalten wurden. Weil
Saikof glaubte, daß er sich auf die Freundschaft der Insulaner vollkommen verlassen konnte, segelte er aus der
Meerenge Jsanok nach der Insel Sulatis, um selbige
und die andern selbiger nahegelegne Inseln zu beschreiben.

Die Insel Unimak streckt sich von ONO gegen
WSW, ist 90 Werste lang und 20 bis 30 Werste breit,
das westliche Vorgebürge ist auf beyden Seiten felsigt

S 5   und

und steil und das Ufer sandigt, abschüßig und voll Sandbänke. Die Mitte der Insel ist gebürgig und es ist daselbst ein Vulkan, der bisweilen brennt. An der nördlichen Seite der Insel sind zwey kleine Flüsse, wovon
der eine aus einem See entspringt; im Sommer kommen Fische aus der See in diese Flüsse. An der westlichen Seite der Insel halten sich Seelöwen, Robben und
Seeottern, obgleich nur in geringer Menge, auf; mitten
auf der Insel finden sich schwarze Bären, Wiesel, Fischottern und kleine Murmelthiere oder Zeisel (Jewrasch-
ki). Die Insulaner leben in Hütten Familienweise.
Am östlichen Ufer, wo das Fahrzeug lag, wachsen Erlen, aber nur anderthalb Arschin hoch und vier Wer-
schock dick. Zum Bau der Hütten, der Baidaren und
zu ihren andern Bedürfnissen gebrauchen sie das Lerchen-,
Pappeln-, Birken-, Fichten-, Tannen- und Espenholz,
welches von der See ans Ufer geworfen wird.

Im Winter wird das Eis in der Meerenge Isanok
durch starke südöstliche Winde, welche von Regen begleitet werden, zerbrochen und fließt alsdann bey der Ebbe und Fluth in der Meerenge hin und her, wodurch die
Kommunikation mit Aläska eine Zeitlang unterbrochen
wird. Die Meerenge ist ohngefähr 20 Werste lang und
3 bis 7 Werste breit. Am nördlichen Ufer sind bis zur
Hälfte der Meerenge sandigte Buchten, die südliche
Seite ist aber felsigt.

Sechs und eine halbe Meile n) von der Meerenge
Isanok gegen Süden liegt die Insel Sannach, welche
mit kleinern Inseln umgeben, ohngefähr 20 Werste
lang, und 7 bis 9 Werste breit ist. Das ganze Ufer ist
felsigt, hat kleine Buchten und viele verborgne Klippen.

Auf

n) Vermuthlich englische Seemeilen.

Auf diesen Inseln finden sich schwarzbäuchige, grau und rothbäuchige Füchse, nahe am Ufer aber Seeottern und Robben. Die Bewohner der Insel Sannach werden mit Holz, welches die See auswirft, versorgt. Zwey und zwanzig Meilen von dieser Meerenge liegt die Insel Ungin, welche rund ist und sich von SW. nach NO streckt. Das Ufer ist felsigt und hat sandigte Buchten. Die auf selbigen wohnende Aleuten sind mit den vorigen von einerley Abkunft. Außer Füchsen, Seeottern und Robben werden hier Rennthiere, Flußottern und kleine Murmelthiere gefangen.

Das westliche Vorgebürge von Alåska wird von Aleuten von ebenderselben Abkunft bewohnt, welche familienweise zusammen leben. Das südliche Ufer von Alåska ist in einer Strecke von 200 Wersten bis zur Insel Sulatüs felsigt und hat sandigte Buchten. Von Holzung wachsen auf selbigen, Erlen. An den Ufern werden Seeottern, Seelöwen und Robben gefangen, auf der Insel selbst finden sich Bären, Wölfe, Rennthiere, rothe Füchse, Flußottern, Vielfraße, Wiesel und kleine Murmelthiere.

Die bisher beschriebenen und auf der Carte durch rothe Farbe ausgezeichnete Inseln hatte Saikof selbst besucht, die durch Punkte bezeichnete Küsten sind aber nach den Nachrichten der Aleuten angelegt, welche an beyden Seiten von Alåska zur See auf den Fang auszugehen pflegen. Von der Meerenge Isanok an ist die nördliche Küste von Alåska, in einer Strecke von 200 Wersten, sandig, steil und voll Klippen. Ohngefähr 400 Werste von der Insel Sulatis gegen Süden, liegt die Insel Kadjak. Die Breite des Vorgebürges Alåska nimmt bis Kadjak stufenweise von 30 bis 70 Werste zu. Auf Kadjak wachsen Lerchenbäume, Fichten, Birken, Pappeln

peln und Espen, von Thieren finden sich daselbst Bären, Rennthiere, Wölfe, Füchse, Fischottern und Vielfraße.

Die Bewohner der Insel Kadjak, welche sich **Ka-nága** nennen, reden eine Sprache, welche von der Sprache der Aleuten auf den Inseln und auf dem Vorgebürge Aláska verschieden ist. An der östlichen Küste strecken sich ihre Hütten bis zu einer Entfernung von 600 Wersten. Darauf fängt ein andres Geschlecht von Insulanern an, welche Schugatschi heißen, und zuletzt bärtige Leute, welche sehr weit von einander wohnen. Ein jedes dieser Geschlechte spricht eine besondere Sprache und sie leben gänzlich von einander abgesondert. An der nördlichen Küste von Aláska, gegen Kadjak über, wo sich das Land gegen Norden ziehet, wohnt ein eignes Volk, welches von den Kanágern Kinai, von den Russen Subatúe, d. i. Leute welche Zähne tragen, genannt wird, und den Tschuktschen gleicht.

Diese Völkerschaften sind beständig im Kriege gegen einander; die Mannspersonen, welche sie zu Gefangne machen, werden hingerichtet, Weiber und Kinder aber beym Leben erhalten und als Sklaven oder Sklavinnen behandelt.

Die alten und vornehmsten Bewohner des amerikanischen Vorgebürges Aláska versicherten, daß die Aleuten von ihnen herstammten, in den ältesten Zeiten aber von einer Insel zur andern übergegangen wären und sich bis auf die Inseln, welche Kamtschatka am nächsten liegen, nämlich bis Atta und Agata verbreitet hätten. Sie haben keinen Begriff von Religion, sondern rufen nur durch ihre Priester den Teufel an, bringen aber keine Opfer und erzeigen keiner Sache göttliche Verehrung. Im Winter versammlen sich Männer und Weiber, um die Zeit besser hinzubringen, in eine Hütte, legen höl-

zerne

zerne bemalte Masken vor, stellen darauf an hohen Stellen hölzerne Figuren hin, die entweder Menschen, Vögel oder Seethiere vorstellen, erzeigen aber selbigen keine
gottesdienstliche Verehrung; dabey schlagen sie die
Trummel, singen und tanzen. Ihre Kleider sind aus
Vogel- oder Seebärenfellen gemacht, sie tragen hölzerne
Mützen, welche mit Korallen, mit Vogelfedern und kleinen knöchernen Figuren geschmückt sind. Sie haben
lange Haare, welche die Weiber hinten in einem Bündel
zusammen binden, vorne aber abscheeren. Kleinen Kindern wird das Gesicht zum Zierrath mit Nadeln durch-
stochen und darauf mit einem schwarzen Stein eingerie-
ben. Männer und Weiber tragen in den Ohren und
am Halse weiße Schmelzkorallen, zu vier Schnüren und
mehr. Sie sammlen an den Ufern Bernstein von feuer-
gelber Farbe.

Im Winter tragen die reichern Insulaner Beinkleider, welche aus Seelöwen-, Seebären- und Robbenfel-
len zusammengenähet sind; die Armen gehen barfus.
Sie fangen auf den Inseln Seelöwen, Seebären, Seeottern, und gegen das Vorgebürge Aläska über, auch
Wallrosse. Wenn sie auf den Fang ausgehen, sind zehn
oder zwanzig Baidaren zusammen, in deren jedem ein
Mann sitzt.

Statt des Bogens haben sie ein Brett, welches 9
Werschok lang und einen breit ist; wenn der Pfeil von
selbigen abgeschossen oder geschleudert wird, so fliegt er
auf eine Entfernung von 20 Faden. Sie haben gar kein
andres Gewehr zum Fang.

Die Vornehmern unter ihnen, oder Tojoni, halten
drey oder vier Menschen als Sklaven. Je mehr jemand auf
der See fängt, desto mehreren hat er zu befehlen. Die Weiber machen Zwirn aus Wallfischsehnen und aus den Sehnen
anderer Thiere; sie nähen für sich und ihre Männer Klei-

der

der und Strümpfe; sie verfertigen auch aus Gras Ma-
tratzen, Decken und kleine Mattensäcke, um allerley Sachen einzupacken; die Nehnadeln machen sie von Vogel-
knochen. Sie tragen auch Hemder, und seidene, baumwollene oder leinene Halstücher. Wer keinen Kessel
zum Kochen der Speisen hat, wird für sehr dürftig gehalten. Sowohl Männer als Weiber lieben den tscher-
kaßischen Tabak; Schmelz und farbigte Korallen werden für Reichthum gehalten, und alle diese Waaren tau-
schen sie von den Russen ein.

Im Sommer nähren sie sich mit Fischen, welche aus
der See in die Flüsse kommen, und welche sie entweder
mit Netzen, die von Sehnen der Wallfische gemacht sind,
fangen, oder mit großen knöchernen Harpunen stechen.
Stockfische und Steinbutten fangen sie in der See mit
Angeln, und die Wallfische, welche nicht selten von der
See ausgeworfen werden, dienen ihnen gleichfalls zur
Speise. Unter ihren Landgewächsen sammlen sie Lilien-
zwiebeln und Kutugarnikwurzel (Polygonum vivipa-
rum). Auf der Landspitze Aláska wachsen Himbeeren,
Erdbeeren und Blaubeeren.

Wenn die Frau des Tojon oder ein angesehener Mann
stirbt, war es ehemals auf einigen Inseln die Gewohnheit, den geliebtesten Sklaven oder die liebste Sklavin
zu tödten und selbige mit dem Todten zu begraben; seitdem aber die Russen sie von dieser Sitte abzurathen gesucht haben, ist selbige fast ganz außer Gebrauch gekommen. Folgender Gebrauch wird aber beständig beobachtet: wenn die liebste Frau eines Tojon stirbt, so werden
die Eingeweide aus dem Leichnam herausgenommen, der
Körper in einen Kasten gelegt, fest mit Riemen umwunden, und dem Ort gegen über, wo der Mann schläft, aufge-
hängt. Der Nachlaß der Verstorbenen wird ganz verbrannt.

brannt. Eben so wird verfahren, wenn die liebsten Kinder sterben.

Den 27. May 1778 trat Saikof von der Insel
Umnak seine Rückfahrt an und lief den 20. Julius bey
der Insel Umnak in eben den Hafen ein, in welchem er
vorher gelegen hatte. Die Mannschaft der beyden Schiffe kam hier, der Abrede gemäß, wieder zusammen, theilten den Fang und gingen darauf jede für sich wieder auf
den Fang aus. Die Insel Umnak streckt sich von
ONO gegen WSW, ist felsigt und hat kleine Buchten, ihre Länge beträgt ohngefähr 90, die Breite aber 7
bis 20 Werste.

Wie das Bot ausgebessert und alles, was die Schiffsgesellschaft gefangen hatte, oder was zur Reise erfordert
wurde, eingenommen war, segelte Saikof nach der Insel Atta, um die daselbst zum Wildschlagen zurückgelas-
senen zehn Mann wieder abzuholen. Er hielt sich an
der nördlichen Seite der Inseln und wurde die Insel
Sitcuin (Sitchin) ansichtig, welche auf der Karte des
Kapitain Krenitzyn niedergelegt ist. Die Inseln welche in der Karte des Steuerm ann Saikof roth bezeichnet
sind, wurden bey der Rückfahrt nach dem Quadranten aufgenommen; die Inseln Adar, Kanaga, Tanaga,
Amatü, Goat, Gorelot, Semisopoſchnoi, Amat-
rſchigda, die Ratzeninsel (ruß. Kryſſei) o), Sitchin,
Tſchechula, Kuſka, Buldur, welche durch gelbe
Farbe unterschieden sind, und deren Lage des widrigen
Windes wegen nicht genau bestimmt werden konnte, sind
nach den Erzählungen der Mannschaft, welche auf dem
Bot der heilige Wladimir diese Inseln besegelt hat, auf
der

o) Dem Zeugnisse der Bewohner dieser Insel zufolge, soll
ehedem ein fremdes Schiff an dieser Insel gestrandet,
und seitdem erst die Ratzen da erschienen seyn.

der Karte gezeichnet worden.   Nach Saikofs Karte liegen dieſe Inſeln vier Grade öſtlicher, als wie ſie von Krenitzyn angegeben ſind.

Den 30. May erreichte Saikof die Inſel Attu,
nahm die Zurückgelaſſenen ein und verfolgte den 12. Junius ſeine Reiſe nach Beringsinſel, um daſelbſt noch Seebären zum Eſſen zu fangen.   Von da ſegelte er wieder
den 23. Junius aus und langte den 6. September im
Ochozkiſchen Hafen an, nachdem er auf der ganzen Reiſe
nur 12 Mann verloren hatte.

Außer dem Tribut für die Krone waren auf dieſem
Fahrzeuge geladen, 2676 alte Seeottern und Mütter
von Seeottern, 1159 halberwachſene (Kaſchloki,) 2874
Seeotterſchwänze, 583 ganz junge Seeottern (Med-
wedki, 49 ſchwarzrückige, 1099 ſchwarzbäuchige und
1204 rothe Füchſe, 42 Flußottern, 1 Vielfraß, 3 Wölfe, 18 Robben, 1725 Seebären, 1104 blauliche Eis-
füchſe, 9 Pud und 10 Pfund Wallroßzähne.

XI. Muth-

XI.

Muthmaßliche Gedanken

von

dem Ursprunge

der Amerikaner. p)

Ob Amerika, welches auch Westindien und die neue
Welt genannt wird, den Alten bekannt gewesen
sey, ist eine Frage, die nach langem Untersuchen doch
nicht mit Gewißheit entschieden werden kann. Die
ägyptischen Priester hatten, wie Plato erzählt, dem athe-
niensischen Gesetzgeber Solon von einer gewissen Insel
Atlantis

p) Ich habe es um deswillen für nöthig erachtet, diesen
fast vergeßnen, und doch nicht unwichtigen Aufsatz des
seligen Professors der Petersburgischen Akademie H.
Fischer, welcher in einem der St. Petersburgischen historischen Calender zuerst bekannt gemacht wurde, hier
abdrucken zu lassen, weil auch diese Arbeit des seligen
Mannes, von eben derjenigen Feder, die schon anderer
Plagiate gegen Ihn überführt worden, gemisbraucht
worden ist, ohne daß der rechte Urheber der darin gesammleten und in die fremde Arbeit übergetragnen historischen Bemerkungen dem Publikum bekannt geworden wäre. Ich werde für Kenner nicht nöthig haben,
hinzu zu setzen, daß dieser Aufsatz des seligen Fischer,
welcher im Jahr 1771 gedruckt worden, sichtbarlich
die Grundlage eines neuern Scheererschen Werks,
über die Bevölkerung von Amerika, in französischer
Sprache sey.   P.

Atlantis Nachricht gegeben, welche außer der Meerenge bey Gibraltar, nur wenige Tagereisen von Spanien entfernt, gelegen gewesen sey. Diese Insel, erzählten die Priester, wäre größer als Libyen und das eigentlich sogenannte Asien zusammen, und so mächtig gewesen, daß sie ganz Libyen bis an das Tyrrhenische Meer unter ihre Botmäßigkeit gebracht habe, bis sie endlich durch eine Sündfluth und ein starkes Erdbeben, welches vier und zwanzig Stunden gewähret, untergesunken sey.

Auch Diodor von Sicilien erwähnt einer großen Insel, nach welcher die Phönicier, da sie die östliche Küste des atlantischen Meeres besegelten, durch Sturm verschlagen worden. Er erzählt, die Tyrrhener, welche damals zur See mächtig gewesen, hätten eine Kolonie dahin schicken wollen, es sey ihnen aber von den Karthaginiensern verwehret worden, welche nämlich diese Insel als eine Zuflucht zur Zeit der Noth für sich behalten wollten, und ihre Fahrt deswegen der ganzen Welt zu verbergen suchten.

Wenn Niemand als Plato der großen atlantischen Insel Meldung gethan hätte, so könnte man die ganze Erzählung für eine Erdichtung oder für eine Allegorie halten, das Zeugniß Solons aber oder vielmehr der ägyptischen Priester hält uns zurück. Was Diodor von Sicilien betrift, so sind seine Nachrichten, wie in der Ueberschrift des Buchs gemeldet wird, nur aus Sagen oder fabelhaften Erzählungen genommen, welche vor der zuverläßigern Geschichte, wie die Morgenröthe vor der Sonne, hergehen. Gesetzt aber, daß diese Nachrichten auch wahr wären, so könnte man seine Insel für eine der Kanarischen Inseln, oder weil das Schiff durch Sturm verschlagen worden, vielleicht gar für Irland oder Großbrittannien annehmen.

Doch

Doch hier ist nicht der Ort, sich lange bey dieser Materie aufzuhalten, da wir untersuchen wollen, wie und von wannen die Amerikaner in ihr Land gekommen. Unter folgenden dreyen Sätzen, muß Einer wohl wahr seyn; entweder, daß die Amerikaner Aurochtones sind, d. i. ursprüngliche Einwohner, die von je her im Besitz ihres Landes gewesen; oder, daß sie aus andern Welttheilen in den ihrigen verpflanzt worden; oder endlich, daß sie selber unsere alte Welt mit ihren Kolonien besetzt haben. Wenn wir nicht aus der Offenbarung eines andern belehret wären, so könnte man den ersten und den dritten Satz eben so gut als den mittlern vertheidigen. Unter den heidnischen Weltweisen ist der Streit von einem Anfange oder von der Ewigkeit der Welt unentschieden geblieben; so haben sich auch in vorigen Zeiten viele Völker, unter andern, die von Athen, eines unabstammenden Ursprunges gerühmet. Was den dritten Satz anbelanget, so haben die Merikaner wirklich geglaubt, daß die spanischen Könige Abstämmlinge von ihrem ersten Regenten, dem Quezalfoal sind, und folglich die Merikaner viele hundert Jahre vor der Entdeckung Amerika, sich Meister von Spanien gemacht haben. Dieses kommt mit der historischen Wahrheit eben nicht überein; und die Merikaner sind in diesem Stück von eben dem Vorurtheil, als andre Völker eingenommen, nach welchem sie glauben, daß Wissenschaften, Lehrbegriffe, neue Erfindungen, politische Einrichtungen des Staats und dergleichen, von ihnen zu andern Völkern übergegangen sind, und sie keinesweges etwas von andern angenommen oder gelernet haben. Nur eines unter vielen zu gedenken, so haben sich viele europäische Gelehrten eingebildet, daß Pythagoras die Meynung von der Seelenwanderung, und die Egypter ihre Staatsverfassung den Indianern mitgetheilet haben; da doch Pythagoras sowohl, als alle andere griechische Weltweisen, ihre Weisheit von

T 2   den

den Indianern geholet, und ihnen keineswegs zugebracht
haben. Ob die Indianer ihre Lehrbegriffe und politische
Einrichtung von den Egyptern, oder diese von jenen erhalten, ist eine Frage, welche viele von den unsrigen
kaum der Mühe werth achten, zu beantworten. Warum? weil sie griechische oder aus den Griechen zusammen gestoppelte lateinische Bücher gelesen, und aus diesen gelernet haben, daß die Egypter in allen Stücken der
Indianer Vorgänger und Lehrmeister gewesen. Wären sie in Indien geboren, oder im Stand gewesen, der
Indianer ihre Nachrichten aus den Quellen zu schöpfen,
so würden sie vielleicht anders gedacht, und ihre einge-
bildete Gewißheit zum wenigsten in Zweifel gezogen
haben.

Ich habe den ersten und dritten vorberührter Säße nicht
deswegen angeführt, weil ich sie für wahr halte, sondern um
nur zu zeigen, daß, so falsch auch immer eine Meynung
seyn mag, sie doch Vertheidiger finden könne, die derselben eine scheinbare Farbe anzustreichen wissen. Es
bleibt also nur der mittlere Saß zu erörtern übrig, nämlich, daß die Amerikaner aus andern Welttheilen dahin
verpflanzt worden.

Nicht nur die göttliche Offenbarung, welche ausdrücklich lehret, daß der erste Mensch in Asien entstanden, sondern auch die Unempfindlichkeit, die Gedanken-
losigkeit, die natürliche Trägheit, die Ungeschicklichkeit,
und der Mangel an allen Künsten und Wissenschaften
der Amerikaner, verglichen mit dem Genie, der Munterkeit
und Applikation der Nationen in andern Welttheilen, läßt
keinen Zweifel übrig, daß die Amerikaner niemals aus ihrem Lande in ein fremdes, wohl aber fremde Nationen
zu ihnen in ihr Land gekommen sind. Wie aber, und
welche Völker? ist es mit Vorsaß, oder durch einen Zu-

fall

fall geſchehen? Eine ſchwere Frage, zu deren Auflö-
ſung eine mehr als gemeine Kenntniß einer oder der andern Sprache aus allen Welttheilen, der Geſichtsbildun-
gen, der mancherley Religionen, Sitten, Gebräuche
und Gewohnheiten erfordert wird. Zwar fodere ich
eben nicht, daß jemand eine oder mehrere Sprachen aus
allen vier Welttheilen verſtehe; es wäre zum Anfange
genug, wenn jemand die Sprachen der weſtlichen Küſten
von Afrika mit den antilliſchen und braſilianiſchen ver-
gleichen könnte. Wenn aber auch dieſes zu viel gefor-
dert ſcheinet, ſo iſt es doch keine Unmöglichkeit, daß
man nach und nach ein Wörterbuch von einigen hundert
Wörtern, aus allen Sprachen der bekannten Welt
ſammle. De la Condamine urtheilet nach meinem Sinn,
wenn er ſchreibt, daß dieſes vielleicht das einige Mittel
wäre, den Urſprung der Amerikaner zu entdecken. Ein
ſolches Wörterbuch wäre viel geſchickter zu unſerm Zweck,
als das Gebet des Herrn, welches man bisher in andern,
inſonderheit wilden Sprachen aufgeſetzt hat; wie z. B.
in der Sammlung des Engländers Chamberlayne. Denn
da die Wilden in ihren Sprachen keine Wörter weder
von moraliſchen noch metaphyſiſchen Dingen haben, wie
kann denn dieſes heilige Gebet richtig in ihre Sprachen
überſetzt werden? zu geſchweigen, daß, da man in Er-
lernung einer Sache jederzeit mit dem leichteſten anfängt, und bey dem ſchwerſten aufhöret, hier die Ordnung, welche die Natur vorſchreibt, umgekehrt wird.

Bey einem ſolchen Wörterbuche wäre in Acht zu
nehmen, daß, wenn man etwa unter einigen hundert
Wörtern ein oder das andere Wort anträfe, das dem
Schall und der Bedeutung nach, mit dem Wort einer
andern ganz fremden Sprache übereinkäme, man nicht
ſogleich auf den Schluß fallen müſte, daß beyde Sprachen einander verwandt wären. Wer wollte z. B. ſagen,

T 3   daß

daß die lateinische und die grönländische Sprache eine
Verwandschaft unter einander hätten, weil der Grönländer ignach (Feuer) und der Lateiner ignis einerley
Bedeutung haben? Auf der andern Seite giebt es Leute, die, ungeachtet sie eine ziemliche Aehnlichkeit und einerley Bedeutung unter vielen Wörtern zweyer verschiedener Völker antreffen, diese Aehnlichkeit doch nicht erkennen wollen. Auch diese haben Unrecht, weil sie die
verschiedene Mundarten der Nationen in Verkürzung und
Ausdehnung der Wörter nicht in Erwägung ziehen, und
nicht bedenken, daß fast jede Nation in ihrem Alphabet
besondere Buchstaben hat, die andere nicht haben, und
auch nicht aussprechen können; wodurch dann nothwendig eine merkliche Veränderung und Abweichung des
Schalls zweyer Wörter von einerley Bedeutung erfolgen muß.

Mit einer solchen allgemeinen Wörtersammlung möchte es wohl eine Zeitlang, und vielleicht noch ein oder einige Jahrhunderte Anstand haben; und wenn wir keinen
andern Weg, den Ursprung der Amerikaner zu entdecken
ausfindig machen, so ist dem Anschein nach, unsere Mühe desfalls vergebens; denn die Geschichten, oder besser
zu sagen, ihre Ueberlieferungen geben uns hierin kein
Licht, und ich glaube nicht, daß sie sich jemals über diese Frage die Köpfe zerbrochen haben. Es ist aber noch ein anderes
Mittel auf diese Spur zu kommen, nämlich die Lebensart die Sitten und Gebräuche der Amerikaner, verglichen mit den Sitten und Gebräuchen der Nationen der
alten Welt. Es ist freilich wahr, daß zwey sehr weit
von einander entfernte Nationen in Ansehung ihrer Lebensart mit einander übereinkommen können, die doch
deswegen nicht verwandt sind, wenn aber sonderbare,
der Natur zuwider streitende Gebräuche bey verschiedenen Nationen gefunden werden, so müssen sie selbige entweder

weder ſelbſt erdacht, oder von andern geborget haben.
Das erſtere hat keine große Wahrſcheinlichkeit, da nicht
wohl zu begreifen iſt, wie dergleichen wunderliche Ein-
fälle bey einem einzigen Menſchen, geſchweige bey verſchiedenen Nationen haben entſtehen können; es bleibt daher wahrſcheinlich, daß dieſe Völker ihre ſonderbaren Gebräuche und Sitten ſich durch gemeinſchaftliches Ver-
kehr mitgetheilet haben.

Wir wollen alſo den Urſprung der Amerikaner aus dieſem Grunde unterſuchen, und ihre ſonderbare Lebensart,
Sitten und Gebräuche in ſo fern ſie mit denen aus der alten
Welt übereinſtimmen, und zwar nicht alle, ſondern nur
die ſeltſamſten und auch dieſe in möglichſter Kürze betrachten.

1) Seltſame Regierungsform.

In Oſtindien ſuccedirt dem Samorin, d. i. dem
Beherrſcher des Reichs Kalikut nicht ſein leiblicher, ſondern ſeiner Schweſter Sohn. Dieſelbe Reichsfolge iſt
auch in den Malabariſchen Königreichen gewöhnlich.
Die Prinzen heirathen keine Prinzeßinnen, ſondern Nai-
rentöchter; daher ſind ihre Kinder keine Prinzen, ſondern Nairen. Die Prinzeßinnen verheirathet man gemeiniglich an Braminen: alle aus einer ſolchen Ehe erzeugte Kinder ſind Prinzen und der Reichsfolge fähig.
Dieſe fürſtliche Geſchlechter machen zuſammen den königlichen Stamm aus, der allen übrigen vorgeht. Nach
des Königs Tod folgt ihm allemal der älteſte Fürſt in der
Regierung. Auf ſolche Weiſe entſteht niemals Streit
wegen der Erbfolge, und man ſieht niemals junge Regenten. In allen Ländern der Negern, von der Sana-
ga bis an den Rio da Volta wird zwar der König allemal aus der königlichen Familie genommen; aber ſeine

Kin-

Kinder sind immer von der Reichsfolge ausgeschlossen, als welche beständig auf die weibliche Seite fällt.

In Amerika auf der Insel Hayti, die nun St. Domingo heißt, waren die Fürstenthümer zwar erblich; aber wenn ein Cacique ohne Erben starb, so kamen seine Länder an die Kinder seiner Schwestern mit Ausschließung der Brüderkinder.

Wenn das Oberhaupt der Irokaner mit Tod abgeht, so fällt seine Würde allemal auf die Kinder seiner Mutterschwester.

Eben diese Gewohnheit beobachten auch die Huronen, und die Natschen am Fluß Mißisippi. Sie sagen, man könne weit sicherere Rechnung darauf machen, daß der Schwestersohn von dem Geblüt des Regentenstamms sey, als der von seinem Vater oder Vatersbruder.

2) Barbarische Leichenbegängnisse.

In der alten und neuen Historie findet man, daß bey Beerdigung einer vornehmen Leiche einige Weiber und Bediente ihrem verstorbenen Herrn haben müssen im Tode Gesellschaft leisten. Herodot schreibet von den Skythen an Borysthenes, (Dnepr) daß wann ihr König mit Tod abgeht, sie eine seiner Kebsweiber, seinen Mundschenk, Koch, Bereiter, Kammerdiener und Postträger, sammt Pferden und güldenen Schaalen zugleich mit ihm begraben. Lucian sagt eben dieses. Die Römer opferten bey vornehmen Leichen eine Anzahl Kriegsgefangener, die die Fechtkunst verstunden, und paarweise so lang fechten mußten, bis keiner mehr übrig blieb. Cäsar meldet, daß bey den Galliern die Soldurii alle Bequemlichkeiten des Lebens und die Bitterkeit des Todes mit ihrem

Pa-

Patron theilten. Und an einem andern Ort meldet er,
daß der Gebrauch, bey vornehmen Leichenbegängnissen
nebst andern Sachen auch die Bedienten und liebsten
Klienten ihrer Herren und Patronen zu verbrennen, noch
nicht lange abgekommen sey. Die alten Dänen ließen
bisweilen, um ihre Vorsorge gegen die Todten sehen zu
lassen, die Weiber mit ihren Männern lebendig begraben. Olof Dalin versichert uns eben dasselbe von den
alten Schweden. Deguignes meldet daß bey den Ho-
ni-Re, einer türkischen Nation der Gebrauch gewesen,
die Weiber, welche von ihrem Mann keine Kinder gehabt, nach dem Tode desselben mit ihm zu begraben.
Noch heutiges Tages lassen sich viele heidnische Weiber
in Ostindien mit ihren verstorbenen Männern lebendig
verbrennen. Marco Paolo meldet, daß, wenn der Körper des großen Mongollschen Chans zu seinem Begräb-
nißort geführet wird, man unterwegs alle die dem Lei-
chengepränge begegnen, tödte, um dem großen Chan in
jener Welt zu dienen. In den mongolischen Grabhü-
geln soll man zuweilen neben dem in der Mitte liegenden
Körper noch andere Körper finden, die bey seiner Beerdigung, vermuthlich abgeschlachtet worden. Bey den
Jakuten, deren Vorfahren unter den Armeen der mongolischen Chane gedienet haben, soll ehemals, ehe sie noch
dem rußischen Zepter unterworfen worden, der Gebrauch
gewesen seyn, daß einer von den liebsten Bedienten des Verstorbenen sich in einem besonders dazu angemachten Feuer
mit Freuden verbrannt habe, um seinem gewesenen Herrn
auch in dem andern Leben zu dienen. Dieser Gebrauch
muß auch bey den Manßuren im Schwange gewesen
seyn; denn Duhalde erzählet, daß Schnutschi, der Stifter der jetzt in Sina herrschenden Familie, nachdem er
seinen Sohn und seine Gemahlin verloren, dreyßig Personen zugemuthet habe, sich freywillig zu tödten, um die
Seelen der Verstorbenen zu befriedigen: und daß Kang-

hi,

hi, sein Nachfolger, sich viele Mühe gegeben habe, diese
Gewohnheit abzuschaffen. Bey den Afganen, einem
räuberischen Volke an der persischen Gränze, und bey
den Einwohnern der philippinischen Inseln, soll eben diese
Mode herrschen, die ich aber, um Weitläuftigkeit zu
vermeiden, übergehe.   Bey den Begräbnissen der Könige von Whidah und Benin werden gleichfalls sehr viele
Personen beyderley Geschlechts lebendig eingescharrt.
Diese Königreiche liegen an den westlichen Küsten von
Afrika, welche unter allen Ländern der alten Welt dem
östlichen Amerika am nahesten gränzen.

In Amerika auf der Insel Hayti wurden bey Beerdigung eines Caciquen nebst ihm viele Personen beyderley
Geschlechts, insbesondere aber viele seiner Weiber lebendig begraben, die sich noch überdem um diese Ehre
zankten.

Die Karaiben tödten noch itzt Sklaven auf den Gräbern ihrer verstorbenen Herren. Von den Insulanern
ist diese abscheuliche Seuche zu den Merikanern und Peruanern, und so gar zu den wilden Natschen am Fluß
Mißsippi gekommen.

3) Das Haar abschneiden ein Zeichen der tief-
sten Trauer.

Dieses war ein uralter Gebrauch unter den Heiden,
welchen Gott durch Moses den Kindern Israel verbo-
ten hat.   Anfänglich wurden die Haare dem Sterben-
den selbst abgeschnitten; denn man meynte, die Seelen
der Verstorbenen würden sonst nicht in das unterirrdische
Reich des Pluto aufgenommen werden.   Wir haben hievon zwey berühmte Exempel an der Alcestis und an der
Dido.   Nach und nach schnitten sich auch die Verwandt-
ten ihre Haare ab, zum Zeichen der Trauer.   Die Skythen

chen am Borysthenes haben nach Herodots Zeugniß sich
bey der Beerdigung ihres Königs die Haare umher be-
schoren. Sowohl die griechischen als lateinischen Dichter erwähnen oft dieser Todtenopfer; denn so nennet Ovi-
tlus diese Ceremonie, da er sagt die Hekuba habe auf
dem Grabmal ihres Sohns Hektor ihre Thränen sammt
ihren grauen Haaren als ein Todtenopfer hinterlassen.
Petronius meldet von der bekannten Matrone zu Ephe-
sus, daß sie ihre ausgerissene Haare auf die Brust ihres
verstorbenen Ehemanns geleget. Busbek, ein Abge-
sandter des ungarischen Königs Ferdinand an den türkischen Sultan Soliman, schreibt, daß man über den meisten Gräbern der Servier Menschenhaare angebunden
finde, zum Zeichen der Trauer der Anverwandten des
Verstorbenen. Ob nun zwar die Servier nicht mehr
Heiden, sondern Christen sind, und folglich diese ange-
bundene Haare für keine Todtenopfer angesehen werden
können, so bezeuget doch die beständige Erfahrung, daß
bey allen Religionsveränderungen der Völker immer einige Ueberbleibsel der alten Religion zurück bleiben.

Auch die neuern Zeiten geben uns Beyspiele dieser
Gewohnheit. Im Jahr 1716 starb zu Samarow-jam,
einem Städtgen an der Mündung des Irtyschflusses, einer von der sinesischen Gesandschaft, dessen ältestem Bedienten man ein Stück von seinem Haarzopf abschnitt,
und selbiges bey Verbrennung der Leiche als ein Todtenopfer ins Feuer warf. Der Mataram oder Großherr
auf der Insel Java in Ostindien ließ seinem rebellischen
Bruder ein herrliches Leichenbegängniß machen, und zum
Zeichen der Trauer sich die Haare abschneiden. Die
Karaiben in den amerikanischen sogenannten antillischen
Inseln, schneiden, wenn sie Trauer haben, die Haare
ab; die Weiber hingegen lassen sich solche gänzlich abscheeren. Die Weiber in Virginien streuen ihre Haare
auf

auf dem Begräbnißplatz herum, oder werfen sie auf das Grab. Die brasilianischen Weiber lassen sich solche glatt vom Kopfe wegschneiden, und endigen ihre Trauer nicht eher, als bis sie wieder gewachsen sind. Wenn die Apalachiten, eine Nation in Florida, ihre Trauer bey dem Absterben eines Verwandten anzeigen wollen, so schneiden sie einen Theil ihrer Haare ab; bey dem Ableben ihres Landesherrn aber scheeren sie sich den ganzen Kopf kahl; lassen auch ihre Haare nicht eher wieder wachsen, bis sein Leichnam zur Erde bestätiget ist; welches nicht eher als nach Verfließung dreyer Jahre geschiehet.

Die wilden Irokesen beiderley Geschlechts bezeugten ehedem gleichfalls ihre Trauer durch das Haar abschneiden. Die Weiber durften bey dieser Gelegenheit keinen Fuß aus ihrer Hütte setzen, bis ihr Haar wieder gewachsen war. Weil aber dieses zu lange währete, so schneiden sie itzt, mit Vergünstigung ihrer Anverwandten, nur einen kleinen Theil desselben ab, welches sie auf das Grab ihres gewesenen Mannes streuen. Hiebey ist zu merken, daß die Weiber in Kanada es für den empfindlichsten Schimpf halten, wenn man ihnen die Haare abschneidet; denn sie dürfen sich in diesem Zustande nicht sehen lassen. Bey den Männern ist es das Bartabscheeren, wie den Gesandten des Tamerlans von dem türkischen Sultan Bajazet wiederfahren.

4) Zerstörung der Hütten bey Todesfällen.

Die alten Mongolen haben die Gewohnheit gehabt, die Gezelte ihrer verstorbenen Officiers einzureißen und zu vernichten. Auch die heutigen Mongolen pflegen, wenn ihr Chan oder seine vornehmste Gemahlin stirbt, wenn sie Privatpersonen sind, ihre Wohnungen zu verlassen, die Häupter der Stämme aber ihr ganzes Lager zu verändern, und sich die ganze Trauerzeit nicht öffentlich sehen zu lassen. Bey den Telenguten werden die Hütten der Verstorbenen zerstöret. Die Jakuten ließen ehemals ihre Todten in den Jurten darin sie gestorben waren, und verließen die Jurte völlig. Die Telenguten sind ein Stamm der Uiräts oder Oelöts, welche insgemein Kalmacken genannt werden; und die Jakuten gehören, so viel sich aus der Sprache schließen läßt, zum tatarischen Völkerstamm. Beyde können diesen Gebrauch von den alten Mongolen geerbet haben. Die Perser haben einen Abscheu gegen die Wohnungen, in welchen ihre Väter gestorben sind, und beziehen sie niemals. Auch die Häuser und Palläste der hohen Beamten, die auf Befehl des Schachs getödtet worden, wird nicht leicht jemand umsonst nehmen, vielweniger beziehen wollen; denn dieses wird für eine unglückliche Vorbedeutung eines gleichen Schicksals gehalten; daher bleiben solche Häuser leer stehen, und verfallen nach und nach. Ein Lappländer hat nicht so bald den letzten Seufzer ausgehaucht, so tragen seine Landsleute den Körper fort, verlassen die Hütte und zerstören sie. So bald der König der Whidah-Negers in dem westlichen Afrika gestorben ist, wird sein Pallast niedergerissen, und ein anderer nach dem Geschmack und Willen des neuen Königs erbauet.

In Amerika auf den Karaibischen Inseln ist die Mode, die Hütte des verstorbenen Hausvaters nieder zu reißen, und eine andere an einem andern Ort wieder zu bauen, ohne daß es jemand in den Sinn kommt, sich auf der vorigen Stelle häuslich nieder zu lassen. In Peru wurden die Zimmer, welche ein verstorbener Ynka bewohnet, vermauert.

Dieser

Dieser Abscheu gegen die Wohnungen der verstorbenen Hausväter rühret von einer abergläubischen Meynung der Götzendiener her, welche sich einbilden, daß die Todten in jenem Leben eben die Geschäfte, welche sie hier getrieben haben, fortsetzen, und also alles dessen benöthiget seyn werden, was sie vormals besessen haben. Daher giebt man ihnen auch ihren Hausrath und alles was sie auf der Welt am liebsten gehabt haben, mit ins Grab. Würde ihnen etwas davon entzogen oder entwendet, so würde der Geist des Verstorbenen, nach der Einbildung dieser Menschen, keine Ruhe haben, sondern durch seine Erscheinungen die Leute quälen und ängstigen. Eine solche Nachbarschaft aber ist den Zurückgebliebenen ungelegen. Daher entweichen sie lieber, und überlassen dem unruhigen Kobold die ganze Hütte, in welcher er sich, ihrer Meynung nach, aufzuhalten pfleget, oder zerstören dieselbe. So gar das bloße Andenken eines Verstorbenen ist diesen Völkern abscheulich und fürchterlich: daher desselben Name niemals ausgesprochen werden darf; und wenn etwa einer von demselben Stamm denselben Namen führet, so muß er ihn ablegen und einen andern dafür annehmen. Auf solche Weise ist ein Verstorbener unter ihnen wie einer der niemals auf der Welt gewesen; ihre Historie und Geschlechtregister können sich daher auch nicht weit erstrecken.

5) Wochenbett der Ehemänner.

Strabo erzählt, daß die Männer im nordlichen Spanien sich, nach der Niederkunft ihrer Weiber, ins Wochenbett legen und sich von ihnen aufwarten lassen. Noch itzt soll diese Mode in einigen französischen an Spanien gränzenden Provinzen, woselbst man es eine Couvade machen nennet, gewöhnlich seyn. Eben dieses meldet auch Diodorus Siculus von den Korsen, und Appollonius

thus Rhodius von den Tibarenen, einem pontischen Volke in Kleinasien. Marco Paolo schreibt von einer Provinz, die in der französischen Uebersetzung Arclabam oder
Arbandam heißet, daß die Weiber ihr Wochenbett, so
bald als möglich verlassen, die Männer hingegen sich
vierzig Tage lang zu Bett legen, und für das neugebor-
ne Kind Sorge tragen. Diese Gewohnheit soll auch bey
den Japonesen üblich seyn.

In Amerika. Wenn die karaibischen Weiber in der
großen Landschaft Guiana niederkommen, so binden sich
die Männer den Kopf, und legen sich zu Bette, als ob
sie selbst Geburtsschmerzen litten. Die Nachbarn besuchen sie, und trösten sie nach ihrer Art. Diese Sitte muß nothwendig beobachtet werden, denn gesetzt
auch, daß sie in den Krieg gezogen wären, so müssen sie
doch, so bald sie von ihrer Weiber Niederkunft hören,
in ihre Heimath zurückkehren. Labat erzählt, der Vater des Kindes müsse bey dieser Gelegenheit dreißig oder
vierzig Tage lang strenge Fasten halten; er setzt aber
hinzu, daß diese Ceremonie nur bey dem Erstgebornen
beobachtet werde, denn sonst (sagt er) müßten die armen
Ehmänner, die fünf oder sechs Weiber halten, mehr fasten als die Capuciner. Diese Nachricht bestätiget Fer-
nim in seiner Beschreibung von Surinam, er meldet
aber nichts von dem strengen Fasten, welche der Vater
des Kindes halten müsse. Wilhelm Piso, ein amster-
dammer Arzt, berichtet, daß die Weiber der brasilianischen Wilden, so bald sie Geburtsschmerzen merken, in
den Wald gehen, dem neugebornen Kinde die Nabel-
schnur mit einer Muschelschaale abschneiden, und dieselbe
samt der Aftergeburt kochen und auffressen; die Männer hingegen sich zu Bette legen, und die besten Speisen,
die sie antreiben können, genießen, unter dem Vorwan-
de, ihre verlorne Kräfte wieder zu ersetzen. Dieses erzählet

zählet auch Woodes Rogers, ein englischer Seekapitain, von eben diesen Brasilianerinnen, daß sie nämlich zur Zeit ihrer Geburt, ganz allein in den Wald gehen, und nachdem sie ihrer Bürde entlediget worden, sich sammt dem Kinde waschen; unterdessen daß der Mann vier und zwanzig Stunden zu Bette liege, und seiner pflege, als wenn er alle die Schmerzen ausgestanden hätte.

Der Jesuite Lafiteau läugnet, daß die Männer bey dieser Gelegenheit sich was zu gute thun; er meynet vielmehr, daß es eine gottesdienstliche Handlung sey, welche ganzer sechs Monate mit dem allerstrengsten Fasten und andern fast unausstehlichen Bußübungen verrichtet, und als eine Genugthuung für die Erbsünde angesehen werden müsse. Wenn dieses wahr ist, so muß die Meynung von der Erbsünde über den ganzen Erdboden verbreitet, und aus der alten in die neue Welt übergegangen seyn; welches ich hier nicht zu untersuchen gedenke. Mit Labat kommt er in diesem Stück überein, daß dieses strenge Fasten nur bey dem Erstgebornen Kinde beobachtet werde; aber anstatt sechs Monate, setzt Labat, wie oben gemeldet worden, nur 30 bis 40 Tage.

6) Pfeil, das Symbolum eines allgemeinen Aufgebots.

Diese Pfeile waren stumpf und unbefiedert, und waren mehr kleinen Stecken als Pfeilen ähnlich. Sie dienten anfänglich zu Wahrsagungen, man schrieb nämlich auf zwey Pfeilen die Namen der Sache, worüber geweißaget werden sollte; der dritte aber blieb unbeschrieben; der eine Pfeil hieß die Sache, die man vorgenommen hatte, gut, und der andre verbot sie. Alle drey wurden in ein verdecktes Gefäß gesteckt, und bey dem ersten Anziehen eines Pfeils wußte man gleich was zu,

thun

thun war: wurde nämlich die Sache gebilliget, so verfolgte man sein Vorhaben, wurde sie aber verworfen,
so ergriff man andere Maaßregeln; wurde aber der un-
beschriebene Pfeil herausgezogen, so glaubte man, daß
es noch nicht die rechte Zeit wäre, das Vorhaben ins
Werk zu setzen. Doch von dieser Art Pfeile ist hier
nicht die Rede, sondern von denen, wodurch die Versammlung eines ganzen Volks aufgeboten wurde. —
Sie waren insonderheit in den nordischen Reichen gebräuchlich. Wenn ein Kriegsheer kommt (sagt das nor-
wegische Gesetz) oder ein Aufruhr im Lande entsteht, so
soll man einen Botschaftsstock abschneiden, und solchen
durchs Land gehen lassen. Bey den Schweden geschah
auf gleiche Weise die Zusammenforderung zum Gericht,
so wie jedes Aufgebot in Kriegs- und Friedenszeiten:
Allem Ansehen nach, kannte man damals die Schreib-
kunst noch nicht; daher dienten dergleichen Stockbriefe
statt Circularschreiben. In Sibirien unter den Wogu-
len, Ostiaken und Tataren hat man sie auch gefunden.
Barläus erzählet von den wilden Amerikanern in Chili,
daß so oft sie mit den Spaniern Krieg anfangen wollen,
sie zu ihren benachbarten Bundsgenossen einen Pfeil schicken, woran eine Schnur befestiget ist. Nimmt der
Chef den Pfeil an, so ist der Krieg beschlossen, er macht
einen Knoten zum Zeichen des neuen Bundes, in der
Schnur, und schickt den Pfeil weiter. Die andern thun
desgleichen und schicken den Boten mit seinem Pfeil und
seiner knotigen Schnur wieder zurück. le Gentil, ein
Franzos, der eine Reise um die Welt gethan hat, sagt,
daß diese Knoten von verschiedener Farbe sind, welche
nicht nur das Projekt, sondern auch den Ort, und den
Tag bezeichnen, an welchem es ausgeführet werden soll.
Don Antonio de Ulloa meldet zwar nichts von den vielfärbigten Knoten, übrigens stimmt er aber mit den beyden jetzterwähnten Schriftstellern überein.

7) Eingenähete Figuren im Gesicht und am ganzen Leibe.

Eingeritzte Figuren in die Haut des menschlichen Körpers waren nach dem Zeugnisse Herodots, bey den Thraciern das Zeichen einer edlen Geburt. Ammianus Marcellinus sagt, die Hunnen schneiden ihren neugebornen Knäblein Figuren in die Wangen, um wie er meynt das Wachsen des Bartes zu verhindern; welches aber nicht die wahre Ursache zu seyn scheint, denn der Hunnen ihre Nachbarn, gleichwie auch die Sinesen, hatten von Natur wenig Bart, und nur hier und da einige ausgebrochene Haare am Kinn und an den Backen. Claudianus meldet von den Picten, einer ehemaligen Nation in Großbritannien, und von den Gelonen, einem Volke von griechischer Abkunft am Dneprstrom, daß sie ihre Glieder mit einem eisernen Instrument figurirt haben. In Sibirien ist diese Mode unter den Tungusen sehr gewöhnlich, welches der ältere Gmelin in seiner sibirischen Reisebeschreibung ausführlich erzählet. Unweit Mindanao ist eine kleine Insel, Meangis genannt, auf welcher so wohl Männer als Weiber sich also bemalen, daß sie erstlich nach einem gewissen Modell die Haut durchhacken, hernach klein gestoßenes Gummi in die Wunden legen, und zuletzt mit einer gewissen Salbe beschmieren. Wilhelm Dampier, ein englischer Seekapitain, der einen so gemalten Meangischen Prinzen in seiner Gewalt gehabt, rühmet diese Malerey sehr, er sagt, sie sey so schön und fein gerathen, und die Striche, Blumenwerk, Blätter und dergleichen so artig ein- und abgetheilet gewesen, daß aus allem eine bewundernswürdige Kunst hervorgeschienen. Lady Montague berichtet, daß die Weiber um Tunis herum ihr Gesicht, ihren Hals, ihre Arme und Schultern mit Blumen, Sternen, und allerhand andern Figuren, die mit Schießpulver eingebrannt würden, ausgezieret,

gezieret, und dieses für eine außerordentliche Schönheit
gehalten hätten. Die Weiber am Fluß Gambra, machen sich, wenn sie noch jung sind, mit der Spitze einer
heißen Nadel allerley Figuren am Halse, Brüsten und
Armen, welche wie gewirkte seidene Blumen aussehen,
und niemals vergehen. In dem Königreiche Whidah
werden junge Mädgen zum Dienst der großen Schlange,
welche ihr vornehmster Fetisch oder Götze ist, unterrich-
tet. Unter andern werden in ihre Haut, allerley Figuren
von Blumen, Thieren, und besonders Schlangen mit
eisernen Messern eingeritzt; da dann ihre Haut wie sel-
ner schwarzer geblümter Atlas aussieht. Dieses ist das
Zeichen, daß solche arme Geschöpfe der großen Schlange
geweihet sind.

In Amerika bezeichnen sich die Wilden auf der Erd-
enge Darien auf gleiche Art. Sie machen (schreibt der
englische Wundarzt Wafer) mit ihrem Pinsel einen Ab-
riß von der Figur die sie malen wollen; hernach stechen
sie dieselbe mit einem Dorn durch, bis Blut heraus-
kömmt, alsdann schmieren sie den Ort, den sie mit der
ihnen gefälligen Farbe bemalet haben, welche dann un-
auslöschlich ist. In dem nordlichen Amerika hat sich
dieser Gebrauch sehr weit ausgebreitet in Florida, Virginien, Louisiana und Canada, und endlich in dem kalten Grönland; das Weibsvolk, schreibt Anderson, nähet
sich mit einem Draht, den sie durch den Ruß ihrer Lampen gezogen, zwischen den Augen, auf den Backen, am
Kinn und bey den Ohren, allerley kleine Züge zwischen
Fell und Fleisch, davon die schwarzen Merkmale, wenn
die Wunde geheilet, beständig zurück bleiben, und eben
so aussehen, als die bekannten Figuren, welche diejenige,
die das heilige Grab besuchen, sich auf dem Arm zeichnen lassen.

U 2 8. Das

8) Das Abziehn des Hirnschedels der gefangenen oder erschlagenen Feinde.

Dieses geht so zu: Man ziehet die Haut von dem Hirnschedel über der Stirne und den Ohren bis auf den hintersten Theil des Kopfs ab. Nachdem dieselbe zubereitet und eingeweichet worden, wird sie auf eine runde Form geschlagen, hernach auf eine Stange gesteckt, und solchergestalt im Triumph herum getragen. Beym Herodot (IV. 64.) ist eine sich hierauf beziehende Stelle, welche Jakob Gronov unverständlich übersetzt hat. Denn daselbst ist die Rede von dem abgezogenen Haarschedel eines erschlagenen Feinds; diesen reinigten die Skythen mit einer Ochsenribbe von dem anklebenden Fleische, und bereiteten denselben wie die Kürschner das Pelzwerk, um ihn dauerhaft zu machen. Beym Orosius findet sich davon eine merkwürdige Stelle V. 16. Er redet von den Cimbrischen und Teutonischen Weibern, die sich gegen die Römer tapfer vertheidiget hätten, bis man ihnen die Haut über die Ohren abgezogen, und sie in solchem Zustand ihrem fernern Schicksal überlassen hätte. Es frägt sich billig, woher die Römer diese barbarische Gewohnheit bekommen hatten, davon man sonst in den alten Historien nichts findet. Ich halte dafür, daß die Cimbrer mit den gefangenen Römern vorher so umgegangen, und die Römer aus Rache dem Beyspiel gefolget sind. Die Cimbrer aber können diese Gewohnheit von ihren Stammältern, den Skythen, geerbet haben. Ammianus Marcellinus erzählet von den Alanen, die jenseit der mäotischen See gewohnet haben, daß sie den abgerissenen Köpfen der Feinde die Haut abgezogen, und dieselbe an ihre Pferde als ein rühmliches Siegeszeichen angehängt hätten.

Im nordlichen Amerika ist dieses barbarische Verfahren sehr gewöhnlich, besonders unter den wilden Völ-

kern in Canada. Das bewundernswürdigſte hiebey iſt,
daß nicht alle, welche ſo lebendig geſchunden werden, an
der Operation ſterben. Laſiteau bezeuget, daß er auf ſeinen Mißionen die Frau eines kanadiſchen Franzoſen geſehen, die nach dieſer Operation wieder genas und ſich
vollkommen wohl befand.

9) Todtſchlag alter und kranker Leute.

Herodot erzählt von einer indianiſchen Nation, die
er Payäer nennet, daß ſie alte und kranke Leute, ſowohl
Männer als Weiber todtſchlügen und auffräßen. Die
erſten Einwohner von Sardinien hatten ein Geſetz, kraft
deſſen die Kinder ihre Aeltern, die ihr Leben über 70
Jahre gebracht hatten, tödten mußten. Ein gleiches
meldet Hartknoch von den alten Preußen. Teutſchland
ſelbſt iſt von dieſer abſcheulichen Barbarey angeſteckt geweſen: Kranz erzählet von einer Gräfin von Mansfeld
zu Anfang des vierzehnten Jahrhunderts, daß, da ſie
durch die Lüneburger Heide gereiſet, ſie einen alten Mann
den mörderiſchen Händen ſeiner Söhne entriſſen habe.
Von den nordiſchen Völkern iſt es eine bekannte Sache,
daß alte Leute, deren längeres Leben doch unnütz war,
theils freywillig, theils gezwungen, ſich von einem Berge in die See herunter ſtürzten. So lange bey den Hottentotten jemand noch zum Arbeiten tüchtig iſt, iſt er ſeines Lebens ſicher: iſt er aber alt, und ganz und gar unnütz, ſo bauen ſie ihm eine Hütte an einem entfernten
Ort, woſelbſt ſie ihn verlaſſen; da er dann vor Hunger
ſtirbt, oder von den wilden Thieren zerriſſen wird. Peter Kolbe, der dieſes berichtet, warf ihnen dieſe Un-
menſchlichkeit vor; ſie gaben ihm aber zur Antwort, daß
die Holländer mit ihren Kranken viel grauſamer umgingen, denn, ſagten ſie, ihr laſſet eure Kranken durch lang-
wierige Schmerzen nach und nach umkommen; da wir
hin-

U 3

hingegen sie aller Qual und Marter auf einmal entlediegen. Die Kamtschadalen und die Jakuten machen es eben so: sie bauen ihren Kranken eine Hütte in einem Walde, setzen etwas Speise hinein, und nachdem sie den siechen Anverwandten an den Ort gebracht haben, bekümmern sie sich nicht weiter um ihn.

Die wilden Amerikaner in Brasilien schlugen, nach dem Bericht des Piso, diejenigen, welche eine unheilbare Krankheit hatten, todt. Wenn jemand in der Provinz Terra-firma krank wurde, so trugen ihn seine Anverwandte auf den nächsten Berg, legten ihn in eine Hangmatte, welche sie an Bäume banden, sangen und tanzten den ganzen Tag um ihn herum. Hernach setzten sie ihm Speise und Trank auf einige Tage hin, und gingen nach Hause ohne sich diese Zeit über nach seinem Zustande zu erkundigen. Wurde er unterdessen so stark, daß er wieder nach Hause gehen konnte, so empfing man ihn mit großer Freude und vielem Gepränge; blieb er krank, so versorgte man ihn aufs neue mit Wasser und Speisen. Fand man ihn aber todt, so wurde er ohne weitere Umstände gleich auf der Stelle in ein tiefes Loch nebst etwas Speise und Wasser eingescharrt.

10) Jungfrauschaft wird von einigen Barbaren gering geschätzt.

In dem Königreiche Tibet war es nicht der Gebrauch eine Jungfer zu heurathen: die Weiber führten den Fremden ihre mannbare Töchter zu, um sich derselben die Zeit ihres Aufenthalts zu bedienen. Wenn das Mädchen sich von ihrem Liebhaber scheidet, so bittet sie von ihm ein kleines Geschenk zum Andenken und Zeichen, daß er bey ihr geschlafen habe. Dieses trägt sie als einen Schmuck, wenn sie ausgeht; und diejenige, welche die größte

größte Anzahl von solchen Zeichen hat, wird allemal am meisten geehret. Dieses erzählet Marco Paolo in seiner Beschreibung der orientalischen Länder. Eben dasselbe erzählet Rennefort von den Einwohnern der Insel Madagaskar, und der Artillerieoberste Gärber von den Taulistanern.

In Amerika. Die Mädgen in Brasilien überlassen sich vor ihrer Heurath den ledigen Mannspersonen ohne Schande: ihre Anverwandte bieten sie so gar dem ersten dem besten an; so daß nach Lery's Ausspruch wohl nicht eine einzige als Jungfer in den Ehestand tritt. Die Wilden in Quito haben nach dem Berichte des Ulloa die närrische Einbildung, daß wann die Person, die sie zu ihrer Braut erwählet haben, nicht zuvor von andern erkannt worden, solches ein unfehlbares Zeichen ihrer Nichtswürdigkeit sey. Jedoch muß man dieses zu ihrem Ruhm nachsagen, daß, wenn sie einmal in den Ehestand getreten sind, sie sich von selbsten aller Gemeinschaft mit andern Mannspersonen entziehen; wie denn auch die Todesstrafe auf den Ehebruch gesetzt ist.

Jedoch ist bey einigen barbarischen Nationen der Gebrauch, auch ihre Ehweiber zu prostituiren. Der russische Kollegienrath Müller bezeuget solches von den Tschuktschen und Regnard von den Lappen. In Kumana einer Landschaft in dem südlichen Amerika, auf Terra firma, verlor eine Frau nichts von ihrer Ehre, wenn sie auf Befehl oder mit Einwilligung ihres Mannes bey einem andern lag. That sie aber solches ohne sein Mitwissen, so hatte er das Recht sie umzubringen.

Man könnte diese Nachrichten für fabelhaft halten, wenn sie nicht von alten und neuen, geistlichen und weltlichen Schriftstellern, die theils Augenzeugen gewesen,

U 4   bestäti-

bestätiget wären.   Herodot erzählt von den Thraciern, daß
sie ihren Töchtern erlaubten, sich mit einem jeden der ihnen anständig war, zu vermischen.   Eben derselbe meldet auch, es sey bey den Babyloniern ein Gesetz gewesen, daß alle einheimische Weiber sich einmal in ihrem
Leben in dem Tempel der Venus Fremden preis geben
mußten.   Jede saß an einem besondern Platz, der von
dem andern durch dazwischen gezogene Stricke abgesondert war, von welchem sie nicht weggehen durfte, bis ihr
etwa jemand ein Stück Geld in den Schooß warf, und
sie bey Seite führete.   Die Schönen wurden bald abge-
fertiget; aber die heßlichen blieben zuweilen Jahr und
Tag, ja wohl bis ins dritte Jahr sitzen.   Bey dieser Gelegenheit erzählet Baruch, des Propheten Jeremia Hand-
langer, und ein viel älterer Schriftsteller als Herodot, daß
diejenigen, die bald abgelöset wurden, der andern, die sitzen geblieben, gespottet, weil man sie nicht werth geachtet habe, ihnen den Gürtel aufzulösen.   Was Baruch
und Herodot von dieser Sache geschrieben haben, hat
auch Strabo ausführlich erzählet.

Ein anderer nicht weniger seltsamer Gebrauch ist die
Heurathsprobe der Wilden: In dem Königreiche Kon-
go in Afrika pflegen die jungen Leute beyderley Geschlechts
einander zu schlagen, um zu sehen, ob sie einander leiden
können.   Beyde haben gleiche Freyheit, im Fall eins
dem andern nicht ansteht, sich von einander zu scheiden.
Ulloa berichtet ein gleiches von den Indianern in der peruanischen Landschaft Quito.   Ich besinne mich irgendwo gelesen zu haben, daß diese Gewohnheit ehmals auch
in den britannischen Inseln eingeführet gewesen; und daß
sie noch jetzo an einigen Oertern in Irrland und Schotland
gebräuchlich sey q).

Ich

q) S. Fischers Abhandlung über die Brautnächte der
teutschen Bauermädchen.

Ich könnte, wenn ich weitläuftig seyn wollte, noch viele andere Beyspiele anführen, ja ich könnte ein ganzes Buch mit den Gebräuchen anfüllen, welche die Amerikaner mit andern Völkern gemein haben. Um aber meinem Zweck näher zu kommen, werde ich hier nur die sonderbaren Gebräuche, welche die Amerikaner mit den Sinesen und westlichen Afrikanern, mit Ausschließung anderer Nationen gemein haben, kurz berühren.

11) Vergleichung der Amerikaner mit den Sinesen.

1) Die Peruaner hielten vier Hauptfeste in Jahr: das vornehmste wurde zu Cuzko, der Hauptstadt des Lands, gleich nach der Sonnenstillstand gehalten. Das zweyte und dritte Fest wurde zur Zeit der Tag- und Nachtgleichen gefeiert. Das vierte war das Ritterfest, und hatte keine bestimmte Zeit. Diese Feste der Peruaner kommen mit den Festen der Sinesen, sowohl der Zahl, als der Zeit nach, an welcher solche gefeiert wurden, sehr gut überein, nur daß die Sineser die vier Jahrszeiten, nämlich die beyden Sonnenwenden, und die beyden Tag- und Nachtgleichen genau beobachten.

2) Die peruanischen und sinesischen Monarchen nannten sich beyde Söhne der Sonnen, von welcher Gottheit sie sich abzustammen rühmten.

3) In dem Bezirke der Stadt Cuzko war ein Stück Feld, welches zu bearbeiten niemand erlaubt war, als den peruanischen Monarchen und ihren Familien. Ein neuer Anlaß zu muthmaßen, daß die Peruaner Kolonisten der Sineser gewesen, denn die Monarchen von Sina behielten sich gleichfalls ein

U 5 Stück

Stück Land vor, welches sie selbst mit ihrer Familie bestelleten.

4) Hiezu kommt noch, daß beyde die sinesische und peruanische Monarchie im geistlichen und weltlichen die oberste Gewalt hatten, und daß in beyden Reichen die Polizenanstalten vernünftig und fast unverbesserlich gewesen.

5) Die peruanischen Kreolinnen sind, wie Frezier berichtet, große Liebhaberinnen von kleinen Füßen: welche die kleinste Füße hat, wird für vollkommener gehalten als die andern; sie zwingen sie daher sehr frühzeitig in enge Schuhe ein. Wer weiß nicht, daß bey dem sinesischen Frauenzimmer kleine Füße als eine große Schönheit geachtet werden? Diese Mode kann also aus Sina gekommen seyn, ungeachtet der Reisebeschreiber nur der Kreolinnen, und nicht der gebornen Indianerinnen Meldung thut; denn sie kann schon vor Ankunft der Spanier in Peru eingeführt gewesen seyn, und wenn dieses ist, so haben die Kreolinnen von den Indianerinnen, und diese von ihren Vorfahren den Sinesen, diese Mode angenommen.

6) Die Peruaner hatten zwar keine Schrift; aber statt der Schrift bedienten sie sich ihrer Quipu, welches Wort eigentlich einen Knoten, in weiter ausgedehnten Verstande aber eine Rechnung, ein Verzeichniß oder Aufsatz von etwas bedeutet. Ehe die Sineser ihre Schriftzüge erfanden, bedienten sie sich ebenfalls solcher Knoten, ihre Gedanken an entfernten Orten bekannt zu machen.

Mit den peruanischen Knoten hatte es folgende Bewandniß. Es waren Fäden von verschiedenen Farben, deren jede ihre eigene Bedeutung hatte, z. B. gelb be-
· deutete

deutete Gold; weiß, Silber; roth, Kriegsleute u. s. w.
Sie bedienten sich ihrer hauptsächlich zum Rechnen, und
hatten darin eine solche Fertigkeit, daß sie vermittelst dieser Fäden eben so geschwind etwas ausrechnen konnten,
als der geschickteste Rechenmeister in Europa mit der Feder. Solchergestalt wußte man die Anzahl aller Einwohner in dem ganzen Lande nach ihrem Alter und Geschlecht: alle Abgaben, welche der Ynca jährlich erhielt,
wurden nach Knoten berechnet: man sah da die Rolle
der Kriegsleute; derer, die das Jahr über geblieben waren; der neugebornen Kinder, der Verstorbenen rc.

Sie bedeuteten aber keine besondere Worte. oder Re-
densarten: Wenn z. B. der Ynca eine Gesandschaft an
einen auswärtigen Potentaten geschickt hatte, so würde
dieser zwar des Ynca Meynung, aber nicht die eigentlichen Worte verstanden haben. Daher ist es ungegrün-
det, wenn einige Geschichtschreiber vorgeben, diese Knoten, und die Farbe ihrer Fäden hätten den Peruanern
statt unserer 24 Buchstaben gedienet. Sie konnten zwar
eine Sache mit den Umständen der Zeit und des Orts,
aber niemals den buchstäblichen Inhalt der Sache anzeigen; vielweniger taugten diese Knoten zu historischen
Büchern: daher hat Garcillasso de la Vega, ein Abstämm-
ling von dem Geblüt der Ynka's, der uns die erste und
zuversichtlichste Nachricht von diesen vielfärbigten Knoten gegeben, seine Historie nicht nach diesen Knoten, sondern aus der mündlichen Ueberlieferung seiner Vorfahren aufgeschrieben.

Endlich waren diese Quipu eine ganz willkührliche
Sache, sie konnten nach Belieben geändert und ganz anders eingerichtet werden; wie denn auch wirklich die Ynca's nicht immer bey einerley Weise blieben, sondern
nach Beschaffenheit der Sache bald diese, bald jene Far-

be vorſetzten, je nachdem ſie derſelben eine Bedeutung
angewieſen hatten. Wenn nun die Peruaner Abkömm-
linge aus einem andern Welt heil ſind, ſo ſtammen ſie,
nach meiner Meynung, von den Sineſen. Zwar iſt
der Weg von einer Nation zur andern ſehr weit entfernt,
entweder da ſie über die ſtille See, oder über die Magel-
laniſche Meerenge, oder, welches einerley, das Cap Horn
vorbey mußten. Die letztere Fahrt iſt noch weiter als die erſte, auch viel zu mühſam und zu gefährlich; die auf der ſtillen
See kann durch einen bloßen Zufall veranlaßt worden ſeyn,
wiewohl ich nicht glaube, daß ſolche auf einmal geſchehen
ſey. Sie konnten auf den Inſeln, die ſie unterwegs an-
trafen, landen, daſelbſt ausruhen, und ſich mit neuen
Lebens-mitteln verſorgen. Aber mögte man einwenden,
die ſineſiſche Schiffe, waren viel zu ſchwach, eine ſo lange Fahrt auszuhalten. Wenn der Sineſer ihre Fahrt
nach Peru ſo geweſen, wie ich ſie mir vorſtelle, ſo haben
auch ihre ſchwache Schiffe dieſelbe aushalten können; die
ruſſiſchen Einwohner zu Jakuzk ſind mit ihren elenden
Fahrzeugen von der Lena über die Eiſſen und das tſchuk-
tſchiſche Noß bis zur Mündung des Anadirs gekommen,
welches die großen und ſtark gebauten Schiffe, welche
bey der unter der Kaiſerin Anna angeſtellten kamtſchatki-
ſchen Expedition gebraucht wurden, und ſo viele Millio-
nen koſteten, nicht haben leiſten können. Wer hat die
Inſeln Salomonis zwiſchen Aſia und Amerika, die erſt
unter dem ſpaniſchen König Philipp II. entdeckt und nach
dem Zeugniſſe des Ulloa von Menſchen bewohnet befunden worden, mit Einwohnern beſetzt? Die Amerikaner
hatten keine Schiffe, und folglich müſſen es die Sineſer
gethan haben, obgleich der Weg dahin viel weiter iſt, als
von der amerikaniſchen Seite.

Dieſer unſerer Muthmaßung giebt auch Deguignes,
ein Mann der ſich in der orientaliſchen Litteratur und Ge-

schichte besonders hervor gethan hat, ein großes Gewicht. Dieser meldet ausdrücklich, daß die Sineser um das Jahr Christi 450 einen großen Handel nach Amerika getrieben haben, und zwar im Nordwesten von Kalifornien. Der Erdbeschreiber Buache stimmt hierin mit ihm überein, und nennt das Land Quivira. Wenn es aber wahr ist, daß die Sinesen Quivira entdeckt haben, so ist es möglich, daß sie, oder ihre Nachkommen, nach und nach längst den Seeküsten auch nach Peru gekommen, und ein Theil von ihnen daselbst geblieben sind. Vielleicht waren selbst Manco capa, der erste Ynca und Stifter des großen peruanischen Reichs, und seine Gefährten Sineser.

Endlich kommt auch dieses in Betrachtung, daß die Schifffahrt unter den Völkern des Erdbodens nicht immer auf einem Fuß, und in einerley Zustande gewesen: es gehet mit derselben, wie mit der Kaufmannschaft, den Künsten und Wissenschaften: sie kommen von einem Volk zum andern, und machen aus unwissenden Barbaren, aufgeklärte Völker, und aus gesitteten und geschickten Völkern grobe Barbaren. Wer hatte mehr Erfahrung in der Schifffahrt und Handlung als die Phönizier? Sie haben in Afrika und Europa mächtige Kolonien gestiftet, und auf der atlantischen See starke Handlung getrieben: die Aegypter haben ganz Afrika umschiffet; sie sind von dem rothen Meer in das äthiopische, von dannen um das Vorgebürge der guten Hoffnung nach der atlantischen See, aus derselben in das mittelländische Meer, und von da wieder nach Aegypten in ihre Heimath gesegelt. Die Griechen hatten starke Flotten, zum Krieg und zur Handlung, sie schlugen des Xerxes Seemacht, und befreiten dadurch ihr Vaterland; aber ihre Herrlichkeit ist verschwunden, und sie seufzen nunmehr unter einem fremden Joche bis die allmächtige

mächtige Hand der ewigen Vorsehung, ihnen einen Erlö-
ser zuschickt.

12) Vergleichung der Amerikaner mit den west-
lichen Afrikanern.

Unter den Völkern der alten Welt, die mit den Amerikanern gemeinschaftliche Gebräuche haben, und deren
ich eben einige Exempel angeführt habe, sind die westliche Afrikaner vorzüglich mit begriffen. Sie haben weit
mehrere mit den Amerikanern gemeinschaftliche Gebräuche als andere Völker des Erdbodens, die ihnen eigen zu
seyn, und von ihnen allein auf die Amerikaner fortge-
pflanzt zu seyn scheinen; davon ich hier nur einige Proben als Beweise meines Vorgebens anführen will.

1) Die hottentottischen Weibspersonen tragen von
ihrem zwölften Jahr bis an ihren Tod um die Beine,
von dem Knie bis an die Knöchel, zusammen gewundene
Ringe aus zerschnittenen Schaafs- oder Kalbsfellen einen kleinen Finger breit. Die karaibischen Einwohner
der amerikanischen Inseln legen ihren Weibspersonen,
so bald sie zwölf Jahr alt worden, eben eine solche Bin-
be an, nur mit dem Unterschied, daß diese von Baumwolle und jene von Kalbs- oder Schaafsleder ist. Dieser Unterschied rühret daher, daß die Hottentotten Vieh-
hirten, und an Vieh sehr reich sind, welche Waare den
Karaiben mangelt. Es tragen auch nur die Weibspersonen, und niemals die Männer dergleichen Binden,
welches vielleicht daher kommt, weil das Weibervolk im
Feld und in den Wäldern arbeitet, und also die Füße
vor dem Stechen der Dornen und Disteln zu verwah-
ren hat.

2) Wenn eine hottentottische Wittwe wieder heurathen will, so muß sie sich für jeden Mann, welchen sie

nach

nach dem Tod des vorigen nimmt, ein Glied vom Finger abschneiden laſſen, dabey ſie denn allemal von dem
kleinen Finger anfängt. Eine braſilianiſche Nation
(Tucuman) kommt mit den Hottentotten in ſo weit überein, daß ſie ſich auch bey gewiſſen Vorfällen einen Finger von der linken Hand abſchneiden, aber aus andern
Bewegurſachen: denn die hottentottiſchen Weiber thun
ſolches, wenn ſie wieder heurathen wollen; die Braſilia-
ner aber, wenn einer ihrer nächſten Anverwandten ſtirbt.

3) Die Hottentotten und die Karaiben biegen die
Gliedmaßen ihrer verſtorbenen Freunde ſo lange, bis ſie
eine Geſtalt annehmen, wie diejenige iſt, worin ſich ein
Kind in Mutterleibe findet.

4) Die abgöttiſchen Neger in Afrika haben mit den
Amerikanern, in Sachen welche die Religion betreffen,
faſt gleiche Gebräuche, welche hier anzuführen, zu weitläuftig ſeyn dürfte; wer aber Luſt hat, dieſelven zu ver-
gleichen, darf nur des holländiſchen Predigers Georg
Candidius Nachrichten hievon zur Hand nehmen.

Ich habe den Urſprung der Peruaner von den Sineſen aus ihren gemeinſchaftlichen Gebräuchen geſchloſſen,
ungeachtet ein weiter Ocean beyde Völker von einander
ſcheidet.

Iſt dieſes wahrſcheinlich, ſo iſt die Wahrſcheinlichkeit in Anſehung der Verwandſchaft der öſtlichen Amerikaner mit den weſtlichen Afrikanern noch viel größer;
denn dieſe ſind unter allen Völkern des Erdbodens den
Amerikanern am nächſten. Zwar ſcheidet der atlantiſche
Ocean beyde Völker von einander; aber die Weite dieſes Oceans von den Guinea-Schwarzen, bis nach Bra-
ſilien beträgt nicht viel über 20 Grade: überdem herr-
ſchet in dieſen Gewäſſern ein Oſtwind, der zuweilen die
europäiſche Schiffe von ihrem Laufe ab und nach den bra-
ſiliani-

filionischen Küsten treibt. Ich halte aber nicht dafür,
daß Amerika von den Sinesen und den westlichen Afrikanern allein bevölkert worden; wie denn z. B. die kleinen Schiffe der Lapländer, in welchen nur ein Mann sitzen kann, und die zum Robbenfang gebraucht werden,
mit den Kähnen der Esquimaux und Grönländer in allen
Stücken aufs genaueste überein kommen; woraus man
vielleicht die Muthmaßung schöpfen dürfte, daß das nördliche Europa zur Bevölkerung von Amerika das Seinige
auch beygetragen habe. r) Allein zum ganzen Umfang
dieser

r) In einer wenig bekannten Schrift: An Account of the
Islands of Orkney by *James Wallace*, M. D. & F. R.
S London 1700 8vo I. fig. finde ich S. 60 und 61,
daß zuweilen nordliche Amerikaner oder Grönländer,
die man dort *Finn-men* nennet, in ihren kleinen ledernen Kähnen durch Sturm und Strömung bis an die
orkadischen Inseln getrieben worden sind. Im Jahr
1682 erschien ein solcher Ankömmling, in seinem Kahn,
an der mittäglichen Spitze der Insel Eda, wohin sich
eine Menge Einwohner ihn zu sehen versammlet hatte.
Da man aber ein Boot ausschickte, um ihn zu fangen,
nahm er gar bald die Flucht. Im Jahr 1684 erschien
wieder ein Amerikaner, vielleicht derselbe, bey der Insel
Westram. War die lebendige Ueberkunft dieser Wilden in so elenden Fahrzeugen möglich, so ist auch bey
den unvollkommensten Seefahrzeugen des europäischen
Alterthums die Ueberfahrt aus diesem Welttheil nach
nach Amerika keine Unmöglichkeit gewesen. Vielleicht
sind viele Erzählungen von Tritonen und Sirenen,
welche man vormals an den Europäischen Küsten will gesehn haben, ebenfalls von verschlagnen Grönländern oder
Eskimo zu erklären. Im Medicinischen Collegio zu
Edinburg, soll nach dem Bericht eben dieses Wallace
ein Amerikanischer Kanot, der auf den Orkadischen Ins
seln mit Ruder und Pfeilen angekommen, aufgehoben
werden. Ein anderer wird in der Kirche auf der Insel Burra verwahrt. Anm. des Herausg.

dieser Untersuchungen wird viele Zeit und gute Laune,
vielleicht werde ich aber diese Arbeit, noch bey einer andern Gelegenheit unternehmen.

Nunmehr haben wir Menschen nach Amerika gebracht, wie sind aber die Thiere dahin gekommen? Wenn
es nur um die Vögel zu thun wäre, so könnten wir leicht
einen Theil derselben dahin abfertigen, wenn wir annehmen, daß die große Süd- und Nordsee ehmals mit
mehr Inseln besetzt gewesen, als heut zu Tag. Dem-
ohngeachtet würden viele Vögel, vom größten bis zum
kleinsten, vom Straus bis zum Kolibri wegen ihres
bey weitem nicht zureichenden Flugs nicht haben fortkommen können, welche sich doch würklich in Amerika befinden. Was die Landthiere betrift, so ist erstlich zu merken, daß jedem derselben gewisse Gegenden auf der Erdkugel angewiesen sind, davon sie sich niemals weit entfernen. So ist z. B. das Rennthier des kalten, und
der Elephant des heißen Erdstrichs gewohnt; würde dieser in einen kalten, und jenes in einen heißen Erdstrich
versetzt, so würden beyde nicht lang dauren, noch ihr Geschlecht fortpflanzen können. Zweytens, giebt es Thiere
in den andern Welttheilen, die sich nicht in Amerika finden, und dagegen andere in Amerika, die die Einwohner der übrigen Welttheile nicht kennen. So ist z. B.
der Elephant den Amerikanern gänzlich unbekannt, und
vor Ankunft der Spanier hatten sie niemals ein Pferd
gesehen. Hingegen findet sich da eine Art wilder Schwei-
ne, welche sie Pecary (das Muskus- oder Bisamschwein)
nennen, die den Nabel auf dem Rücken haben, und in andern Welttheilen fremd sind. Was wollen wir denn
nun aus allem diesen schließen? Entweder daß der Erdboden, vom Anfange seines Daseyns, anders beschaffen
gewesen, und durch eine oder mehrere Sündfluthen eine
andere Gestalt bekommen hat, so daß das was itzt durch

große Wafferfluthen von einander getrennet ist, vormals
festes Land gewesen. Es giebt auch würklich Schriftsteller, welche behaupten, daß in den ersten Zeiten Afrika
und Amerika an einander gehangen, oder daß die Landthiere auf Fahrzeugen nach Amerika geführt worden.
Nach der erstern Behauptung hätten zwar diese Thiere
leicht von einem Welttheil in den andern gelangen können, aber dieser angenommene Satz ist vielem Zweifel und Widerspruch unterworfen, und es scheint,
daß man ihn nur, um die Wanderung der Landthiere besser erklären zu können, erdacht hat. Die zweyte Behauptung verdient noch weniger Glauben; denn da
die Künste niemals auf einmal, und bey dem ersten Versuche, sondern nach und nach zu ihrer Vollkommenheit
gedeihen, so ist zu vermuthen, daß die Seefahrer, die
Amerika vor den Spaniern entdeckt haben, mit sich selbst
genug zu thun gehabt, und nicht große und grimmige
Thiere mit sich führen konnten, sondern, wenn sie ja einige
Thiere mitgenommen, vielmehr nützliche, als schädliche
und verderbliche Thiere gewählt haben. Wenn wir also
nicht annehmen wollen, daß die Welt von Ewigkeit her
gewesen, oder daß die Thiere von selbst aus dem Erdboden hervorgekrochen, welches beydes unerweißlich ist, so
bleibt nur dieses übrig, daß alle Thiere durch die allmächtige Hand des Schöpfers, jedes nach seiner Art, in dem
jedem angemessenen Klimat, überall auf dem Erdboden,
und auf einmal hervorgekommen sind, und daß, wenn
sich Thiere von einerley Art in verschiedenen Theilen des
Erdbodens finden, die auf keinerley Weise von dem einen
in den andern haben können versetzt werden, von diesen
Gattungen mehr als ein Paar, theils in der alten, theils
in der neuen Welt erschaffen seyn muß.

Im Jahr 1771 gedruckt.

XII. Kur-

XII.

Kurzer Auszug

der

Geschichte

von

Georgien.')

Erste Abtheilung.

Von den

alten und neuen Namen des Landes.

Nichts ist ungewisser als die Geschichte dererjenigen
Völker, welche in roher Unwissenheit, aus ihrem

Ƭ 2

Nichts

---

s) Ich mache mir ein ganz besonderes Vergnügen, diesen
interessanten Aufsatz des Herrn D. Jakob Reineggs,
Mitglieds der Berlinischen Naturforschenden Gesellschaft, so wie er mir von demselben mitgetheilt worden, hier einzurücken. Da dieser merkwürdige Reisende, nach einem neunjährigen Aufenthalt im Orient,
über Georgien nach Rußland gekommen, und Ihn Petersburg im Februar dieses Jahres (1782) eine kurze
Zeit zu besitzen das Vergnügen hatte, setzte er diese Nachricht, auf Verlangen einer hohen Person, aus dem
Gedächtniß auf, und erlaubte mir, aus seiner gegen
mich gefaßten Zuneigung und Freundschaft, selbige
bekannt zu machen Ich leiste dadurch der teutschen
Litteratur um so lieber einen Dienst, da von dem wich-
tigen

Nichts eben so geschwind emporsteigen, als sie in daffel-
be zurücke kehren. Ein geringer Umstand, dessen Erwähnung kaum nöthig zu seyn scheint, erhellet, oder ver-
dunkelt uns oft die richtigsten Spuren des gebahntesten
Weges, auf welchem der Sklave, unter der Geißel seines Tyrannen sich weder des Vergangenen erinnert, noch
an das Zukünftige denkt.

So groß ist die elende Unwissenheit der Bewohner
des Südwestlichen Theiles des Caucasus; daß sie unter
der mannigfaltigen Sorge ihrer Selbsterhaltung, und
ihrer Sicherheit ermüdet, sich und die Erinnerung ihres
Ursprunges vergessen.

Ihrer beständigen Uneinigkeiten und Kriege halber
verändern sie eben so oft ihren Namen als sie sich neuen
Obern zu gehorchen unterwerfen: oder in einzelne Familien abgesondert benennen sie sich öfters nach dem Namen
ihres Führers, oder ihrer unzugänglichen Klippen, welche sie bewohnen.

Dieses ist die Ursache der Verschiedenheit so vieler
kleiner Völker, um den Gipfel des Caucasus und auf
ihm selbst.

Die ansehnlichste Nation aber, so dieses Gebürge
theils bewohnt, theils an solches angränzt, ist die Georgianische.

Woher aber der Name Georgien, und Georgianer
entstanden, ob diese Benennung von denen Einwohnern
auf das Land, oder von diesem auf die Bewohner ge-
pflanzet

tigen Reisebemerkungen dieses Gelehrten, vor deffen
Zurückkunft aus Tybet, und dem östlichen Asien, wohin er izt durch Persien abzureisen im Begriff steht,
schwerlich etwas zu erwarten seyn möchte.   P.

pflanzet worden ſey? iſt eine Frage, welche verſchiedenen Beantwortungen unterworfen war.

Von einem Volke, ſo ſich Georgi nennte, wiſſen wir, daß es an die nordöſtliche Seite des Caucaſus gränzte: allein es zeigt ſich keine Spur in der Geſchichte, daß dieſe Völker den Caucaſus überſtiegen, und ſich in denjenigen Gegenden niedergelaſſen hätten, welche heutiges Tages Georgien überhaupt genennet werden.

Nur von Völkern ſo ſich Albani nennten, erzählt uns Plinius, daß ſie von denen Nachkommen Jaſons abſtammten, daß ſie den Caucaſus erſtiegen, und ſich längſt der Kura zwiſchen Iberien und Armenien niedergelaſſen hätten. Wenn wir der Georgianiſchen Tradition und ihren Geſchichtsbüchern Glauben beymeſſen, ſo änderten dieſe neuen Eroberer ihren Stammnamen nicht, ſondern nachdem ſie bis an das linke Ufer der Kura vorgedrungen, und daſelbſt ihre Gränzen beſtimmt hatten, wurde das Land nach ihnen Albanien genennt.

In der reinen alten Georgianiſchen Sprache, ſagt oder ſchreibt man vielmehr Albon denjenigen Strich Landes ſo heutiges Tages unter dem Namen Käket bekannt iſt.

Da nun die Albanier ſo wohl als Armenier und Iberier ihre gemeinſchaftliche Gränzen an den Ufern eben dieſes Kurafluſſes hatten, ſo bleibt keine Gegend mehr übrig, welche ehmals allhier die Georgi hätten bewohnen können; und folglich konnten auch die heutigen Georgianer ihren Namen von jenen Völkern nicht entlehnen. Denn von dem Anfange des Kurafluſſes längſt ſeinen beyden Ufern herunter bis an den Arakfluß, erſtreckte ſich Iberien; welches durch eben dieſen Fluß von Albanien geſchieden wurde: Von Armenien aber trennten Iberien, ſehr hohe unzugängliche Gebürgsrücken, da im Gegen-

E 3 theil

theil der Fluß Kura Albanien von Armenien abson-
derte.

Dieses waren also die Gränzen dreyer Nationen, beren verschiedene Schicksale und Auftritte uns die Geschichte liefert; ohne nur im geringsten derer Georgianer
zu gedenken, die doch seit einer Reihe von Jahren so wesentlich bekannt sind.

Ich weiß zwar, daß einige den Namen dieser Nation, von dem griechischen (γεωργός) guter Ackermann
ableiten, allein ich würde den größten Fehler begehen,
wenn ich die Georgianer allgemein für so gute Ackersleu-
te ausgeben wollte: Sie sind vielmehr die schlechtesten
Feldbebauer, und würden bey dem kostbaren Boden ihres
Landes dem Hunger ausgesetzt seyn, wenn der Armenier
durch seinen Fleiß nicht Ueberfluß verschafte.

Um aber die Ursache der Benennung einer so wesentlich bekannten Nation zu erforschen glaube ich mich am
sichersten, an den Sprachgebrauch der Asiater, und ihre
Gewohnheiten halten zu können. Denn keine der asiatischen Sprachen ist fähig das Wort Nation für sich allein
auszudrücken, ohne es nicht zugleich mit der Religion zu
verbinden, welcher dieses oder jenes Volk zugethan ist.
So wird der Mahometaner Persiens, wenn einer dieser
Ungläubigen, sich zu der armenischen Sekte bekennen
würde, diesen Neubekehrten niemals mehr Persianer
nennen, sondern allezeit sagen: „Er ist ein Armenier geworden“, ob er gleich seine wohnhafte Stelle nicht verändert.

Der Armenier, mitten in seinem Vaterlande so bald
er sich zu der altgriechischen Religion der Georgianer bekehrt, hört auf ein Armenier zu seyn, und man nennt ihn
einen Georgianer (Kurtschi) nicht des Landes wegen, denn
er bleibt immer in Armenien seßhaft, sondern der Religion

gion halber, zu welcher er sich neu bekennte. Der heidnische Osse, verändert seinen Namen, und nennt sich einen Georgianer, so bald er ein Christ geworden ist; ja
da sich ein großer Theil dieser Nation zu der griechischen
Religion bekannte, empfing ihr Land das sie bewohnten,
den Namen des Obergeorgiers unter dem Schuße des
Fürsten Heracleus. Der Türke, welcher den westlichen
Theil von Georgien bewohnt, wird sich niemals einen
Georgianer, noch sein Land Georgien nennen, er heißt
sich Muselmann, und sein Land nennt er Aghalzighe, nach
der Residenzstadt des gouvernirenden Bassen.

Die Albanier also und Iberier, da sie sich nach dem
Beyspiele ihrer Nachbarn der Armenier zu dem christlichen Glauben bekehrten, waren, wie leicht zu erachten,
Menschen, die mehr sinnlich gerührt zu werden, von nö-
then hatten. Die heilige Nino, und wer noch dieses wich-
tige Werk der Bekehrung über sich nahm, konnten sich
leicht gefallen lassen, daß diese Völker, welche damals
unter dem Befehle eines einzigen Königs stunden, sich
einen Schußherrn auslasen, den wir unter dem Namen
des heiligen Georg kennen, und daß sie sich so gar aus
Liebe zu diesem Heiligen, als neubekehrte Christen, nach
seinem Namen nennten.

Daß dieses ganz keinem Zweifel weiter ausgeseßt sey,
erhellet daraus, weil heutiges Tages die Albanier und
Iberier ganz keinen Unterschied zwischen sich erkennen,
sondern sich allgemein den Namen eines Georgianers bey-
legen, und ihr Land (Kurtschistan) Georgien nennen,
auch gemeinschaftlich den heiligen Georg für ihren Ober-
schußherrn verehren. Selbst in Erzerum, welche Stadt
in denen ältern Zeiten noch mit zu Iberien gehörte, sieht
man über einem Stadtthore, das Bildniß dieses Heiligen in Stein gehauen, und nach diesem Bilde nen-

X 4   nen

nen die Türken dieses Thor (Kurtschi Kapusi) das Thor
der Georgianer.

Allein eben dieser Georgianer, ändert also gleich seinen Namen, so bald er sich zu der römischen Kirche be-
kennet, und nennt sich Frenk, zu einem Beweise, daß er
nur der Religion halber ein Georgianer genennet wurde.
Ich glaube also mehr als zu wahr bewiesen zu haben,
daß die Iberier sowohl als Albanier, mit der Religion,
den Namen ihrer Nation, und ihres Landes änderten.

Zweyte Abtheilung.

Von der

Eintheilung Georgiens nach seinem heutigen Zu-stande.

Iberien (wird heutiges Tages noch unter dem Namen Emmeretien oder Atschik Basch verstanden) Kartel
und Kaket sind diejenigen Provinzen, welche das heutige
Georgien bestimmen. Die vielen Vertheilungen, innere
Zerrüttungen und Kriege, haben diese Provinzen, und
besonders Emmeretien sehr entstaltet, und fast unkennt-
bar gemacht. Den mehr südlichen Theil dieses Landes,
welchen wir unter dem Namen Aghaljiahe kennen, und
der östlich an Armenien, südlich an Kars und Erzerum,
westlich aber an das schwarze Meer gränzt, beherrscht ein
türkischer Bassa Souleiman.

Der Kurafluß entspringe in dieser Provinz aus den
Gebürgen Tschiltir, und vervielfältigt die Fruchtbarkeit
der türkischen Felder. Ob er gleich eine Menge kleiner
Flüsse, deren beträchtlichste der große und kleine Liagh,
und der Tan ist, mit sich vereiniget, so bemerkt man
doch kein beträchtliches Aufschwellen in seinem eingeschränkt

schränkt gekrümmten Laufe, bis er die Ebene Kartels erreicht.

Der türkische Einwohner der Provinz Aghalzighe, so
satt er von der Fruchtbarkeit seines Landes ist, und so träge, und dumm ihn seine Religion umgebildet, so hat er
dennoch die Eigenschaften noch nicht vergessen, welche
den Georgianer von allen andern Völkern unterscheiden.

Nach dem Beyspiele ihrer Großen erklärten sich die
Einwohner dieser Provinz für den Mahometismum, und
ob sie gleich einen guten Strich von Georgien bewohnen,
so wird sich doch keiner unter ihnen (Kurtschi) Georgianer nennen.

Sonst hat diese Provinz einen sehr guten Hafen in
Battum: ob nun gleich seine Tiefe, den Schiffen erste-
rer Größe keinen Zugang gestattet, so liegt er dennoch
für die Handlung aus Persien nach Europa sehr bequem.

Der nördliche Theil Iberiens ist der beträchtlichste,
fruchtbarste, reichste. Der Fürst Salomon ist der Beherrscher dieser Provinz; dessen Lage unter dem 38 bis
39 Grade Norder Breite bestimmt werden kann. Man
könnte sie das Thal dreyer Gebirge nennen; denn gegen
Norden stößt es an das eigentliche caucasische Gebürge,
auf welchem die Völker Soni leben, gegen Osten sind
kleinere caucasische Gebirgsriegel, so die Gränzen zwischen ihn und Kartel bestimmen, und eben so sondern es
die Gebirge von Aghalzighe ab. Nur gegen Westen ist
dieses herrliche Thal ganz offen, und wird von dem schwarzen Meere bespühlt.

Ob nun gleich diese Provinz an dem Flusse Kura
keinen Theil hat, so entspringen dafür aus allen Seiten
ihrer Gebirge die beträchtlichsten Flüsse. Der vornehmste ist der Phasis, welcher unter dem Namen Rion be-

 Æ 5   kannt

kannt ist; aus einem der caucasischen Gebirge Phases genannt, entspringt er, und nachdem er von Nordost nach
Südwest ganz Iberien durchlaufen ist, stürzt er sich bey
Pott in das schwarze Meer. Eine Menge kleiner Flüsse als der Tscholliburi, Salsirella, Sirulla, Kurilla und
der von den Aghalzighischen Gebirgen entspringende Fluß
Chamis Squali, vereinigen sich mit ihm. Ja auch der
starke, und goldführende Fluß Hippus (Pferdefluß,
Zsghenis Squali) welcher aus den gegenseitigen Quellen
der Kuban entspringt, nachdem er den nordöstlichen Theil
Mingreliens bespühlt hat, wendet er sich nach Iberien,
und stürzt sich in eben diesen Rion (Phasis) welcher nunmehro so groß aufschwillt, daß er Schiffe von mittlerer
Größe trägt. Da nun dieses Land von so vielen Flüssen
gewässert wird, darf man wohl an seiner Fruchtbarkeit
zweiflen?

Zufrieden und zu gewiß, daß der Boden alles hervorbringt, würde der Einwohner sein ganzes Leben ver-
schlafen, wenn ihn nicht die haabsüchtige Ruthe seines
Herrn zu der Arbeit nöthigte.

Denn außer den vollen Wäldern von Eichen, welche ihrer Stärke und Höhe nach zu Mastbäumen gebildet
sind, ist noch ein Ueberfluß an Buchen, Tannen und
Teerbäumen, um welche sich seit unzähligen Jahren her,
der Weinstock gewunden, der unbehackt und unbeschnit-
ten überflüßige Trauben liefert. Möchte sie nur der
faule Einwohner ganz abzulesen im Stande seyn! Allein zufrieden mit dem Vorrathe des besten Weins, auf
ein Jahr, überläßt er einen großen Theil Früchte, ihrem
eignen Verderben, oder als Speise der Vögel.

Ich mag des Ueberflusses an Aepfeln, Birnen,
Pflaumen, Apricosen, Pfirschen, Feigen und Müsse nicht
einmal gedenken, da die Natur ganze Berge voll Casta-
nien,

nien, ganze Hügel voll Olivenebenen voll Granaten und
Lorbeerwälder hervorgebracht hat, welches alles ſo wild
dahin wächſt. Wenn ich mit dieſem Ueberfluſſe noch
die reiche Erndte betrachte, die der Einwohner an Reiß,
Hirßen, Getraide, Baumwolle, Flachs und Hanf
überflüßig erndtet, und noch dazu die Seide rechne, welche jedes Haus für ſich erzeugt, könnte wohl ein glücklicher Land gefunden werden? Und dennoch quält nur zu
oft der Hunger, dieſe mit allem verſehene Bewohner, weil
der Mangel der Ordnung ihren geſammleten Vorrath,
noch vor dem Ende der Rechnung verzehrt: und dadurch,
und der Geſetzloſigkeit halber, wird dieſes glückliche und
reiche Land zu einer Wüſte. Die von mir angezeigten
Flüſſe ſind ſehr reich an Fiſchen, ſo wie die Gebirge an
Mineralien. Und wem iſt wohl unbekannt, daß ſchon
zu den Zeiten der Römer die Goldminen Jberiens bey
Cumana bearbeitet wurden. Die jetzige Politique dieſes Landes, entſpricht aus Furcht, dem Nutzen dieſer
Schätze, und bewacht ſolche für noch kommende Regierer.

Nordweſtlich gränzt Jberien an das, an Fruchtbarkeit nicht minder glückliche Mingreul; (Mingrelien)
den gebirgigten Theil deſſelben beherrſchen die Qurieli,
eine fleißige, aber minder ſtreitbare Nation. Die ebe-
nen Gegenden aber eignen ſich der Fürſt Thadian und
die Abchaſſetiner zu, obgleich alle drey Völker dem Fürſten Salomon zinsbar ſind. Ich erwehne dieſer Provinzen blos deswegen, weil ſie eine offne und leichte
Straße von der nordlichen Seite des Caucaſus, oder den
Ufern des Cubanfluſſes, nach Anatolien bahnen, ohne
genöthiget zu ſeyn, den Caucaſus ſelbſt zu überſteigen.

Kartel, die zweyte Provinz Georgiens, gränzt weſtlich an Jberien, ſüdlich an Aghalzighe, öſtlich an Armenien und Kaket, nordlich aber an den Caucaſus. Dieſe
Provinz

Provinz machte ehedem einen Theil von Iberien aus;
Fürst Kartlos sonderte sie davon ab, und nach seinem Namen wurde sie Kartel genennet. Sie war nach dieser
Zeit verschiedenen und gewaltigen Zerrüttungen ausgesetzt, ihre Entvölkrung war so groß, daß auch noch jetzt
der wenigste Theil bewohnt ist. Denn der Stärkere über-
mannte den Schwächern, und beraubte ihn seiner Güter.
Die aus diesen Plünderungen reich und groß gewordene
Edelleute, nennten sich Eristawi (Unabhängig) und eben
diese, mit einander uneins, bekriegten sich mit gemietheten Tartaren, welche endlich dieses Land so genau kennen
lernten, daß sie die, durch lange und oft wiederholte Kriege matt gewordenen Georgianer, überfielen, zu Sklaven
machten, und das ganze Land entvölkerten. Der an Kartel angränzende Theil Armeniens hatte gleiches Schicksal;
die Einwohner flüchteten sich nach unzugänglichen Hölen,
und die Tartaren von Dagesthan verwüsteten nach ihrem
Gefallen den überbliebenen Fleiß des geflüchteten Unterthanen so sehr, daß aus diesem segensvollen Lande eine
gräuliche Einöde wurde.

Nur Kaket, oder das eigentliche alte Albanien wi-
derstund mit tapferm Arme jedem Einfalle dieser alles wagenden Tartaren, und doch würde sein Widerstand endlich zu schwach geworden seyn, wenn nicht der Fürst Heracleus theils mit Krieg, Versprechen oder Geschenken,
den Einfällen dieser Verwüster Gränzen gesetzt hätte.

Unter diesem Fürsten fingen Wüsteneyen zu blühen
und bevölkert zu werden an, und wenn die Regierung
des Heracleus nur nicht zu sehr eingeschränkt wäre, so
könnte der Fürst so wohl als der Unterthan der glücklich-
ste seyn.

Doch der Fluß Kura, nachdem er seine ursprüngli-
chen Gebirge verlassen, richtet er seinen Lauf südwestlich
zwi-

zwischen hohen Bergen eingeschlossen nach Azghur einem sehr schönen türkischen Orte, allwo sich das aghalzighische Gebiete vom Kartel trennt. Eine Menge von entvölkerten Dörfern und eingefallenen Festungen bezeugen es, wie sehr dieses Land allhier müsse bewohnt gewesen seyn; jetzt ersetzen die Stelle der Einwohner unermeßliche Waldungen von Tannen und Fichten, und eine unzählbare Menge allerley wilder Thiere bewohnen diese verlassene Gegend, deren Berge die reichsten Mineralien enthalten.

Da nun diese Gebirge eine gute Vormauer von Georgien sind, so unterläßt der Fürst Heracleus niemals diese Gränzen zu besetzen, um so wohl dem Einfalle der Türken zu wehren, als auch die Sicherheit den Reisenden und Handelnden zu verschaffen, welche die Produkte Kartels nach Emmeretien und von dort zurücke bringen.

Der Kurafluß endlich, nachdem er in seinen mannigfaltigen Krümmungen nordlich so fort gelaufen, trennt diese gebürgige Gegend, und zeigt sich in seiner ganzen Größe, in einer Ebene, auf welcher Isgra Mugha ein Dorf (Neun Eichen) liegt, das gegen Westen die Gränze des Fürsten Heracleus und Salomons bestimmt.

Eine Menge Dörfer und kleine Städte theilen die Fruchtbarkeit der ganzen Ebene, an den beyden Ufern des Kuraflusses unter sich, die angränzende hüglichte Berge liefern den schönsten Marmor, Holz und die fetteste Viehweide. Es fehlt auch nicht an warmen mineralischen Quellen und versteinerten Holzkohlenbrüchen, derer sich aber die Einwohner aus Ueberfluß des Holzes nicht bedienen.

Nachdem endlich aber der Kurafluß, weiter so südlich fortgelaufen, vereiniget sich mit ihm ein andrer starker Fluß von Nordnordost, welcher Kara Kalkan Sui

genennet

genennet wird. An dem Ufer der Vereinigung beyder Flüsse, ist eine kleine Stadt Gori gebauet, die von einer vortreflichen Festung dominiret wird. Der Ueberfluß am Getraide und Früchten, ist allhier sehr groß, so wie die Viehzucht und Seidenbau beträchtlich. Längst dem Flusse Kara Kalkan Sui hinauf, gränzen zu beyden Seiten die Ossettiner, eine sehr streitbare Nation. Zu Kriegszeiten machen sie allezeit die Leibwache des Fürsten Heracleus aus, und da sie sich niemals das Gesicht waschen, werden sie allgemein die Kara Kalkan (Schwarz Aufsteher) genennet. Der größte Theil dieser Ossen bekennt sich zu der Christlichen Religion, und dahero werden sie auch die gebirgigten Georgianer; und ihr Land das Obere Georgien genennet. Der noch weiter in dem Gebirge wohnende Theil dieser Nation verlangt zwar an dem Christenthume gleichen Antheil, allein er ist ohne Priester, weil er ihm nicht nöthig zu seyn scheinet. Nur das Bild eines alten unbekannten Heiligen verehren sie, in einer den Einsturz drohenden Kirche mit unglaublicher Ehrfurcht; denn keiner unter ihnen wird es wagen, in die Kirche hinein zu gehen, oder sich dem Heiligen zu nähern. Nur einem der ältesten dieses Volks ist diese Freyheit, ja der Zutritt zu dem Heiligen selbst erlaubt; denn dieser, nachdem er sein ganz Vermögen unter seine Erben und Freunde vertheilt, führet neben dieser Kirche das Leben eines Einsiedlers, und wird das Orakel seiner ganzen Nation ohne alle Widerrede, bis an seinen Tod.

Die Viehzucht ist der einzige Reichthum dieser Völker, und so treue Unterthanen sie übrigens sind, wollten sie es dennoch niemals gestatten, daß die in ihren Gebirgen so reiche Mineralien und Bergwerke bearbeitet würden. An dieses Volk gränzt eine andre Nation an, welche Ghef-Zur genennet wird. Der Fels, welchen diese Menschen bewohnen, gab ihnen den Namen: denn Ghef heißt

heißt in ihrer Sprache, ein jedweder hohe Fels, oder Berg, und Zur ein Bewohner.

Ob sie gleich Unterthanen des Fürsten Heracleus sind, so ist ihnen doch die christliche Religion ganz unbekannt. Eine Katze, eine Kuh, Baum oder Stein ist ihr Gott, so wie einen jeden seine eigne Neigung fesselte. Aber sie sind an Vieh sehr reich, so wie an lasttragenden Maulthieren, welche aus dem Gemische vom Esel und Kuh hervorgebracht werden: sie sind zwar klein, aber sehr stark und dauerhaft. Ein besonderer Umstand ist, daß die Kuh, so lange das junge Maulthier saugt, gar nicht blöckt, und immer mit einem schaudernden Schrecken ihre Geburt betrachtet.

Dieses sind die Völker, zu denen man noch eine Stadt Aghal Gori zählen kann, welche sich an den mannigfaltigen Quellen des Kara Kalkan Sui festgesetzt haben, und als Unterthanen des Fürsten Heracleus, und in so ferne der mehreste Theil christlicher Religion ist, zu Georgien gezählet werden.

Der Kurafluß verläßt endlich, nachdem er sich mit dem Kara Kalkan Sui vereiniget, in mannigfaltigen Armen diese Ebene, bildet Inseln von der fettesten Weide, und nachdem er bey einigen Stunden lang nach eigenen Gefallen so fort gelaufen, vereinigt sich sein Strom gegen Westen; allein die athenischen Hügel hemmen seinen Lauf, und zwingen ihn mehr südlich fortzufließen. So fruchtbar nun diese ganze Ebene, und beyde Ufer der Kura sind, so überflüßig brachten ehedem die athenischen Hügel den kostbarsten Wein hervor: aber zu dem größten Leidwesen des Georgianers ist jetzt alles wüste, und der Mangel an Menschen läßt diese schöne Gegend unbebaut. Eben dergleichen wüste und unbebaute Felder begleiten nun beyde Ufer des Kura längst hinunter, bis

dahin,

dahin, wo sich dieser Fluß wieder nach Süden krümmt,
und aus seinen gebirgigten Ufern, in einem 12 Stunden
langen und 5 Stunden breiten Thale in feste Ufer sich
einschränkt. In diesem Thale liegt die Herrschaft Much-
ram, welche an Fruchtbarkeit fast alle Gegenden über-
trift. Von hier aus krümmt sich der Kura ganz südlich,
und vereinigt sich endlich mit einem von Nordost kom-
menden Flusse Arak (in den alten Charten ist er unter den
Namen Mazonius oder Alazon bekannt) welcher, wie
ich bereits erwiesen habe, die Gränze der Iberier, Albanier und Armenier bestimmte. Bey dem Einflusse des
Araks in den Kura entsteht eine Art von Halbinsel auf,
dessen Spitze ein schönes Dorf stehet, welches Zgetta
heißt. Die Alterthümer und Ruinen dieses Orts, die
Größe einiger sehr schön, und fest gebaueter Kirchen,
welche unter andern Seltenheiten auch das Hemde Jesu
Christi aufbewahren, (denn so versichert es der Priester)
zeigen, daß einstens allhier eine ansehnliche Stadt müsse
gestanden seyn: ja, wenn ich nicht irre, so war dieses die
Stadt Acrostopolis, welcher in der römischen Geschichte
gedacht wird.

Denn nachdem Pompejus die rebellischen Iberier
geschlagen, die Albanier sich unterwürfig, und die Armenier zinsbar gemacht hatte, mußte wohl dieser große
General, einen solchen Ort zu seinem Aufenthalte wählen,
wo er an den Gränzen dieser Provinzen, jedem Aufruhre
also gleich Trotz bieten konnte. Meine Muthmaßungen
werden auch noch durch die alten Mauren einer sehr vortheilhaft angelegten Festung bestätigt, welche diese ganze
Gränze dominirte. Auch beweisen die georgianische Geschichte und ihre Traditionen, daß dieses die einzige und
älteste Stadt in Georgien gewesen sey, da diese Nation
den christlichen Glauben annahm.

Längst

längst dem Arak hinauf, öfnet sich ein sehr schönes
Thal, das von beyden Seiten dieses Flusses an Holz und
Viehweide sehr reich ist, und an die Herrschaft Tuschett
gränzt. Alsdenn aber wird eben dieses Thal zwar schmäler, allein um so viel bewohnter. Podorna, Ananur,
Ksiri und eine Menge noch andre Dörfer, ernöten die
Fruchtbarkeit der Ufer eines neuen Flusses der Schawi
Ghefzuri squali (Schwarz Gebirgswasser) heißt, und sich
allhier mit dem Arak vereiniget. Nun aber wird der
Weg durch hohe Gebirgsriegel verschlossen, oder wenigstens sehr schwer gemacht wegen des losen, und nur zu
oft einstürzenden Sandes, aus welchen diese Berge meistens bestehen. Zwischen diesen Bergen verbarg die Natur noch ein kleines Thal, welches Thiulett heißt. So
sehr dieses auch von dem Winter heimgesucht wird, und
weder Korn noch Früchte, sondern kaum Gerste und Hirsen hervorbringt, dennoch ist es an Bewohnern so reich,
als an Wasserquellen, welche unzählich aus eines jeden
Berges Rißen hervorsprudeln. Aus dem Zusammenflusse dieser häufigen Quellen entstehet ein neuer Fluß,
welcher Thiulett squali (das Thiuletter Wasser) genennet
wird, der sich hernach mit dem Schawi Ghefzuri Squali
und dem Arak vereiniget.

Dieser Thiulettfluß und seine Quellen bestimmen die
nördliche Gränze Kärtels, und der würklichen Herrschaft
des Fürsten Heracleus. Es sind zwar in und hinter diesen Gebirgen bis Stephanzminda noch viele christliche und
heidnische offettinische Dörfer, so dem Fürsten Heracleus
zinsbar sind, allein nur ihr freyer Wille, und die Noth
ohne Salz zu seyn, zwingt sie zu dem Gehorsam, wenn
sie ihre festen und steilen Gebirge dann und wann verlassen. In diesen unzugänglichen Bergen entspringt der
Fluß Terek, welcher hier noch seinen Lauf nach Nordost
richtet, und über den zwey Schnee- und Eisbrücken den Weg

zu der Handlung von Rusland nach Georgien bahnen.
Es entspringen auch in diesen Gebirgen die kräftigsten
und wirksamsten Gesundbrunnen, die weit vortreflicher
als alle europäische Wasser seyn würden, wenn ihre Kraft
allgemein bekannt wäre.   Eben diese Gebirge bis an das
Dorf Stephonzminda und weiter sind an Bley, Silber
und Eisen nicht leer, allein auch diese Einwohner wollten niemals einwilligen, diese Schätze auszugraben und
zu bearbeiten.

An diesem Dorfe und dem Ufer des Tereks betrachtet der Reisende mit Schaudern den Caucasus, weil er
ihn unter tausend Gefahren übersteigen muß.   Auf diesem Caucasus wohnt eine ossetinische, heidnische und ma-
hometanische Nation, welche, noch ganz in ihren Felsen
unabhängig, die Klippen zu ihrer Rechten für ihren Gott,
und den zu ihrer Linken als ihren König wissen.   Viele
Jahre hindurch waren die Stämme dieser unmenschlichen
Nation, das Schrecken des alleswagenden Kaufmanns:
Todtschlag, Plündern, Sklaverey und tausend der Handlung widrige Schwierigkeiten in den Weg zu legen, war
die eifrigste Beschäftigung dieses Volks.   Und noch würde es in dieser bösen Kunst blühender geworden seyn,
wenn nicht die weisen Maasregeln Sr. Excellenz des
Herrn General Majors und Ritters von Fabrizian allen
diesen unerlaubten Handlungen Gränzen gesetzt, und die
Wege der ganzen Kette des Caucasus so gesichert hätte,
daß da wo ehemals hundert Mann zu reisen unvermö-
gend waren, jetzt mit der größten Sicherheit zwey Cosaken reiten können.

Dritte

Dritte Abtheilung.

Von dem

armenischen Georgien.

Bey dem bereits erwähnten Einflusse des Araks in den Kurafluß, endigte sich gegen Süden die ganze Provinz Kartel; durch so große Flüsse verstärkt, wird der Kura nunmehro ansehnlicher, er krümmt sich noch einige Stunden lang, zwischen ihm widerstehenden Gebirgen, endlich aber durchfließt er schnell, hüglichte Ebnen, neben der alten Gränze Armeniens, und bestimmt sein linkes Ufer gegen Osten, für die Gränze Albaniens, sein rechtes aber für denjenigen Theil Armeniens, welchem Heracleus Gesetze giebt, und jetzt mit zu Georgien gerechnet wird.

Ein enger durch Felsen gebrochner Weg, ist die einzige Straße, um nach Armenien zu gelangen; und ob gleich steile Klippen, und der ansehnlich große Kurafluß schon Schwierigkeiten genug in Weg legten, um hier einzudringen, so wurde doch, dieser an sich schon unübersteigliche Weg, noch von einer Festung geschützt, dessen Ruinen man noch siehet.

Einige Dörfer, und die neuen Colonisten bebauen die nunmehro ofnen Felder an den beyderseitigen Ufern des Kura bis nach Teflis, der Hauptstadt in Georgien. Sie ist die Residenz des Fürsten Heracleus, und wurde vermöge einer alten Inscription, welche man noch in der Citadelle siehet, von einem gewissen Fürst Liewang im Jahr 1063 gegründet. Der ehemalige Name dieser Stadt war Twuilis, weil in und außer ihren schon einfallenden Mauren, sehr viele und wirksame warme Quellen sind, welche den Einwohnern zu Bädern dienen. Man zählt in dieser Stadt die Vorstädte zugleich mitgerechnet über

4000 Häuser, und bis 20000 Einwohner, deren An=
zahl bald noch übersteigender seyn würde, denn diese Na=
tion ist sehr fruchtbar: allein die Unsauberkeit der Straf=
sen, die Völlerey, und Uebermaaß in Essen und Trin=
ken, auch noch andere ungezogene Lebensart, rast viele in
der Blüthe ihrer Jahre dahin. Dennoch aber genießt
diese Stadt eines blühenden Handels, welchen der uner=
müdete Armenier durch sein Bemühen dahin zieht.

An das Gebiete dieser Stadt, und ihre fruchtbaren
Gärten gränzt eine Provinz, so insgemein Somgheti en
genennet wird. Sie besteht aus vielen ansehnlichen Herr=
schaften, als Kota, dem Obern=, Mittlern= und Untern=
Bolnis. Allein 30 Jahr lag dieses fruchtbare Land wü=
ste, und nur unter der Vorsorge des Fürsten Heracleus
wurde es wieder bevölkert. Es hat sehr reiche Eisen=
und Silberminen, welche aber nicht vortheilhaft bearbei=
tet werden. Gesundbrunnen sind auch allhier, allein dem
Einwohner, zu sehr an den Wein gewöhnt, ekelt der
saure Geschmack, doch ist er sorgfältig genug sein kran=
kes Vieh nach diesen Quellen zu leiten, weil er ihrer Wie=
dererholung versichert ist. Quoesch, eine andre Herr=
schaft ist überflüßig an Weide und fruchtbaren Gärten
versehen, eben so wie an Marmor, und grün und roth
gestreiften Jaspisbrüchen. Auch Kupferminen sind sehr
häufig. Mehr südlich ist die noch wüste Herrschaft Täm=
blutt, sie hat sehr reiche Bley=, Silber= und Goldgru=
ben. Aber da die Gebirgswasser ihre Gänge erfüllet
haben, werden diese Gruben aus Unwissenheit das Was=
ser abzuleiten, nicht bearbeitet. Noch ist eine kleine Herr=
schaft Naghatir, neben dieser aber eine höchstbedeutende
Lori: sie hat nicht allein die besten Kupferminen, und
den fruchtbarsten Boden zu der Viehweide, Garten= und
Feldfrüchten, sondern sie liefert auch für ganz Georgien,
und die türkischen Gränzen die besten Mühlsteine, und
zwar

zwar aus den Bergen, welche Karaghatsch (Schwarz-
kreuß) genennet werden. Diese Gebirge scheiden Georgien von Aghalzighe. Mehr südlich gränzt an diese Herrschaft eine kleine Provinz, welche unter dem Namen
Bembek bekannt ist, und in die 3 Herrschaften Kara Ki-
lisse, Derbest und Hatschi Kara getheilt wird. Die Gegenden dieser Herrschaften sind mehr bergigt, allein von
ungemein fetter Viehweide, und unglaublicher Fruchtbarkeit an Korn, Gerste und Hirsen. Auch vermehrt das reiche
Sammlen des weißen sehr wohlschmeckenden Honigs,
das Einkommen des arbeitenden Landmannes um ein
Großes. Südlich bestimmt Bembek die Gränze mit
der persianischen Provinz Erivan, westlich aber stößt es
an die Gebirge der türkischen Stadt Kars. An Bembek und Lori gränzt, die an Kupferminen und an Getraide so reiche Herrschaft Usunlar; an welche gegen Süden, das alte aber sehr prächtig und festgebauete Armenische
Kloster Achpat, und die noch entvölkerte Herrschaft und
Kloster Sennain, stößt. Hier gränzt auch die sehr volk-
reiche, an Holz, Kupfer und Ackerbau überflüßig verse-
hene Herrschaft Schulawer, und die an Gold und Silber ergiebige Gegend Akdale. Dieses Akdale war ehedem die Residenz des armenischen christlichen Fürsten
Allobluns; denn außer einer zum Beweise dienenden noch
sehr gut conservirten und festen Kirche, siehet man auch
den noch stehenden fürstlichen Pallast, mit Verwunderung und Erstaunen, über die Verschwendung der Unko-
sten und Mühe, welche zu diesem Gebäude erforderlich
waren. Nachdem man aber allhier Gold- und Silberminen gefunden, und solche zu bearbeiten angefangen
hatte, wurde dieser schöne alte Pallast in eine Schmelzhütte verwandelt, und der so verwegne, als frevelhafte
Grieche zerstörte mit seinem Uebermuthe in weniger Zeit
diese kostbaren Alterthümer.

Von dieser Herrschaft Akvale südöstlich, öfnet sich eine sehr schöne und große Ebne, welche unter dem Namen der Herrschaft Aiwas Alli bekannt ist. Ein großer Fluß Ehram, mit dem sich die Flüsse Boerbelli, Bolotauri und Naghatir Sui vereinigen, und welche insgesammt aus den Gebirgen Karaghatsch entspringen, durchfließt dieses flache Land, dessen Fruchtbarkeit an Baumwolle, Reiß und andern Feldfrüchten, sehr beträchtlich ist: möchte das Land selbst, nur mehr bevölkert seyn! Auf dieser Ebene befindet sich auch die an Aiwas Alli angränzende Herrschaft Moghan, und eine andre sehr beträchtliche Bortschallo. Diese Herrschaft nebst Lori, Usunlar und der Provinz Bembek sind das Eigenthum des Fürstens Heracleus ältesten Prinzens Georg. Und da dieser Herr alle Eigenschaften verspricht, zu denen die Natur ihn bildete, da er um das Wohl seiner Unterthanen zu gründen, oftmals sein eignes aufopfert, zieht er eine Menge Einwohner von Persien, und besonders von den türkischen Gränzen, nach diesen glücklichen Gegenden, so daß nach einigen Jahren wohl schwerlich noch ein unbebautes Feld gefunden werden wird. Ost-südlich fängt diese ebene Gegend endlich an, hüglicht und fruchtbar gebirgigt zu werden; wenn diese Kette niedriger Gebirge ihren Lauf weiter nach Süden fortgenommen, schließen sie sich an die Gebirge Bembeks an. Diese Gebirge und ihre fruchtbare Thäler bewohnen Völker, welche ihren Ursprung von den donischen Cosaken herleiten, und dieserhalb so wie die ganze Gegend, welche sie bewohnen, Casak genennet werden. Diese Nation trennt von der Herrschaft Bortschallo der Fluß Ehram, über welchen eine schöne hohe steinerne Brücke führet, die von dem Fürsten Rostom erbauet wurde, und Sinnik Koepri genennet wird. Einige Stunden weit von dieser Brücke hinunter stürzt sich der Ehram in die Kura, nachdem er vorhero die Flüsse Zschemend und Zschuasis, welche beyde aus den casaki-
schen

schen Gebirgen entspringen, mit sich vereiniget hatte. Diese Völker Casak sind zwar Muhammedaner, allein die tapfersten und treuesten Soldaten für den Fürst Heracleus, so arge Räuber sie übrigens sind. Noch ist eine an diese Casak angränzende Nation: sie wird so wie ihr Land, welches sie bewohnt Schemschettil genennet. Die Hälfte dieser Einwohner und mehr sind auch Muhammedaner, die übrigen aber Armenier, welche wie die Casak in allen kriegerischen Vorfällen gleich tapfer, und gleich treu, gegen ihren Fürsten sind, so sehr sie auch immer den Unruhen ausgesetzt werden, denn hier ist von Nord Süd-Ost die abermalige Gränze zwischen Persien, und demjenigen Theile Armeniens, so sich unter der Botmäßigkeit des Fürsten Heracleus befindet. Ein starker Fluß Hassan Sui genannt, entstehet aus den schemschettillischen Gebirgen, und vereiniget sich mit der Kura.

Vierte Abtheilung.
Von
Albanien.

Nachdem ich also die Gränze derjenigen Länder beschrieben und angezeigt habe, welche zusammengenommen Georgien genennet wurden, bleibt nur noch das ebenfalls zu Georgien gehörige Albanien übrig, welches aber sowohl an seiner ehemaligen Größe als an Völkern sehr geschmälert ist. Sonst und vor langen Jahren, wenn wir der Geschichte glauben, wurde der ganze Strich Landes, welcher sich von dem linken Ufer des Kuraflusses, bis an das caspische Meer erstreckte, Albanien genennet. Jetzt aber, da man kaum seinen Namen davon kennte, wenn sich dessen der Fürst Heracleus in seinen Titeln nicht bediente, kann ich nur diejenigen Provinzen nennen, welche unter die Regierung dieses Fürsten gehören, und noch zu Geor-

gien

gien gerechnet werden. Da wo die ehemalige alte Gränze Albaniens und Armeniens bestimmt wurde, nämlich
bey dem Zusammenflusse des Araks in den Kurafluß,
erheben sich gegen Süd-Ost viele an Höhe ungleiche Gebirge, die in ihren verschiedenen Ablösungen fruchtbare
Thäler bilden, die sich endlich in eine unübersehliche Ebene verwandeln, in welcher der Kurafluß zwischen den
Dörfern Nistlik und Soghanlik dahin läuft. Diese
Ebene, und zwar Nord-östlich bewohnen bey Lillo einige
kurdische Kolonien, mehr herunter gegen Osten, sind einige ossettinische Dörfer, die durch den Fluß Kabre von
dem Dorfe Chasme getrennet werden. Zu beyden Seiten dieses Flusses bis dahin, wo er sich mit der Kura vereiniget, sind viele hundert tartarische Horden nebst ihrem
Vieh, zu der Winterszeit gelagert; denn außer der vor-
treflichsten Viehweide, empfinden sie die Strenge des
Winters nicht so sehr, als dieser öfters den übrigen Theil
Georgiens zu drücken pflegt. Der fernere Nord-östliche
Theil der angränzenden Gebirge dieser Ebene, welche unter dem Namen Karajoes (Schwarz Auge) bekannt ist,
bestimmt die reiche und große Provinz Kaket, an welche
noch mehr östlich eine andre stößt, welche Ksik genennet
wird. Da an diese Provinzen die Dagesthaner Tartaren oder Leskiner, wie sie genennet werden, gränzen, so
müssen die Einwohner beständig auf ihrer Hut seyn, um
nicht mit alle ihrer Haabe fortgeschleppt zu werden. Dahero ist diese Nation beständig unter Waffen, und eben
deswegen sehr streitbar. In den Gebürgen der Provinz
Kaket entspringt der Fluß Kannatsch, welcher zwischen
dieser Provinz und Ksik herabfließt, endlich aber sich mit
dem Kurafluße vereiniget. Der Acker- und Weinbau
ist der größte Reichthum dieser Provinzen, auch ist die
Viehzucht sehr beträchtlich, und würde es noch mehr seyn,
wenn nicht der Nutzen des Weinbaues so gar beträchtlich und überflüßig wäre, allein mit diesem reichlichen

Theile

Theile seiner Nahrung zufrieden, bekümmert ihn der mannigfaltige Segen wenig, welchen er noch erndten könnte. So reich nun übrigens Georgien an Wein ist, und so verschwendrisch ihn der Einwohner trinkt, so fehlt es ihm dennoch an den Mitteln, denselben länger als ein Jahr aufzubehalten: denn da sie keine Fässer zu machen wissen, sondern sich nur großer in die Erde vergrabener Töpfe bedienen, so verliert der an sich so vortrefliche Wein, seine ganze Eigenschaft, und ist zum Versenden so wohl, als zum Aufbehalten untüchtig.

Sonst sind in diesen Provinzen Marmor, und einige Alabasterbrüche; die vortreflichste warme Schwefelbäder, auch purgierende, und andre stärkende eisenhafte Gesundbrunen. Auch Eisen- und andre Minen, sind hier vorräthig, und so quillt auch, ohnweit Chasine und Nistlik ein schwarzes Bergöl in ziemlicher Menge hervor. Am aller vortheilhaftesten aber würde die Salzgrube bey Segeretscha seyn, da sie aber zu flach liegt, und den Ueberschwemmungen des Regenwassers ausgesetzt ist, welches von den Bergen ablauft, so bleibt sie unbearbeitet liegen, bis vielleicht die Nachkommen ihren Werth besser kennen, und einsehen werden.

Fünfte Abtheilung.

Von dem

Politischen und Oekonomischen Zustande Georgiens.

Ich habe in dem vorhergehenden nicht nur die Eintheilung dieses Reichs, sondern auch ihre Beherrscher genennt, nun ist noch übrig, daß ich die Verwaltung desselben in so weit berühre, als es der enge Raum dieses Auszugs erlaubt.

Geor-

Georgien auf seinem fruchtbaren Boden, zählt zwar
wenig Einwohner, doch würden diese noch immer das
größte Glück eines Fürsten ausmachen, wenn er solche
allemal zu seinem Besten anzuwenden wüßte, oder vermö.
gend wäre. Derjenige Theil Georgiens, welcher insgemein Emmeretien genennet wird, zählt zwischen 19 und
20000 Familien. Wenn nun der Fleiß von 20000
Menschen vereinbart, ein im glücklichen Ueberflusse, so
reiches Land bearbeitete, könnte wohl ein Volk in seinem
reichen Auskommen mehr zufriedner seyn als dieses?

Allein die Großen dieses Volks so wohl als die Niedrigen, in ihren, in die Erde eingegrabenen Hölen, eben
so stolz, eben so zufrieden, als wenn sie die größten, und
mit aller Kunst erbaueten Palläste bewohnten, sind aus
Unwissenheit gegen die Gemächlichkeit eines bessern Lebens gleichgültig, und in Faulheit begraben, unterlassen
sie den rühmlichen Fleiß, ich will mehr sagen, die Pflicht,
die Schätze ihres Landes zu ernDten. Sie sind niemals
wachsamer, niemals unermüdeter, als im Raube, oder
Kriege begriffen, aber nicht des Gehorsams oder der
Liebe ihres Fürstens wegen, sondern weil ein jeder hoft
sich zu bereichern, Geld und Güter zu gewinnen.

Diese Hoffnung nöthiget sie auf ihrer Hut, und oftmals auch tapfer zu seyn: sie vergessen die Gefahren, denen sie sich aussetzen, um des Gewinnstes willen, und
ziehen diesen, weil er also gleich in ihre Hände fällt, demjenigen Vortheile vor, welchen sie durch den häuslichen
Fleiß nach etlichen Monaten, vervielfältiget erwarten
müßten. So oftmals aber auch diese Hoffnung des Rau-
bes und Krieges fehl schlägt, und mit wie vielen Gefahren sie auch verknüpft ist, so läßt sich dennoch der Trieb
dazu, bey ihnen nicht ausrotten, und in ihrer großen Armuth werden sie sich lieber dem Erwarten eines solchen
ohn-

ohngefähren glücklichen Zufalles ergeben, als mit gemäch-
licher Mühe arbeitsam seyn. Dieses an sich große Laster
aber bestimmt bey weitem nicht das Genie dieser Nation;
denn sonst würde es sein Elend nicht fühlen, in welchem
es schmachtet. Es kennt seinen Abstand vom Glücke sehr
wohl, es fühlt die Blöße seines Zustandes, allein es fehlt
ihm an Mitteln sich zu verbessern, und zwar aus Mangel
der bürgerlichen Gesellschaft unter sich selbst. Denn jetzt
noch kann man in ganz Emmeretien, weder Stadt noch
Dorf nennen, das den Namen einer Stadt oder eines
Dorfes verdiente. In ihren dicken Waldungen oder grünenden Hügeln vereinigt sich blos die Gesellschaft eines
Geschlechts von ihren Nachbarn abgesondert, und in ihren einsamen Hütten, erträgt sie in roher und wilder
Standhaftigkeit den Mangel der Gemächlichkeit, welche
ihnen durch ein mehr geselliges Leben zum Theil würde.
Da also der Einwohner aus Mangel der bürgerlichen Gesellschaft nicht gebildet, nicht gebessert wird, da ihn vielmehr die Gesetzlosigkeit zu dem elendesten Sklaven seines
Herrn macht, vervielfältiget er sich in seiner Einfalt, und
die Faulheit ist sein einziges Gut, in seiner Armuth, welche der größte Theil der Einwohner noch mit Fleiß beför-
dert. Denn wenn auch wirklich seine Hände mit allem
Fleiße beschäftiget wären, so würde dennoch die uneinge-
schränkte Gewalt und die Haabsucht seines Obern sich allein die Früchte zueignen, welche der Unterthan mit alle
seiner Mühe erwarb. Er würde bey aller seiner Bemühung eben der Arme seyn, der er jetzt in seinem Müßig-
gange ist, und dahero setzt er durch seine Unthätigkeit,
dem Geize und der Tyranney seines Herrn, so wie seinem
eignen Glücke Schranken. Der Herr also, in der Armuth seiner Unterthanen gleich elend, anstatt die Mittel
zu ergreifen, um seinen Staat zu verbessern, nimmt seine Zuflucht zu einem zufriedenen Stolze, und wenn er in
seinem Schaafspelze eingehüllt, auf einem Steine zu seinem

nem Kopfpolster, unruhige und harte Nächte empfindet,
so ist er doch noch immer Herr genug, mit einer Größe
von Stolze zu versichern: daß eben so der Patriarch Ja-
cob geschlafen habe, und er doch wohl nicht vornehmer
sey als dieser! Wenn jemals ein Beherrscher eines solchen Volkes sich einfallen lassen würde, das Glück der
Regierung seiner Nation zu genießen, welches ihm der
mildeste Himmelsstrich, die überflüßige Fruchtbarkeit,
und der zu bilden gefällige Gehorsam seiner Unterthanen
verspricht, ein solcher Fürst glaube ich, würde in dem
Wohle seiner Unterthanen mehr Vergnügen empfinden,
als er jetzt fühlt, da er sich nur durch seine grausame Befehle erinnert, daß er Herr sey, wenn er Kopf, Hände
oder Füße abzuhauen, oder Augen auszustechen befiehlt.

Eine andre Bewandniß hat es mit denjenigen Einwohnern Georgiens, welche unter der Herrschaft des Fürsten Heracleus sind. Die Feldzüge nach Indien, auf
welchen dieser Herr, den Schah Nadir begleitete, öfne-
ten ihm die Augen, und lehrten ihn von der Weichlich-
keit, und der rohen Härte der Lebensart das Mittel er-
wählen. Die beständige Geschäfte mit den angränzenden
verschwenderischen persianischen Fürsten und türkischen
Bassen, die unaufhörliche Besuche ihrer Abgesandten,
zwangen diesen Herrn an Bedürfnissen reicher zu seyn,
und also auf Mittel zu denken, sich wenigstens alle die
Gemächlichkeiten zu verschaffen, die ihm sein Land anbot,
und welche sein Stand und Familie erforderte. Alle
Vortheile wurden also gültig erklärt, man suchte die Mittel aller Möglichkeiten, um nur glänzen zu können, und
ließ den noch nöthigen Abgang durch Kaufleute besorgen,
welche aus Rusland, Persien und der Türkey in diese
Gegend handeln. Die größern der Vasallen bildeten sich
nach dem Verhalten ihres Herrn, war nun dieser in Kleidung, Tafel und Verhalten gegen andre einleuchtend, so

ver-

verlangten es jene nicht weniger zu ſeyn, und indem ein
jeder unter ihnen auf die erforderlichen Mittel bedacht war,
ſchien ihnen doch, (bey ihren eingeſchränkten Einſichten)
der Feldbau und die Viehzucht am zuträglichſten zu ſeyn.
Der Bauer Georgiens alſo, beſonders der Armenier
verdoppelte den Fleiß ſeiner Hände, und in hundertfälti-
gen Segen unterſtützte er den Aufwand ſeines bedürfti-
gen Herrn. Dieſer aber bey ſeinen erwachſenen Nachkommen ſahe ſich gezwungen ſeine Einkünfte zu zerthei-
len, und weil er hierdurch ſich neuen Bedürfniſſen aus-
ſetzte, wurde der Bauer mit neuen Auflagen belegt.
Durch dieſe und andre wiederholte Erpreſſungen verarm-
te der Bauer, und mit traurigen Blicken beſäet er die
Felder für ſeinen Herrn zum Aufwande, und für ſich zu
kaum hinreichenden Brode.

Der Einwohner Georgiens iſt ſich alſo immer eben
ſo gleich in ſeiner Armuth, als es ihre Herren an Haab-
ſucht ſind, nur daß die Eigenthümer der fleißigen Hera-
cleiſchen Unterthanen, mehrere Bedürfniſſe abwehren,
welche der Emmerettaner in ſeiner Unthätigkeit gar nicht
kennt. Das Land alſo, welches ſeine Bewohner alle
gleich glücklich, alle gleich überflüßig in ſeiner Fruchtbarkeit wiſſen wollte, iſt wegen ſolcher üblen Verwaltung
kaum den Hunger abzuwehren, hinreichend.

Eine andre Quelle des Elendes iſt der Mangel an
Gerechtigkeit, weil die Ausübung derſelben blos auf
Furcht, Gunſt oder Nachſicht gegründet iſt. Die ältern Fürſten Georgiens entwarfen zwar die Geſetze, wie
es das Land erforderte, aber auch ſchon in der damaligen Zeit wollte man den Werth der Gerechtigkeit nicht
kennen, und dieſer Fehler wurde bis auf unſre Zeiten zu
einer Gewohnheit. So ſehr ſich ehedeſſen der Fürſt
Waktang bemühete, die Ordnungen der Gerechtigkeit ein-
zufüh-

zuführen. so wurden dennoch alle seine Bemühungen ver-
eitelt, dahero schreibt er auch am Ende seiner Gerichts-
ordnungen mit eigner Hand: Ich habe zwar dieses Ge-
setzbuch entworfen, allein in Georgien ist noch niemals ein
richtiges Gerichte gehalten worden, und wird auch nicht
werden. Jene aufrührerische und ungerechte Zeiten zwangen auch diesen Fürsten, Georgien zu verlassen, und seine Tage in Rußland zu enden. In unsern Tagen zwingt
nur zu oft der aufrührerische Vasall die Gerechtigkeit für
sich, welche wider ihn war, weil der Fürst aus Mangel
eines höhern Schutzes, nur Gebuld und Nachsicht wider solche Rebellen anzuwenden hat. Sollte der Nutzen
bey der Beobachtung eines Gesetzes auch noch so einleuchtend seyn, so ist dessen Beobachtung dennoch vielen
Schwierigkeiten ausgesetzt. Es wurde einstens zum Besten des Landes ein allgemeines Gesetz bestimmt, keinen
Einwohner mehr als Sklaven zu verkaufen. Ein jeder
sahe die Nothwendigkeit dieses Gesetzes ein: allein bey
dem ersten Mangel am Gelde, fanden sie keinen leichtern
Weg etwas zu erhalten, als in dem Unglücke ihres Unterthanen, welchen sie als einen guten Christen für tür-
kisches Geld verkauften; und bey dem untröstlichen Abschiede dieses Elenden von seinem Vater, Mutter oder
Weibe und Kindern, noch mit der größten Versicherung
ihm zuriefen gutes Muths zu seyn, weil dieses eben die
Straße wäre, auf welcher er sein Glück machen würde,
er könnte ja vielleicht gar noch Bej (Fürst) in Egypten
werden. Kamen nun dieser Uebertretungen halber Klagen bis zu den Ohren des Fürsten, so vertheidigte
der Edelmann sich nicht so wohl mit seinem Rechte als
Herr über seine Unterthanen und ihr Vermögen, sondern
vielmehr mit dem Beyspiele seiner Nachbarn, welche
eben so wie er Menschen verkauft hatten. Weil nun
der Verbrecher zu viel waren, wurde die Gerechtigkeit
auf eine andre Zeit verschoben.

Diese

Diese Nachsicht frechte einen andern Edelmann der ersten Klasse von Georgien, ein ganzes Dorf Juden auf einmal an die Türken als Sklaven zu verkaufen, und bey seiner Vertheidigung vor dem Gerichte, behauptete er als ein georgianischer Rechtsgläubiger in allem Ernste: Er habe bey dem Verkaufe dieser Juden keine andre Absicht gehabt, als das Blut Jesu Christi zu rächen. Diese Stütze, die Religion und der es gutheißende Priester, entrissen ihn auch der Strafe, welcher er würdig gewesen wäre. Georgien würde auch endlich noch mehr entvölkert worden seyn, wenn nicht die Türken in ihrem Vertrage mit dem Fürsten, keinen georgianischen Sklaven mehr zu kaufen, aufrichtiger gewesen wären.

Noch drückt diese Provinz ein nicht minder Elend, so sich in der Uneinigkeit des Adels unter sich selbst, und der Verbindung des Landes mit den angränzenden kleinen persianischen Fürsten gründet. Der georgianische Adel ist in seiner Anzahl zu groß, als daß er allgemein so viel Vermögen besitzen sollte, als es sein Aufwand erfordert. Der Stolz, ein Edelmann zu seyn, bemeistert sich seiner, er hält es für schimpflich, durch den Fleiß seiner Hände, sich den nöthigen Unterhalt zu verschaffen, und wählt den Müßiggang. In diesem denkt er auf tausend listige Wendungen, und in unverschämter Bosheit besticht er das Eigenthum seines Freundes, seines Nachbarn, des Schwähern. Ein weniger oder mehrerer Anhang gleich Uebelgesinnter gesellen sich, bezeugen sich wechselweise, und ihr gemeinschaftliches falsches Zeugniß, die Furcht für ihren aufrührerischen Gesinnungen, zwingt den Richter ihnen günstig zu seyn, und eben das Recht für sie zu erklären, welches in kurzer Zeit ein anderer von mächtigern Anhange unterstützt, auf sich zu leiten weiß, den aber ebenfalls eine neue noch stärkere Verschwörung vernichtet: und so wird dieser Uneinigkeit die Sicherheit und

das

das völlige Wohl des Unterthanen aufgeopfert. Eben
diesen Nutzen empfindet auch das Land, aus der Verbindung mit denen immer mit sich selbst uneins, und krie-
genden Fürsten Persiens. Die Erhaltung ihrer selbst,
oder der Geiz das Vermögen des andern zu besitzen, ent-
zweyt sie, und mit einer Hand voll Räuber bieten sie einander den Krieg an. Welcher nun unter ihnen, durch
Geschenke oder baares Geld, die Verbindung mit Georgien sich zu verschaffen gewußt hat, erhält ein Heer von
3—4000 Mann zum Schrecken des Feindes, und obgleich der Feldzug oft ohne den Verlust eines einzigen
geendet wird (denn beyde Heere sind mehr nach Beute
als Blute dürstig) so unterbleibt doch immer die Bear-
beitung des Landes, und der Einwohner kommt hungrig
in seine leere Hütte zurück, in welcher ihn schon die Knech-
te seines Herrn trotzig erwarten, und mit Ungestüm die
ausgeschriebenen Auflagen fordern. Dieses ist der politische und ökonomische Zustand Georgiens: so glücklich
seine Lage der Handlung wegen ist, denn der gemächlich-
ste Weg von 9 Tagen versendet die Waaren des Kaufmanns von dem Caspischen Meere nach dem Schwarzen;
so wenig kennt man den Werth eines Glücks, welches
man in der Aufnahme der Handlung genießen würde, allein niemand bietet seine Hand an. Dennoch aber muß
ich mich wundern, daß bey so immerwährenden unruhigen Umständen, das Einkommen des Landes noch so beträchtlich ist. Ich will den Nutzen nicht rechnen, welchen der Weinwachs einträgt, noch des Feldbaues erwähnen, welcher den fünften Theil seiner Erndte abliefert,
sondern ich will nur das Einkommen nach der Anzahl der
Einwohner bestimmen, die ich doch weit unter ihrem wirklichen Daseyn berechne. Ich sage nur, Georgien hat
bey seiner gegenwärtigen Verfassung 61000 Einwohner
oder Familien. So zählt die Stadt

Teflis

Teflis	20000	Kartel	4000	Kaket	12000
Thiulet. Off. ⎫		Kfik	6000		
Ghefzur ⎬	4000	Somgeti ⎫		Cafak	3000
Scheinschettil	4000	Bembek ⎬	6000	Karajoes	2000

Summa 61000 Familien.

Wie glücklich würde sich der Unterthan schätzen, wenn der fünfte Theil seines Einkommens zu seinen Abgaben hinreichte, er würde, den vierten Theil, ja die Hälfte gerne dahin geben, wenn sie hinreichend wäre, den Forderungen seines Herrn Gränzen zu setzen. Ich will aber noch weniger als dieses rechnen, und jedes Haus mit 10 Rubel Abgaben belegen, so beträgt dieses eine Summe von 610000 Rubel.

Der Zoll ist verpachtet jährlich für 25000 —

Und das mit der größten Unwissenheit bearbeitete Bergwerk Akbale gab am Silber im Jahre 1780 60000 —

am Golde 3200 —

Erivan giebt am jährlichen Tribut 15000 —

Summa 713200 Rubel.

Um wie viel würden sich diese vermehren laffen, wenn Billigkeit und Fleiß die Stützen eines solchen landes wären.

XIII.

L. F. Hermann

über die

Erzeugung

des

Stahls.

Aus

seinen in Wien gehaltenen technologischen Vorlesungen gezogen.

§. 1.

Von dem Wesen des Stahls.

Die Schriftsteller sind über das Wesen des Stahls noch nicht einig. Viele glauben, er sey nichts anders, als Eisen, das mit Phlogiston, oder dem feinsten brennbaren Grundwesen übersetzt, oder gesättiget ist [r]. Sie behaupten, dies gebe dem Stahle seine Härte; denn alle Dinge, sagen sie, die ein häufiges brennliches Wesen in sich halten, verändern das Eisen in Stahl, wenn dasselbe damit cementirt oder geschmol-

---

[r] Unter den neuern Chemikern, die dieser Meynung zugethan sind, kommen vorzüglich die Herren von Justi, Gellert, Wallerius, Skopoli und Gerhard zu nennen.

schmolzen wird. Andere behaupten, Stahl sey ein mit fixer Luft gesättigtes Eisen; und wiederum andere machen ihn zum vollkommsten, von allen fremden Theilen gereinigten Eisen, worin die sämmtliche Eisenerde mit genug brennbarem Wesen vereinigt sey.

§. 2.

Ist ein seines überflüßigen brennbaren Wesens beraubtes, höchst gereinigtes Eisen.

Ich meines Orts halte mich an die letzte Meynung, nämlich, daß Stahl ein höchst gereinigtes Eisen sey; mit dem Unterschiede jedoch, daß ich glaube, je weniger brennbares Wesen im Stahle enthalten sey, desto härter und fester ist er.

Belieben Sie zu bemerken, meine Herren, daß diese Meynung mit derjenigen, die ich so eben beygebracht habe und welche insgemein angenommen wird, im geraden Widerspruche steht. Sie sollen aber aus dem Verfolge dieser Vorlesung selbst urtheilen, in wie ferne ich Recht habe.

Ich wende mich also zur Beschreibung der Stahlmanipulation selbst.

§. 3.

Erwähnung des Ofens, in dem die Stahlflossen erzeugt werden.

Die Stahlhütten sind gemeiniglich mit einem Hoch- oder Floßofen, worin die Eisenerze geschmolzen, und allwo die sogenannten Flossen, Blateln oder Gänse, erzeugt werden, vereinigt. Diesen Hoch- oder Floßofen, mit seinen Erzeugnissen, kennen Sie schon aus den vor-

her-

hergegangenen Kollegien, worin ich die Eisenhütten ab-
gehandelt habe; ich darf also geradezu bey der Stahlmanipulation anfangen:

§. 4.

Beschreibung eines Stahlhammers. Des Zugerichts.

Ein Stahlhammer ist einem Eisenhammer völlig
gleich; nur mit dem Unterschiede, daß beym Stahlma-
chen das Zugericht anders geführt wird. Was man Zugericht nennt, wissen Sie ebenfalls schon; nämlich die
Art und Weise, wie die Feuergrube angelegt, die Forme oder das Eßeisen eingesetzt, und das Feuer bey der
Schmelzung regiert werden muß. Dies Zugericht nun
besteht bey einem Stahlfeuer in folgendem:

Der Herd, oder die Feuergrube, welche etwas tiefer, als die auf Eisen seyn muß, ist beynahe viereckigt,
entweder mit gegossenen Eisenplatten, oder auch nur mit
guten Ziegeln, oder andern feuerfesten Steinen, ausgesetzt. Es ist hiebey zu bemerken, daß dieser Herd, oder
Feuergrube, gemeiniglich um einige Zoll breiter, als er
lang ist, zugerichtet wird; welche Länge und Breite aber,
so wie die Tiefe, nicht überall gleich ist. In Kärnten,
z. B. hat man bey einer berühmten Stahlhütte folgendes Maaß:

Vom Eßeisen bis zum Voreisen, welches die Länge ist,
20 $\frac{1}{2}$ Zoll.

Vom Sinterblech bis zur Wolfsseite, nach der
   Breite 29 b.

Jede der eisernen Platten, mit denen der Herd ausgesetzt ist, und die seine Tiefe ausmachen, haben in der
Breite 17 Zoll, bis auf diejenige, auf welcher das Eßeisen ruht, die um 4 Zoll schmäler ist. Sie sehen hieraus,

aus, daß das Eßeisen 13 Zoll vom Boden des Herdes
erhoben sey.

Das Einsetzen dieses Eßeisens geschieht sehr ungleich;
und man richtet sich hieben nach den Flossen, die man zu
verarbeiten hat.   Sind sie sehr spröde und unrein, so
wird das Eßeisen schärfer gelegt; das heißt, man neigt
es mit der Vorderseite, welches der Rüssel genannt wird,
mehr gegen den Boden, und es erhält dadurch einen Fall,
nach der Bleywage genommen, von 5 bis 7 Graden.
Es ist bey Stahlhütten ein allgemeiner Grundsatz : je
unreiner die Flossen sind, desto schärfer muß das Eßeisen gelegt werden, weil dadurch die Hitze mehr in die Mitte der Masse eingeführt wird; woraus erfolgt, daß sich
die unreinen Theile eher abscheiden, und verschlacken
können.

§. 5.

Anfang der Schmelzmanipulation.

Wenn die Feuergrube zugerichtet ist, so füllt man
sie mit feiner Kohllösche, welche etwas angefeuchtet, und
recht fest zusammengestampft wird.   In der Mitte bleibt
jedoch eine Grube von der Größe eines Hutgupfes, worin sich die einschmelzende Masse sammeln kann.

Nun wird sie mit kleinern Kohlen gefüllt, und aus-
gewärmt; das heißt: durch dieses Kohlenfeuer wird die
Mässe ausgetrieben, die durch das Anfeuchten der Kohllösche hineinkam; und dieses dauert einige Stunden.
Endlich fängt das Flosseneinzerrennen an, welches auf
folgende Art geschieht:

§. 6.

Das Zerrennen.

In die Mitte der Grube, jedoch so erhoben, daß sie gerade vor das Eßeisen zu stehen kommen, werden einige Trümmer und Broken gelegt, die von voriger Arbeit abgefallen sind. Darauf werden einige Körbe Kohlen gegeben, um die Feuergrube herum ein Kranz von angefeuchteter Kohllösche gemacht, der Löschkranz genannt, und das Gebläse angelassen.

Da nun diese eingelegten Trümmer bald flüßen, so machen sie einen Regulum, den die Arbeiter Saft nennen, und der dazu dient, daß sich die einschmelzenden Flossen mit selbem vereinigen, und desto leichter zu einer Masse zusammenlaufen.

Die Flossen werden dem Feuer nach und nach vorgerückt, bis so viel hinabgeschmolzen ist, als man für nöthig erachtet. In Steyermark, Kärnten und in Krain werden gewöhnlicherweise nicht mehr als 150, 200, höchstens 300 Pfund einzerrennt; in Tyrol aber hat man die schädliche Gewohnheit 5 bis 700 Pfund einzuschmelzen. Bey so großen Massen kann das Feuer nicht auf alle Theile mit nöthiger Kraft wirken, und es werden viel Kohlen umsonst verbrennt. Man wird auch bey so einem Verfahren nie guten Stahl erzeugen, wenigstens in keiner verhältnißmäßigen Menge.

§. 7.

Dieses Zerrennen geschieht binnen 4 bis 5 Stunden; und die Masse, die sich nun im Feuer befindet, wird ein Teichel genannt.

Von dem Augenblicke an, als die Flossen anfangen eingeschmolzen zu werden, bis zu jenem, wo der Teichel

aus

eus dem Feuer herausgehoben wird, verläuft allemal eine Zeit von 5 bis 7 Stunden. Die Hitze muß ihn wohl
durcheinander arbeiten, welches die Stahlleute kochen
nennen, damit alle unreinen erdigten Theile abgeschieden
werden. Wenn man glaubt, daß er genug gereiniget
sey, so läßt man das Gebläse schwächer gehen, und er
bleibt noch ein bis zwey Stunden im Herde, während
welcher Zeit sich die schwersten metallischen Theile aneinander hängen, und einen vollkommenen Regulum machen.

§. 8.

Benennung der verschiedenen Stahlgattungen.

Bevor ich nun aber zur weitern Manipulation fort-
schreite, muß ich bemerken, daß es verschiednen Stahl
gebe, der seinen Namen von der Bearbeitungsart erhält. Bis hieher ist sie bey jeder Gattung Stahl gleich.
Erst in der folgenden Manipulation giebt es Abweichun-
gen, die wir sofort namhaft machen wollen.

In unsern Staaten *) hat man:

1) Rohen Stahl, oder sogenannten Rauchstahl.

2) Brescianstahl, und

3) Scharsachstahl.

§. 9.

Erzeugung des Roh-Stahls.

Roher Stahl wird die schlechteste und gröbste Gattung genennt, die meistens bey Eisenhämmern erzeugt
wird; denn da bey denselben viele harte und compakte
Flossen mitvorkommen, die sich mehr zu Stahl, als Ei-
                    3 4   sen

*) Nämlich in den Oesterreichschen.

sen schicken, wenigstens leichter auf Stahl bearbeitet werden können, so wär es wider sein eignes Interesse, wenn
sie ein Hammersgewerk, mit größerm Kohlaufwand so
wohl, als mit Verlust des größeren Verkaufspreises,
auf Eisen benützen wollte.

Diese Manipulation ist so einfach, als möglich.
Wenn der Hammerschmid glaubt, dieses Stück schicke
sich besser zu Stahl als Eisen, so streckt er es unter dem
Hammer aus, stößt es ins Wasser, und der Rohstahl
ist fertig.   Bey einigen Hütten nennt man diese Art
Stahl auch den harten Zeug; und an dergleichen Stahl
werden im Jahre hindurch bey manchem Hammer einige
hundert Zentner angefertiget.   Man erhält ihn aber auch
bey den eigentlichen Stahlhämmern, wie aus folgendem erhellen wird.

§. 10.

Erzeugung des Brescian-Stahls.

Die Erzeugung des Brescian- und Scharsachs
stahls ist hingegen die eigentliche Stahlmanipulation.
Der Brescianstahl hat vermuthlich seinen Namen von
der in Italien im Venetianischen Gebiete gelegenen Stadt
Brescia, allwo noch dermal berühmte Metallfabriken sind.
Es ist also wahrscheinlich, daß die ersten Arbeiter, die in
Steyermark und Kärnten Stahl gemacht haben,
Brescianer waren.

Ich mache mit der Brescianstahlmanipulation den
Anfang; wir wollen also wieder zu unserm Teichel zurückkehren, den wir noch im Feuer stehen haben.

So bald sich dieser gesetzt, der Sinter abgelassen,
und die Kohlen weggeräumt sind, so wird er mit großen
eisernen Brechstangen und Zangen herausgehoben, unter
den

den Hammer gebracht, welcher gemeiniglich 6 bis 8
Zentner wiegt, und in 4 Stücke zertheilet, welches man
Schroten nennt. Diese 4 Stücke heißen Tesolen,
wovon wieder jedes in zwey Theile zerstückt wird; und
diese Stücke, deren nun 8 sind, heißen Masseln, die
unterm Hammer länglicht zusammengedruckt, und zum
Gebrauche auf die Seite gelegt werden.

§. 11.

Während dieser Arbeit fängt der Heißer schon wieder
ein neues Zerrennen an. Bey diesem Zerrennen werden aber auch zugleich die obigen Masseln ausgeheißt,
das ist, sie werden in das Feuer eingelegt, und so stark
erhitzt, daß sie sich unter dem Hammer strecken lassen.
Aus einem solchen Massel werden 3 bis 4 Kölbeln gemacht, denen ihre Figur den Namen gegeben hat, weil
sie einem Streitkolben ähnlich sehn.

§. 12.

Eine Anzahl dieser Kölbeln werden nun bey einem
besondern Feuer, das Streckfeuer genannt, auf eine
Art Rost gelegt, und nach und nach dergestalt ausge-
wärmt, daß sie zu Stangen von beliebiger Länge, Dicke und Breite unter dem Hammer ausgezogen werden
können.

Diese Stangen werden in kaltes Wasser gestoßen,
wodurch sie ihre vollkommenste Härte erlangen; so dann
gescheuert, das ist, mit Hammerschlag und Sand gerieben, durch welches ihre Oberfläche ein schöneres und
gleichsam polirtes Ansehen bekömmt, und endlich als
Kaufmannsgut in Fässer zu 50 bis 125 Pfund verpackt.

Z 5

§. 13.

§. 13.

Roh-Stahl, der bey der Brescian-Stahlmanipulation erzeugt wird.

Da nun nicht jedes Massel, entweder durch seine natürliche unreinere Eigenschaft, oder durch Fahrläßigkeit oder Unverstand der Arbeiter, geschickt ist, guter und feiner Stahl zu werden, so wird daraus roher Stahl, oder Stahl von schlechterer Qualität gemacht.

Uebrigens ereignet es sich auch sehr selten, daß eine Stahlstange von 4 bis 6 Schuh in der Länge durchaus guter Stahl sey. Es giebt hin und wieder weiche Blätter und Splittern, die man Eisenschuß nennt; dahero werden diese Stangen in 1 bis 3 Schuh lange Stücke zerschlagen, und jene Stücke, welche eisenschüßig sind, ausgeschossen. Dieser Ausschuß, der doch immer Stahl ist, wird Mok genannt, und um einige Gulden wohlfeiler verkauft.

§. 14.

Benennung der Stahlsorten.

Die Benennungen der Stahlsorten sind eben so ungleich, als ihre Form. In Rücksicht letzterer, muß man sich insgemein nach dem Verlangen der Käufer bequemen, und daher kömmt es, daß die Gestalt der Stahlgattungen fast in jedem Lande verschieden ist, und daß eine und eben dieselbe Waare mit verschiedenen Namen belegt wird. Jedoch, diese alle zu kennen, ist die Sache des Kaufmannes, und gehört in eine andere Wissenschaft. Uns genüget, hier folgende Klaßificirung als ein Beyspiel anzuführen, wie sie bey einer berühmten Stahlhütte in Steyermark üblich ist:

Ordi-

Ordinair dickgevierter Stahl,	1 Zoll dick,	1 Zoll breit.
D. kleingevierter •	$\frac{3}{4}$ dick,	$\frac{3}{4}$ breit.
Romaner Stahl	$\frac{3}{8}$ dick,	$\frac{3}{8}$ breit.
Dreytupfstahl, weil er mit 3 Punkten bezeichnet wird	$\frac{1}{2}$ d.	$\frac{1}{2}$ d.

D. flachgevierter, ist um einige Linien breiter, als er dick ist. Uebrigens habe ich noch anzumerken, daß nur bey den 3 letztern Gattungen Mok ausgeschieden werde; bey den erstern ist man so genau nicht; und man sagt daher Romaner-Mok, und so weiter.

§. 15.
Erzeugung des Scharsachstahls.

Ich wende mich nun zur Erzeugung des Scharsachstahls. Dieser wird, vermöge eines ausschließenden Privilegiums, nur von der Hauptgewerkschaft zu Eisenerz in Steyermark allein fabricirt. Er ist wegen der Genauigkeit, mit der er ausgearbeitet wird, der berühmteste, und seine Manipulation ist folgende:

Das Zerrennen des Teichels, die Schrotung desselben, und die Erzeugung der Masseln, ist derjenigen Arbeit völlig gleich, die beym Brescianstahl angewendet wird; der Unterschied besteht nur in dem, daß hier die Masseln lediglich zu Rohstahl ausgeschmiedet werden.

§. 16.
Dieser in dem sogenannten Hartzerrenhommer erzeugte Rohstahl wird aber durch folgende Arbeiten zu Kaufmannsgut geschaffen.

Die ganze Manipulation schränkt sich auf 5 Hauptarbeiten ein:

1stens

1ſtens in das Stahlklauben,
2tens in das Heißen,
3tens in das Schinnen,
4tens in das Garben, und endlich
5tens in das Ausſchmieden.

Die erſte Arbeit, nämlich das Stahlklauben, be-
zieht ſich auf die Sorten, die man von dieſem Scharſachſtahl zu machen pflegt, und machen muß, weil nicht
jede Stahlſtange gleich gut ausfallen kann; man hat alſo:

a) harten oder eigentlichen Scharſachſtahl,
b) äußern,
c) weichern, und
d) Wurzelbrocken.

§. 17.

Zu dem Scharſachſtahl werden nur jene Stahlſtangen oder vielmehr Trümmer, weil die Stangen, um
ihren Bruch zu ſehen, zerſchlagen werden müſſen, genommen, welche an beyden Seiten im Anbruche kleinkörnig und kompakt ausſehen, und nichts Eiſenſchüßi-
ges an ſich haben.

Zum äußern Stahl werden jene Trümmer beſtimmt,
die an den äußern Seiten eine weiche Eiſenhaut, oder
eine weiche Ader beſitzen, die aber nicht bis in die Mitte eindringt.

Jene Trümmer aber, bey welchen dieſer Eiſenſchuß
ſchon in der Mitte der Stange zu ſehen iſt, werden zum
weichern Stahl verwendet.

Wurzelbrocken werden jene Stücke genannt, die
entweder beym Teichelſchroten abgefallen, oder ſonſt
von Stahlſtangen abgebrochen ſind; und ſie werden den
obigen Arbeiten zugeſetzt.

§. 18.

§. 18.

Wenn dieses Sortiren geschehen ist, so wird eine Gattung nach der andern zum Ausheißen in das Feuer gelegt, und wohl durchgeglüht. Diese Trümmer müssen nun unter dem Hammer zu 3 Finger breiten Schinnen ausgeschlagen werden; und aus diesen Schinnen werden Garben gemacht. Dieses Garben besteht darin, daß man besagte Schinnen zu einem Gewichte von 30 Pfund übereinanderleget, und mit einer Zange fest zusammenfasset; und diese zusammengefaßten Schinnen werden nun eine Garbe genannt.

§. 19.

Die Garbe wird nun in das Feuer gelegt, zusammengeschweißt, unter den Hammer gebracht, und zu 2 Stücken zerschroten. Diese Stücke heißen Ausschrote. Sie werden zu Kölbeln geschmiedet, diese zu Stangen von beliebiger Form ausgestreckt, und im Wasser gehärtet; und alsdenn sind sie vollkommene Kaufmannsware.

Bey dieser bis hieher beschriebenen Manipulation des Scharsachstahls giebt es unendlich viele Beobachtungen und Handgriffe, die wir hier übergehen müssen. Das mindeste Versehen kann einen beträchtlichen Schaden verursachen. Dergleichen Handgriffe müssen dem Arbeiter aber auch nur in der Werkstätte abgesehen werden.

§. 20.

Erinnerung und Beweiß vom Wesen des Stahls.

Belieben Sie sich nun zu erinnern, meine Herren, daß ich beym Eingange dieser Vorlesung gesagt häte:

Stahl

Stahl sey das reinste, von seinen überflüßigen brennbaren Theilen beraubte Eisen.

Halten Sie mit diesem Satze die Stahlmanipula, tion, welche ich Ihnen bisher vorgetragen habe, zusammen, und merken sie an:

Daß die Forme, oder das Eßeisen, bey der Stahlarbeit viel schärfer liegt, als bey der Eisenmanipulation.

Daß folglich dadurch der Teichel viel stärker durchgearbeitet wird.

Daß man das Gebläse viel stärker gehen läßt.

Daß hier also eine viel größere Hitze ist, wodurch das brennbare Wesen mehr verflüchtiget, oder verzehret wird.

Daß der Sinter, der viele brennbare Theile enthält, öfter abgestochen, und davon immer nur so viel auf dem Teichel stehen gelassen wird, damit ihn das Feuer nicht angreift und verschlaket.

Daß nicht das mindeste brennliche Wesen beygesetzt, und endlich

Daß die ganze Stahlarbeit dahin abzielt, dem Teichel all jenes zu rauben, was ihn weich machen könnte. Daher ist die Stahl = der Eisenarbeit gerade entgegen gesetzt, als bey welcher man alle Mittel anwendet, welche die Biegsamkeit und das weiche Wesen des Eisens befördern.

Ich kann mich hier nicht einlassen, meine Meynung mit noch mehr Erfahrung, wie ich wohl könnte, zu unterstützen.

Jedem Chemiker ist bekannt, daß, wenn man einem Metalle sein Phlogiston nimmt, dasselbe seine Geschmeidigkeit

digkeit verliert, und daß man ihm solche durch Zusetzung brennlicher Körper wieder geben kann.

Eben so wird der Stahl wieder weich und geschmeidig, wenn er öfters ausgeglüht wird, wodurch sich das feinste brennbare Wesen der Kohlen, weil die Hitze dabey sehr schwach ist, in selben einzieht, und wieder seine Biegsamkeit bewirkt.

§. 21.

Sie werden nun, wie ich glaube, über das Wesen des Stahls, nämlich daß er das reinste, seiner überflüßigen brennbaren Theile beraubte Eisen sey, mit mir gleicher Meynung seyn. Und es war nöthig, Ihnen diesen Satz ein wenig ausführlicher zu beweisen, weil bey denjenigen Waaren, die aus Stahl gemacht werden, viel darauf ankömmt, zu wissen, was der Stahl eigentlich sey. Noch hab' ich Ihnen aber als eine sonderbare Erscheinung anzumerken, daß, je kälter das Wasser ist, in welches die Stahlstangen gestoßen werden, desto mehr Härte erlangen sie. Man könnte also im Winter den besten wenigstens den härtesten Stahl machen, wenn man des Eises wegen arbeiten könnte.

§. 22.
Cementstahl.

Es giebt noch eine Gattung Stahl, mit der ich Sie bekannt machen muß, und das ist der Cementstahl. Er wird am häufigsten in England, auch in Schweden und in Frankreich verfertiget. Die Engländer brauchen hierzu das beste schwedische Eisen; und man macht ihn auf folgende Art:

§. 23.

§. 23.

Es werden viereckigte Oefen von verschiedner Größe von feuerfesten Steinen aufgeführt. Längst durch denselben geht ein eiserner beynahe horizontal liegender Rost, der 20 Zolle breit ist, und unter welchem sich der Aschenpfahl befindet. Ohngefähr 16 Zoll über dem Roste ist der Platz, wohin die Kästen gesetzt werden, in welchen das zu cementirende Eisen eingeschlagen wird.

Diese Kästen sind etwa 10 bis 12 Fuß lang, 2 bis 3 breit, und eben so tief, oder auch etwas tiefer. Sie sind von Steinen, Ziegeln oder auch Eisen gemacht; im letztern Falle aber müssen sie mit Thon überschmiert werden.

In diese Kästen nun werden die Eisenstäbe mit dem Cementpulver lagenweise, oder Stratum super Stratum, eingelegt.

Die Bestandtheile dieses Cementpulvers behält man überall als Geheimnisse. Es soll aus Kohlengestübe, Klauen, Oelen, Salzen rc. bestehen. Dieses schiene zu beweisen, als ob wirklich das brennliche Wesen dem Stahle seine Härte gebe; allein, fürs Erste ist uns diese Mischung noch allzuwenig bekannt; und fürs zweyte gesetzt, es wären blos brennliche Körper, so kann ja das Phlogiston, welches im Eisen steckt, entweder vermöge der natürlichen Verwandschaft, die sie mit einander haben, oder durch die Hitze, eben sowohl herausgezogen, als neues Phlogiston hineingebracht werden?

§. 24.

Wenn diese Kästen 6 bis 7 Tage und Nächte im heftigsten Flammenfeuer gestanden haben, so wird aufgehört, Feuer zu geben. Die Kästen kühlen aus, und die

Die nun in Stahl verwandelten Eisenstäbe werden aus dem Ofen gebracht. In England giebt es welche dieser Cementiröfen, die so groß sind, daß 2 bis 300 Zentner auf einmal in denselben cementirt werden können; allein dieser Stahl ist noch nicht vollkommen. Er fordert noch eine zweyte Arbeit, nämlich das Ausschmieden. Dies geschieht bey Steinkohlen, und beynahe auf die nämliche Art, wie der Brescianstahl angefertiget wird. Will man ihn noch besser machen, so manipulirt man ihn bey Holzkohlen fast auf die Art, wie ich die Erzeugung des Scharsachstahls beschrieben habe.

§. 25.

Nützlichkeit des Stahls.

Es sind in der That wenig oder gar keine Manufakturen, Fabriken, Handwerksgewerbe und Lebensarten, die nicht stählerne Werkzeuge und Geräthschaften nöthig hätten. Man sieht also hieraus, wie wichtig die Stahlfabriken einem Lande sind; und ein Regent hat in der That alle Ursache die größte Aufmerksamkeit darauf zu wenden.

Aus Stahl macht man heut zu Tage eine so unendliche Menge verschiedner Waaren, daß ich nicht fertig werden würde, wenn ich Ihnen alle hernennen wollte. Die vorzüglichsten, welche zu den nöthigsten Geschäften gebraucht werden, sind:

Sensen, Sicheln, Messerklingen, Meisseln, Feilen und dergleichen.

Zu Sensen und Sicheln wird in unsern Ländern nur der Rohstahl gebraucht, dessen Anwendung in eine andere Vorlesung gehört. Zu Messerklingen, Meisseln, Säbeln, Degenklingen und Feilen, muß schon besserer

an-

angewendet werden. Der beste wird zu Barbiermessern, Uhrfedern, chirurgischen Instrumenten, feinen Feilen. und zu verschiedenen Galanteriearbeiten genommen. Diese letzten, nämlich die Galanteriesachen, werden itzt in Wien eben so schön gemacht, als sie je in England gemacht worden sind.

§. 26.

Kennzeichen eines guten Stahls. Wo der beste gemacht wird. Aus jedem Eisenerze kann man guten Stahl machen.

Die Kennzeichen eines guten Stahls sind: wenn er unter dem Hammer springt wie Glaß, einen angenehmen Klang hat, im Bruche zu beyden Seiten sehr kompact und kleinkörnig aussieht, und auf dem Bruche einen Kern von dunklerer Farbe zeigt, den man die Rose nennt.

Bey der Verarbeitung muß er hart und doch zäh, oder etwas geschmeidig seyn, und sich glänzend und silberweiß poliren lassen.

In den österreichischen Staaten wird in Steyermark, Kärnten und Krain der beste Stahl gemacht; welcher aber seiner Güte nach je gleichwohl verschieden ist.

Der kärnt- und krainerische Stahl läßt sich leichter zu jenen Waaren benutzen, welche eine große Härte und schöne Politur erfordern. Der Steyersche hingegen hat nebst seiner genugsamen Härte auch zugleich eine gewisse Zähigkeit, und ist also zu jenen Arbeiten, die bey seiner ziemlichen Härte auch Geschmeidigkeit verlangen, vorzüglicher.

Seitdem man nach Tyrol kärntnerische Stahlarbeiter hat kommen lassen, macht man auch allda an einigen Orten ziemlich guten Stahl; welcher aber dem steyerschen

-schen und kärntnischen. noch bey weitem nicht gleich-
kömmt.

Außer der österreichischen Monarchie sind in Deutsch-
land die Stahlfabriken im Zweybrückschen, Elsäßschen,
in Nassau Siegen und zu Schmalkalden, die berühmt-
sten. Es sind aber auch außer diesen, seit ungefähr 50
Jahren her, an vielen Orten Stahlfabriken aufgekom-
men, die, ungeachtet sie es so weit noch nicht gebracht haben, auf die Verminderung unserer Stahlpreise dennoch
einen sehr starken Einfluß hatten. Dies leitet mich hier
auf die Bemerkung vieler Schriftsteller, welche behaupten, man könne überall guten Stahl machen. Daß
man aus jedem Eisenerze guten Stahl machen könne,
daran ist kein Zweifel; aber nicht an jedem Orte geht es
an, das Wörtchen überall leidet also eine Einschrän-
kung. Da, wo nicht in genugsamer Menge gute Holzkohlen, und kein tüchtiges Wasser ist, wird man nie guten Stahl machen können; und außerdem kömmt auch
noch vieles auf das Gebläse, auf das Eßeisen, auf das
Zugericht, und das meiste auf die Regierung des Feuers
und verschiedene andre Handgriffe an.

§. 27.
Verschleiß des Stahls.

Derjenige Stahl, welcher in Steyermark im sogenannten Enns- und Palthenthale, und im Mubr-
viertel gemacht wird, geht fast gänzlich nach Salzburg,
Bayern, Tyrol, in die Schweiz nach Nürnberg,
und weiter nach Holland und England.

Die Engländer machen aus steyermärkischem Stahle ihre besten Feilen, Barbiermesser, Uhrfedern, und allerhand feine Instrumente, die sie uns für theures Geld
wieder verkaufen. Sie verstehen das Geheimniß, ihn

auf

-auf das compacteste und geschmeidigste zu raffiniren, wobey er jedoch zugleich seine vollkommene Härte behält.

Der kärntnerische und krainerische Stahl wird über Triest nach Italien, und weiter nach Frankreich, Spanien, Portugall, und nach beyden Indien verführt.

Der Stahl, so nach Wien, Böhmen, Mähren, Ungarn und in die Türkey gebracht wird, kömmt aus Oberösterreich, alwo man steyersches Eisen zu Stahl verarbeitet, und denn auch aus dem Mürzthale in Steyermark.

§. 28.
Oesterreichs ausgebreiteter Stahlhandel.

Sie sehen also, meine Herren, wie ausgebreitet und wichtig der Stahlhandel für Oesterreich ist. Ich thue der Sache eher zu wenig als zu viel, wenn ich annehme, daß in Steyermark, Kärnten und Krain jährlich eine Million Gulden baares Geld eingeht, bloß für denjenigen Stahl, welcher in fremde Staaten verkauft wird. Jedermann begreift also beym ersten Anblicke, welch eine ungeheure Summe diese Länder seit den 1000 und mehr Jahren, als die Eisenbergwerke allda im Betrieb stehen, an auswärtigem Gelde hereingezogen haben.

§. 29.
Stahlpreise.

Die Preise der Stahlsorten sind in einem jeden Lande, ja bey jeder Hütte anders. Je mehr Arbeit auf ein Produkt verwendet wird, desto theurer ist es; so ist es auch beym Stahl. Außerdem, so kömmt auch sehr viel auf die Lage der Stahlhütte, und auf den Zug des Handels an. Es war eine Zeit, wo Jedermann Stahl machen

chen wollte; und unser Stahl kam dadurch ein wenig ins
Stecken; dermal hat er aber wieder den besten Abzug.
Nach Italien geht itzt je gleichwohl verhältnißmäßig
mehr Eisen, als Stahl, wozu der Seekrieg Anlaß giebt.
Man kauft den Wiener Zentner von 7 bis 18 Gulden
in loco.

§. 30.

Anempfehlung der Stahlfabriken.

Es sey mir erlaubt zum Schlusse dieser Vorlesung
die Anmerkung zu wiederholen, daß der Staat zu Auf-
rechthaltung und Verbesserung unserer Stahlfabriken
nicht wachsam genug seyn kann.

Wir wissen aus den Polizey- und Finanzgrundsätzen,
daß jene Manufakturen und Fabriken für ein Land die
nützlichsten sind, welche eine große Menge Einwohner
beschäftigen, und Produkten erzeugen, die dazu dienen,
die Handlungsbalanz über Ausländer zu gewinnen.

Nun ist wohl kein Gewerbe in den österreichschen
Staaten, das geschickter wäre, diese Forderung zu erfüllen! In Steyermark allein werden bey 20,000 Menschen gezählt, die sich von Eisenbergwerken, und den
davon abhangenden größeren Fabriken nähren. Man
kann also leicht überschlagen, was diese der Landwirth-
schaft durch die Consumtion für einen Nutzen schaffen,
und wie sehr der Nationalreichthum, besonders durch das
hereinbringende fremde Geld, vermehrt wird. Nur wäre zu wünschen, daß man sich mehr bestrebte, den rohen
Stahl im Lande selbst, so viel thunlich, zu verarbeiten,
welches hauptsächlich von denjenigen Waaren insonderheit zu verstehen ist, wofür noch viel Geld außer Land

geht,

geht, als da sind: feine Feilen, Barbiermesser, chirurgische Instrumente, Uhrfedern ꝛc.

Es ist zwar vor einigen Jahren in Gräz eine solche Fabrike errichtet worden; sie ist aber bald wieder eingegangen. Gegenwärtig ist man im Begriffe, in Steyermark eine Fabrike der feinen Feilen aufzurichten; und es ist sehr zu wünschen, daß sie zu Stande kömmt.

XIV.

Beschreibung

der

feierlichen Verbrennung

eines

Falmückischen Lama oder Oberpriesters.

Platte 3.

Schon im Ersten Theil der N. Nordischen Beyträge S. 217, und in meinen Reisen (1. Theil)
ist erwähnt worden, auf wie mancherley Weise, nach
dem in Tybet eingeführten Aberglauben, zu dem sich auch
die Mongollschen Völker bekennen, die Leichenbestat-
tungen, in Befolg gewisser Ceremonielgesetze und Ri-
tuale, nach Zeit und Umständen abgewechselt werden.
Eine der heiligsten Bestattungsweisen ist die feierliche
Verbrennung, welche bey den Kalmücken größtentheils
nur für die vornehmste Geistlichkeit und fürstliche Personen bestimmt zu seyn scheint; obwohl diese nicht immer
dies Recht genießen, und nach den Vorschriften der davon
handelnden geistlichen Büchern, auch gemeinere Menschen, unter gewissen zusammentreffenden Umständen,
dazu ein Recht haben sollten. Da der zweyte Theil
meiner Sammlungen über die Mongolischen Völkerschaften ohnehin schon mit Kupfern überladen ist,
so habe ich hier eine sehr wohlgerathene Abbildung der
Verbrennung eines Kalmückischen obersten Lama, wel-

Aa 4　　　　　　cher

cher mein Zeichner Nitschmann, in der Gegend der
Sareptischen Kolonie an der Wolga bengewohnt hat,
mittheilen, und die bey dieser Feierlichkeit bemerkte Ceremonien aus dessen schriftlichen Aufsatz *) umständ-
lich erzählen wollen.

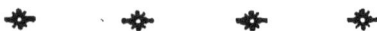

✳   ✳   ✳   ✳

Im Jahr 1772 starb bey der Derbetschen Horde
Wolgischer Kalmücken, in der Steppe ohnweit Sarepta,
in seinem Hoflager, der oberste Lama dieser Derbeten,
Namens Abagai, im vier und neunzigsten Jahr seines
Alters, nach einer langwierigen Kränklichkeit, wegen deren er sich des Raths des Sareptischen Arztes bediente.
Gleich nach seinem Scheiden versammelten sich alle anwesende Labaner oder Gellongs (geweihte Priester),
und rathschlagten, wie mit dem Verstorbnen, nach Vor-
schrift der Religionsbücher, zu verfahren sey.

So gleich wurde dieser ihnen merkwürdige Todesfall
dem Fürsten der Horde Zebek Ubuschi und dessen Vor-
mündern bekannt gemacht, und selbiger von den versammleten Geistlichen ersucht, sogleich den nächsten Geistlichen im Range zu beordern, sich nach dem Lager des Aba-
gai-Lama zu begeben, und die Schrift an ihm zu erfüllen.   Dieses traf den Samtan- oder Dajantsbi-La-
ma, welcher letzteren Ehrennamen (Einsiedler) deswegen
führt, weil er zuvor in der Songarey in einem Kloster
oder

x) Eine sehr unvollkommne und fehlerhafte Beschreibung
eben dieser Verbrennung, von einer unbekannten Hand,
mit sehr überflüßigen gottseligen Anmerkungen ver-
bremt, ist unter dem Titel: Merkwürdige und zuverläßige Nachricht, von der Verbrennung des obersten
Priesters bey den Kalmücken zu Reval 1773 in 8. gedruckt erschienen.

ober Einsiedeley (Kied) gewohnt hatte, und dort bis zu diesem Range gelanget war. Dieser traf gleich am Tage nach dem Sterbefall, frühmorgens, als bestimmter Nachfolger des verstorbnen Ober-Lama, mit einem grossen Gefolge vornehmer Geistlichen, bey Sarepta ein.

Weil bey einer solchen Gelegenheit, für einen jeden Geistlichen, aus der reichen Nachlassenschaft des verstorbnen Lama eine Beute davon zu tragen ist, so ist der Zulauf derselben so stark, daß auch diesesmal in einem halben Tage über siebzig Gellongs oder geweihte Priester, ohne den Schwarm von Götzul und Mandshi, beysammen waren. Für die vornehmste Geistliche wurden in genugsamer Anzahl theils gesattelte, theils ungesattelte Pferde herbeygebracht, welche nach dem Range an sie vertheilt wurden. An Schaafen und andern Schlachtvieh, zum Verspeisen, war auch kein Mangel.

Nunmehr berief der administrirende Dajantshi Lama die Geistlichkeit zusammen, um die Leichenceremonien zu reguliren. Zu dem Ende wurden die dahin einschlagende Schriften herbeygebracht, und alle beym Hintritt des Lama vorwaltende Umstände, mit der Zeit, nach den Vorschriften der Bücher, verglichen. Der Schluß fiel dahinaus, daß der Verstorbne verbrannt werden müsse.

Die Brandstätte wurde von dem neuen Lama auf dem sogenannten Moo-Chammur, einer sandigen Höhe oder Spitze des hohen Landes bey Sarepta, bestimmt, von welcher die Hütte des Verstorbenen nur einige hundert Schritt entfernt lag, bey der unterdessen starke Wache gehalten und niemand in die Nähe derselben gelassen wurde. Der Grund zum Calcinirofen wurde vom Lama selbst abgemessen und abgesteckt, nach einem genauen Maaß, und darauf wurde die Stelle durch Gellongs und Götzuls sehr vorsichtig und feierlich ausgegraben.

Aa 5   Bey

Bey aller dieser Arbeit durfte niemand, als Geistliche, die Hände anlegen.

Während des Ausgrabens begab sich der Lama, nebst ten ihn begleitenden vornehmsten Geistlichen, wieder in die Wohnung des Verstorbnen, wo sie in einem Kreis hinsaßen und aus Büchern sehr inbrünstig beteten. Unter dem Gebet, wurde der Todte von seinen vorigen gewöhnlichen Kleidern entkleidet, sein lamaischer gelber Ornat (Lamän Chubzusun) ihm angelegt, und er mit einer gelben, lakirten, fünfspitzigen Krone (Ocht-Maladchai, oder Bergmütze genannt), welche auf unsrer Platte der administrirende Lama aufhat, gekrönt. Sein Polstersitz oder Thron, auf welchem er mit gefaltnen Händen, untergeschlagnen Beinen, und andächtiger freundlicher Mine eingeschlummert war, wurde erhöht und sein ohnehin überaus weiter gelber Ornat wurde umher ausgebreitet, und so ließ man ihn stehn. Der Eingang der Wohnung wurde mit einem besondern Vorhang verdeckt und zu jeder Seite der Thür einige Wächter hingestellt, welche verhindern mußten, daß, beym Aus- und Eingehn der Geistlichen nicht das gemeine Volk durch die Oefnung hinein blicken möchte.

Unterdessen wurde abwechselnd mit dem Beten fortgefahren und zuweilen, nach einem gewissen Zeichen, denen außen versammleten Leuten erlaubt einzeln, mit entblößtem Haupt hinein zu gehn, um dem Todten, durch Niederfallen und Berührung seines gelben Gewands mit der Stirn, die letzte Verehrung zu erzeigen. Weil jedoch die Menge des versammleten Volks zu groß war, so ging endlich der neue Lama hinaus und segnete alle die er erreichen konnte, mit Auflegung des Rosenkranzes (Erken) aufs Haupt, und weil das Gedränge zu ihm endlich zu groß ward, ertheilte er zuletzt durch Schwenkung

des

des Rosenkranzes über die ganze Menge einen allgemeinen
Segen, und ging wieder hinein, um mit tiefen Seuf=
zen und Stöhnen zu beten.   Diejenigen vom Volk, wel=
che den Segen nicht erhalten hatten, verrichteten indes=
sen ihre Andacht mit Kreißgehen um die Hütte des Ver=
storbnen und gleichsam vergötterten Lama, und Abzählen
ihres Rosenkranzes, unter beständigem Seufzen und
Hersagung der Gebetssylben Om ma ni pat me chung
mit unterlaufendem Niederfallen aufs Antlitz vor der Thür
der Hütte.

Nach einer Weile wurden aus der Sterbewohnung
ein paar aus Mehlteig gebildete, wunderliche Figuren
(Gbai) auf hölzernen Tellern heraus und nach der
Brandstätte getragen.   Sie standen auf zwey Beinen
aufrecht, hatten zwey Arme, sahen aber übrigens mehr
Teufeln als Menschen ähnlich.

Während der fortgesetzten Gebete in der Hütte des
Todten, saß die übrige Geistlichkeit, in verschiednen Ab=
theilungen, hie und dort in Kreisen beysammen, voll
Bestürzung und gleichsam in ernsthafter Betrachtung des=
sen, was sich zugetragen, und der vorhabenden Hand=
lung. — Eine vom neuen Lama bestellte Deputation
machte indessen das Testament über die Nachlassenschaft
des Verstorbnen, an Vieh und andern Gütern; welches
alles nach dem Rang an die Geistlichen vertheilt, und
über die Vertheilung ein Protokoll ausgefertigt wurde.
Auf Befehl des Fürsten wurden noch überdem aus der
Horde an baarem Gelde sechshundert Rubel zur Bestat=
tung des Todten und Vertheilung unter die Geistlichkeit,
aufgebracht.

Die vier Seiten der ausgegrabnen Grundlage zu
dem Ofen, in welchem der Körper verbrannt werden soll=
te, waren nach den vier Hauptwinden gerichtet, jede Sei=
te

te anderthalb Arschinen breit und auch ziemlich eine Arschin tief. Auf der Nord-, Süd- und Ostseite wurden
in der Mitte lange Zug- und Heizlöcher nach der Tiefe
zu gegraben. Diese wurden nach der Ofenseite hohl mit Erde
verdeckt, damit das Holz unter dem Verdeck zu liegen kommen, und nicht bis in den Ofen ragen, folglich keine Holz-
asche sich mit der Asche des Todten vermischen möchte.
Darnach ward der Grund mit Ziegelsteinen, die von lauter Gellongs einige Werst zu Pferde herzugebracht wurden, ausgemauert und anstatt Kalk wurde Leim zugerichtet. Nachdem der Ofen bis zu seiner Bewölbung eines
Schuhes hoch über der Erde aufgemauert worden; so
wurde ein expreß dazu verfertigter großer eiserner Dreyfuß, in der Mitten kreuzweis überflochten, in den Ofen
hineingesetzt, auf den sich zur Probe gleich ein Gellong
mit untergeschlagenen Beinen in den Ofen hineinsetzte.
Endlich wurde um den Ofen herum eine Hütte von
Stangen erbauet und dieselbe rings umher mit alten Fil-
zen bis oben hinauf verhängt. Diese Hütte war ohngefähr 3 Mann hoch und oben war wegen des Feuers eine
große Oefnung.

Nun ging die ganze anwesende Geistlichkeit nach
Beschauung des Ofens, in Proceßion und unter Anfüh-
rung des neuen Lama zur Wohnung des Todten; da sie
bey derselben ankamen, kleideten sich die administrirende
funfzehen Geistlichen in ihren Amtshabit ein. Derselbe
besteht erstlich aus dem Birschan Majak oder Unter-
hemd, und ist den Geistlichen anstatt der Beinkleider zu
tragen, geboten. Es ist auf Schürzart rings herum um
den Leib zu und oben mit einem breiten Gurt in Falten
eingefaßt; er wird um den bloßen Leib angelegt. Dieses
untere Majak kann von weißer Farbe seyn. Ueber dieses wird Schübi Chubzusun, welches ein rothes kurzes
Hemd vorn auf der Brust offen, ohne Ermel ist, ange-
than.

chan. Ferner der Jikå Majak, ein rothes Tuch, das
über den ersten kleinen kurzen Majak um den Leib rings
umher in großen Falten gelegt und drüber mit einem rothen Orkimdschi oder Binde, welche sehr breit auseinan-
ander gemacht, befestigt und um den Leib gewickelt wird;
dieser zwente Majak muß fast auf die Füße herunter hängen. Weiter hatte nur der Oberlama noch Jamöhn
Chubzusun, welches ein rothes Hemd mit kurzen Ermel und auch noch mit einem breiten gelben Gurt befestigt ist. Und zuletzt überhingen sich alle mit den Tschögi
Chubzusun oder einem sehr großen vierecfigten Tuch
von gelber Seide, welches, bis auf einen zwen Span-
nen breiten Rand rings herum, in der Mitten durch und
durch mit lauter Quadratlappen von vier Zoll ins gevier-
te, immer eins roth und das andre gelb abwechselt und
daher sehr bunt aussieht. Jedoch wars ben einigen ganz
gelb, aber eben wie ben dem bunten, unterflochten, oder
in Quadratlappen getheilt. Dieses große seidne Tuch
wurde von jedem über den Rücken und Achseln gehängt,
und reichte hinten bis auf den Boden. Vorn über die
Brust wurden die zwen Ecken des Tuchs übereinan-
dergehängt. Arme, Kopf und Beine blieben ben dieser
Ceremonie entblößt, und jeder hatte noch um die linke
Hand seinen Erken gewickelt, welches alles mit einander
einen ziemlich fürchterlichen Anblick gab.

Nach der Ankleidung wurde ein in einer Kapsel (Or-
du Charaich) verborgener Burchan (Kürük Schä-
täun) hervorgetragen, und dem nach dem Lama folgenden Bakschi (Lehrgeistlichen) überreicht, welcher anstatt
des gelben bunten Tuches, mit einen ganz rothen einge-
kleidet war, und dicht hinter dem Lama herging. Dem
Lama wurde ein kostbar gearbeitetes metallnes Kännchen, (Bumba), mit dem gewürzten und gezuckerten heiligen Wasser oder Araichan, das eine sehr schöne Pfauen-
feder

feder oben zierte, überreicht, mit welchem er in der
Proceßion voran trat. Acht eingekleidete Gellongs stellten sich an die Bahre des Todten und die noch übrigen 5
Gellongs hatten ein jeder eine Glocke zum Schellen in
der Hand.

Die Wohnung des Verstorbenen wurde von hinten
in einer bewundernswürdigen Geschwindigkeit zerrissen,
und der Todte, nachdem das vorher um seine Achseln hängende große gelbseidne Gewand ganz über ihn gedeckt,
und die hohe spitzige Krone über den verdeckten Kopf gesetzt worden, herausgehoben und überaus geschwind auf
eine dazu verfertigte Bahre sitzend gesetzt, und von obigen 8 Gellongs getragen, so daß erstlich der Lama, so-
dann der Bakschi, dann der Todte, und zuletzt die mit
Glocken versehenen 5 Gellongs, denen die übrige Musik
und Volk alles hintennach, bis zur Brandstätte folgte.
Der vorne an gehende Lama sprengte vermittelst seiner
Pfauenseder aus dem Kännchen von dem Arschan überall auf den Weg und auf den Seiten, um sich her.

Außer der Glockenmusik folgten hinten drein 2 kupferne lange Trommeten, welche höchstens 2 bis 3 Töne einer Baßposaune von sich geben. Es sind dieselben reichlich drey Ellen lang; daher sie vermittelst zweyer Ringe,
woran sie hängen durch 2 vorangehende Kerls an einem
Stabe getragen werden mußten. Ferner folgten vier
Handtrommeln, welche auf einer Stange gehalten und
geschlagen werden. Und zuletzt kamen noch zween Mu-
sici mit ihren meßingnen Schaalen oder Tellern, die just
auf die Art der Türkischen geschlagen werden.

Man kann sich daraus leicht vorstellen, was dieses
alles für einen Anblick gab; und durch die gewaltige
Musik, welche bisweilen zusammen überaus laut erschall-
te, kam einen beynahe ein Hautschaudern an. Das von

allen

allen Seiten sich herzubrängende Volk wurde von einigen
dazu bestellten Priestern, welche mit gewaltigen Knüt-
teln versehen waren, mit Gewalt abgehalten. Als nun
die Proceßion bey dem Ofen angekommen war, wurde
der Todte, indem sich die musicirenden Priester in einem
halben Kreis vor die Oeffnung der Hütte gestellt und ihre Musikübung heftig hören ließen, in großer Geschwindigkeit in die Hütte gebracht, und auf den Dreyfuß ge-
sezt, nachdem er von seiner Krone und dem gelben über-
hängenden Gewand entkleidet worden. Dasselbe wurde
wieder nach der Wohnung des neuen Lama in voriger
Proceßion und Musik zurück gebracht. Nun ging die
Einmauerung in den Ofen vor sich, welches sehr geheim
geschahe. Um dem Hals wurden 2 Eisen angelegt, welche auf beyden Seiten so lang waren, daß sie mit eingemauert werden konnten. Sie dienen, um den Todten in
des Feuers Gluth aufrecht zu erhalten. Die Wölbung
des Ofens geschahe über seinem Kopf schräge zu. Vorn
auf der Westseite des Ofens, wo kein Feuerloch war, bekam das Gewölbe oben eine viereckigte Defnung, wo hernach bey der Verbrennung immer Fett und brennende
Materien eingegossen wurde. Oben in der Mitte wurde
ein eiserner Kessel ohne Boden aufgesezt und eingemauert,
welches die Feueresse vorstellte. Das Brennholz wurde
alles nach der genauen Länge der Feuerlöcher geschnitten
und gespalten, und eine große Menge von Butter, Weihrauch, Harz und dergleichen herbengeschaft. Auch wurde in der Hütte dicht neben dem Ofen ein Kessel aufgesezt, in welchem die Butter zerlassen und mit den übrigen Materien vermischt wurde, auf beyden Seiten des
Ofens waren kleine Altärchen, wie gewöhnlich mit Opfer-
schälchen besezt, aufgerichtet, auf der Westseite wurde
ein kostbares Polster für den administrirenden Lama zubereitet; und nachdem man mit allen Zubereitungen endlich fertig war, so legte der Lama das gelbe Gewand des

Ver-

Verstorbenen noch über sich, setzte auch dessen Krone auf
und nahm seinen Sitz auf der Westseite ein. Die übrigen Gellongs hatten ihren geistlichen Habit ab, und ihre ordinären Kleider wieder angelegt, und so setzten sie
sich rings umher. Ein jeder hatte in der linken Hand
seine Glocke und Schriften auf dem Schooß liegen, samt
dem Lama, welcher so dann anzeigte, daß die Lämpgen
auf denen Altärchen und das Feuer in allen 3 Löchern unter dem Ofen angezündet werden sollte. Die oben erwähnten 2 Figuren aus Mehlteig (Ghai) befanden sich
auch auf einem der Altärchen. Als das Feuer nun Abends
um 7 Uhr angezündet ward, so nahm diese feierliche
Handlung unter Klang und Gesang ihren Anfang. Gebet und der Klang der Musik und Glocken, wurden unterweilen mit Gesprächen über einige Schriftstellen unterbrochen und zwar von dem Lama und Bakschi. Unterweilen wurde auch denen wachhabenden Priestern aufs
schärfste geboten, niemanden etwan durch eine Oefnung
in die Hütte schauen zu lassen. In den Heißlöchern wurden sehr stark Holz zugeschürrt, und durch den neuen Lama fast beständig, vermittelst eines besondern langstieli-
gen Löffels, der auf beyden vordern Seitenecken mit kleinen Ausfließrinnen versehen war, von dem nebenbeyste-
henden Fett zu dem obern Loch über den Todten einge-
flößt, wodurch die Feuerflamme dergestalt vergrößert
wurde, daß sie beständig wie ein schneller Strom oder
Feuersäule, wohl 3 Mann hoch über dem Ofen empor-
stieg. Es mußte daher die ohnehin schon einige Arschin
breite Oeffnung oben in der Hütte gar bald erweitert werden, indem die Hitze der Flamme fast alles verzehren
wollte. Auch mußten die um den Ofen herum sitzenden
Gellongs gar bald auch die vermittelst der Hütte so sehr
eingeschränkte Gränzen so erweitern, daß man dadurch
alles, was sie thaten, ganz deutlich sehen konnte. Unterweilen warf der Lama auch mit Harz bestrichene Holz-
rinde

rinde und weiße seidne Weihtücher (Chadak) oben in
den Ofen, und da derselbe die größte Hitze auszustehen
hatte, weil er wegen des Fettgießens nahe sitzen mußte,
so wurde ihm durch einen Gellong beständig ein Schirm
vor das Gesicht gehalten, damit er vor der großen Flamme geschützt, und nur das Gießloch des Ofens sehen
könnte.

Das Gebet, welches man während der Verbrennung
auf Tangutisch verrichtete, wurde je länger, je heftiger,
mit untermengtem Glockenschellen, Händeklatschen, Fin-
gerschnapfen, Auseinanderspannen und Aufeinandersetzen
beyder Händefinger, mit Verdrehen und Ueberschlagen
der Hände, bey sehr großen Verdrehungen der Augen
und Verstellungen der Gesichtsminen, und auch des
Kopfes.

Die Unterhaltung dieses entsetzlichen Feuers, sahe
man über 3 Stunden fortdauern, und nach dessen Endi-
gung mußte der Ofen etliche Stunden stehen und etwas
auskühlen. Man sollte kaum glauben, wie ungemein
der Zug des Feuers durch diesen Ofen ging, welches
auch, nebst den verschiedenen wohlriechenden Materien,
die hineingeworfen wurden, verursachte, daß man gar
keinen üblen Geruch und Rauch von dem Todten empfunden hat.

Nach Abkühlung des Ofens, wurde gegen Morgen
der Ofen abgebrochen, welches aber gar sehr verborgen
unter der Hütten geschahe, darauf der ausgeglühete Körper, der wie eine Mumie zusammen hält, herausgenommen, und hernachmals, nachdem die Geistlichkeit in die
Horde zurückgekommen war, unter die vielen Geistlichen
hauptsächlich vertheilt. Auch bekamen arme geringe Leute, und die sich nur herzu drängen konnten, etwas davon,
so wenig es auch war. Diese verbrannte Materie des

lamaiſchen Körpers (Lamain-Dſhinder) wird, als eine ſehr heilige Arzney, von dem abergläubiſchen Pöbel eingenommen, und alſo der lama nach und nach von ſeiner eignen Gemeinde verzehrt.

Die Kalmücken bekommen bey dieſer Art der Verbrennung faſt gar keine Aſche von dem todten Körper, indem durch das beſtändige Uebergießen mit Fett, die Haut, Fleiſch und Knochen dergeſtalt zuſammen bäckt, daß die ganze Maſſe wie eine ſpröde Kohle anzuſehen und zu zerbrechen iſt. Die wenige Aſche die aber dennoch vorhanden, wird ſammt der Aſche aus den Heizlöchern gar ſorgfältig zuſammen geraſt und von den Geiſtlichen verwahrt.

Nach Abbrechung des Ofen wurde die Stelle wieder dem Erdboden ganz gleich gemacht, und nicht ein Steinchen von demſelben zurückgelaſſen; ſondern alles auf einem Wagen mit über die Wolga, wo die Horde damals befindlich war, mit fortgenommen.

Nun wurden auf allen 4 Ecken des Ofengrundes hohe Betfahnen (Mani) zu einem Denkmal aufgerichtet. Bey dieſen Mani habe ich das Beſondre bemerkt, daß unter einem jeden Tangutſchen Worte auch ein Quadratloch ausgeſchnitten war.

Nach Verfließung etlicher Wochen, da die Horde wieder von jener Seite der Wolga zurück in die Sareptiſche Gegend kam, wurde zwiſchen den 4 Fahnen ein ſteinernes Kapellchen aufgeführt, welches inwendig mit Schriften, Götzenbildern und Kapſeln, Stücken von alten Kleidern und dergleichen ganz ausgefüllt, rings umher mit einem Graben umgeben, und damit dieſes Werk vollendet wurde.

Man

Man kann eine Vorstellung eben dieser Kapelle, im Ersten Theil meiner Sammlungen über die mongolischen Völkerschaften, auf der ersten Platte, und auf der sechsten ein ähnliches über der Brandstätte eines Fürsten errichtetes Monument abgebildet sehn.

Was, übrigens noch für Aberglauben mit den Todtengebeinen vorgenommen, und mit was für Veneration Gebrauch davon gemacht wird, und wie die von ihnen erkannte Verwandelung, wie sie reden, vorgegangen; kann im Zweyten Theil meiner Sammlungen, der schon großentheils abgedruckt ist, nachgesehn werden.

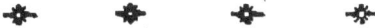

❖   ❖   ❖   ❖

Ich will hier einen schon gedruckten Bericht von der Verbrennung eines in St. Petersburg verstorbnen Lama beyfügen, um selbigen bekannter zu machen, als er durch die erste Ausgabe im St. Petersburgischen Comtoir-Calender für das Jahr 1739 geworden ist, oder vielmehr um denselben vom Untergang, wozu die Calender verdammt zu seyn scheinen, zu erretten.

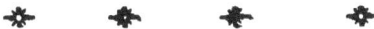

❖   ❖   ❖   ❖

Tschagur Lama oder Schokur-Lama war einer der zwölf obersten Lamen, die in geistlichen Dingen des Dalai-Lama Vicarii und nächst ihm die vornehmsten Priester des Tibetischen Götzendiensts sind. Er kam mit dem Chan der Kalmücken Tscheren Donduk nach Petersburg, und starb daselbst im Maymonat des 1736sten Jahres.

So bald er todt war, ward seine Leiche in der Stellung eines nach Kalmückischer Art mit untergeschlagnen Füßen sitzenden Menschen, in feierlichen Kleidern, auf

eine große, mit einem Teppich bedeckte Bank gesetzt und
so einige Tage zur Schau gelassen, in welcher Zeit die
an wesende Geistliche vor der Leiche mit beständigen Singen und Beten nach Rosenkränzen beschäftigt waren, und
ihre Gebete mit dem Klingen eines Glöckchens, schlagen
auf einer kleinen Pauke, Rauchwerk und sprengen mit
Weihwasser begleiteten, auch so gar mit Anbetung der
Leiche dem erblaßten Heiligen die seiner Würde und Ver-
diensten gemäße Verehrung von allen gläubigen Kalmücken geleistet ward.

Zu der nach den Grundsätzen des lamaischen Aber-
glaubens nothwendig erforderlichen Verbrennung dieses
heiligen Leichnams, ward nicht nur die Erlaubniß von
der Regierung ertheilt, sondern auch eine dazu bequeme
Ebne drey Werste von St. Petersburg, zwischen Ogda
und der Kasakischen Slobode angewiesen. Daselbst lies-
sen die Kalmücken über der Erde einen Ofen von Ziegelsteinen aufrichten, der eine Klafter in die Länge und Bret-
te hatte und eben so hoch, doch oben ganz offen war.
Auch die westliche Mauer war nur anderthalb Fuß über
der Erde aufgeführt, in welcher Höhe vier eiserne Stangen zwischen dem obern Rand dieser und der entgegenge-
setzten Mauer befestigt waren und ein Rostwerk vorstellten.

Nachdem diese Einrichtung auf dem Felde gemacht
und der Tag des Leichenbegängnisses herangekommen war,
setzte man den Verstorbnen in seiner sitzenden Positur in
einen dritthalb Fuß hohen und mit Eisen beschlagnen
Kasten, welcher hernach zugemacht und mit rothen
Damast bekleidet ward. Die Leichenprocession nahm
Morgens um acht Uhr aus dem Hause, welches die Kal-
mückische Gesandschaft in der Stadt inne hatte, ihren
Anfang, und ging nach dem Strom zu, woselbst zwey
Fahrzeuge bereit lagen, um die Leiche nach dem zur Verbrennung

brennung bestimmten Platz überzubringen. — Drey
gemeine Kalmücken, als Laien, gingen voran γ), dann
folgte ein kalmückischer Geistliche, welcher in der rechten
Hand an einer Stange ein heiliges Götzenbildniß, in der
linken aber einen Weihkessel mit dem Sprengwedel trug.
Diesem folgte der Fahnenträger mit der großen Fahne,
die in der Mitte roth, am Rande herum aber grün war.
Dann kam der das Amt verrichtende Lama oder oberste
Priester, in seinem geistlichen Meßgewand, welches von
gelben Atlas und mit rothen seidnen Bändern durchfloch-
ten war. Die Stirn hatte er mit einer Binde von gleicher Farbe umwunden und über den Schultern hing ihm
eine Leinwand nach Art eines Oberrocks herüber, auch
hatte er auf der linken Schulter eine Binde von weißer
Leinwand fast wie ein erzbischöfliches Pallium hängen.
In der linken Hand trug er ein Glöcklein und in der rechten eine kleine Handtrommel, die durch angehängte Gewichte, wenn man sie schwingt, gerührt wird. — Gleich
hinter diesem Lama wurde der Kasten mit der Leiche auf
einem Teppich, von einigen Kalmücken getragen, neben
welchen auf jeder Seite einer mit einem Rauchfasse ging;
darauf wurden von vier Personen, vier Stangen mit Ge-
betflaggen getragen, und der Aufzug von allen übrigen an-
wesenden Kalmücken beschlossen.

So bald dieser Zug den Strom erreicht hatte, begaben sich die Geistlichen mit der Leiche besonders in das
Bb 3
eine

γ) Die Mäßigkeit der Procession, so wie mehrerer andrer
Umstände dieser Verbrennung möchten wohl der einge-
schränktern Verfassung dieser von ihrer Horde und Kle-
risey entfernt lebenden, nicht sehr zahlreichen Geistlichkeit beyzumessen seyn. Einiges kann auch dabey,
denen auf die Umstände und Zeit des Todes sich be-
ziehenden Bestattungsvorschriften der heiligen Bücher
zugeschrieben werden.

eine und die Laien in das andre der zu diesem Ende bestellten Fahrzeuge. In jenem stellte sich die Clerisey zu
beyden Seiten in Ordnung, die große und vier kleine
Fahnen wurden zusammen aufgesteckt und der das Amt
verrichtende Priester nahm seinen Platz gleich hinter der
Leichenkiste ein. Hier fuhr er beständig fort mit oft nie-
dergeschlagnen Augen und erhaben ausgestreckten Armen
andächtige Gebete her zu murmeln, welche zuweilen durch
den Klang seines Glöckchens, und das Gerassel der Handtrommel begleitet wurden. Auch die mit den Rauchfäs-
sern Gegenwärtige waren nicht einen Augenblick müßig
bis man am gegenseitigen Ufer, nahe bey dem Verbrennungsplatz anlandete.

Daselbst kamen diejenigen Kalmücken, welche sich
nicht bey dem Geleite befunden hatten, herzugelaufen,
und verrichteten bey Erblickung des heiligen Gefolges,
mit wiederholtem Niederwerfen und Berührung der Erde
mit der Stirn, ihre Anbetung. Die Procession stieg indessen ans Land, begab sich in der vorigen Ordnung auf
den Weg, und ward vom Chan, der mit seinem Gefolge vorausgegangen war, empfangen und vergrößert, indem derselbe seine Stelle gleich hinter den Leichenträgern
einnahm, und dessen Gefolge, mit den gemeinen Kalmücken den Zug beschloß. Und so erreichten sie ein auf
dem Verbrennungsplatz errichtetes Zelt, wo sich die Procession in Ordnung stellte, und die Leiche bis zum Untergang der Sonnen, als welche Zeit zu deren Verbrennung
nach den Gesetzen der Lamaischen Götzenlehre gemäß ist,
niedergesetzt wurde.

Die Laien waren nunmehro müßig, aber die Clerisey feierte keinesweges. Der Oberpriester setzte sich mit
allen übrigen Geistlichen vor dem Zelte nieder und setzte
den

den Leichendienst fort, welcher von den bisher verrichteten
Gebeten nur darin unterschieden war, daß man ihn sahe,
vermuthlich nach Erheischung des Rituals, die Glocke
und Handtrommel niederlegen und mit den Händen verschiedne Gaukeleyen machen. Unterweilen zog er auch
sein priesterlich Gewand aus, nahm es wieder, bedeckte sich zuweilen das Haupt damit, legte solches bey
einigen Stellen seiner Gebete wieder weg, ließ seinen Ro-
senkranz fleißig durch die Finger gehn und bediente sich
zu Zeiten eines Buchs, so in tangutischer Sprache geschrieben war.

Nach 3 Uhr endigte man diese Andacht und die Geistlichkeit begab sich etwas abwärts, um statt der Mittagsmahlzeit eine Schaale gekochter Gerstengrütze zu sich zu
nehmen. Während dieser Zeit schlupfte ein Kalmückischer Medicus, welcher zu der Gesandschaft gehörte, in
den Ofen hinein, um denselben inwendig auszuzieren. Er
legte sich mit dem Bauch auf das Rostwerk, nahm zu
verschiednenmalen mit den Fingern rothe, blaue, gelbe,
weiße und schwarze Farbe, und streute selbige auf die
Grundmauer des Ofens in Gestalt von Rosen. Diese
Farbenlage beschüttete er mit Sand, und brachte endlich
trocknen Pferdemist, den er in ein Viereck in den Ofen
legte, den übrigen Raum aber des Ofens, unter dem
Rostwerk, mit Holzscheiten ausfüllte. Damit auch niemand mehr zu dem also zubereiteten Ofen sich nähern
könnte, ward derselbe mit einem Zaun umgeben.

Nun erwartete man also nur noch den Untergang der
Sonne, worauf die Leichenkiste aus dem Zelt in Procession zu dem umzäunten Platz des Ofens gebracht ward, in
welchen, außer der Geistlichkeit, niemand kommen durfte. Daselbst ward der Körper, nach einigen von der

Geist-

Geistlichkeit verrichteten Gebeten, mit dem Kasten auf das Rostwerk gesetzt, und Feuer darunter gemacht. Der Oberpriester setzte seine Andacht fort, ging öfters um den Ofen herum, goß auch, durch einige Oefnungen, die man mit Fleiß im Ofen gelassen hatte, Oel in die Glut. Das Feuer wurde von der übrigen Geistlichkeit fleißig angeschürt und verzehrte gar bald das Holz des Kastens, so daß man den Körper zwischen den Flammen in Gestalt eines sitzenden Menschen erblicken konnte. —

XV. Ver-

XV.
Vermischte kurze Nachrichten
und
Auszüge aus Briefen.

I.

Aus einem Briefe des Herrn Translateurs Carl
Hablizl; Astrachan vom Jahr 1778.

Endlich haben meine im vergangnen Jahr angefangene
Versuche, in Ansehung des Baues des Zuckerrohrs
bey uns, ihre Endschaft erreicht und ich bin nunmehr
überzeugt, daß das hiesige Klima demselben nicht ange=
messen sey. So bald sich der vergangene Herbst heran
zu nahen anfing, ließ ich meine im May gepflanzte (aus
Persien erhaltne) Setzlinge mit der größten Sorgfalt un=
ter die Erde bringen. Ich bedeckte einen Theil derselben
mit Heu und darüber mit Erde; die übrigen mit bloßer
Erde. Als ich aber zu Anfang des diesjährigen May=
monats die Erde aufgrub, fand ich kein einiges Pflänz=
chen mehr am Leben; alle waren ausgegangen, alle wa=
ren verweßt. Meine angestellte Versuche haben also kei=
nen andern Nutzen geschafft, als daß sie die Unmöglich=
keit, Zuckerrohr bey uns zu ziehn, gezeigt haben.

2. Aus

2.

Aus einem andern Schreiben Ebendesselben vom August 1779.

Ich will Ihnen itzt eine Nachricht von einer sich fast alle Jahre hier ereignenden Krankheit unter den Pferden ertheilen, deren Ursach von den gewöhnlichen Ueberschwemmungen der Wolga abzuhängen scheint z). Es geschieht nämlich mehrentheils alle Jahr, daß wenn man, gleich nach Ablauf der Ueberschwemmung der Wolga, die Pferde an solchen Oertern weiden läßt, welche unter Wasser gestanden haben, so werden selbige von einer tödtlichen Krankheit befallen. Sie besteht in einer äußerlichen Geschwulst, die sich allemal zuerst an der Brust zeigt und darauf immer mehr und mehr längst dem Halse verbreitet, bis sie zur Kehle gelangt; und alsdenn erfolgt alsobald der Tod darauf, welches sich gemeiniglich in einer Zeit von zwey bis drey Tagen zu ereignen pflegt. So bald ein Pferd mit dieser Krankheit befallen wird, hört es auf zu fressen und geht ganz betrübt und taumelnd herum, in welchem Zustande es auch bis an sein Ende verbleibt. Wenn man gedachte Geschwulst aufschneidet, so findet man in derselben eine gelbe, flüßige und stinkende Materie, mit welcher auch die innern Theile, sonderlich der Brust, angefüllt gefunden werden, wenn man den Körper nach dem Tode öfnet. Einige wollen diese Krankheit dem, nach Abfluß des hohen Wassers zurückbleibenden Bodensatz zuschreiben, welcher alle niedrige Gegenden wie mit einem dicken Fell bedeckt. Dieser besteht aus allerley Unreinigkeiten, hauptsächlich aber der

z) Man vergleiche diese Nachricht mit denen im ersten Theil der nordischen Beyträge S. 116 und folg. gesammleten Bemerkungen.   P.

der feinen Wasserconserva, die, wenn sie austrocknet, das
Ansehn eines Spinnengewebes erhält, und deswegen auch
von den hiesigen Einwohnern Pautinnik genannt wird;
manche geben ihm auch den weniger passenden Namen
Schelkownik (Seidengewächs). Nach dieser Meynung soll itztgedachtes, mit dem Grase genossenes Gewebe, die Krankheit verursachen. Andre dagegen behaupten, daß nicht das Gewebe selbst, sondern ein darin sich
aufhaltendes Insect daran Schuld seyn solle. — So
viel ist gewiß, daß die Krankheit nach dem hohen Wasser, in denen davon bedeckt gewesenen Gegenden entsteht,
und daß diejenigen Pferde, welche auf erhöhten Gegenden, die nicht überschwemmt werden, weiden, allezeit von
selbiger befreit bleiben. Auch pflegt dieselbe sich in solchen Jahren, wo gleich nach Ablauf des Wassers Regenwetter erfolgt, welches den erwähnten Bodensatz zernich-
tet, niemals zu ereignen. Bis jetzt ist unter den Russen
noch kein Mittel ausfündig gemacht, um die mit dieser
Krankheit behafteten Pferde zu heilen. — Die Kalmücken sollen die Geschwulst, so bald sie sich äußert, mit einem Messer wegschneiden, auf die Wunde ein Stück
Schaffett legen, und selbiges mit einem glühenden Eisen fest andrücken, damit es in der Wunde zerschmelze.
Sie verbinden hierauf dieselbe, und nach einiger Zeit soll
sie, ohne weitere Folgen, zuheilen. Mehrere erkrankte
Pferde sollen auf diese Art gerettet worden seyn. — Am
besten wäre es freylich, um die Krankheit zu verhüten,
daß man die Pferde nicht gleich nach Ablauf des Wassers
in den Niedrigungen weiden ließe; allein dieses geht um
deswillen nicht füglich an, weil es zur selbigen Jahreszeit hier, auf den Höhen, an allem Futter zu fehlen pflegt.

3. Aus

3.

Aus einem andern Schreiben Ebendesselben vom Junius 1781.

Hier haben Sie einige Nachrichten, die ich vor kurzem hier gesammlet habe und die Ihnen vielleicht nicht
unangenehm seyn werden. Theils durch die hier han-
delnde Bucharen, theils aber durch einen achtzehn Jahr
in der Bucharey als Sklave verbliebnen Orenburgischen
Kasaken, der sich gegenwärtig allhier (in Astrachan) aufhält, habe ich endlich in Erfahrung gebracht, was das
für ein Futterkraut sey, welches die Bucharen Bedde
nennen, und welches bey ihnen in einem trocknen leimigten Boden so gut fortkommen soll. Dasselbe ist der gemeine Luzern (Medicago sativa), der auch hieherum
als ein gemeines Unkraut wächst, und den man dort sehr
häufig säet. Denn obgleich dieses Kraut auch in der
Bucharey wild wächst, so würde doch der natürliche Vorrath zum Unterhalt des Viehes aufs ganze Jahr bey weitem nicht hinlänglich seyn, da ohnedem kein andrer Heu-
schlag vorhanden ist. Man hat daher, durch Einsammlung und Aussäung des wilden Saamens dieses Futterkraut seit undenklichen Jahren dergestalt vermehrt, daß
es itzt, nebst den Blättern und dem jungen Stroh der
Bucharischen Hirse (Holcus Sorghum, varius, saccha-
ratus) fast das einige Futter der Pferde sowohl, als des
übrigen Hornviehes, in der ganzen Bucharey ist. In
Ansehung des Bodens, auf welchem der Luzern dort ge-
säet wird, soll man keine besondre Wahl beobachten, sondern ohne Unterschied auf allerley Erdreich bauen, und
weil trocknes, sandlettigtes Land daselbst am gemeinsten
ist, so wird der Anbau auch am meisten auf solchem Lande vorgenommen: sie erfordert aber in selbigem, so wie
alle andre dasige Gewächse, das Bewässern. Die Aus-
saat

ſaat geſchieht gemeiniglich im Frühling, nachdem das
Land gepflügt, beeggt und bewäſſert worden; und der
Saamen ſoll auf das naſſe Erdreich ſchlechtweg hinge-
worfen und nicht untergeegget werden. Im erſten Jahr
wird das aufwachſende Kraut nur einmal, im zweyten
Jahr zweymal, und nachgehends fünf bis ſechsmal in
einem Sommer abgemäht. Nach jeder Erndte bewäſſert man das ganze Luzernfeld von friſchem und alle zwey
bis drey Jahre ſtreut man auch feinen Miſt darauf, und
über den Miſt trocknen Sand oder Erde. Auf ſolche
Art ſoll ein ſolches Feld bis dreyßig Jahre hintereinander
benutzt werden können. Im Sommer geben die Bucharen die Luzern ihrem Vieh grün, und ohne Beymi-
ſchung eines andern Futters zu freſſen; im Winter aber
vermiſchen ſie ſelbige mit dem Stroh von Waizen, Gerſten und Reiß. Man hat mich verſichert, daß das Hornvieh, in Ermanglung einer andern Nahrung, auch die
friſchen Wurzeln des Luzerns freſſen ſoll, wenn man die
Felder, um etwas andres darauf zu ſäen, endlich umro-
det. — Ich ſende von dem hier wachſenden, und den
Bucharen, unter dem Namen Bedde, wohlbekannten
Luzern hiebey eine getrocknete Probe zu ihrer Beurthei-
lung. Was mich gewiſſermaßen zweifelhaft macht, iſt,
daß ich ſelbige mehrentheils mit den Stängeln auf der
Erde kriechend wahrgenommen habe; dahingegen der ge-
baute Luzern oder Bedde, nach allen Beſchreibungen
aufrecht wächſt. Allein die Bucharen behaupten, daß
dieſer Unterſchied blos von der Cultur herrühre, und daß
der wildwachſende Luzern auch bey ihnen mit kriechenden
Stängeln angetroffen werde. — Iſt dem alſo und die
hier wachſende Pflanze iſt der wirkliche Luzern, ſo wäre
es leicht, dieſes nützliche Gewächs auch bey uns um Aſtrachan zu bauen, da es hier auf allerley Boden, ja ſogar
auf den trockenſten und ſalzigſten Stellen, von der Natur erzeugt wird. Eine ſolche Cultur würde auch hier

von großem Nußen seyn, da man in der Nähe den größten Mangel an guten Weiden hat, sonderlich alsdenn,
wenn die Wolga alle Niedrigungen überschwemmet, auf
den Anhöhen aber alle Kräuter von der Sonnenhiße ver-
dorren.

Ich habe mich auch nach dem andern Bucharischen
Futterkraut, welches Juschan genannt werden soll, er-
kundigt: selbiges ist nichts anderes, als die in hiesigen
Steppen so gemeine weißgraue Wermuthart, wovon sie
hier eine Probe erhalten (Artemisia austriaca *Iacquin.*)
Das Schafvieh ist sonderlich darnach begierig, und die
Stängel und Wurzeln werden, wie in der ganzen großen
Tatarey, beym dasigen Holzmangel, zur Feuerung ge-
nußt. — Die Pflanze, von welcher der Wurmsaamen
in der Bucharey häufig gesammlet wird, soll mit dieser
Wermuthart viel Aehnlichkeit haben a).

4.

Aus einem Schreiben des Herrn Doktors Bü-
ßow von Katrinenburg. Julius 1781.

Ich erhielt im vergangenen Winter einen Vorrath
der von Ew. H. bekannt gemachten Sibirischen Schneerose (Rhododendron Chrysanthum) und habe seitdem verschiedne Versuche gemacht, die alle die Beobachtungen
des Herrn P. Aölpin bestätigen. Ja, was noch mehr
ist, aber noch weitere Versuche erfordert, — der Nußen
dieser

---

a) Ich setze hinzu, daß in dem schönen botanischen Garten des würklichen Herrn Staatsraths Prokofei
Akimßewitsch Demidof, aus dem Bucharischen
Wurmsaamen eine der Artemisia austriaca, bis auf geringe Nebenumstände ganz ähnliche Wermuthart er-
wachsen ist. P.

dieser Pflanze zeigt sich auch in scirrhösen Geschwülsten und krebshaften Geschwüren. Eine Person, der ich selbige verordnet habe, ist vollkommen genesen; eine zweyte ist in der Besserung; und heute habe ich mit einer dritten den Gebrauch dieses Mittels angefangen. Die heftige Schmerzen, welche die beyde ersten Kranken empfanden, brachten mich auf die Gedanken diese Pflanze zu gebrauchen. Ich sahe, nach dem Gebrauch einer halben Unze, die Schmerzen und Geschwulst gemindert, die ichoröse Feuchtigkeit weniger scharf, und bey der ersten Patientin die vollkommenste Genesung, nach dem Gebrauch von anderthalb Unzen.

5.

Einige andre Bemerkungen über den Gebrauch der Sibirischen Schneerose.

Der Herr Staatsrath Prokophei Akimsiewitsch Demidof in Moskau, ein großer Kräuterliebhaber, der einen treflichen botanischen Garten mit großen Kosten unterhält, hat angefangen das Laub der Schneerose in einer weinigten Tinktur selbst zu gebrauchen und andern, mit gutem Erfolg, mitzutheilen. Er nimmt ein Achtel Pfund fein zerstoßne Schneerosenblätter, weil er die Zweige für unwirksam hält, gießt darauf ein halb Pfund Franzbranntwein und eben so viel Spanischen Wein und läßt dieses zusammen zwey Wochen lang auf einer warmen Stelle, in einer wohlverstopften Flasche ausziehn und oft schütteln, darnach die Tinktur durch ein Seigetuch abklären. Den Satz oder das Kraut läßt er mit einem Pfund Wasser auf kleinem Feuer eine Viertelstunde lang kochen, und wenn das Kochsel erkaltet, abklären, und dies Dekokt mit der vorigen Tinktur vermischen. Von dieser Arzney läßt er ohngefähr fünf Eß-

löffel

löffel voll, frühmorgens einnehmen. Es pflegt ein kleines Erbrechen zu verursachen, viel Schleim abzuführen,
und etwas Schweiß zu erwecken. Der Kopf wird davon
eingenommen und die Ueblichkeit ist ziemlich stark. ———
In gichtischen Zufällen hat er diese Tinktur vielen mit
Nutzen empfohlen, und auch selbst, bey blinden Hämor-
rhoiden, sehr gute Wirkung, nach zwey bis drey tägigen
Gebrauch, davon empfunden.

❧   ❧   ❧   ❧

Ich will bey dieser Gelegenheit eben dieses Mannes
nicht allgemein bekanntes Verfahren, die Saamen fremder Gewächse auf das vortheilhafteste und sicherste keimen zu machen, beybringen. Er hat dazu eine Menge
irdener, wohlglasurter Theeschüsseln: in jede wird eine
Sorte von Saamen gethan, feuchtes Moß, oder wenn
die Saamen fein sind, erst ein Leinwandläpchen und über
dasselbe Moß, in die Schaale gelegt, und dieses Moß beständig naß unterhalten. Alle Morgen und Abende werden
die Schüsselchen, welche mit ihren Nummern, nach dem
Verzeichniß versehen sind, durchgesehn, und jedes Saa-
menkorn, welches den Wurzelkeim zeigt, mit einem hölzernen Griffel behutsam aufgenommen, und in kleinen
Blumentöpfen, mit feingesiebter Erde, mittelst eines kleinen in der Mitte gestochnen Lochs, mit dem Wurzelchen
unterwärts, geschickt eingelegt; da denn die Erde nur
um den Saamen behutsam angedrückt, und so die vor-
handne Oefnung geschlossen werden darf. Auf diese Art
gelingt es ihm viele schwer zu erziehende und auch oft
verlegne Saamen zum Keimen zu bringen. ——— Die al-
lerfeinsten Saamen aber, welche diese Behandlung nicht
erlauben, säet man bey ihm, nach der Art vieler Englischer Gartenliebhaber, auf die Oberfläche feinzerriebnen,
ganz verrotteten Holzes, welches wohlbefeuchtet seyn muß,

und

und auf welchem sich auch der Saamen von Farrenkräutern am besten ziehn läßt.

6.

Etwas näheres über die Beschaffenheit des neuen Tscherepanoffchen Ertzanbruchs am Altaiichen Gebirge. S. N. Nord. Beyträge 1ter Theil S. 361.

Von den Ertzen der Tscherepanoffchen, ohnweit dem Schlängenberge neuerlich entdeckten Silbergrube habe ich nunmehr, durch überkommene Stufen und Proben der Bergart einen deutlichern Begriff bekommen, als ich bey Bekanntmachung der ersten Nachricht von dieser Entdeckung zu geben im Stande war. Das gewöhnlichste und reichste Ertzt, welches bisher, von Tage ab, gefördert worden, bestehet aus einem durchaus mineralisirten und in allen Ritzen deutlich mit oft sehr zart, oft bis auf eines Messerrückens Stärke dick liegenden Hornsilber durchwebten, auch nicht selten mit derjenigen rothen Ocher, welche sich beym Schlangenbergischen Hornsilber allezeit befindet, reichlich begleiteten quarzhaften Hornstein. Die reichsten, bis an und über vier Mark vom Pud in Gehalt kommende Stufen sind ganz von Hornsilber und Glaserzt innig durchbrungen. — Sollte statt des in den obern Theilen der Gänge dieses neuen Anbruchs (deren sich viere zeigen sollen) so häufigen Hornsilbers, sich in mehrerer Tiefe gediegnes Silber einfinden, so wäre dieses wieder ein Beweiß, daß das Hornsilber nur im Ausgehenden der Gänge, aus dem gediegnen Silber, durch die von Tage eindringende Säuren erzeugt werde. Ich zweifle hieran um desto weniger, da ich unter denen bey der alten Tatarischen Stadtstelle Saratschik am Jaik oder Uralfluß gefundnen silbernen tatarischen Münzen,

ver-

verschiedne gefunden habe, welche theils nur an der Oberfläche, theils durch und durch, in dem dortigen salzigt-
salpetrigen Erdreich, zu einem wahren Hornsilber geworden sind; wovon ich deutliche Proben aufzuweisen habe.

Uebrigens läßt sich gedachte Tscherepanofsche Grube
so ergiebig an, daß man im Frühjahr des 1781sten Jahres, innerhalb acht Tagen, 3450 Pud ausgeschiedne Erzte gewonnen hat, deren allgemeiner Gehalt sich auf 20 ¾
Solotnik Silber im Pude belief. Die Gänge scheinen
sich aufs beste anzulassen und in die Tiefe zu gehn. Es
ist auch von der Tscherepanofschen Grube, zwey Werste
näher zum Schlangenberg ein silberhaltiges Erzt aufge-
schürft, aber noch nicht gehörig belegt worden, dessen
Stufengehalt von 3 bis 15 Solotnik im Pude seyn soll.
Die Tscherepanofschen Erzte hingegen halten, nach Stu-
fenproben, abwechselnd von 2 bis 50 Solotnik, ja wohl
zwey Mark und drüber Silber, vom Pud.

7.

Bemerkungen über verschiedne Altaische Erzte und andre mineralogische Gegenstände, mitge-theilt von Herrn Oberhüttenverwalter Re-novantz. 1781.

Ich glaube Sie werden in Ihrem Cabinet Stufen
aus dem Schlangenberge haben, welche dem Nagyager
oder Nadschager mineralisirten Golde sehr ähnlich sehn.
Ich war Anfangs der Meynung, es möchte in Absicht
des Gehalts, eine Aehnlichkeit mit selbigem haben. Dieses Erzt hat im liegenden des mächtigen Schlangenber-
ger Ganges in Hornstein eingebrochen, und macht in selbigen von einem Messerrücken bis zu einem kleinen Finger

ger mächtige Trümmer aus. Eine große Stufe derglei
chen grauen Hornsteins, mit durchsetzenden Trümmern
dieses Erzes, fiel mir diesen Herbst im alten Laboratorio
auf dem Schlangenberge in die Hände, da ich aus den
daselbst verwahrten Stufen zwey Sammlungen, eine
für den Schlangenberg, die andre für die Barnaulische
Bergschule, formiren mußte. Weil dieses Stück ein=
zeln war und also zerschlagen werden mußte, so gab mir
der Abfall Gelegenheit selbiges zu probiren. Es ist die=
ses Erzt bisher durchgängig für ein blättriges Weißgül=
denerzt gehalten worden. Es ist grobblättrig, von einem
angenehmen Glanz, weißer als Bley, wenn man gerade
auf die Blätter sieht. Zerbricht man die Trümmer und
stellt die Blätter aufwärts, so sieht es dem allerzartesten
Weißgüldenerzt ähnlich. Es ist spröder, als Weißgül=
den, nicht aber so spröde als Fahlerzt und giebt beym
Schaben mit dem Messer zarte Blätterchen, die dem zär=
testen Eisenglimmer ähnlich sind. — Ich rieb, in ei=
ner eisernen Schaale, dieses ganz reinen Erztes, ohne
allen Hornstein, zehn Pud klar; im Reiben sonderte ich
alles darin sichtbare, gediegne Gold ab; indem ich aber
rieb, verwandelte sich ein Theil dieses Erztes in ein höchst=
geschmeidiges Glaserzt, und blieb so wohl an der Reib=
keule, als in der Schaale, so fest kleben, daß ich es, we=
gen der außerordentlichen Geschmeidigkeit mit größter
Mühe, vermittelst eines starken Messers, abkratzen muß=
te. Ich setzte zehn Pud Probiergewicht in den Probier=
ofen, um dasselbe zu calciniren; allein so bald es nur in
die Oefnung des Ofens kam, floß es gleich. Ich setzte
daher ein ganz Stückchen Erzt in den Ofen, und ehe es
noch durch und durch erhitzt war, floß ein Theil dessel=
ben, und ein Theil blieb in dem flüßigen hoch stehn. Ich
nahm es aus dem Ofen und sonderte das geflossene von
dem noch spröden ab. Ersteres war nunmehr ein höchst
geschmeidiges Glaserzt, das sich so dünn, wie ein Post=

pier, hammern ließ. Der ungefloßne Körper war
ſchwarzkupfer. Ich ſott ſodann das erſte, zur Calci=
tion beſtimmte Erzt im Probierofen an und trieb ſol=
es auf der Kapelle ab, da ich aus ein Pud oder 40
Pfund bekam 16 ¾ Pfund Silber. Eilf wiederholte
Proben gaben einerley Gehalt, und aus allen eilf Proben
rhielt ich, weil alles gediegne Gold ſorgfältig ausgeſucht
worden, aus dem Silber nur ein Solotnik (Quentlein)
Gold; folglich geht der Goldgehalt, der in ſichtbaren
Körnern und Zainchen darin liegt, das eigentliche Erzt
nichts an. — Ich unterſuchte nun ferner den unge=
floßnen Körper, der auf dem Scherben hoch ſtehn blieb,
und fand in ſelbigem ſieben Pfund Garkupfer: folglich
enthielt ein Pud (da 16 ¾ Pfund Silber und 7 Pfund
Kupfer herauskamen) 23 ¾ Pfund metalliſche Theile. —
Ich wog ein Pud von dieſem Erzt noch beſonders ab
und lößte ſolches in Aquafort auf: nachdem ſich nichts
mehr auflößte, goß ich das Scheidewaſſer behutſam ab,
und behielt in der Phiole einen eben ſo großen Körper,
als ich vor der Solution eingelegt hatte, welcher aus
ganz reinem, hochgelben Schwefel beſtand. Ich brann=
te dieſen Schwefel ab, der den allerreinſten Geruch gab,
mit einer blauen Flamme ſchnell abbrannte, und einige
zarte Quarzkryſtallchen hinterließ. — Verdiente nicht
dieſe Erztart einen beſondern Platz, da ſie eine Vererzung
des Silbers mit Schwefel und Kupfer iſt und eine ganz
beſondre Erztart ausmacht, die wegen des großen An=
theils Kupfer, nicht zu den Glaserzten, und wegen des
ſtarken Silbergehalts und gänzlichen Mangels von Ar=
ſenik, weder zu den Weißgülden, noch weniger aber zu
den Fahlerzen zu rechnen iſt. Jedoch wie immer eine
jede Erztart, durch die Abnahme oder mehrere Beymi=
ſchung eines oder des andern Beſtandtheils, in die andere
übergeht; ſo geht es auch mit dieſer Erztart: die Blät=
ter liegen nicht ſo gleichförmig geſchichtet, die weiße Far=

be

be derselben geht ins Röthliche über, mischt sich mit dem blauen, wird violett, verliert sich aus dem Violetten in eine fahle und endlich gar ins Gelbliche, bis zu einer Meßingfarbe; mit dieser Veränderung des äußerlichen Ansehens nimmt der Bestandtheil des Silbers ab, und durch Beytritt mehreren Kupfers verliert sich das Erzt endlich in einen Kupferkieß, der nur wenige Quentlein Silber hält.

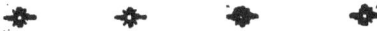

* * * *

Noch ein andres besondres Erzt aus dem Schlangen- berge will ich kürzlich erwähnen. Es hat im Matweef- schen Gesenk häufig, besonders bey Blenglänzen, gebro- chen. Ich erhielt davon im verwichnen Sommer auf dem Schlangenberge ein Stück einer Faust groß; da ich es aber, aus Mangel an Zeit und Gelegenheit noch nicht habe untersuchen können, so will ich nur dessen äußere Kennzeichen beschreiben. Es ist grau und dicht, wie ein Bleyschweif, auch leuchtet zuweilen Kieß und Blenglanz aus selbigem hervor. Wird es mit etwas geschlagen oder mit sich selbst gerieben, so giebt es eine glänzende, braun- rothe Fläche und stinkt, viel heftiger als Stinkstein, mit einem recht widerwärtigen urinösen Geruch.

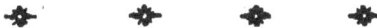

* * * *

Endlich habe ich auch wahre Spuren von Rothgül- denerzt aus dem Schlangenberge gefunden, wovon sie eine deutliche Probe in zart angeflognen Blättchen auf Schwerspath, mit eben so blättrigen Glaserzt, Blende, Kupferkieß und etwas Blenglanz begleitet, erhalten ha- ben. — In der Sammlung der Barnaulischen Berg- schule befindet sich eine Stufe Hornsilber, das zwischen geblegnem Golde und Silber auf Hornstein liegt. Der

Cc 5   Ihnen

Ihnen bekannte, in der Tschagirskischen Grube so häufige graue Zinksinter, dessen Aehnlichkeit mit dem glasigten Zinksinter aus England Sie mir in Petersburg bemerken ließen, hält nach meinen Versuchen 8 bis 12 Pfund Zink im Pud. — Einen noch schönern, schön weißen Zinksinter, der häufige halbröhrenförmige Fortsätze an der Oberfläche zeigt, hat man aus der Semenofschen Grube gefördert b). Unter den Schlangenbergischen Zinkblenden habe ich eine weißgraue gefunden, welche mit einem Stückchen Papier gerieben phosphoresciret. — Das dem grünen, kobaltischen Fahlerzt von Saalfeld so ähnliche, im Granit brechende Erzt der Bogojawenskischen Grube bey Kolywan (S. Pallas Reise 2ter Theil) giebt eine zweyfache Speise in einem Gefäß, die aber nichts kobaltisches enthält, sondern die Gläser schmaragdgrün färbt. — Von den Weltaugen, welche der in den Tom fallende Inäfluß führt, künftig ein mehreres.

Auch den deutlichsten Uebergang aus dem Granit in Porphyr und aus dem Porphyr in Hornschiefer, habe ich im hiesigen Gebirge bemerkt. In dieser Verwandlung spielte anstatt des Glimmers im Granit die Hornblende, woran die Gebirge um die Aleische Hütte und am Irtisch sehr

b) Ein noch weit schöneres, im Bruche recht Spatartiges, an der Oberfläche kuglicht oder geträuft ausgebildetes, weißgelblich halbdurchsichtiges und etwas silberhaltiges Zinkglaserz hat man itzt ziemlich häufig und in großen Stufen aus der Ildekanischen Grube in Daurien, wo auch in Drusenhöhlen verhärteter Ochern ein dem Bleybergischen ganz ähnlicher Zinkspat in blättrigen Krystallen gefunden wird. Aus dem Schlangenberge erhält man auch, obwohl sehr selten, ein in schuppigter Blende auf Drusenhöhlen erzeugtes, geträuft aussehendes, grünlicht halbdurchsichtiges Zinkglaserz.

sehr reich sind, die Hauptrolle. Den Kalk habe ich auf
Granit, ohne Schiefer in der Nachbarschaft, ruhend gefunden. Es sind auch noch 90 Werste oberhalb des
Buchturma, noch Kalkgebirge vorhanden. — Etliche
hundert Werste von Tara ist ein schwarzer Thonschiefer
entdeckt, in welchem eine erstaunende Menge kleiner, den
Schmerlen ähnlicher Fische bis auf die zartesten Theile
abgedrückt sind. — Ein wahrer Reffekil ist bey der
Tomskischen Eisenhütte zu finden.

8.

Nachtrag zu den Bemerkungen über den Labra-
dorstein, im 2ten Bande der N. Nord. Beytr.
S. 233 u. folg.

Im Herbst 1781 ist unter den Granitischen Geschieben, welche zur Verbesserung des von St. Petersburg nach dem Kaiserlichen Lustschloß Peterhof führen-
den Weges gebraucht wurden, eine beträchtliche, fast ganz
aus Feldspath bestehende Masse vorgekommen, die sich
dem ganzen Ansehn und Wesen nach dem Nordamerika-
nischen rohen Labradorstein vollkommen ähnlich zeigt.
Ein Theil dieser Masse war zerschlagen und zur Befestigung des Weges verbraucht worden, ehe noch das scharf-
sichtige Auge des Herrn Generallieutnants von Bawr,
deren seltne Eigenschaft an einigen davon abgeschlagnen
Stücken entdeckte. Sr. Excellenz, dessen Aufmerksamkeit nichts entgeht, ließen sogleich den noch vorhandnen
Rest aufsuchen und nach der Stadt bringen, um diese
nun auch im Rußischen Reiche entdeckte Seltenheit der
Großen Monarchin desselben darzubringen. Der
Feldspath dieses Rußischen oder finnländischen Labradorsteins ist schmuzig grau, in kleinern und mittelmäßigen
durcheinander liegenden, rautenartigen Körpern krystalli-
siret,

sirt, welche größtentheils auf dem Schnitt ihres blättrigen Gewebes den seladon-grünen, schillernden Glanz des
gewöhnlichern Amerikanischen Labradorsteins linienweise
zeigen. Dieser Feldspath ist fast härter, als der Amerikanische. In einigen Stücken scheinen auch metallische
Adern daraus hervor. — Woher aber die gesundne
Masse unter so mancherley andre, oft ungeheure Granitgeschiebe, die man in allen flachen Gegenden um den Finnischen Meerbusen in so großer Menge findet, gekommen
sey, und ob man dergleichen mehrere in diesen Gegenden
entdecken werde, muß die Zeit lehren.

Eben da ich dieses niederschreibe, erhalte ich ein
Schreiben von dem, durch seine Beschreibung der Insel Elba, des Bavenischen Feldspaths und eine Metallur-
gie vortheilhaft bekannten Barnabiten und Professors zu
Mayland Hermenegild Pini vom Januar 1782, worin eine ähnliche Entdeckung dieses fleißigen Mineralogen
angezeigt wird. Er schreibt:

„Bey einer im vorigen Sommer, mineralogischer Un-
„tersuchungen wegen angestellten Reise auf das an den
„Gränzen Italiens gelegne Gebirge Adula, habe ich ei-
„nen Feldspath entdeckt, der in neuen Gestalten krystal-
„lisirt, anbey durchsichtig und farbenspielend ist. Der
„Schillerglanz (Color vivacissimus), womit er spielt, ist
„entweder perlenfarbig, silberhaft, blau, oder auch ab-
„wechselnd; so daß der Stein, wenn er convex geschnit-
„ten ist, sich entweder dem Katzenauge vergleicht, oder
„wie der Mondstein (Lunaria), wie Opal, und endlich
„wie Labradorstein spielt. Eine Beschreibung dieses
„Steins, den ich *Adularia* nenne wird itzt von mir, un-
„ter den übrigen auf vorgedachtem Gebirge gemachten
„Beobachtungen, bekannt gemacht. Die erwähnten Stei-
„ne können zu treflichen Kameen und Hohlsteinen ge-
„nutzt

„nutzt werden; weil sie aber selten sind, so kann ich mir
„meinen besten Freunden damit dienen ec."

9.

Aus einem Schreiben des Herrn von Stengel
aus Mannheim vom 1. Dec. 1781.

Der Regenbogenachat war mir, als ich Ihr Schreiben erhielt, noch nicht bekannt; allein bald darauf kam
mir die Hamburger Schrift e) darüber zu, und seitdem
bin ich, wie es die Zeit zuläße, daran meinen Achatvor-
rath von mehrern tausend Stücken zu durchsuchen, auch
schon so glücklich gewesen, einige kleine Platten zu finden, welche die Farbe des Regenbogens zeigen. — Meines Erachtens kommt die Farbenspielung von der verschiednen Durchsichtigkeit, Breite und Lage der Streifen
im Achat her und erfordert, daß entweder die Streifen
für sich schon eine Art von Prisma ausmachen, oder das
Plättchen auf einer Seite flach, auf der andern etwas
convex geschliffen sey, wodurch Prismen sich ergeben und
die Brechung der durchfallenden Lichtstralen erfolgen muß.

e) Vom Regenbogen-Achat, — an Herrn Carl Eugenius
Pabst von Ohein. Hamburg 4to.

Druck-

Druckfehler

im ersten und zwenten Theil der Neuen Nord.
Beyträge.

I. Band S. 11, Z. 26, von l. nach.
— — 21, Z. 6, Verbasterderung l. Verbastardung.
— — 46, Z. 15, folkum l. Sokium.
— — 53, Not. Z. 3, von unten: die Askariden l.
               die Kürbißwürmer.
— — 95, Z. 21, Ueblen l. Ueklen.
— — 174, Z. 12, Beschbatmon l. Beschbatman.
— — 180, Z. 17, l. der Sache — nahe.
— — 216, Z. 24, Haut l. Haus.
— — 228, Z. 19, lautende l. laufende.
— — 257, Z. 12, Umnal l. Umnak.
— — 310, Z. 7, Chubilgon l. Chubilgan.
— — 319, Z. 26, Durchan-Wan l. Darchan-Wan.
II. Band S. 12, Z. 3, von unten; l. dies Thier hat also rc.
— — 36, Z. 21, vollrund l. rollrund.
— — 67, Z. 4, Kopforga l. Kopforgan.
— — 109, Z. 11, Chuburün l. Chaburün.
— — 116, Z. 16, Mann l. Mandarin.
— — 164, Not. Z. 5, Sazwelde l. Salzwende.
— — 182, Z. 10, Dsassaku l. Dsassaktu.
— — 196, Z. 14, l. Zyfongku — oder —
— — 198, Z. 9, tief l. breit.
— — 224, Z. 12, Sien-mong-tan l. Sien-nong-
               tan.
— — 230, Z. 32, Tan. l. Fan.
— — 247, Z. 15, „nem l. einem.
— — 325, Z. 19, Sulikamsk l. Solykamsk.
— — 328, letzte Z. (Babri) l. (Bobry).